# 赵匡胤

## （上）天下文治 乾坤武定

雷池月 著

SPM 南方传媒 | 广东人民出版社
·广州·

**图书在版编目（CIP）数据**

武定乾坤，文治天下——赵匡胤 / 雷池月著．—广州：广东人民出版社，2024.1

ISBN 978-7-218-16363-5

Ⅰ.①武…　Ⅱ.①雷…　Ⅲ.①赵匡胤（927—976）—传记　Ⅳ.K827=441

中国版本图书馆 CIP 数据核字（2022）第 251380 号

WUDINGQIANKUN WENZHITIANXIA ZHAO KUANGYIN
武定乾坤，文治天下——赵匡胤

雷池月　著



**出 版 人**：肖风华

**责任编辑**：马妮璐
**责任技编**：吴彦斌　周星奎
**装帧设计**：VIOLET q1152979738

**出版发行**：广东人民出版社
**地　　址**：广东省广州市越秀区大沙头四马路 10 号（邮政编码：510199）
**电　　话**：（020）85716809（总编室）
**传　　真**：（020）83289585
**网　　址**：http://www.gdpph.com
**印　　刷**：三河市中晟雅豪印务有限公司
**开　　本**：710mm×1000mm　1/16
**印　　张**：35.5　　**字　　数**：426 千
**版　　次**：2024 年 1 月第 1 版
**印　　次**：2024 年 1 月第 1 次印刷
**定　　价**：99.00 元（全二册）

**如发现印装质量问题，影响阅读，请与出版社（020-85716849）联系调换。**
**售书热线：（020）87716172**

# 目录

## 卷一 ——— 闯荡江湖的少年



## 卷二 ——— 从军功中成长

## 卷三 —— 艰难的统一之路



## 卷四 —— 通向统一的第二步

## 卷五 —— 从塞北转战岭南



## 卷六 —— 内政的整饬和建设

## 卷七 —— 奇葩的国度



## 卷八 —— 诗人王国的覆灭

## 卷九 —— 开辟一个新时代

卷——壹

*Volume 1*

# 闯荡江湖的少年

## 洛阳才是心底的故乡

举家迁移到汴梁已经七八年了，可是，赵匡胤心里还是深深地眷恋着西京洛阳。

昨夜梦里，他又回到了夹马营，回到了美好的童年岁月。他仍是扮演一名手执皮鞭的官长，率领着小伙伴们在玩“官兵抓强盗”的游戏。扮“强盗”的在藏匿、逃跑，扮“官兵”的在搜寻、追捕。“强盗”和“官兵”的角色是轮换着干的，但只有赵匡胤一人不换——他永远是“官长”。孩子们在龙门那些数不清的佛像间东躲西藏、你追我赶、上窜下跳、狂呼乱叫，开心极了……远远传来母亲和家仆的寻呼声：

“香孩儿，香孩儿！”“少爷，少爷！”

一声一声，在伊水河的峡谷里，显得特别悠长而又清越……梦就在这呼唤的袅袅余韵中醒过来了。躺在床上，赵匡胤感到一种说不出的温馨和失落。

洛阳的可爱绝不仅仅因为它是童年的嬉戏之地，尽管孩提时代的回忆永远是那样纯真而亲切。事实上每个人对故乡的深厚感情都和这种忆紧紧相连，或者说被这种回忆所牵动。洛阳正是这样成了赵匡胤心底的故乡。虽然别人问起自己的籍贯，他会回答说“河北涿郡”，但涿郡对于他根本是一个空洞的语言符号，他对它的唯一了解就是那里出过一位“刘皇叔”——他十分崇敬的汉昭烈帝。当然，后来又知道那里已经成了外国——被后晋高祖奉送给了契丹。这次国土的割让不过就是前几年的事。赵匡胤不止一次幻想自己横刀跃马去收复燕、云故地，可就是想象不出那“故地”该是一片什么模样。

可是洛阳，那可是实实在在的，有情感、有图像、有色彩，甚至有气味的回忆（当他想起那盛开的牡丹“花海”，仿佛就能闻到浓郁的花香），他从后唐天成二年（927 年）出生在那里，一直到后晋天福四年（939 年）才离开。他在那里度过襁褓中的岁月，在那里蹒跚学步、呀呀习语，在那里开蒙入学、读书习武，在那里享受了童年的欢乐，领会了做人的道理。

是的，只有洛阳才是他永远怀念的故乡！

而且，回忆中的洛阳和现实中的汴梁，比较起来，反差又是何等的强烈啊！

后唐天成和长兴年间的洛阳，真正有着四海升平的帝京景象。明宗皇帝被人称颂为五代第一明君不是没有原因的。政治的稳定和社会的安宁不必说，就连老天也特别垂顾——连年风调雨顺、五谷丰登。新修的宫殿和街衢整齐壮观，店铺里的货物琳琅满目。百业兴旺，人烟辐辏。对于唐末以来饱经了战乱之苦的百姓来说，那几乎可说是个梦中天堂般的年代！

父亲赵弘殷原本是庄宗皇帝麾下的一员勇将。当初，他受赵王王熔的派遣，带领五百精骑，驰援梁、晋交锋的晋军。晋王（即庄宗，那时的李存勖还没有登上帝位）赏识他的勇敢，把他留下来编入禁军。庄宗的骁勇举世无匹，但作为皇帝，他对待将士往往刻薄寡恩，和他对待乐伶人（戏子）、宦官的优厚与宠信形成了鲜明对比。赵弘殷虽说不心怀怨愤，但也无从感恩戴德。所以当明宗李嗣源回兵洛阳的时候，他既不是明宗的拥戴者，也不是庄宗的死节之士，继续留在禁军当然不成问题，但格外的恩赏迁升也就没有他的份。他倒不是一个权位欲念很重的人，何况自己年纪还轻，来日方长。而眼前的生活也还算舒心，夫人杜氏识大体、有见地，为人温淑贤良，亲友都很敬服。官位上不去，家庭的生活氛围却很美满。就是在这个时候，赵匡胤出世了。

那天，丫头桂香一路小跑从后院跑到前厅，满面春风地冲着他嚷叫：

“老爷！生了，夫人生了。”

看见他欣喜而带着询问的表情，丫头赶紧接着说：

“是位公子，小少爷，香喷喷的……”

“香喷喷的”是什么意思？产房内总是充溢着一股血腥味的。他没有问桂香，便匆匆地进了后院。刚掀开内室的门帘，果然，迎面便有一阵异香扑鼻而来。当产婆把婴儿交到他手中，赵弘殷心里不由得兴奋而又惊异。孩子方头大耳，身躯四肢都比一般孩子要显得长、大，真个是将门的后代。最不寻常的是这孩子身上散发出浓厚的香味，而且通体还泛出一种金黄的光泽。传闻中伟大的人物出世时总要伴着某种异征，这难道不是一种异征吗？难不成这个孩子将要成为光大我赵家门楣的人物！他当时就情不自禁地一面亲吻着孩子的脸蛋一面轻轻呼唤着：

“香孩儿，香孩儿，我的香孩儿……”

香孩儿就这样成为赵匡胤的乳名。

香孩儿刚满五岁，赵弘殷就忙着找老师让他进学了。赵弘殷世代以武相传，是血统的军人之家。可是他内心深处却希望儿子能走文人仕进的道路，至少也应该是文武兼备——武以强身立命，文以经世治国。他的大儿子夭折了，匡胤之后又一连生的是两个女儿，这时的匡胤便是独苗一根。对于这个可能要承担宗祧重责的儿子，必须给以精心培养，教育问题马虎不得，何况他出生时还有种种异常的征象。

老师找到了，是一位饱学的宿儒，而且也是涿州老乡，姓辛名文悦。把匡胤带到塾里去行拜师礼那天，辛文悦望着眼前这个脸膛黑里透红身躯高大壮实的孩子，心里想，这日后不又是一个赳赳武夫吗？这世界上残民害物的武夫实在太多了，他心里隐隐有些不快。可是孩子毕竟还小，而且磕头磕得中规中矩，看在同乡之谊的份上，他调整了情绪轻声问道：

“你为什么要来念书啊？”

“修身、齐家、治国平天下。”赵匡胤朗声回答，清脆利落，毫无一般小孩子的羞涩畏缩之态，当然“台词”是母亲杜夫人临来前口授的。

辛文悦着实吃了一惊，而且从这一刻起他便喜欢上了这个学生，并认定他必有辉煌的未来。匡胤很聪明，四五年下来，便读完了《五经》，而且常常会有些令老师为之瞠目的心得。有一次，他问老师：

“子曰‘道之不行，乘桴浮于海’，天下无道，大家都逃到海上去，谁来行天下之大道呢？”

辛文悦一下子不知道该如何作答，沉吟一会才含糊地说：“此夫子自道，不足为训的。”

又有一次，匡胤问一个极用功的同学：

“你知道孔夫子弟子七十二贤人中有多少娶了媳妇的，有多少没成亲的？”

“不知道。”那学生老老实实地回答，但不服气地又反问赵匡胤：“难道你知道？”

“我当然知道。你想不想知道？”匡胤说，脸上不无得意之色。

“那你说说看，多少人？”那学生怀疑地望着他。

“三十个没娶媳妇的，四十二个娶了媳妇的。”匡胤侃切地答道，满脸的一本正经。

“你这是从哪儿听来的？”

“怎么是听来的？书上写得明明白白。”

“写在哪本书上呀？”那学生追问道。

“《四书》。就在《论语》的《先进第十一》。”

“《论语》？你胡扯！”那学生自信《论语》背得很熟，书中绝对没有这方面的答案。

“你听着！‘莫春者，春服既成，童子五六人，冠者六七人，浴乎沂，风乎舞雩，咏而归。’童子，就是没娶媳妇的，冠者，就是娶了媳妇的。童子五六人，五六三十；冠者六七人，六七四十二。加起来一共是七十二，对不对？”匡胤的解释很清楚，账算得更精确。那学生心中仍不服气，但又无理可驳。翻出《论语》，找到《先进第十一》章，曾皙对夫子言志那段话确实就是这么说的。莫非他真的是指夫子门下的七十二贤人？不行，这事得找老师弄个明白。

那学生找到辛老夫子，劈头便问道：

“先生，那孔夫子门下七十二贤人是否有三十人未曾娶亲，四十二人已经完婚？”

辛文悦被这孩子问得糊里糊涂，板着脸道：

“你胡说些什么？敢莫是中了邪？”

那学生于是把赵匡胤的“理论”重述了一篇，辛文悦听了忍不住想笑，命那学生把匡胤唤来，狠狠给了一顿训斥，但没有责罚。他想，这孩子身上有股子邪气，然而古往今来之成大事者似乎身上都有一股邪气。

匡胤并不爱读《经》，对《史》却很有兴趣。从三皇五帝到汉晋隋唐盛衰兴替的故事，小小年纪，道来如数家珍。辛老夫子阅人多矣，看到了这个学生与众不同的气质，不免又高兴又担心。高兴的是匡胤才识过人，将来必有骄人的成就；担心的是世道不宁，说不定又多一个称霸作恶的枭雄。为了避免这后一种情况产生，他尽力把匡胤对历史的兴趣从武功引向文治，只是收效甚微。但他也注意到匡胤在倾慕历史人物的霸业武功的同时，对暴行和苛法有种本能的厌恶和鄙薄。他希望这点善的萌芽能成为匡胤成长的契因，阻遏住罪恶观念的侵蚀。

香孩儿是夹马营的孩子王。每天塾里放学，他把孩子们集合成军队一般，在大街上操着步伐回家，使路人为之侧目。他最喜欢的游戏也是把孩子们分成两队，扮演历史人物，演绎战争故事。他既是编导，又是主角，无数次地成为胜利的英雄来接受大家的欢呼。年龄稍大时又领着孩子们练武功，于是你征我伐的游戏也就越来越接近实战状态，以致经常出现“挂彩”的伤员。伤员们的父母不免要找到赵家来投诉。赵弘殷对匡胤的表现，起先是失望，继之以愤怒。责罚一次比一次重，而事态却未见好转。后来，他决定还是晓之以理，却没有料到自己竟然理屈词穷。那天，他把又受到告发的儿子唤到身边：

“香孩儿，今天我不责罚你了。你一天天长大，也该一天天晓事。

为父虽然是禁军军官，却并不希望你将来做个效命疆场的武夫。你说，你日后到底打算从文还是就武？”

“爹，孩儿想，以今日之乱世，不习武，小则不能安身立命，大则不能救国救民。”

“胡说！”他本想接着说：国事何乱之有？小孩子出言放肆，有“大不敬”之罪。但他终于没说出口。自明宗崩逝，这两三年的局势确实够乱的。秦王李从荣谋逆取死，立了宋王李从厚，未几，又是潞王李从珂登基，两年不到，石敬瑭建立后晋。走马灯般的朝廷加上各路藩镇割据依旧，世道胡云不乱？于是他换了另一番论据：

“世道之乱不就是因为雄踞一方、目无君长的武夫太多了吗？你也想当一名为人不齿的武夫吗？”

“不，爹！这等武夫绝非文治所能感化。要致太平盛世，只有先用武力把他们收拾。”

儿子不过十二三岁，竟能说出这样令人无话可驳的道理。赵弘殷不知道是该高兴还是该担心。但他明白自己很难再扭转孩子对生活的某些基本认识，孩子将走他自己的路。

从这时起，父亲不再干涉儿子习武，而且为他延聘了专人教习，只是告诫他不要恃武生事。在洛阳是无事可生了，因为不久，父亲便被召入后晋禁军，举家迁到了新都汴梁。

离开了夹马营，失去了那熟悉、亲切而且可以说是美好的一切，来到人地两疏的汴梁，赵匡胤很长一段时间都感到别扭、烦闷。在他看来，汴梁根本无法和洛阳相比，建筑破旧，街道狭窄，连居民也显得灰头灰脑，土里土气。总之，没有一点帝京的气象。后梁高祖朱温虽然曾在这里称帝十余年，但他的全副精力都用于和晋王李克用的连年争战，根本顾不上王畿的经营和建设。到了李存勖在洛阳称帝以后，汴梁就更失去了政治中心带来的一点光彩。石敬瑭把都城定在汴梁，很重要的原因是形势的要求，而并非出于长久的战略考虑。

但是，都迁来了，官僚机器的大量附生物自然随之迁来了。台、省和禁军的官员及其家属也给汴梁带来了一点繁荣，各种供他们消费的游乐场所应运而生。赵匡胤耳濡目染，也沾上了一些官家少爷的逸乐习气。骑射奕博，无所不精。他很想到外面去闯闯，可是父母不同意，偷跑过两回，不是盘缠不济，就是被家里派人寻回。为了拴住他的心，十八岁那年（945年），父母给他娶了亲。妻子是禁军军官贺景思的女儿贺金婵。新婚燕尔，一时倒也打消了他外出闯荡的野心。可是不到一年的时间，一场大的变故降临了。石重贵不甘心当孙皇帝，竟然想振作起来对抗契丹，洗刷他父亲遗下的全部耻辱。可惜力不从心，降兵叛将，把契丹军队引进汴梁，让石重贵在封丘门当了俘虏。汴梁这次遭到空前的洗劫。先是汉奸张彦泽的军队到处抢掠，烧杀奸淫，后来契丹军又纵兵搜劫，无论官民贫富之家，概莫能免。前者如梳，后者如篦，到契丹退兵时，汴梁已成一座空城。由于事变前，赵家已转移到宋州乡下，这场大乱中，人丁总算没有折损，可是走得慌促，财产就顾不上了。待到重回汴梁，原来的府邸已然是一无所有。

赵弘殷在禁军里干了二十多年，始终没有大的升迁。原先的日子也不过是温饱有余而已，经此一劫，生活立刻显得窘迫起来。匡胤快二十岁了，怎么能待在家里吃闲饭？由于几年来武艺颇有精进，兵法韬略也研习了不少，自信到军中能有所作为。过了年，后汉高祖刘知远便登上了帝位。不久，李守真称叛于凤翔。赵弘殷被派往平叛前线，立下战功，擢升为都指挥使。喜报传来，更惹动了赵匡胤的一腔壮志。他想，别处不能去，到父亲帐下效力总可以吧，而且母亲膝下又有了两个儿子（二弟匡义、三弟匡美），俱都强健活泼，该放自己出去了。可是母亲仍是不允。

赵匡胤为自己无所事事的生活而陷入深深的苦闷。他想从自己的妻子贺金蝉那里得到理解和支持，赵匡胤把想要离家从军的想法告诉了金蝉，他觉得这是一种责任——不能够向她隐瞒。当然，也不必向她隐瞒，俩人感情不错，她会站在自己同一立场上来的。

贺金蝉是个贤淑而勤劳的女子，从小所受的教育使她深深懂得，一个女人最大的希望和倚托就是自己男人事业的成功。她认定赵匡胤是个有出息的丈夫，任何时候也不会因儿女情长而英雄气短。因此尽管新婚不久，她也不想把他羁留在自己的身边虚度岁月。她从内心里支持丈夫到外面去闯荡，哪怕自己为此要付出很大的代价。寂寞和劳累她都能忍耐，但她却又不能公开地支持丈夫出走，因为她知道那样做必然违背公婆的心愿。于是，她只能不时地劝慰丈夫，让他稍安毋躁，静候良机。她说：

"大丈夫要待机而动，不能急躁。'乘风破浪会有时'，待那'时'至了，便'直挂云帆济沧海'。"赵匡胤只能点头，他想不出该说什么话。

## 在赌场上跌宕起伏

一连发生的两件事，促使赵匡胤下定了离家出走的决心。

前不久，夹马营时的邻居和伙伴慕容延钊从禁军中回汴梁省亲。赵匡胤和韩令坤（也是夹马营时的老友）见到他时，不胜惊喜和感慨。慕容延钊比他俩大几岁，前几年便补入了禁军，现在已经是一名不大不小的军校。一身鲜亮的军服，十足军人的气概，真让人羡慕。他们是儿时的好友，后来都随父母迁来汴梁。此番见面，虽然处境并不同，但友情却还在。不免天天泡在一堆，找乐子、寻开心。一日，三人带着一干伙伴到郊外练习骑射。这也是赵匡胤、韩令坤等人的“传统项目”了。按常规每次都要带几只飞禽野兔之类的猎物回来，就在城门口的小铺里现剥了大嚼一顿。可是这一天运气不佳，奔跑了半日却一无所获。大伙儿都怏怏不乐，特别是走近城门口时，看到小铺主人那企盼的眼神，更是不自在，一个个垂头丧气，装出视而不见的神情。

这时，只见路旁有几个土泼皮，围着一匹没有鞍鞯和辔头的黑马，嘁嘁喳喳地在议论着什么。其中一个忽然大声嚷嚷道：

“喂！谁能骑上这匹黑马顺大道跑十丈远，就赢五百铜钱。”说着，又拿眼瞟瞟匡胤这伙人，分明是想看看他们有什么反应。

赵匡胤听他一嚷，不由自主地望了望那马。黑马生得不算高大壮实，也并无狂劣之态。他心想，我平日不用鞍辔骑马乃是常事，不信就控不住这匹马？这时，那伙泼皮里有人认得匡胤，叫道：

“赵公子，这五百钱只怕你才赢得到。”

旁边又有人插嘴说：“必是劣马，骑上它就得摔下来，哪有那么容易拣得的铜钱。”

赵匡胤的好胜心被激发起来了。什么骑上去就得摔下来，我非要赚五百钱与大家喝酒，解解心中的闷气。

匡胤走到马旁，先用手拍拍马颈，只见那马翻了翻眼皮，并无什么反应。接着匡胤一侧身，猛地跃上马背，牢牢抓住鬃毛，然后双腿一夹马腹，好让它跑起来。谁知那马好生作怪，提提腿又放下，只是在原地踏步。匡胤见马竟然不动，不由性起，便用靴后的马刺戳向马腹。那马受此一惊，猛然撒开四蹄——却不往城外的大道，而直奔城里。匡胤紧攥马鬃，想扭转马头。在马发狂般挣扎中，瞬间已进了城门洞。刚出门洞，突然向右一拐，又冲上了登城的斜道。这斜道稍高处，有一道砖砌的门洞，门楣不高，官员们经由此处上下城楼，必须低下头才能安全通过。这时仓促之间，匡胤哪里顾得上低头，只听得“蓬”的一声，前额撞在门楣上，他眼前一黑，滚下马来。

他并未丧失知觉，耳边还听得韩令坤和慕容延钊在后面一迭连声地喊：“匡胤，匡胤……”

头像要炸裂一般的痛，可是他想他不能倒在这儿，让那几个泼皮看笑话。他用力挺起身来，睁眼一看，那马儿仿佛也惊住了，就站在离他数步远处，斜睥着他。匡胤心头一阵气恼，你这孽畜，我就不信降不服你！他站稳脚跟，几步跨到马旁，一翻身又跨上了马背。这回马也不发狂了，竟由他一路骑着从斜道上缓缓走出城门外。伙伴们看见他居然平安无恙地骑在马背上，发出一阵欢呼，齐声叹道："匡胤真是命大，换了别人，怕不撞碎了脑袋！"

赢了那五百铜钱，赵匡胤回到家里，整整躺了三天，头痛才渐渐地缓解。经这么一撞自己竟能毫无损伤地挺过来，真是值得庆幸。可是照常理，就这么一下要了命也并不奇怪，但那就太不值得了。到这个世界上来了一趟，什么也没干成，在马背上给撞死了，真是祭文都没法写。怪不得古人向往"马革裹尸还"，生命的辉煌，即使短暂，也远远胜于一辈子的碌碌无为。他更加坚定了自己外出投军的决心。

待在家里休息久了，更觉得烦躁。一天，韩令坤来邀他出外散心。俩人行至郊外，见路旁一座土屋，里面人声嘈杂，喝六呼幺，十分热闹。匡胤凭经验肯定是一处临时的赌场。好些日子没上场了，不免手痒，于是拉着令坤一起走了进去。一连摇了几把，每把必输，不禁心头火起。他对自己的手法是很有信心的，几乎从来没有像今天这样一输再输。这时从室外传进来特别刺耳的鸟雀躁动的声音，扑翼、啄咬、尖叫，越来越响。赵匡胤对韩令坤说：

"这些鸟雀怎么这么闹法？莫不是有什么毒蛇野兽惊害？让我们带上弓箭到外面看看去。"

"也好，走吧！"韩令坤也正想活动活动换换手气。俩人走到屋外，只见旁边空地上数百只喜鹊正在互相搏斗，像发了疯一样，死伤狼藉，甚为凄惨。

"鸟雀为什么要这样伤害同类？比人还凶！"韩令坤呆呆地望着那场面，喃喃自语地说。

"让我们来处理吧！"匡胤说："你看，这两边都有几只领头的，特别凶狠暴戾，只要我们用箭将其射杀，这场搏斗自然就会停下来的。"

说罢，俩人分别张弓搭箭射向两边，一连发了几箭，将双方中几只最凶的鸟射倒。不多时，别的雀儿便纷纷撤出战场，逃逸得无踪无影了。俩人刚收好弓箭，只听见身后一声巨响，那聚赌的土屋已经坍塌。刚才还兴高采烈的一伙赌徒，一个也未能逃得出来。

"好好一幢房子，突然垮了。刚才你我要不走出来，此刻也做了冤鬼。"韩令坤慢条斯理地说，仿佛是在议论一件与自己无关的事。

"想是你我的命大，值日功曹借这些鸟雀的声音，把我们叫出来。我们的命是鸟救的。看来还真不该射杀它们。来，我俩把这些死雀儿掩埋了。"匡胤说完，就动手埋雀。

事后，赵匡胤想，像我这样的人真正再不能够这样无所事事地混下去了。逢凶化吉，遇难呈祥，这都是上天在昭示我快快出去建功立业。父母不让我从军，无非是怕我会有不测。可是我要是该死的话，城楼上可以撞死，土屋里可以压死。去到疆场，即使是战死，总比这类毫无意义的横死要光彩得多，如果不死，自己一定能为斯世斯民做出一番事业。

他决定采取偷偷出走的办法，到凤翔去找父亲的部队。为了不让母亲妻子担心着急，他写了一封说明原委的信，打算走过了郑州时，托人带回家中。临出发的那天清早，他收拾了几件衣服，带了些散碎银子，手提一条哨棒，出城就上了往西的官道。

正是春暖花开的季节，又碰上一个好晴天。阳光和煦，平原上碧绿的麦苗一望无际，十分赏心悦目。赵匡胤有种冲出樊篱的轻松和踌躇满志的自信。从此他终于作为一个男子汉走上自己独立拼搏的道路了。脱离了家庭的庇护，他对不可知的未来并不感到畏怯。当然，抛弃了家庭的温暖，他也不是没有怅惘。但是，“匈奴未灭，何以家为？”他觉得自己的抱负和才智都不会不如汉骠骑将军卫青。大丈夫要立志，可是有志而不能行，与无志何异呢？他想到了母亲和妻子，他们会伤心落泪的，但自己绝不能为了这一念的柔情再蹉跎岁月延误前程。而面对无可如何的现实，家人会慢慢平静的。

一路晓行夜宿，不几日便到了洛阳。洛阳已失去昔日的繁华，但仍然勾起他许多怀旧的情感。不过因为盘缠并不丰足，而且自己又急于赶到军前，他未作停留，又继续西行。出了潼关，进入八百里秦川。匡胤慨叹关中地形之胜，真是东有黄河，南有秦岭；扼潼关，守可以保一方基业，出可以长驱而入中原。无怪乎秦、汉、唐三代都以关中为畿辅，不愧是帝王养精蓄锐而致长治久安的宝地啊！

到了凤翔，只见一片战后的破败景象，根本没有部队了。一打听，原来吐蕃内乱，陇中一带吐蕃屡屡扰边，父亲率军北上原州（今宁夏固原）讨伐去了。怎么办呢？匡胤想，总不能又返回汴梁去。古人说“丈夫当读万卷书，行万里路”，此去原州尚不足千里，怕什么？朝西北方向走下去吧。闻听那里临近吐蕃边界，正好长长自己的见识。他打定了主意，便向西北面原州方向出发。到了陕陇边界，景象渐显荒凉，人烟也愈见稀少。饮食投宿都不像前一段的旅途那样方便了。跋涉了这么多日子，不免觉得困乏，先前的雄心便无形销蚀了许多，加上囊中已所剩无几，饮食上不敢自奉太丰，口里便觉得淡得紧，只想改善改善生活。

这天，来到一座小镇，打听之下，原来已是原州地界，县名潘原（今甘肃平凉东）。街市虽然萧条，倒也还有几座店铺。十字街口有一处布幌高高挑起，赵匡胤料定是个酒馆，便信步走了进去。刚进门，一眼便看见十几个后生围在中央一张大桌四周，正在那里喝幺呼六，赌得起劲。匡胤是汴梁城里要钱的高手，站在桌前看了几把便知道这伙人中并无什么手法精妙的人。心想，自己何不趁此机会赢几个盘缠，也好进补些油水，治治肚里的馋虫。他解下包袱，放好哨棒，一面挤开一个位置一面招呼：

“各位，让兄弟我也来玩两把可好？”

众赌徒一齐抬眼望他，风尘仆仆，中州口音，显然是个外来客，一时没人搭腔。过一会儿，一个长着疤瘌眼的汉子问坐在正中位置上满脸胡须、眼露凶光的抽头监赌的人：“驴儿哥，你说可好？”

“行，谁玩都行，反正只认骰子不认人嘛。”

匡胤坐了下来，满心欢喜，只以为鸿鹄将至。告过了幺，该他掷骰子。一把下去，是个“顺水鱼儿”。对幺、二、三，可下边买的是七、八大注，第一把就输了。心中不舍，又来一手，掷了个黑十七，又输了。一连几把下来，囊中眼见不济了。心中烦躁，脑门上就沁出汗来。

当场又告了幺，这回该别人先掷。匡胤却一把抢过骰子说：“让我倒买一盆吧！”他是情急了，只想掷个“大快”，好把银子赢回来。谁知道掷下去的骰子在盆中滴溜溜转了一会，先出来两个四，接着两个幺，名为“果头儿”眼见得没有希望了，赵匡胤灵机一动，大叫一声：

“好一个‘大快’，快兑银子来！”

“你这是什么‘大快’，五个一色、六个一色，才算得‘大快’，你这是‘果头’，想蒙事？”

匡胤镇静地笑了一声，随机应变道：

“你们小地方人，原来不识得骰子的名色，我这叫‘果快’。

'果快'有'脱爪龙'、'蓬头鬼'、'油瓶盖'、'折足雁'、'双龙入海'一共十种，我这四个四，两个幺，名为'孩儿十'，也是其中一种……"他信口说出一篇道理，像是有根有据，听的那些人似信非信，一齐望着抽头监赌的驴儿哥。驴儿说："这位大哥说得也有些是，这把就算他赢了吧！你们各人上注，重新再掷。"

这回赵匡胤掷了个"鸳鸯被"（三个四、三个六），赢了。从这把起，转了手气，顺风顺水，把把连赢。凡有那输家欠着未结的，匡胤就喊："会要不会揭，必定是死血。要赌，先把银子结了。"不多一会，五两一锭的白银，便赢了五十多锭。赢得性起，自然无暇他顾，他根本没有注意几个输尽的赌徒退了出去。不多时他们又走进来，站在赵匡胤左右，互使眼色示意。

"再来，再来！"匡胤把骰子在盆里摇得哗哗响，一面招呼众人下注。就在这时，旁边俩人不知为什么争吵斗嘴，推推搡搡，秩序顿时乱起来。赵匡胤起了警觉，连忙起身，准备退出，谁知身子尚未站直，脑袋上已挨了狠狠一闷棍，当即站不稳，向下倒去，接着一群人涌上来，拳脚交加，一顿暴打，赢的钱也被抢了个精光。要不是一队巡逻的官兵在此经过，只怕连命都会难保。

那领队的哨官将匡胤救起，便问他的来龙去脉。匡胤说了一遍。那位带队哨官说道：

"原来是都指挥使赵大人的公子！只是公子来得不凑巧，令尊大人已经带着部队奉命回师汴梁，你想是与他途中错过了。"

匡胤听到这话，从头一直凉到了脚趾。怎么办？投军无着，离家数千里，钱被抢个精光，真是太不走运了。偏巧这位哨官正是禁军班师时留守善后的，在这座城里也算得一方之主，抽头监赌的张驴儿时常都要奉承巴结着他。听到赵匡胤的来历之后，驴儿赶紧着人寻到那几个抢钱的赌徒，索回了几十两银子，交与哨官，请他担待着，劝赵公子息怒。哨官把匡胤接回营里，安排了食宿，又把银两交付与他说：

“公子，这里边陲荒蛮之地，你不可单身久留，恐生不测，且回中原再作计较。这些银子作路费想已够了。那几个生事的毛贼，我日后自会惩处。”

赵匡胤觉得他的话说得也在理。这原州地方民风竟如此之坏，赌钱要赖或者情所难免，要赖却还要打人，打人又还不敢光明正大，使出这等卑鄙下流的暗算伎俩……难道我就平白无故挨了这顿打而灰溜溜地离去？赵匡胤的性格和习惯都不许自己善罢甘休。他要找那些无赖们算账！但这些人都是一些当地的土混混，他们既已知道自己官家子弟的身份，此刻定已四下逃匿，自己不离开原州，他们是不会露面的，而自己却一刻也不愿在这令人败兴的地方再待下去。看来只好便宜这伙小毛贼了。而且，话又说回来，自己在赌场中的表现也并非那么高尚。看来赌场这种地方，陷进去的人不免迷失本性。一旦输急了眼，什么事都能做得出来的。赵匡胤想，今后自己不能再参与赌博了，此等有害无益之事，耗费时间，消磨壮志，更可怕的是会使人丧失良知，滑向罪恶。

有人认为体罚可以令人头脑清醒，此话怕有几分对。赵匡胤挨了一顿打，便对赌博认识如此深刻，并下定了戒赌的决心，也是一个证明。问题是他这种决心维持的时间太短——大概十来天，反正不到一个月。

## 把华山输掉了

西陲的荒凉，给赵匡胤留下了很深的印象。在回中原的路上，他一直在想，汉、唐极盛的时期，中国的版图，由原州西去尚有万里之广，而今日的原州却已是蕃、汉杂处边境地区。旧时的河西走廊，据史籍上载，是一派商旅繁忙、人丁兴旺、物产丰盈、民生殷足的景象，而眼前的风光却简直有些令人惨不忍睹。民俗的刁蛮险诈（赵匡胤仍念念于赌场挨打的事）其实也是民生的凋敝所造成。而民生凋敝的根本原因是国势衰颓而导致的连年战祸。甘、凉、兰、肃诸州原本都是汉人开发生息的地方，现在已尽为异族所占有。谁知道这个山川易主的过程让多少百姓的生命和财产做出了牺牲！

国势为什么会衰颓到今日的地步？赵匡胤想，一切都是从安史之乱后的藩镇割据开始的。开元盛世幅员数万里的天朝上国，数十年来所统治的不过是山东、河南及晋、陕的部分地方。不要说重致汉、唐的规模，就是统一汉族的中夏之区，也是一件难得令人不敢想象的事。赵匡胤觉得，关键是需要一双强有力的手，首先扫平各路的分裂势力。一经荡平之后，再也不许武人任封疆之事。地方政权一定要交由文官执掌。武人的职责就是统兵打仗。只有彻底贯彻了文官治国的方针，国祚可保其久远。然而，这双强有力的手臂在哪里呢？匡胤想到这里，便只能暗暗地叹一口气。

赵匡胤一路行来，不觉进了华州地面。他猛然想起，西岳华山离此不远，又是自己心仪已久的地方，既然到了这里，不可不去看看。那日来到山下，看到一处红墙黑瓦的建筑，甚为清幽，山门上镌着“神丹观”三字，知是道教的丛林。匡胤信步走了进去，刚到正殿，里而出来一位道者，见了匡胤便上前行礼，问道：

“不知壮士到小观有何见教？”言下颇有些畏葸的神情。赵匡胤连忙拱手回礼答道：

“在下从原州来，往汴梁去，特来朝拜西岳，不知道长可否给予方便借宿几日？”

道者见他一副知书达理的模样，便去掉了怯惧之心。待问过了匡胤家世，满脸堆笑说：

“原来是赵公子，失敬失敬。小道名褚元，是观里的住持。公子有兴游山，只管在小观内多盘桓几日，只是食宿简陋，望勿见怪。”俩人又闲谈了一会，褚元便唤僮儿备饭。自然是几品素肴，倒也洁净可口。饭毕，褚元着童儿带匡胤到东厢一间客房内，安排了住处。

第二日，匡胤便登山揽胜。为了一睹著名的华山日出美景，天尚未明他就从神丹观出发，趁着天边的残月，一径上了千尺幢。华山，素称天下第一雄山，绝壁千仞，峻岭逶迤，景色十分之壮观。匡胤上得山来，正值太阳将出未出之际。东方的天空先只是一片鱼肚白，须臾间泛出了橘红色的光，越来越强，化为一片金赤，把远处群峰的背后，都映成一片火红，接着金黄耀眼的太阳从红光中浮现了一线圆弧，圆弧上升成为上弧下直的一块，转瞬便成为一个半球，最后，像是轻轻抖动了一下，一轮红日跳出了山脊，整个世界立即大放光明。这景象令赵匡胤如痴如醉，坐在山头久久不忍离去。哪位哲人说过：“每一颗年轻的心里都有一首诗。”我们的主人公这时也不禁诗兴大发了，沉吟了半晌，口占出一首七绝：

> 欲出未出光辣挞，千山万山如火发；
> 须臾走向天上来，赶却残星赶却月。

匡胤从未在诗词上下过功夫，自知诗句浅露直俗，但觉得气势倒还显得宏大，白描景物，却又似乎抒写了几分胸臆。得意之余，便放开喉咙向着太阳大声吟诵起来。

在山上游荡了半日，稍觉饥渴，忽见对面不远处有个山洞，洞前坐着两个老者在下棋。匡胤想不如且去讨碗水喝。快步来到洞前，只见那两个老者倚松靠石，对面而坐，中间一座石台，台上摆着一个棋盘。黑、红两方正在对阵厮杀。匡胤站在使黑棋的老者身后，眼看那红方的老者用了舍车取将的招式，把红车放在黑马口里，诱他来吃。那黑方老者正待走马吃车，匡胤在身后不觉插嘴：

“吃不得！”他原也是个好棋的人，明知不该作声，却按捺不住，连自己来讨水喝的事也忘了。

红方老者望了他一眼，没有作声。黑方老者听他一喝，停马不走，打量了半天局势，看出红方的另一处破绽，便趁势出兵，不消几步，反而是黑胜红输。只见红方老者从旁边的布袋中摸出银两来付给对方。匡胤心想，原来他们是赌银钱的，我多此一嘴，害得他输钱，很觉过意不去。不如下一盘我再指点他一着、两着，让他赢了回来，便算公平了。当下又摆开棋子，重开一局。下到七八着后，只见那红方老者提炮要打黑卒，匡胤喊道：

“空打无益，且顾住自己家里。”那红方老者闻言便停下炮来，细细一看，果然看出一个双马卧槽的险局，连忙放下炮，别住马腿。

那使黑棋的老者看看匡胤，气恼地说：

“红脸壮士，你也太不识趣了，老在一边多嘴，你棋艺既然高超，敢和我来下三盘吗？”

匡胤本就爱玩棋，经他这一激，更是技痒难熬，立刻答道；

“就与你下三盘，又怎么样？是高是低总需棋盘上定。”说罢就要摆棋。

“慢着，我们有规矩，每盘赌彩二十两纹银，无欠无赖，你可拿得出？”使黑棋的老者说。

“二十两就二十两！”说罢，赵匡胤便坐在红方的一面，摆好棋子，对弈起来，早忘了戒赌的自律。

这下棋的事从来是旁观者清，自己一旦上场便不免技不从心。刚才只觉得老者的棋艺平常，此刻和自己交起手来杀法却非常犀利，着着都占上风。头一盘匡胤很快就输了，他心中不服，一张红脸涨得更红，狠狠地说：

“再来第二盘，我和你赌四十两。”赌徒的本性又冒出来了，总想把输掉的赢回来。

“四十两就四十两，难道我会怕你？”

第二盘，老者又换了棋路，杀得匡胤全然无法招架，输得比第一盘更快、更惨。

一连输了两盘，心里更急。在汴梁下棋，我赵匡胤少有敌手，怎么到了关西，便如此不济，这口气实在咽不下去，他于是对老者说：

“这最后一盘，把前两盘的彩银合并。你若再赢，我如数照付，一共是一百二十两。你若输了，便把前两盘的六十两抵销。如何？”

“好便是好，不过话要说明白：这盘你赢了，什么事都没有；你若输了，只怕拿不出那么多银子。”

匡胤听了这话，直想发作。可是又想把输掉的翻回来，便忍气吞声地说：

“你只管放心走棋，少说空话，不要小看别人。”

那老者又把棋摆好，并说；“按规矩本是赢家先走，这盘我便让你先走，好别无话说。”

匡胤听说，喜滋滋迫不及待地摆炮便走。满以为这一局定能获胜，谁知下到最后，自己的车、马、炮竟被吃了个精光。当下气得目瞪口呆，说不出话来。怎么办？哪来这许多银子付与他？想来想去，只有耍赖，便硬着头皮说道：

“老人家，刚才这盘，本是我赢，被你错走了一着，反让我输。要赌银子，再来一盘！”

“你这是什么话？输了便想耍赖么？”

“确实你走了一着别脚马，我输得冤枉，你如不肯再下，那只好把先前的两盘一齐不算！”

“你说这话，哪里还像个男子汉？旁边这位老者就是个见证，让他说，到底你是否耍赖。”

这时，站在旁边那位老者冷冷一笑说道：

“红脸的君子，输了棋就该认账。我们老年人，打是打你不过的。你可以一走了之。可惜你这般高大轩昂，顶了这耍赖的名声，难道全不怕传了出去被人笑话吗？”

这一番话说得赵匡胤又羞又恼，只是自己亏了理，发作不得，只得忍着气说：

“好，好！算我今日倒霉晦气，待我下山去神丹观取了银子交付与你。”

“壮士，什么神丹观，我知道在哪里？你休要想着法儿把我们当孩子哄骗？”

匡胤此时赖又赖不脱，走又走不成，急得搓手顿足，没了主张。僵持了片刻，老者发怒了：“我们下棋玩耍，你要在一旁多嘴，还要逞能，与人赌输赢。输了，又想赖账，怕是在别处输打赢要惯了的！你既不肯给钱，就磕个头走路吧，我只当是买了只鸟儿放生。”

匡胤被他骂得心头火起，紫涨着脸恨不得给这老头儿两拳，又怕别人知道，说自己欺负老弱，只好轻声慢语地解释道：

“你老人家也没眼力。我一个过路人，就算把衣服全剥给你，也值不得一百二十两银子。”

这时两个老者走到一边轻轻嘀咕起来。原来那与匡胤对弈的老者姓陈名抟，是华山诸观道众之首，极有修为，后世称陈抟老祖。他是个见多识广、阅历丰富的人。看到赵匡胤那落拓不羁的风貌、威武昂藏的气概和豁达憨厚的性格，心中颇有感悟。心想此人定是个将门子弟，孤身外游，江湖远涉，非有过人的胆识和宏大的志向不能做到。从刚才的观棋插嘴、急切求胜到输棋耍赖等细节足见其心高气傲的性情，而后来激之而不怒、放之而不走的表现更能显出他善良诚实的心地。值此乱世，此人投身戎行，将来必有成就。他想到此处，便决定和历史玩一盘小小的赌博。

“喂，红脸汉子，你无有银子，家中可有山产，抵押一处给我也行，我好建一座修行的所在。”

“没有。”匡胤答道，心里觉得奇怪，谁家有什么可建丛林寺院的山产。这老者既未脱发，又未着僧装，想必是个道长，炼丹炼痴了。

“既然没有，你就把这座华山抵给我算了。”

真的是个痴呆老道。匡胤想，既然他自己提出，我便照他说的做就是，也好早早脱身。

陈抟随即从洞中取出笔墨，要匡胤写出如下一张卖契：

东京赵匡胤，因偿还欠债，愿将华山一座卖与陈姓，定价一百二十两。永为陈姓之业，并无租税。恐后无凭，立此为证。

当下签字画押，便与老者作别。后来赵匡胤登了大宝，“普天之下，莫非王土”，独有这华山境内，从不完粮纳税。因为他早已将它卖掉了，他不能反悔。据说，他侄儿宋真宗即位以后，不知底细，着州县查问，陈抟的隔代弟子还曾把卖契拿出来对证过。

赵匡胤好容易脱了身，赶紧下山。回神丹观碰见褚元；说起在山上下棋赌博之事。褚元说那赢棋的老者是他的师父，姓陈名抟，号希夷，又介绍了一些他的德性与修为。赵匡胤听了殊为不解，心想这样一位德高望重的道长怎么像个疯癫病人，开些莫名其妙的玩笑。

赵匡胤输了华山，再无游兴，打算第二天便离去。谁知晚饭后他外出散步时又碰到了一桩蹊跷之事。他在观院围墙后面，看到一所孤零零的小屋。屋门紧锁，从里面传出一阵阵隐隐的哭声，细听之下，辨出是女人的声音，心想：道观乃方外清静之地，怎么会藏得有妇女？其中定有缘故，不可不问个明白。当下回到观内，找到褚元，大声斥问他那小屋里锁的什么人。

“公子莫管闲事，免生后患！”褚元不肯说。

“你出家人私藏女子，还不肯说出究竟，我如何能不管？”赵匡胤瞪大双眼，发起火来。

“公子不要动怒，这其实不干本观的事。”褚元见匡胤又要发作，赶紧接着说：“让贫道慢慢告禀。这女子是两个响马劫来的，一个月前寄在此处，响马说若有半点差池，就要杀尽我观中道众。”

“那两个响马叫甚名字，现在何处？”

“一个叫满天飞张广，一个叫着地滚周进。现今也不知他们又在何方干那害人的勾当。”

匡胤想，他这番话也不知是真是假，且要他把门打开，当面向那女子问个明白。

褚元叫道童取来钥匙开门。匡胤走了进去，只见里面是个妙龄女子，虽然蓬头垢面，却掩不住那俊俏的姿色。女子见他进来，吓得直往后躲。匡胤连忙劝慰她：

“你不要怕，我不是歹人。你好好说出你的家世来历，我想办法救你就是。”女孩见匡胤仪表堂堂，出言又极其温和，心知是遇见了好人，赶紧道了万福，问道：

“客官贵姓？”褚元在一旁代答道：“这位是东京赵公子。”匡胤略略一颔首。

“赵公子在上，小女子也姓赵，名唤京娘，家住蒲州解梁小祥村，今年一十七岁。因随父亲来西岳进香还愿，途中被两个响马抢来此处，父亲被释放回家，至今已有月余，两个响马也不知往哪里去了。”情节和褚元所述倒也不差。

“两个响马抢了你来，怎么又把你寄在此处？”匡胤问道，心想世上哪有这等不理事的强盗。

“抢我来的时候，我曾听见他俩人争执。后来一个说：‘不要为了一个女人伤了弟兄情谊，把她杀了，免得争吵。’那一个说：‘杀了可惜，不如先寄在神丹观内，待在别处再掳一个来，你我兄弟一同成亲。'俩人就此去了，至今未回。"

"观中道士待你如何？可有非礼之事？"匡胤问。

"非礼倒没有。只是每日将我锁在屋里，只给些干粮、冷水。我见不着一个人，传不出一个信……"说到此处，京娘泪水流个不停。赵匡胤顿时生了恻隐之心，当场便令褚元安排京娘洗漱食宿、备好盘缠，让她回家。可就在这时，他见京娘面有难色，猛然想起这样一个柔弱的女孩子，怎么能孤身一人回到数百里外的蒲州呢？哎，救人需救彻底，我便往河东走一遭，亲自送她回去罢了。京娘听说他愿亲自送她回家，便倒身跪下拜谢他的恩德。这时褚元却在一边插话：

"公子，你此番救人，虽是义举，只是那响马回来，问我要人，叫我如何对付？"

"你放心，"匡胤拍拍他的肩，说："那强盗若是来找麻烦，你就说是东京赵匡胤领走了，叫他顺着往蒲州的道路赶来就是。他不来，是他的造化，他若来，我叫他双双受死，也好除去一害。"

褚元心想，这赵公子也不是个好相与的。想不放行办不到。何况自己长期监守一个响马掳来的女子，虽属无奈，却也有亏阴骘。便不再吭声，低着头为京娘安排干净住处去了。

当晚，褚元准备了几味素菜，温了酒，与赵匡胤饯行。席前，赵匡胤对京娘说道：

"小娘子，我有一事相告，不知可否？"

"恩人有什么吩咐，尽可说。"

"此去蒲州，路途遥远，一两日不能到。一路上没有个称呼，怕人见笑，我想借此酒席，与你结拜为兄妹，不知你可愿意？"

"公子出身高门大宅，小女子不敢高攀。"那京娘心中自然是十分情愿，嘴上却偏会说出谦逊之词，看来是受过些诗礼之教。

这时褚元赶紧在一旁插嘴说道：

“也是为了途中方便，小娘子不必过谦了。”

“奴家遵命就是。”京娘连忙顺台阶下，再若推辞，场面便会尴尬起来。

于是俩人正式结拜。赵匡胤对京娘说道；

“贤妹，你我二人明早便动身。有愚兄相送，你只管大胆放心；不数日便能见到爹娘了。”

“托兄长的福，小妹给兄长添累了。”说罢，京娘又深深地拜了一拜。

匡胤心想，倒也巧得很。俩人同姓不说，我是涿州刘皇叔的同乡，她却是蒲州关二爷的同里，真是有些缘分。

# 千里送京娘

第二天一早，赵匡胤换上一件灰布直裰，扮作行路的乡民模样。京娘也是一身村姑打扮——蓝印花袄裤，齐眉戴一顶盘花雪帽，全然不似昨日的狼狈情形，堪称得上是个俏丽的妙龄少女，天真中透着伶俐，倒也楚楚动人。

这时褚元又牵来一匹马，说也是响马寄放在此，人既放走，不如马也一并相送。匡胤当时心下便有些不悦：这道士怎么帮响马囚人，还帮他守马？道观岂不成了贼窝？待要骂他几句，转念间又想，也是逢着这样的乱世，强人无法无天，官府尚且管他不着，道士们又岂能奈何此辈，不得已时也是只能委屈奉命以图自保。于是把一点恼意又压了下去，拱手向褚元道了谢，便催京娘上马。京娘却要把马让给他骑。赵匡胤说："我向来步行，走惯了，不觉辛苦，贤妹无须推让。"

京娘不敢多让，上了马，赵匡胤手执铜头哨棒，随在马后。俩人一路往蒲州进发。

华山脚下至蒲州解梁，最远处不过三百余里地。便是走得慢，至多六七日行程。后人传说中，为了褒扬赵匡胤的义举，多多渲染途中的跋涉之苦，便夸大为千里之遥。

兄妹二人走了一日，见天色已晚，匡胤便找到一处客店，先要小二安排了一间洁净客房给京娘安歇。用罢饭，喂好马，叫京娘栓上门就寝，然后自己再围着小店近旁巡视了一遍，才回到厢房内打开行李睡觉。

第二天走到晌午时，远远望见一处黑黝黝的松林。赵匡胤在外闯荡久了，凭经验判断其中必有歹人出没，便对京娘说：

“贤妹，此地形势险恶，怕有强人，我在前面开路，遇见响马，便收拾了他，你放慢些跟在后面，以免厮打起来时不好照应。”

京娘点头称是，叮嘱匡胤放仔细些。

赵匡胤走了不到半里地，果然就碰到了十数个剪径的喽啰，发一声喊，一齐扑过来。匡胤一看来势凶猛，也就不问情由，举棍便打。他的棍法，是经过名师传授的。在汴梁时日日在禁军校场内演习，观者喝彩，颇有些名气。今日也是活该这群毛贼背时，不到十余招，已然有五六个垫了棍底。剩下的忙奔入林中报信，随后便见一个獐头鼠目五短身材的贼首，手持一根笔管枪，一迭连声地嚷着：

“哪个吃了豹子胆，敢打伤我着地滚周进的兄弟？”说话间便到了匡胤跟前。匡胤听得着地滚周进报名，心想这真是冤家路窄，举棒就打，周进带着约莫二十几个喽啰，也一齐围上。

赵匡胤好不容易得了个在实战中演练的机会，提足了精神，使出浑身解数，把根铜头棒儿使得如金龙护体。棍花飞舞处，只听见毛贼们喊娘叫爷之声，不一会工夫，二十几个人被他打得四零五散。周进见势，一心慌，乱了枪法，被匡胤一棍打倒在地，又一棍结果了性命。

收拾了响马，转身却不见了京娘，四面一望，只见一伙强人正簇拥着京娘往松林里去。匡胤大叫一声："站住！"追了过去，那伙毛贼见匡胤赶来，忙丢下京娘，各自逃走。

京娘这时已吓得神志恍惚，经匡胤抚慰了几句才定下心来，望着匡胤说：

"恩兄真个武艺超群，又救了小妹一命。"

"这几个毛贼怎能奈何得了我！"

"适才有个贼子言道，便是要把小妹送往满天飞张广儿处，想是张广儿那厮也离此不远。"京娘边说边看着匡胤，似乎有些担心的意思。

"最好是那些逃走的贼人去告知张广儿，让他赶来此处，我一齐收拾了他。"

京娘看到匡胤这一腔豪气，心头也踏实下来。俩人收拾好行李马匹又重新上路。果然走了不到十里，便听得后面呐喊声响成一片，回头时，只见一个身材高瘦行走甚是轻捷的贼首，手执双刀，带着一群喽啰，杀气腾腾地追了上来，匡胤看他临近，大喝一声："强贼着打！"一棍捣了过去。单棍对双刀，大约也不过十余回合，匡胤卖个破绽，虚让张广儿进刀，随即回手用棍端将张广儿的刀击落地下。张广儿待要逃走，被赵匡胤赶上，只一棍便毙了命。

众喽啰看到头领如此不济，一个个拔脚要逃，被赵匡胤一声喝住：

"不许跑！听着，这两个贼首多行不义，已经被我除了。尔等从今以后，要改邪归正，不许再为非作歹。要是不听我的话，日后撞着我，休想再活命，滚吧！"

众喽啰唯唯连声，各磕了一个头，作鸟兽散。

这时，赵匡胤也觉有些疲乏，和京娘又赶了一程路，便寻个客店早早歇息了，问过店家，知道此处离黄河渡口已经不远。

夜里，京娘可无法安枕了。赵匡胤是自己的救命恩人，本就有一种无可报答的歉疚，而今天他手毙贼人的英雄气概更令自己敬慕万分。这样的男子汉当是万里挑一、世上难寻啊！都听人家说，姻缘可遇不可求，我得以遇到这样一位英雄，难道还不是巧遇的姻缘吗？想隋末的红拂，不过杨素家中的一名乐女，可是当她看准了李靖是个英雄，敢于夤夜私奔，当机立断地选择了终身的幸福。我若舍下了眼前这位兄长，日后还有什么终身可以依托的人？可是这种事自己怎么说得出口呢？若是不说，眼看过了黄河，就快到家，那便更难启齿了……京娘就这样翻来覆去地想着，直到快天亮时，才迷迷糊糊睡了过去，蒙眬间，只看见匡胤站在自己身旁，紫红色的脸膛，大眼睛、大耳朵、大嘴巴，配着一双大手，虽说不上标俊，可就是深深牵动着自己的情思。她相信，那一双大手能够驱除百害、克服艰险，能够给她以庇护、给她以安全。而在这个世界上，作为女人，她还需要什么呢？

虽然还只是个十七岁的姑娘，但聪明机巧在这方面也颇有心机。上路时，她便装作身体不适，要匡胤搀着上马，走不多远，又说头晕，让匡胤扶下马来，歇息一会，一副娇柔迷惘、楚楚可怜的神态。迟迟宕宕，这一日不过行了三四十里路程。到晚投宿，京娘仍不安静，三番五次在床上呼冷唤热，要匡胤替她加减被褥，端茶递水。

赵匡胤此时是个于女色比较淡漠的人，不然他也不会抛下娇妻只身远游。何况他这次救助京娘全是一片侠义心肠的支使，庄严的正义感横亘在心头，任何邪念都难以萌生。他把京娘的种种表现看作是小女孩的娇态，作为义兄，或者说出于对她遭遇的同情，他觉得自己应该更细心地照顾她。

过了黄河，离家便近了。京娘决定主动披露自己的感情。当晚投宿在一家鸡毛小店，京娘坐在灯前迟迟不肯就寝。匡胤催促了两遍，只听见她在内屋呜咽抽泣不止。匡胤不知道出了什么事，忙从外厢跑进来，询问所以。

“小妹有一件心事，说不出口，故而难过。”

“你我兄妹之间，有什么难以启齿的话呢？”

京娘沉吟了一会，然后才慢慢说道：

“我是一个从未出过门的弱女子，不幸遭此劫难，多蒙大哥解救，送我回家，又为我报仇雪恨，诛杀强人。此恩此德，无以报答，心中愧疚。想来想去，只有一法：如果大哥不嫌我丑陋，我便愿终身为大哥铺床叠被，侍候大哥——不知大哥心下以为如何？”

赵匡胤听了，哈哈大笑起来，说道：

“贤妹说的什么话？我挺身救你，是除暴安良，伸张正义，怎么能存苟且之心，岂不污了侠义之道？再说你我已是兄妹，更不容紊乱，何况愚兄家中已有妻室，岂能再误贤妹终身。”

匡胤这番话说得京娘满脸羞惭，半晌开不得口，想想仍是不甘，硬起头皮又说：

“大哥别怪我多话，小妹并不是淫贱苟且之辈。只是身受重恩，不能不苦思报答之道。我并不敢望与大哥婚配，只要能纳为妾婢，尽心服侍恩兄一世，就死亦无憾了。”

匡胤望着灯下那双迷离的泪眼，心下也觉得恻然。就自己数日的观察，京娘算得上一个好姑娘，容貌可人且不说，温婉娴淑、知书识礼。拂她的意，伤她的心，自己也老大不忍。然而，他却很清醒地意识到，这里牵涉到一个大是大非的原则：是救人还是利己？救人是行善，利己便是为恶。一念之差就会使自己的行为具有完全不同的性质。他决定不在现在的心理防线上后退半步。要断了她的念头，必须拿出斩钉截铁的态度。于是，把脸一沉：

“你不要再提此事，以免污了我的耳朵。我一生正直，是顶天立地的男儿，光明磊落之心，人神共鉴。你再絮叨不休，我便就此离去，那时你进退两难，就不要怪我有始无终了。”

赵匡胤声色俱厉，京娘吓得不敢再开口，过了半晌，才对匡胤深深一拜，说道：

“大哥之心，昭于日月。小妹方才虽是出于至诚，却未想到有污大哥清白这一层。今日愿以大哥为嫡亲骨肉一般相待，请大哥恕罪。”

匡胤听她这一说，便连忙将她扶起，抚慰一番：

“贤妹明白了就好。愚兄不能把自己的一腔正气去换那与强人无异的邪恶之心啊！那样愚兄一生如何在世上立足！”

“大哥是真豪杰，非常人可比。小妹今生不能报恩，便等死后再衔环结草吧！”

从此，京娘愈加敬重匡胤，匡胤也愈加怜惜京娘。又行了一两日，来到了解梁县小祥村。

京娘的父母一个多月来每日里只是长吁短叹，或相对啼哭。这日忽然听家丁来报，说是小姐骑着马回来了，后面跟着一个红脸大汉，手提棍棒，已到家门，请家主出去接人。老头子吓得走了魂，以为是强盗女婿来讨嫁妆了，失神间，女儿已进中堂，相见之下，抱头大哭。

京娘将事情原委细说了一遍，老头子赶紧请匡胤上坐，拜谢他搭救之恩。又吩咐下人杀猪宰羊，安排宴席，款待贵宾恩人。

时间尚在申酉之间，京娘之父着儿子文正带匡胤到庄前庄后游玩，自己和老伴在房中嘀咕起来。自古道，“男女授受不亲”。这位赵公子和京娘，孤男寡女，多日同行，难道竟不动情？这是一；京娘受此大恩，不可不报，这是二；赵公子仪表不俗，日后定成大器，是个可以托付终身的人，这是三；有此一段故事，女儿今后再与别家论婚嫁之事，也确实为难，这是四。总之，这等送上门来的好女婿，实在是天赐良缘，万万不可错过。老头子打定主意，少时在酒席间，当场向匡胤提亲。老太婆还有些担心，怕过于造次，冒犯了恩人。老头子说：

“我女儿品貌俱佳，温和柔顺，我就不信那赵公子竟毫不动情，席间只看我的安排。”

开席时，两位老人家把匡胤让在上座，一家人陪在两旁。酒过数巡以后，老头子站起来亲自为匡胤满斟了一杯，然后开言道：

“公子请饮了此杯，老汉有一言奉告。”

匡胤接过酒，一饮而尽，说：“不知伯父有何见教？”见老人态度如此郑重，心中不免生疑。

“小女余生，都是公子所赐，老汉与贱内商议，大恩大德，无以为报。幸小女尚未适人，意欲许配公子。良缘巧遇，乃是天公作伐，望勿见拒。”

老汉的话只说到一半，匡胤便猜出其意。待他说完，遏制不住一腔怒火，站起身来大声说道：

“你这老者怎么这般不明事理？我出于义气，不惮艰辛送你女儿回家，你却用这种话来侮辱我，我若是好色无德之人，在路上早已和她成亲，那样我与强人何异？你可曾听过前朝柳毅传书的故事？读书明理，只有匡困扶危，怎能乘人之危？要把我的一件义举变成一桩恶事，你是何居心？我不要你们记恩报德，今日就此别过。”说罢这番话，提步往外就走。

老两口吓得目瞪口呆，说不出话。京娘心中怨爹娘做事唐突，得罪了恩兄，连忙下座拉住匡胤衣襟道：“兄长息怒，看在小妹份上，且坐下，容我与你赔罪。”情急之下，眼泪夺眶而出。

赵匡胤却在气头上，心知妹子是个好人，不愿让她难堪，可自己再逗留此处，确是尴尬，于是一狠心，推开京娘，一边说："妹子休要如此，愚兄去了。"一边大步走出屋外，提起自己的行李和哨棍，头也不回地离开了小祥村。

匡胤出得庄来，天时已晚，因不识路径，低头走路中上了一座乱葬岗，只见四周磷火荧荧、阴风惨惨，断树摇枝、衰草起伏，不免有几分寒意。心想，今夜却是如何打发。走不多时，遇着一所破庙，便打定主意在庙中挨过一宵，天明再走。也顾不得腌臜狼藉，在廊前打开行李，倒头便睡。不知睡了多久，只听得耳边有人唤："恩兄，恩兄！"辨出是京娘的声音，大吃一惊，连忙问道：

"贤妹你缘何追来此处？快快回去，免得父母惦挂。"说话间，只见京娘垂着头，看不清面目。

"恩兄，你于小妹有救命之恩。爹娘不晓事，席前造次，惹得恩兄生气。只是小妹命薄，此生既不能托以终身，又无法别图报答，更无望再得良人，不如死去，免了一切烦恼羞愧。"

"贤妹断不要如此想，待愚兄再送你回去就是。"

"恩兄啊！小妹已然在一个时辰前悬梁自尽了。此来是与恩兄作别……"

匡胤听得此言，惊得大叫一声，翻身坐起，只见自己置身破庙，原来刚才是在做梦。

虽然是做梦，醒后心情却再也不能平静。梦就是梦，不会成真。幼读诗书，"子不语怪力乱神"，匡胤不相信有什么鬼魂托梦的事。但是他想起京娘对自己的一片深情，他感觉到京娘在羞愧失望之中，可能真的会走上轻生之路。如果确实发生了此事，那就真个是"我虽不杀伯仁，伯仁由我而死"。匡胤心头涌起一阵阵的恐惧和内疚。但愿这只是梦、只是梦……他忐忑不安，好容易挨到天明，找着大路，来到一处集镇。匡胤走进一家茶馆，正待用些点心，忽听旁边桌上两个客人在议论……

“老兄，你可曾听说，那女子昨日才从外地被人送回，昨晚便自尽了，不知为了何故？”

“有人说是先前被强人掳去一月有余，想是已经失了清白，回家愧对父母乡里。”

“只怕是如此，可怜两个老的哭得死去活来……”

赵匡胤在一旁只听得心惊肉跳、悲愤难当，恨不得走过去将两个饶舌之徒痛殴一顿，又怕招来物议。点心也不吃了，他匆匆离店而去。

行到街上，想起京娘的种种，不禁落下泪来，欲待回到小祥村去祭奠一番，又觉得不妥，怕生出别的事来。即便不出事，也徒然让京娘家人伤心，自己也无颜面。想来想去，在街头买了纸钱香烛，来到郊外，摆了个小小祭台。自己拜了一拜，然后“祭如在”，对天说了一番话：

“贤妹，你生死一心，足见贞节。愚兄有愧你了。日后愚兄如有尺寸之进，定为你建立香祠，旌表你的节烈。幽明路隔，贤妹珍重。”

哀伤而怅惘的赵匡胤拖着沉重的步子，踽踽而行，离开了他不忍回顾的蒲州。一路之上，精神恍惚，总觉得京娘妹子依然在自己身边，时而注目流睇，含情脉脉；时而细语叮咛，凄恻缠绵；时而言笑晏晏，娇态可掬。定下神来，才发现自己是一人独行，京娘妹子已经去了另一个世界。赵匡胤从来没有经历过这样的情感活动，他并不后悔自己做错了，但想起京娘的悲惨结局，不由得愧疚而感伤，泫然泪下。

## 告帮生涯的连连碰壁

赵匡胤离开蒲州南行，一直到过了黄河以后，他才渐渐从低沉而悲痛的情绪中解脱出来。死者已矣！多想也是无用。自己下一步该如何打算呢？他觉得拿不定主意。

经历了这番变故，赵匡胤虽然说不上万念俱灰，但昔日的雄心壮志确实消磨了不少。人世不过百年，像我那苦命的京娘妹子才活了一十七岁，花蕾还没有打开就从枝条上萎谢了。人一死便什么都不存在，活在世上时孜孜矻矻争名夺利到底为了什么？……情绪一消极，人就会倦游思家，想回到那个避风港里去休整自己的灵魂，赵匡胤于是折向了东方——汴梁的方向。

乾祐二年的初冬，中原多雨雪天气，赵匡胤对比从这里出发往关西去时的景象，感慨良深。那时风和日丽、万物欣荣，眼前则雨横风狂、山川凋敝。真所谓“昔我往矣，杨柳依依；今我来思，雨雪霏霏”。自己的心情本已不好，加上这自然风物的肃杀萧条，烦愁沮丧齐集于心头无法排遣。古代的征夫戍客，“我徂东山、滔滔不归”的怅叹，不过是想家而已，而自己此时却不尽然。回得家去，依然“白丁”一个，衣食仰求于父母，宁无羞愧？在矛盾彷徨中，他在一个岔道口上，往东南踏上去宋州的路，而那指向东北方的大道距汴梁已不过几十里地远近。

不回家，不能回家！大丈夫只有衣锦荣归，不能乞食故里。抱瓮灌园不是我赵匡胤所能忍受的生活。一身的武艺韬略，终有为明主所用的一天。值此乱世，就算不遇明主，只要看准了机会，自己也未尝不可以成就一番事业。但是机会在哪里呢？心里依然是混沌一片。

漫无目的，走走停停，不知不觉间来到归德，归德也算是中州重镇，市面尚称繁华。匡胤走了半日，有些饥渴，便走进一间酒肆，要了一斤老酒，二斤牛肉，十个馒头，边吃边喝，并问那酒保，此地可有什么游玩之处。酒保道：“只有一座庙宇——高辛庙，因菩萨灵验，远近的善男信女，多来此求签问卦，香火十分兴盛。客官如有兴致，可去看看热闹。若问问前程，也是方便不过。”

匡胤吃饱喝足，问明路径，便往高辛庙慢慢走去。来到庙前，见那里香烟缭绕，人头攒动，男女老少、贫富贵贱，熙熙攘攘。有的呼朋引伴，有的拖家带口，一个个手擎香烛供品，神态虔诚，走进大殿去求签许愿。匡胤随着人流来到大殿，身不由已地跪在香案前磕了一个头，当下便有执事僧人来到身边问道：“客人求签还是问卦？”

匡胤本未带得香烛，但只因香客信众十分拥挤，谁也弄不清楚供奉出自何人之手。既然有人来问，何不就在此卜卜自己的前程呢？

“先求签后问卦。”匡胤答道，心想索性弄个明白，一件也不放过。接过执事僧人递过的签筒，命在手中，心中先默默祷告：神明在上，我赵某落拓至今，尚无安身立命之基。日后造化如何，恳祈于签文中明示。祷毕便摇动签筒，直到从中落下一支竹签。执事僧人拾起一看，连声说："恭喜，恭喜，乃是一支上上签！"立即去柜中兑了签文，上面写着四句话：

> 平生志气与天俦，五岳三山任漫游，
> 一旦风云从地起，扶摇万里小神州。

话说得很泛，但口气着实大得吓人。赵匡胤只是想求个明白剀切的启示，便从执事僧手中又接过了神筊，这回祷告时却问得直截了当：神明在上，我赵匡胤有志从戎，若能谋得一名小校的位置，便请赐我一付圣卦。祷毕，将筊投在地上，只见两只筊均仰面向天，乃是一付阳卦。赵匡胤心想，难道我命运如此不济，竟连一名小校都混不上？未必！只恐是不止于此。神明不便作答。

于是又拾起双筊重新默祷：若能分治一方，到得州府刺史的官位，便请赐圣卦。投筊于地，谁知却是双筊仆地，乃是一付阴卦，依然得不到圣卦。赵匡胤想，莫非尚不止刺史之位。于是又问指挥使、防御使、节度使……一投再投，不是阴卦便是阳卦，就是没有圣卦露面。怎么竟然会连节度使都打不住，列土封疆，莫大于此，几十年来走马灯式的皇帝，没有一个不是从节度使上去的，难道我赵匡胤竟有九五之尊的福分？不管怎样，再问最后一筊：

神明在上，弟子赵匡胤虔诚顶礼，若得一圣卦，便是他年当君临天下、一统神州。

这一筊掷了下去，不斜不倚、一仰一仆，正是一付圣卦。赵匡胤当时兴奋得几乎直不起身来，立即又磕了一个头默祷道：若是灵验，将来一定重修庙宇、再塑金身。

那执事僧人见他一掷再掷，甚是不耐烦，待说他几句，又恐他倚仗人高马大，在此生事。正在踌躇间，匡胤已站了起来，从怀中取出一锭小银，交付与他。僧人一腔不快立时烟消云散，满脸堆笑地说：“贵人有贵相，显达就在眼前。”

匡胤出得庙来，精神振奋了许多。神谕之类，不可尽信，不可不信。好歹自己也要继续去闯一闯、试一试。近日传闻荆南节度使、南平文献王高从诲寝疾，命其子高保融判内外兵马事，有传位之意。高从诲十一个儿子，多怀野心，朝廷或将用兵于荆南。赵匡胤想起父亲在洛阳时的袍泽弟兄王彦超，现任复州（湖北沔阳）防御使。复州与荆南仅一水之隔。前去投他，或许有建功立业的机会。记得自己在夹马营和这位叔辈接触甚多，其时王彦超还是个青年军官，比父亲小了约十岁年纪，常常把自己扛在颈上“骑高马”。此时前去投他，想必不会被拒绝。

沿着蔡州、申州（今河南汝南、信阳）一路南下，直走了十余日，才来到复州地界。复州处在昔日云梦大泽的北部，大部分地区是湖泥淤积而成，土地肥美、沟港纵横，虽在江北，却是江南的水乡景象。莲、菱、芡、藕，俯拾即是，鱼、鳖、虾、蟹，张网可得。尤其是野鸭天鹅，群起时竟遮天蔽日。匡胤初见时，欣喜之至，恨身边不曾带得弓箭，好射杀个痛快。由于地广人稀，百姓自是十分富足，只是易生水患，洪水来时，防不胜防，往往只求保得性命，第二年重新创业。有民谣曰：

沔阳州、沔阳州，十年九不收，若得收一季，狗儿不吃粥。

赵匡胤生长在黄土平原上，水乡的一切自然使他觉得新奇可爱。他也曾闪过一个念头：这等地方，行军打仗却是十分不便。后来，正是由于与此有关的原因，他没有能留在复州。

那天，王彦超见到多年不见的“香孩儿”，招待还算热情。当赵匡胤说起想投在他的帐下效力时，王彦超未置可否，只是要他先住下来，再从长计议。一连多日，匡胤在军营中四处查看，得知王彦超的主力是水师，马步军只任协同作战之力。水师、水战，赵匡胤从无接触的机会，上得战船，平时练就的武艺全然无法施展，心中不免有些烦闷。小时候算命先生说匡胤命中火旺，遇水需有所回避，因此家中从来不许他入水嬉戏，他自己也慢慢养成一种对水的畏惧。此番来到水乡，尴尬之处，都是事前未曾想到的。王彦超倒未必知道这方面的实情，他只是在听说匡胤是从家中不辞而别时心里盘算起来。赵弘殷不欲儿子从戎是明显的，否则为什么不带到自己军前？此时若收留了匡胤，他父母不知作何想法？万一军前有了闪失，则更是不免招致埋怨。他决定把匡胤送走，至于他回不回家，就与自己无干了。主意已定，他把匡胤找来，和颜悦色问道：

“贤侄这几日过得可好？可否习惯此方水土？”

“多承叔父关心，一切都好。只是侄儿自幼不识水性，尚需多多练习。想来也不需多少时日，便能习惯如常了。”匡胤答道。王彦超听他话里有畏水之意，赶紧顺杆儿爬：

“贤侄，复州地接荆南，水师最是要紧，你一身马步功夫实难施展，再者水中若有闪失，我也不好向你父母交代。我看贤侄还是暂回汴梁，大丈夫有立功之志，何愁找不到合适机会？”

“近观荆南形势，如生内乱，朝廷必然出兵，我想趁此到战场上练练胆力和武艺。”赵匡胤仍未领会王彦超的用意。

看到匡胤还不死心，王彦超沉吟了一会说：

“荆南局势尚难料定，贤侄既是执意要投身兵阵，不如先往随州去。随州刺史董宗本也是禁军军官出身，认得令尊。随州离此不远，却不是水乡，马步军中自是用得着。”

匡胤听出对方是一定要赶自己走了，“马步军中用得着”，那便是说，我在此处无用。哼，此处不留爷，自有留爷处！投军打仗难道还用得着死乞白赖的吗？他不想坚持留下了。

王彦超为他写了一封给董宗本的举荐信，又给了他十贯钱作路费。王彦超是个小气人，十贯小钱实在寒碜，匡胤本想推辞不受，又怕有亏礼节，而且出门在外，多一文便有一文的用处。

董宗本虽是初次相见，态度却甚是诚恳。见到匡胤的武功和学识，动了爱才之心，颇有意把他留下来为己所用。因为与赵弘殷也是故旧，他将匡胤安置在身边，待以客人之礼。董宗本有个儿子，名遵诲，从小娇惯，又颇具才智，长大成人，不免有些自视甚高、目无余子的习气。兼之父亲是地方长官，更造就他颐指气使的少爷作风。他看不惯赵匡胤，明明是个游荡四方的穷措大，却又摆出一副不肯屈尊的公子派头。偏偏父亲还对他十分赏识，喜欢听他胡吹乱侃。每当他碰到匡胤时，总忍不住要给他一点难堪，自己心里才能稍稍快慰。

赵匡胤岂是个眼睛里揉得沙子的人，只是形格势禁，不好发作，每每总是强压下心头的火气，勉行那古训中屈而后能伸的道理。一天，在董宗本的客厅中叙话，说到对南平用兵是否妥当的问题，俩人又争执起来。

赵匡胤主张讨伐南平，而董遵诲主张不伐。董宗本和几个僚属则只是听他们辩论。

“自高季兴割据荆南以来，父子相传已近四十年。糜烂地方、抗命朝廷，其可伐一；反复无常、朝三暮四，其可伐二；道路劫掠，形同无赖，此可伐三；近在肘腋，易生变患，此可伐四；兵微将寡，一鼓可平，此可伐五。”赵匡胤条分缕析，说得头头是道。

“天下纷扰已久，契丹、吐蕃，据我州郡；南汉、南唐、吴、蜀诸国各僭伪号。苟有实力，哪个不该伐？先用兵于蕞尔之荆南，舍强而就弱，其名不正。”董遵诲不服气地辩驳。

“怀远安迩，古之明训；远交近攻，用兵常理。一统天下，自然是由近及远、由弱及强。高从诲人称‘高无赖’，四方无不厌之、恨之已久，其死后，内乱在眉睫之间。此时用兵，顺天应人。”

“无赖之行，既四方痛恨，其他各国何以不对其用兵？”董遵诲还想继续坚持下去。

“南唐、南汉有湘楚为其阻冲，师不能达。朗州周行逢与荆南互成犄角。西蜀虽与其相连却正欲利用其自保——有荆南在，则其东面可保无虞，灭了荆南，其东面便直接处在朝廷的威慑之下了。”赵匡胤这一番对形势的分析使得在座者纷纷点头。董遵诲更觉得丢了颜面，偏偏自己又已无理可驳，恼羞成怒之余，气急败坏地从座位上跳起来说：

“你这般好韬略，为何不入枢密院去？只怕也是赵括之流，能说不能干！你既好战，我们且去院子里角力（摔跤）。胜得了我，再去朝廷请命讨伐荆南。”话说得挖苦，来势更是汹汹。

旁边早有人劝阻。赵匡胤只能忍气吞声地匆匆退出客厅。事情弄到这般地步，看来随州是待不下去的了。他向董宗本辞行。董宗本虽然说了几句客气话，却也没有认真挽留——他平日太骄纵这个儿子，匡胤再留在此处，衙前衙后休想有安静的时候，不如让他走，以免弄得太僵，日后不好相见。他对赵匡胤说：

“贤侄，这随州荒僻之地，本也没有多大的机会，留在此处，只恐会误了你的前程。贤侄的武艺韬略，均非一般人可比，日后定有立功报国出人头地的时候。我这里备得数十两银子，权当程仪，望勿哂其微薄。”

赵匡胤接过那包银子，道了谢，便与董宗本拱手而别。

## 抱打不平的机缘巧遇

离了随州，赵匡胤情绪不免又消沉下来。原来指望到复州、随州，便能寻着建功立业的机会，谁知道一连碰了两个钉了，路跑了儿千里，结果竟是安身立命之处也没找到一个。想起在高辛庙问茭后所得到的神谕，他只能发出一声自嘲的苦笑。

他并不埋怨王彦超和董宗本，他们也各有各的难处，拒绝收留自己原不足怪。王彦超是小气点，十贯铜钱就把一位“世侄”打发了。但自己本就是个不速之客，在这“人情薄如纸”的时代，能给周济就算不错了。至于董遵诲，不过是一无知而狂妄的纨绔儿，不值得计较。归根结底，只能怪自己时乖运舛，不可怨人。不过，以天下之大，难道就没有能容纳我的去处？传闻枢密副使加拜同中书门下平章事郭威奉旨西征时，曾在襄州招兵，降服王景崇之后，郭威又领兵东归并北上邺都，襄州所招募的兵将，想必还未及随大军而去。好在此处去襄州不过百数十里，自己不妨前去看看。

赵匡胤赶到襄州，又扑了一个空。这里举目无亲，他不敢久留，朝着东北方向又赶紧上路。这天行到天色将晚，未曾遇着旅店，肚中又饥饿难忍，便只好反复默诵孟夫子“天将降大任于是人也”来平复自己心头的懊丧。忽然见山坡上松柏掩映之间有一座庙宇，心想只好向寺中借宿一宵再说。刚刚走进山门，便有两个知客僧将他拦住。僧人见到他单薄的行李、敝旧的衣履，早已料定不是风尘游子，便是落魄征夫，不必给什么好脸色，当赵匡胤说明来意时，不容他把话说完，便大声道：

“走、走、走！佛门清净之地不是什么饭馆旅店，你自寻食宿之地去，我等要关寺门了。”

匡胤迫于饥困，无奈只好扮出笑脸说：

“出家人方便为本，天时已黑，实是找不着店铺，请师父们体我佛慈悲之心……”

“你这人怎这般不识相？休要啰唣不休，快走，免得我们动手将你赶出去。”

赵匡胤心里早已有火，求了半天情全是白费，居然还说要动手赶我，便厉声喝道：

“秃奴，怎么全无一点人情味，若惹火了我……”

“惹火你又怎样？你还有什么法子……”这和尚话未说完，右脚上已挨了一足，倒退几步，还是站不住，一屁股坐在地上。旁边一个和尚骂道：“这个贼强徒，吃我一拳！”

匡胤不慌不忙，伸出右手，接住那僧人的来拳，顺势一带，直让那僧人往前窜了一丈有余，而后，一个狗吃屎摔在地上。围观的几个和尚，吓得往寺内奔逃。一会儿引出了一位老僧，修眉长髯，风貌清癯，形容端庄，神态持重。匡胤一看，便知是得道的高僧，不由得平息了怒火，向他拱手行礼。

"在下欲往军前投效，天色已晚，到贵寺借宿。不料贵徒不肯容留，且恶语伤人，以此争执起来，乞请高僧原谅。"匡胤申诉了情由，老僧答礼道：

"小徒无知，多有冒犯，幸勿见怪！"

老僧把两个倒地的僧人唤起，呵责了两句。又命小和尚收拾客房，供匡胤下榻。自己引匡胤到客房用茶，座间，匡胤请教老僧法号，老僧答道："空即是色，色即是空，老衲尝自号空空，别人便也唤我空空和尚。"匡胤也自报了姓名身世，空空和尚注意地端详了他一番，频频点首。少顷，饭已备好，请赵匡胤入席。饿了大半日，也顾不得礼数了，风卷残云般，赵匡胤吃了一个痛快，吃饱之后，进客房倒头便睡。

第二天，匡胤辞行，空空和尚却留他再住几日。匡胤见此地远离尘嚣、景物宜人，便不推辞，每日间与空空畅谈，甚是投缘。这空空和尚已是八九十岁人，说起唐朝僖宗年间故事，甚是熟悉。自云来庙中修行已有五十年之久，且又练得一身好功夫，熟知兵法韬略。匡胤心想，这老僧年轻时想必做过一番事业，大约是兵败以后，看破红尘，便遁入空门。匡胤向他请教自己今后的行止，空空和尚说道：

"赵公子，老衲痴长这把年纪，阅人不可谓少。你不只是仪表堂堂，禀赋出众，而且文武兼备，志向宏远。目前淹滞一时，日后定能出人头地。难得你我有今日这一段因缘，老衲想送你两句话，不知公子可愿意听？"

"师父有所教诲，赵某求之不得。"

"赵公子，你可知道老衲年轻时也是军旅出身？"空空和尚突然把话锋一转。

赵匡胤不知该如何回答，只是略带迷茫地望着空空和尚。

“我当年曾是黄王的亲随卫队军官。”空空和尚语气平静地接着说，并不待匡胤开口。“黄王”，赵匡胤知道就是黄巢。“我从跟随他在曹州起事，一直到他兵败身死，只有最后一段时间没有在他身边。我由一个十五六岁的少年成长为二十来岁的军人，目睹黄王的队伍由小到大、由盛至衰。黄王可算是第一流的英雄，侠义襟怀，超人胆略，纵横天下，可最后却一败涂地。其故安在？我想最关重要者是两条：一、不善择人；二、滥开杀戒。朱温、尚让等辈，反复无常之小人，平日的骄愎贪残，人所共知，而黄王却倚为股肱，最终叛去，成了大军死敌。黄王外甥林言，本是个见风使舵工于谄媚的无赖，黄王也亲之信之，后来全家被他杀个精光。这是不善择人之弊端。至于嗜杀，原非黄王的本性，他确有爱民之心。可进了长安以后，从杀宗室、杀官吏开始，越杀越多，越杀越要杀，尤以第二次复入长安时的‘洗城’最为残忍，民心从此无法争取。”说到这里，空空和尚稍作停顿，两眼凝视着赵匡胤，充满期望地继续说：

“赵公子，老衲要送你的也便是这两句话：一是择人；二是戒杀。你的前程未可限量，择人而事，择人而用。终身谨持此道，受益无穷。人者，天地灵气之所钟。上天有好生之德，杀人，即是逆天命。阵前鏖兵、治世用典，杀伐难免，但切莫殃及无辜。善惜人命者，必积阴骘，必获天佑！”

赵匡胤频频点头称是，待空空和尚说完，连忙道：

“多谢大师指点，我赵匡胤此生无论有无显达，定当永志不忘。请问大师，我行经东西南北数十州郡，始终不得其遇，究竟往何处投何人才能有一伸志气的机会？”

“时下拥兵自重者多愚劣之武夫，欲择人而事，均非可事之人。唯枢密副使侍中郭威似才略过人，且沉毅果勇，当有所建树。公子不妨先往邺下投他。世事纷纭，日后若有机会，善自把握就是。”匡胤听罢沉吟不语。襄州去邺都，千里之遥，而自己行囊中看看已山穷水尽，这千里路程如何得到？空空和尚似乎已看出他的心思，转身从柜中取出一包银两，交与匡胤说：

“公子，老衲自信不会认错英雄。这里是我的一些积蓄，你且拿去充做盘缠，也算老衲尽了救英雄于末路的一点心意。”

匡胤欲待不接，看到空空和尚脸上的一片至诚，决不容自己推辞，便接过银子，连忙拜倒在地。

“公子快快不要如此，老衲承受不起。银子积在我处并无用处，交与公子，或有助于公子实现救世济民的宏愿。”

赵匡胤实在有些舍不得这位空空和尚，但此地又绝非久留之所，他决定尽早赶往邺都，并隐约预感到前面的路会逐渐平坦顺利起来。

这一路他走得很快，旬日之间便过了黄河直奔卫州地界。这一天雨后初晴，大路上没有飞扬的黄尘，空气格外清新，赵匡胤的情绪因而也特别开朗平和。半晌时，他突然看见一辆手推车陷在积水的泥淖里，车上码着满满一车货，一个汉子站在车旁，肩手并用想把那车带出泥淖，看样子已用尽了全身气力，可是那车仍然一动也不动。赵匡胤打量了那汉子一眼，虽然只是中等个子，倒也显得结实有劲。他脸色白皙，五官端正，身穿一件月白色紧身衣，青布扎脚裤，全身上下都溅了泥点。此时赵匡胤心情好，又觉得这人看着顺眼，未经思索就走过去对那汉子言道：

“兄台，别着急，待我前来帮你一把。”说罢，就一步走入泥淖中，双手握紧车把，又抬又推，加上那汉子用力顶抬车轮，两个人劲使在了一处，车子滚出了泥淖停在干爽的路面。

那汉子移开了肩膊，伸直了腰，喘匀了气，满脸堆笑，向赵匡胤深深作了一揖：

“敢问壮士高姓大名？陌途相遇，多承援手，感激不尽。”匡胤忙复一礼，答道：

“小弟乃汴梁赵匡胤，请问足下贵姓大名？”

“失敬、失敬，小可柴君贵，邢州龙冈人氏。”

刚才俩人用力，都出了一身汗，柴君贵当下便邀赵匡胤至路边酒肆小憩。要了几个菜，一壶酒，俩人边喝边谈，甚是投契。

原来这柴君贵本名柴荣，君贵是他的表字。他姑母就是当今手握重兵权倾朝野的枢密使郭威的结发妻子。柴荣自小在姑母家走动，深得郭威欢心，认为义子。年岁稍长，兼习文武，便勃发了一颗雄心。只因那时姑父郭威尚未显达，自己欲图上进，却无门路，便外出行商为业，周游四方，意在了解地理风俗人情，同时结识天下豪杰之士。后来，郭威受刘知远宠信，便把柴荣招至军前，改名郭荣，亲随左右。郭荣从征有年，积军功擢升至左监门卫大将军。这回是奉了姑父之命，潜回汴京，探听朝中虚实。因他熟悉商贾行规，便扮成一个小本行商模样，为了不让人发觉，故一路上用的是柴君贵的名字。柴荣看到赵匡胤魁梧有力，意气豪爽又乐于助人，当下便起了爱才之心，想把匡胤延揽到自己军中。后来听得赵匡胤本就是打算到邺都投军，更是喜不自胜，便道：

“赵公子既是往邺都去，若不嫌弃，正好与在下同路——这车雨伞便是销往邺都去的。”

“能与兄台同路，自是小弟的幸运。”匡胤答道。他对柴荣颇有好感，隐约感到结交了他会有好处。

俩人酒足饭饱，便起身赶路。柴荣掌住车把，赵匡胤肩拉绊绳，一齐用力，竟觉得十分轻松。走在路上，谈起练功习武的心得和行军布阵等要旨，十分投契，简直有相见恨晚之意。走了约一二十里地，远远看见一座小镇，柴荣对赵匡胤说：

“赵公子，刚才你踏入泥淖帮我推车，弄污了靴子，我们去这镇上买一双来换上。”

“兄台不必如此介意。到了镇上小弟自去买就是。”说话间便走近了小镇。原来那镇子处在一个丁字路口，与往郦都的大道隔着一条小河，河上有座桥连接着通青州的大路，进镇子或者上山东都得从这桥上过。俩人走近桥边，忽见桥头的草棚里走出两个打手模样的人拦住去路。

“喂，你这两个汉子车上拖的什么货呀！”说话的人竖眉瞪眼，气势汹汹。

“雨伞。”柴荣扫了那人一眼，冷冷答道。

“你这雨伞合多少钱一把呀？”

“十五个钱。怎么？你想买伞？”柴荣问。

“买伞？大爷用不着！你车上一共多少伞？”

“五十把。你问来做什么？”柴荣这时才把车把放下，似乎听出那人的口气不对。

“五十把，好！每把收五个钱，五五二五，你一共交二百五十个钱，好你个二百五！”

“你才二百五哩！交钱？交什么钱？”

“税钱哪！你是第一次从这桥上过？告诉你，此镇名为董家镇，此桥唤做销金桥。来往客商，贩运货物通过此桥，按价十里抽三！你利索点，快交钱吧！”那人不耐烦地催促着。

“交税？此处乃是官道，不知哪家官府行文，哪位官长手谕，让你们在此地收税？”柴荣不紧不慢地反问，倒让那人一时口塞。

赵匡胤这时在一旁核计，这位柴老兄一车伞总共不过值七百余文，此处就要收二百五十文税，还有什么赚头？亏得他如此镇定沉着，小本经营的人有此气度，真是难得！请我喝了酒，还说要给我买靴子，只怕本钱也保不住了。这税不能交！他正要开口说话，只听到那人“哟喝！”一声怪叫，从草棚里又走出三四个人来，都是一色的短打装束，阴沉着脸向这边靠近，那人叫完一声，接着怪声怪气地骂道：

“你这厮是个什么东西？敢在这里口出狂言，此地没有什么衙门、官长，交税的规矩是我们董老太爷定的！你不要自讨苦吃，快交钱吧！”

“董老太爷是个什么东西？”赵匡胤火气上来了“他凭什么在这里设关收税，目无王法。”

“你这红脸贼，竟敢骂我们老太爷，我看你是欠揍。看你们俩人瘟头瘟脑，不知天高地厚，且记下这顿打，你们快交钱！”那为首的打手倒不急于出手，只是要收钱。旁边又有一个接着说：“王法？这地方董老太爷的话就是王法，他四个少爷——仁、义、礼、智四兄弟的八只铁拳就是王法！你交还是不交？”

“我倒是想交，可我也有两个兄弟不肯交。”赵匡胤答道，举起了自己的一双拳头。柴荣笑了起来。守桥抽税的几个打手大约从没遇见过如此胆大抗税的人，面面相觑，只听见为首的大喝一声：“给我打！”便从四周一齐向他二人扑了过来。

柴荣和赵匡胤早有准备，一闪身，一飞腿，当下便有俩人跌了个“狗吃屎”，再也爬不起来。余下几人见他两个身手如此了得，不禁有些胆怯起来，于是只将四面围住，不再强攻。这时那为首的叫道：“小子们，别让他俩跑了，我回镇去禀知少爷，多带几个人来。”说毕，他便往桥那头的镇上跑去。匡胤回首对柴荣说：

“兄台，你且去护住那车雨伞，休叫折损了老本。待小弟来把这几个狗东西收拾了。”

柴荣有心见识一下匡胤的功夫，便站到一旁守望。只见匡胤发一声喊，直向右首一个打手扑去，慌得那厮连忙拉足了架势准备抵挡。谁知赵匡胤当中陡然收势，往左边一闪，说时迟，那时快，“呼”的一拳正中左首一名打手的面门，这厮还未来得及提防，便满脸流血，倒在地上不省人事。接着赵匡胤又是一个旋风脚把身后的一个扫倒。未曾倒地的两个尚不死心，一齐逼近赵匡胤身边举拳便打。只见赵匡胤不慌不忙，伸出双手接住左右双拳往中间一带，那两个打手踉踉跄跄撞在一起，跌做一堆。赵匡胤抓住跌在上面这个的前襟，一把将他提起，走到桥栏边，“扑通”一声，将那厮抛落桥下河里。跌在地上尚清醒的两个打手这时一齐跪下，磕头如捣蒜，口中连连叫道：

“好汉爷爷饶命，好汉爷爷饶命！”

匡胤见他二人求饶，便住了手训斥道：

“滚回去告诉那姓董的老狗，从今往后不许再在这桥上收税。否则，我绝饶不了他！”

那两个家伙磕了两个头，道谢连声，站起来跑回镇去了。这时柴荣在一旁赞道：

“看不出赵公子这般好功夫，刚才又救了在下一难。只是那姓董的恶霸必不肯罢休，少时要带人来向你我报仇。”

“兄台不必担心，小弟在此，他便带上一二十人，凭小弟这条哨棒也能对付得了。”

说罢，俩人走入桥头的草棚中。只见棚内有一张方桌，方桌上摆着天平、戥秤、算盘、夹剪等物，已无半个人影。匡胤把这诸般物什，尽数丢入河中，又三下两下，把座草棚登时拆个稀烂。然后吁了一口长气问柴荣：

“兄台，我们还进不进镇子去买靴子？”

“去便去！”两人相视，一齐哈哈大笑起来。

## 从此做了职业军人

逃回董家镇的两个打手，刚进街口，便碰上先前回镇求援的那人带着七八个人赶了过来，俩人连忙拦住他们，对那为首的说：

“管家，你带这帮兄弟实实敌不过那俩人。”

“你这两个没用的东西，怎么长人家的志气，灭自己的威风？”

“管家，非是小的们不中用，那两条汉子确实厉害。我们俩人算走得快，另外两个兄弟已经回不来了。”俩人大致述说了几句，管家心里也没有了底，只好踅回去禀知主人。

董家四虎——仁、义、礼、智四兄弟听说如此如此，气得一个个七窍生烟，各人抄了一件家什领了众打手直奔销金桥而来。就在桥头上撞上了准备进镇去买靴的赵匡胤和柴荣。

一看到这一伙人持枪握棒的汹汹来势，赵匡胤便已做好了应敌的准备，扭头对柴荣说：

“兄台，看这阵势，今日难免一场恶斗，你一介买卖人，休要卷入，且退回桥那头去等我。待我收拾尽了这伙恶人，再一齐赶路。”

话毕，便将哨棍在手中一横，立定桥头。因这桥面距地面约有八九级台阶，匡胤便取了一个居高临下的位置。柴荣是有意要看看赵匡胤的器械功夫，便说："赵公子，你要仔细了。若敌不过时，我们便跑。"说完，当真退往桥那头去了。

这里董仁早已一步抢上，举刀砍来，旁边的打手吆喝道："大少爷，杀了这个红脸贼！"

赵匡胤用棍挡了一刀，然后和董仁一连过了几招。那边董义见兄长一时不能取胜，便索性伙同两个弟弟一齐围住赵匡胤，用枪用棍，一心要致匡胤于死地。

这四虎自然也不是浪得虚名，俱都有不弱的身手。匡胤此时更不敢怠慢，把条棍使得风驰电掣。只是这四人斗一人，招数不能用尽——怕伤着自己人，故而并无合四人之力的效果。但是被围之人却也极难突破。斗了数十招后，匡胤看准那董智年轻气盛，经验较差，便在棍法上卖了一个破绽，董智果然乘虚而入。赵匡胤转身抓住他持枪的手，转刺他对面的董礼。由于招数极快，董礼看见弟弟的枪朝自己刺来，想慌忙后退，可是已来不及了，枪尖深扎入小腹，登时血流如注，倒在地上，被众打手抢了出去。这里董智刺中了兄长，心慌意乱，再无斗志，不到三五回合，被赵匡胤一棍打中脊椎，倒翻在地，痛得呼爹叫娘。

剩下的董仁、董义，却并未胆怯，仍然缠住匡胤苦斗不休。双方又过了三四十招，那董氏兄弟虽是报仇心切，却只恨技不如人，一个腿部受了伤，一个肩头挂了彩，俩人互通了暗号，叫一声"扯人"，便同时退下桥去。董仁叫道：

"红脸贼，有种的你在此休走，少时再战。"说完和他兄弟一瘸一拐地逃往镇里去了。

赵匡胤也不想去追赶，打了这么半天，他已觉得十分疲劳，走回桥这头时，却不见了柴荣，只有一车雨伞还好端端摆在一旁。匡胤心想，这位柴大哥看来不像如此胆小不义之人，怎么看到我在激战，却独自一个人跑掉了呢？正纳闷间，看见从郧都方向的大道上来了一队官兵，一色的坐骑高大、甲胄鲜明。而那为首一个骑在马上的正是柴荣，仍是刚才那身行商打扮，在军伍中特别显眼。这是怎么回事呢？

队伍来到桥头，柴荣下马对赵匡胤说：

"赵公子，我怕你一人抵挡不了那伙恶人，便去前面兵营求救。现今怎不见那些歹徒？莫非全被公子你给打跑了？"

"无非是一伙酒囊饭袋，已被我如数打发了。"匡胤答道。心想这么一个卖伞的，竟然能请得动官兵援救，真是咄咄怪事。不过难得他有这份心，总不是撇下我一人只顾逃命的胆小鬼。

这时柴荣对一位官长模样的人说了几句话，然后那官长便带着几十名部属往镇上走去。柴荣转身对匡胤说："赵公子，兵营离此不远，我们且往那里歇息叙话如何？"

赵匡胤望望柴荣，点点头，没有说话。心想这人不是个卖伞的，但也不像个行为诡异的富家公子，八成是乔装打扮的军中细作。看他为人沉稳豁达，是个可交的朋友，且随他去兵营，慢慢便知究竟。柴荣此时已认定赵匡胤是个难得的人才，既深谙韬略，又勇武过人，更可贵的是胸怀侠义、嫉恶如仇。他一定要将此人罗致身边，在眼下这风云莫测的复杂时局里，能得到这种人才，真是天助之力啊！

俩人进得兵营，柴荣为匡胤安顿了宿处，沐浴更衣均有小卒照应。傍晚时，柴荣亲自来邀匡胤去厅前饮宴。看到营中上下对柴荣唯命是从的样子，匡胤感到柴荣还远不是军中细作这类人物。那么他究竟是个什么人呢？真是无从揣测。柴荣看出他的满腹疑问，举起酒杯朝他微微一笑，喝干了酒，然后慢慢说道：

“赵公子，你心里很想知道我的身份，是吧？”

“小弟确实纳闷。如兄台不介意，望能明示。”

“赵公子才识出众，武艺高强，两次助我，实在是你我有缘啊！虽事关军国机密，能不据实以告？我便是枢密侍中郭威的义子郭荣，现任左监门卫大将军。生父姓柴，我本名柴荣字君贵。使用旧名，为免招人耳目。”

匡胤听他一说，当下真个是大吃一惊。第一个反应是日中自己和柴荣言谈接触甚为随便，今后效力军中，他这样的大官长，是否会为此介意呢？即使不以为忤，尴尬想必是难免的……想到此处，匡胤连忙站起身来拱手行礼道：

“原来是——”一时却不知道该如何称呼。他刚才不是说了“现任左监门卫大将军”么，那么就称将军好了。“……柴将军，在下多有不敬……”

“呃，公子不要过谦，你我也算得是患难之交了。来，坐下饮酒。”柴荣满面春风地说道，说完，又亲手给赵匡胤满满地斟上一杯。

赵匡胤虽然早就估计到柴荣定非一般商贾，但也不过把他设想成一个军中细作，一个不大不小的情报军官而已。绝没有料到他竟是这样一个重要角色，他一时还无法从这个外部刺激的强烈震撼中平静下来。他真不敢相信，自己碰上的竟然是郭威的义子。

酒过三巡，匡胤便不再有拘谨之态，说道：

“柴将军，你我以朋友身份对饮至此为止了。今后我入大营投效，地位悬隔，军纪森严，不能再有今日这般的情趣了。”

“赵公子休如此说，你绝非久居人下之辈。”柴荣沉吟一会又接着说：“我倒是有意与公子结为金兰之好，不知公子心下是否乐意？”

“只是不敢高攀——我赵某不过白丁一介。”

“大丈夫结交不在贵贱尊卑，何况令尊大人也是禁军中都指挥使，贤弟也是堂堂宦门子弟。”

“如此小弟谨遵兄命。”俩人不经意间便换了称呼。匡胤从心里对柴荣抱有好感，而且他也想到了，此番去至郭威军中，如有柴荣照顾提携，实在是大有好处。

当下柴荣便命人在院子里设下香案，备好蜡烛、雄鸡、白酒等物。俩人各擎一炷香，跪在地上，念了誓词，歃血为盟，行了结拜之礼。

因为要赶回邺都向郭威汇报机密，柴荣带着匡胤第二天一早便离开军营继续上路。这一路可不再是先前的光景，俩人俱骑上军中良马，此外尚有十余名扈从跟随（柴荣的一车雨伞早已不知去向了），扬鞭疾驰，不过天黑时分便赶到了邺都。柴荣将匡胤安置在自己府中，对他言道：“贤弟，愚兄先要向父帅禀知军国大事，你且在府中将息一二日，闷时便让小厮带你去街前走走。待愚兄料理妥当，便在父帅前引见你。”

邺都，在历史上曾经有过辉煌的时刻，三国时曹魏一度定为帝京。可是自从唐安史之乱以后，它被战火摧残得太苦，始终没有恢复昔日的光彩。近几十年，它又成了和契丹接壤的边陲之地，百姓更没有休养生息的机会。这次郭威率大军驻邺就是因为契丹入侵频繁横行河北而各藩镇但求自保无人捍御。郭威带领的是禁军，去年（949年）冬天才平了秦、凤诸州之叛，剿灭了李守贞、王景崇、赵思绾。这一支踌躇满志的骄兵，今年五月奉命驻邺。整个邺都变成了一座大兵营，满城都是居功恃势不可一世的军人，自然唤起了人们的一种危机感。

而且这里又还不仅仅是一个军事重镇，不仅仅屯驻着一支庞大的极具危险性的部队，更重要的是它实际上又是国家的军事指挥中心。郭威从河中班师以后，以枢密使加同平章事，又加侍中，已经是位极人臣了，出兵邺都，名义上是邺都留守，领天雄军节度使。原先的同平章事和侍中都是虚衔，问题是枢密使一职是否照领如故，这在朝中引起了争论。侍卫亲军都指挥兼司空史弘肇主张继续兼任，理由是“领枢密使则可以便宜从事，诸军畏服，号令易行”。可是同平章事兼中书令苏逢吉反对，他认为：“以内制外，顺理；今反以外制内，怎么行？从来就没有过如此处置。枢密当然在中枢，号令四方；枢密在外，这不是主从易位了吗？”

可是汉隐帝刘承佑却听了史弘肇的话，让郭威仍兼枢密使，就这样，郭威把国家的参谋总部带到了邺都。

郭威离开汴梁是分析形势权衡利弊后的一着高招。自从刘承佑登基以后，他就在反复考虑自己的命运前景和应对之计。他非常了解刘承佑的轻佻、猜忌、无能和残忍，只能是一个昏君、暴君，朝政必然会一天天变得难以收拾。凭自己和刘知远的关系，他本不忍就此坐视不理，可是自己如果要管，就一定会卷入危险的漩涡，结果凶多吉少。他也看到和自己一样同是刘知远亲信的苏逢吉、杨邠、史弘肇，虽然都能忠心任事，而且各有长才，但在权力的争逐中已经积下了深仇大怨，最后恐怕不免以极惨烈的局面收场。特别是杨邠和史弘肇以顾命老臣自居，常常使刘承佑不能尽情恣意，甚至令他难堪。郭威看出了刘承佑无奈的隐忍，他料定刘承佑不会甘心受制于人，更何况在刘承佑身边还有那么一批逢迎邀宠的宵小，谁知道他们会酝酿出一些什么样的阴谋？所以，最明智的选择就是远离朝廷是非之地，静观其变再定进退。只要自己手握兵符，就始终掌握着主动权。要离开，但不能做出急于离开的样子。往河中讨李守贞、赵思绾等人时，刘承佑征询他的意见，他答道："臣不敢请命，也不敢辞命，唯陛下之命是从。"这回出师邺都前，他看到朝中形势日益险恶，预感到事变的发生也许就在不远的将来。但又觉得这样离开未免有愧于刘知远对自己的信任和提携。在向刘承佑辞行时，他确是带着一份真诚的感情叮嘱年轻的皇帝"禀承母命，亲近忠直，放远谗邪、明审善恶"，明知说了没什么用，也算尽了心意。到邺都以后，果然不断传来朝中将相不和、皇帝宠狎邪僻的消息。为了更准确地把握形势，作出及时的决断，他才把义子郭荣派回汴梁去联络旧属、搜集情况。

柴荣直到第三天才领赵匡胤去见郭威。

见枢密使、侍中这样的大官，匡胤还是第一次。不过他早就听说过郭威待下属很宽厚，小功辄赏，小过不责，违忤不怒，特别是士卒有所陈启，他总是温辞悦色地接纳。何况自己有柴荣引见，因此倒也并不紧张。

郭威坐在正中的椅子上，脸上显得心事重重。柴荣向他介绍匡胤，说："这就是孩儿向父帅提起过的赵匡胤——孩儿在途中结拜的义弟。"郭威仍然有些心不在焉的样子，招呼匡胤坐下后，随意端详了一眼，问道：

"你为什么不随父从军，反而来我营中效力呢？"

赵匡胤便把父母不许他从军，他自己从家中跑出的大致情形说了一番。郭威接着说：

"去年西征时，你父在凤翔讨王景崇，也在我统一节制之下。你父颇善用兵，你是将门之子，定非凡品。你就留在我帐前听命好了。"说毕他便又和柴荣谈起汴梁的情形来。赵匡胤虽然不太清楚朝廷内幕，但从他们父子谈话的词句里也能大约领会，因而听得颇有兴趣。

郭威问到的事都是柴荣日前已向他报告过的，他不过是想听到更详尽的补充。看来他最担心的还是史弘肇处事的过于峻急。说到史弘肇在三司使王章的宴会上用粗话骂宰相苏逢吉，甚至要动手打人、拔剑砍人一事时，郭威摇头说：

“苏公宰相，辄欲杀之，置天子于何地啊！”

至于杨邠、史弘肇不同意用太后之弟李业为宣徽史；不给聂文进、郭允明这一班小人升迁；史弘肇亲手夺去皇帝赏给伶人的锦袍、玉带充公等等，郭威从内心深处是同意的，但同时也担心这一系列事情会导致矛盾的不断激化，最后引发突然事件，后果就难料了。

郭威问这问那，始终没有提起究竟给赵匡胤一个什么位子的问题。最后，柴荣忍不住了，索性直截了当地提出来。他的想法是如果郭威并不反对的话，他就把赵匡胤带回自己营中。谁知郭威早已胸有成竹，对他们说道：

“眼下是多事之秋，不是向朝廷保举的时候。赵贤侄就在我左右熟悉军务吧。参与机要、联络部队、值班亲卫，等到时机成熟，再正式授官。你二人看可好？”虽然是商量的口气，却并没有商量的余地。事情就这么定下来了；他是还想通过实践再亲自检验一下赵匡胤的武功谋略以及人品性格。

柴荣未免有些悻然。赵匡胤却没有什么不满意。他觉得前面已是一片大好前程，他对于未来的日子充满自信。

卷——贰

*Volume 2*

# 从军功中成长

## 郭威——一个伟大的榜样

对赵匡胤来说，一生中最具有榜样力量的人就是郭威。过去自己对郭威的认识是通过道听途说的一鳞半爪的材料来分析和判断，而现在却能天天守在他身旁进行近距离的观察。他越来越清楚地感到，郭威无论在为人或者处事方面，在修养、见识或者是气度、手段等方面，都是自己效法或参考的楷模。有了这样好的学习和锻炼的机会，赵匡胤很为自己庆幸。

过了两三个月，一场大事变终于发生了。事变的导火线是十一月初的一次早朝。刘承佑宠爱的耿夫人死了，悲伤无已的他和杨邠、史弘肇商议，想葬之以皇后之礼。话未说完，便被杨邠否决了，说是“古无此制”。小皇帝想起去年自己要立耿氏为后，也是被杨邠一句“为时太速，庸后再议”给搁置下来，心里真不是滋味。心想我贵为天子，竟连家事也不能自专。正怏怏不乐时，又听见杨邠和史弘肇在商议对犯盐、矾、酒麴之禁私买私卖者，无论多少，罪皆当死。承佑心想，此法未免太苛，便插嘴说：

“还是慢慢再定吧，多斟酌一下，免得遭到地方和百姓的批评。”杨邠马上就制止道：

“陛下不要多说话，有臣等在权衡一切。”

杨邠粗鲁的态度实在让刘承佑无法容忍。我是皇帝，不再是一个孩子！你们自恃是先帝旧臣，就敢于对我如此不逊，长此以往，我这个皇帝还当得下去吗？退朝以后，左右的人看到他的神情，立刻就在他耳边进言：“这几个军人出身的大臣专恣跋扈，最终要作乱的。”承佑觉得他们说得有理，自己原来就有过这种担心。夜里听到作坊里工匠们打铁的声音，曾经好几次失眠到天亮，以为那是作乱的禁军的兵器甲胄撞击作响。现在看来是先发制人的时候了。他随即把武德使李业、枢密承旨聂文进、飞龙使后匡赞、翰林茶酒使郭允明几个人召进宫来，商议对策。这几个人都算是刘承佑的亲信，他们早就被杨邠、史弘肇等压得怨气满腹，巴不得皇上能有振作起来的一天。现在，这一天来到了，不用多商议，就决定在卫军中调几十名亲信甲士，埋伏在广政殿，明日早朝，在东庑下将杨邠、史弘肇、王章一并杀掉。

商量好了，刘承佑带李业一起到后宫禀知太后。太后是个政治经验丰富的人，觉得儿子全没有他父亲的沉稳厚重，如此大事筹划得这样草率简单，感到十分不安。虽然她自己感情上也和儿子、弟弟（李业）一致，但她还是劝他们：

“这种大事怎能轻举呢？再和宰相商议而后定吧！”她知道宰相苏逢吉是史弘肇的死对头，定能出些高明而稳妥的主意。

“先帝经常说，‘朝廷大事不可谋及书生，懦怯误人’。”李业已经急不可待了，不同意姐姐的想法，他怕苏逢吉节外生枝，错过了时机。

“还是和宰相说说为好，他阅历丰广，多谋善断……”太后还是有顾虑，刘承佑站起身来说：

“国家大事，不是你妇道人家弄得明白的！”说罢，拂袖而去。他也是不愿再忍哪怕一时片刻了。他相信自己能办成这件大事。

第二天早上，他果然办成了这件事。杨邠、史弘肇、王章一齐被杀。随即由聂文进在崇元殿召集群臣，宣布杨、史、王诸人谋反罪状。同时又召集所有在汴梁的禁军将校到万岁殿，由刘承佑亲自接见、抚慰。刘承佑宣布：

“几个逆臣把我当成小孩子，今已伏诛。从现在起，我才真正是你们的皇上，你们不用担心啦！”最后一句他没说明白，不知是劝他们不用为皇上担心，还是不用为自己担心。

朝内的事倒是很快就处理完了，麻烦在外面，那可不是几道新的任命就能解决问题。老谋深算的苏逢吉一听说诛杀杨、史的事，大吃一惊，尽管这事让他感到痛快、解气，但他还是觉得办得太草率，他说：“皇上事前要是问我一句，也不会弄成这样。”但现在自己和这些办事轻率的人已经坐在一条船上了，无论如何，要同舟共济。当务之急是把动乱控制在最小的范围，而要做到这一点，最重要的就是要彻底解决好王殷、郭威、王峻这三个人的问题。

侍卫步军都指挥使王殷是史弘肇的亲信，受史的私恩最厚，此时率兵驻在澶州。他是绝不可能默默接受这个既成事实的，既知他必为史、杨复仇，不如及早铲除。至于郭威和王峻则与史、杨同属前朝旧臣，彼此观点接近，却并非死党。碍于皇命的告谕，或者不至于有太激烈的反应。但是他们统率着全国最精锐最强大的一支武装力量，一个是枢密使、邺都留后，一个是监军、宣徽使，对朝廷构成的潜在威胁十分严重。为稳妥计，也在必须铲除之列。

刘承佑和几个心腹商定了诛杀二王一郭的方针，立即着手布置。

派遣供奉官孟业带上刘承佑的密诏前往澶州和邺都，命令镇宁节度使李洪义杀王殷；命令邺都行营马军都指挥使郭崇威和步军都指挥使曹威杀郭威和王峻。

那天，朔风凛冽，阴霾密布，天黑时分，从澶州方向奔来两骑，直趋邺都行营。下马后便称有十万火急公文要立即面呈郭威。来人被郭威传入内厅，随即屏退了左右闲杂，只留下赵匡胤在一旁充任贴身护卫。这来者乃是孟业的副使陈光穗。孟业自己呢？已被王殷扣押在澶州 —— 原来镇宁节度使李洪义胆小，怕王殷已经知道这件事，不敢动手。这还不算，他又带着孟业去见王殷。王殷把孟业扣起来，立即想到应该尽快让郭威知道密诏的内容。于是派了一名干练军校陪陈光穗立即赶赴邺都。郭威看了密诏，不动声色，向陈光穗询问了一番汴梁在事件前后的一些情况。陈光穗说李业等人在朝中并无根基，诸大臣多持观望，至于禁军中则是人心惶惶，因为一直在捕杀杨、史余党，不知伊于胡底。郭威听了，依然默不作声，只教赵匡胤派人安置好陈光穗，务必加强警戒，不可走漏风声。随后，郭威便唤来了枢密使院吏魏仁浦。郭威把密诏给魏仁浦看，问他：

“仁浦，你说，该怎么办？”

魏仁浦也感到问题的严重，思索了一会说：

“事情已经到了这种程度，您不可以坐以待毙。”

“难道就不能讲清道理？”郭威领会到魏仁浦的意思就是索性起兵反抗。他觉得自己一时还不能这样做，他欠着刘知远的情分。

郭威和刘知远不是一般的君臣关系，当年在后唐军中，是刘知远发现了他，提拔了他，把因为有叛迹（后唐建立前，郭威曾随主将李继韬叛晋附梁）而郁郁不得志的他安置在自己身边。刘知远当侍卫亲军都虞候，郭威任侍卫军吏。刘知远一路升迁，从河东节度使、侍卫马、步军都指挥使，最后登上了皇帝宝座。郭威也随着不断升官，直至拜为枢密副使。可以说，郭威在人生阶梯上的每一步攀登，都有刘知远的扶掖之力。郭威对刘知远感激爱戴，刘知远对郭威绝对信任。郭威和史弘肇是刘知远临终时顾命托孤的主要人物。

此刻，郭威的心情确实很矛盾。刘知远死去才不过两年，真的是“一抔之土未干”，作为当时接受托孤遗命的大臣，正所谓“言犹在耳，忠岂忘心？”现在要起兵反对自己膺辅佐之责的“六尺之孤”，怎么能对得住先帝的地下之灵？但是，陛下为群小所蔽，已经杀掉了史弘肇、杨邠，接着就下命令杀我，难道我应该引领待死吗？他想率部队“清君侧”，但那样就难免会蒙上叛逆的罪名。而且，他也比较了解刘承佑这个人，难得引上正路，决不会听信自己的任何解释。君臣间的裂缝已经很难弥合了。

郭威自己有点难于决断，他把眼光停在魏仁浦的脸上，想听到一些有见地的建议。

“大人，事已至此，不再是词说所能解释的了。”魏仁浦的态度倒很干脆：

“您是顾命重臣，声威素著，又手握强兵，据守重镇。陛下身边的群小不除掉你，能安于枕席吗？皇帝念在先皇的遗命，即使本人不想做得太绝，但他既然已经走到了这一步，怕是很难退回去的了。”

郭威接着便召来了郭崇威和曹威以及其他重要将领，详细告知他们杨、史被冤杀经过以及此后的密诏内容，然后来了一番义正词严的表白：

“我和杨、史诸公，斩荆披棘，跟从先帝打天下。受先帝托孤之命，竭力谋国，不敢稍懈。今天，诸公都已被杀，我独自活着又有何意思？在座各位就请取了我的首级，上报天子，这样就免得你们受我的连累。”恳切的言辞再加上真诚的表情，说得满座武夫唏嘘之声不绝。赵匡胤站在一旁也是又感动又佩服。

“侍中大人不可如此说。”马军都指挥使郭崇威说话了，他是行营里除留守和监军之外最重要的指挥官。“天子年轻，这事必是他周围的小人所为。要是让这帮人得逞，国家还能安定得了吗？崇威愿随大人入朝自诉，荡涤鼠辈以清君侧，不可枉死而留千载恶名。”

郭崇威表态之后，群将一齐鼓噪起来，都嚷着要出师汴梁，翦灭群小。郭威开始仍不肯从众议，延宕了许久，才做出无奈的表情，十分勉为其难地决定留柴荣镇守邺都，郭崇威带领骑兵为先驱，第二天，自己统大军随后，往汴梁进发。

赵匡胤目睹了从密诏的到来至决策完成的全过程，这使他对郭威的了解又进了一层，更重要的是，郭威在极短时间内处理这一事件的思路和方法令他佩服得五体投地。

大军两日内到了澶州。李洪义开城迎接。王殷谒见郭威时痛哭一番，并立即表示自己的部队将追随郭威一起行动。恰巧这时捕获了奉刘承佑之命前来探听郭威虚实的一名内侍，郭威又上表一道，藏在那内侍的衣领内，命他带回汴梁。表上说，“臣昨得诏书，延颈俟死。郭崇威等不忍杀臣，云此皆陛下左右贪权无厌者谮臣耳，逼臣南行，诣阙请罪。臣求死不获，力不能制。臣数日当至阙庭，陛下若以臣为有罪，安敢逃刑？若实有谮臣者，愿执付军前以快众心，臣敢不抚谕诸军，退归邺都？”应该说这份表文是写得极有分寸的。首先它顾全了君臣的大义，表明自己并无心谋逆；其次，他申述了情况——将士不满，要进京诛除群小，压也压不住；最后提出了解决问题的条件——将“谮臣执付君前以快众心”。

因为对条件执行与否的后果作了明确暗示，所以这道表文实质是一份最后通牒。条件是不容讨论的，最起码得把李业这一伙人交出来，至于其他的事当然可以到时候再说。郭威又想到，表文必须送到刘承佑本人手里，如果让李业、聂文进的人截获了，那就毫无意义了，因为他们一定会隐匿不报。于是，他再次把那名内侍叫到身边对他说：

“表文藏在你衣领内，是为了不让贼臣搜捡得出。你一定要亲呈陛下，才算是不辱使命。平乱之后，你也将因功而受赏。”那内侍诺诺连声告辞而去。他哪里还顾得上立功，能保全性命回京已是大幸了。

刘承佑看到郭威的声势，不免有些悔惧之心，也许这事是办得太草率了。可是事已至此，自己无法收拾了，只能听任李业他们作抵抗郭威的部署。一方面，倾府库之所有，将钱发给诸军，禁军每人二十缗，厢军每人十缗，藉以鼓励士气；另一方面，就是寄希望于骁勇善战的老将泰宁节度使慕容彦超。他“勤王”来得最快，接到诏书，连饭都没吃完就动身了。刘承佑把全部军事指挥事务委托给他，因为只有他或许能够抵挡郭威的精锐部队。

两天后，郭威的大军进抵滑州。他有意放慢了进军的速度，在滑州稍事休整。一方面他打开府库犒劳将士，同时又进行了一次别开生面的战前动员。他集合所有小校以上的军官，面带十分沉重的表情对他们说：

“朝廷已经命侯令公（前开封尹侯益）率领诸军从南边来堵截我们。我此行是入朝自诉清白。如果和他们打，违背我入朝的本意；如果不抵抗，则只有被他们杀。我想成全你们的功名，别受我的连累，你们还是照密诏的旨意处置我吧！我死了也决不抱怨。”他的话刚说完，会场一片喧嚣嘈杂之声，有劝阻郭威的，有怒骂朝廷的，有宣誓效忠的，有报名请战的……郭崇威站起大声说：

“肃静！容我说一句。明公，这次明明是朝廷有负于你，你并未有负于朝廷。弟兄们都很清楚，所以万人争奋，如报私仇般踊跃。侯益、慕容彦超辈老朽能抵挡得了我们吗？”

散会之后，王峻又在军中放出空气，说：“我已经征得郭公同意，只要打下了京师，让大家大掠十日。”先激以义，再诱以利，整个军营充溢着求战、求胜的昂扬斗志，只望早日杀进汴梁。

三日后，南、北两军终于在汴梁郊区的刘子陂遭遇了。刘承佑要亲自出阵督战，李太后劝阻他说：“郭威是先帝亲信，可先给他下诏谕，看他如何动作，只要说理，君臣之礼就还在，事情就还有回旋余地，千万别轻易出击。”这时的刘承佑哪里还听得进去。在一旁的聂文进更是大言不惭：“太后放心，有臣在，便是一百个郭威，我也要如数抓回来。”

两军对垒了一日，没有交锋。刘承佑回宫，又碰上一个说大话的，慕容彦超骄横地说：

“陛下，明日若无事，请再到阵前看臣如何破贼。我出阵，一顿骂就能把他们驱回邺都去！”

第二天，太后又劝阻刘承佑亲临阵前，可是没有用，左右扈从依旧把他拥到前军，想借“天威”来壮士气。郭威远远看见刘承佑，对部下说：

“我此来是清除宵小，并不是与天子为敌，你等切切不可先动。”众军皆俯首听命。

僵持一阵，慕容彦超忍不住了，带领骑兵冲向郭军。这边郭崇威也就率骑兵迎上。一场混战，不知道那慕容彦超是因为年纪大了体力不济还是气运不佳，只见他的坐骑前腿一跪，差点把慕容老头颠落下来，几名郭军骑兵立即围到了他身旁，眼看要将他俘获，亏得慕容帐下几名亲信敢死之徒，拼命厮杀，才让老头换了战马。慕容受此一惊斗志全无，退回本阵。这场交锋损失了他帐下百多名骑士，其余的部队就更无心恋战了。到傍晚时分，朝廷方面已将近半数的兵士投向了郭威一方。慕容彦超见大势已去，带了数十骑不辞而别，奔回兖州老巢去了，对他早上出战前说过的大话连句交代也没有。

这时，战争的形势已经明朗化了。所谓“勤王”的大军基本溃散，明天一早，郭威就可以率部队兵不血刃地开进汴梁去。现在郭威有许多事情需要考虑：如何处置朝中混乱的局面？如何惩治为首制造动乱的奸人？如何争取道义上的主动？如何奖励有功的部属……但最令他关心的却是刘承佑的安危。他把刘承佑的姐夫义成军节度使宋延渥请到大帐，对他说：

“天子圣驾暴露于荒野，处于败军乱军之中，势甚危殆。请驸马公去探寻天子去向，并转奏陛下乘间早幸臣营，免有不测。”

宋延渥领命而去。这是他不容推卸的责任，而且，他也是营中执行这个任务唯一合适的人选。但此时天色已晚，视线本就看不远，更何况战线附近情况混乱，根本分不清部队的建制和归属。这里一堆，那里一伙，问也问不出结果。宋延渥转了一圈，无功而返。

这一晚，刘承佑带着数十名从官宿在一个叫七里寨的小村子里。天亮了，郭威看见小村的村头上竖有天子的旌旗，距自己所在地不过里把路远近。他赶忙除去盔甲，只带着赵匡胤等十来名亲卫将校，步行赶去。进了七里寨，却发现空无一人，想是刘承佑等刚刚离去不久。郭威无奈，只好返回大营。

刘承佑带着他那一行人，惶惶然如丧家之犬，朝城里的方向奔逃。当他们来到玄化门前时，守城的是前平卢节度使刘铢。刘铢因为从青州罢官回朝后长期未授官，对史弘肇、郭威等权臣恨之入骨。杀史弘肇、杨邠，他是主谋之一。后来屠杀郭威、王峻的家属，他更是具体执行人。因为心狠手辣，早几天才被任命为开封府尹，主管首都军政事务。此刻他看到狼狈已极的刘承佑君臣一伙，心里知道前线已经垮了。他发狂般问道：

“军队呢？你们的军队呢？”

谁能答复他呢？刘铢取过弓箭，朝刘承佑左右的人便射。城下的人看到刘铢的表现，认为他不是疯了就是反了，反正已是不可理喻，于是只好簇拥着皇帝拨转马头，往西北方向奔去。刘铢仍狠狠地命人继续放箭。他气急败坏，他不愿相信战争就这么简单地结束了。他已经顾不上什么君臣的名分。郭威的回朝自然意味着他的灭亡，他没有回头路走，只有拼死命守住这座城池，谁也不让进。

刘承佑带着随从们逃到了赵村，正好遭遇了一队乱兵。刘承佑下马躲入民家，乱兵追上来，一顿砍杀。可怜一代天子，连同几个近臣，当场一起做了无头冤鬼。那些乱兵们恐怕也根本没弄清楚被自己杀掉的究竟是些什么人。

可是没多久，刘承佑被杀的消息就传到了郭威的大帐。郭威闻讯后号啕大哭：

“此老夫之罪也。我有何面目见帝于地下啊？”

他哭得那样伤心，那样诚恳，两旁的将士无不肃然动容。站在他身边的赵匡胤心想，侍中大人真是心昭日月。刘承佑忠奸不辨，自取其咎，侍中大人却始终念着君臣的情分。时下的骄藩悍镇以及朝廷的文武高官能有几人具有这种胸怀？由此证明，郭公真是一代伟人。

## 郭威、柴荣的提携和栽培

从邺都赶到汴梁，说是为郭公自诉清白，可是现在天子都杀掉了，还向谁诉？那么辛辛苦苦受风霜、冒矢石，难道白来一趟？至少要发点财，否则天理不容。发了财以后再说下一步的事。财该怎么发？一个字：抢！宣徽使王大人早就答应过让大家进城后大掠十日——这就是郭威部队进驻汴梁后的基本想法。抢掠的主要对象当然是大小官吏及豪绅富贾。五代的军人在不停顿的战争中已经养成一种攻克城池后大掠民财的习惯。既然是此中老手，效率自然十分可观。两天后，郭崇威和王殷找到郭威，告诉他再不制止抢掠，当晚汴梁就会剩下空城一座。郭威正在忙于搜捕所有参与过诛杀史、杨阴谋的余党。聂文进死于军前，李业、后匡赞逃逸，郭允明、苏逢吉自杀，只捕获了刘铢、李洪建。刘铢是个极其残忍的家伙，郭威留在汴梁的亲属便都是死在他的手上，连婴儿也不放过。郭威正在考虑该如何处置他时，听到了郭崇威和王殷的报告，吃了一惊，连忙下命令，要各级官长勒制部属的抢掠行为，抗命者杀无赦。连续杀了几批抢红了眼的军人，到傍晚时，抢掠才慢慢停了下来。事后，赵匡胤总是想：这场剽掠究竟是不是郭侍中自己默许了的呢？如果是，这些被正法的兵卒未免死得有些冤，然而不杀又不能收拾乱局，一放一收，也许这正是侍中大人的高明之处。

国不可一日无君。可是立谁为君？朝臣们心里明白，此事不可贸然表态，要揣摩一下郭威的想法。已经历事四朝的太师冯道对类似的场面见得多了，他胸有成竹，自信能应付裕如。他首先用如何处理刘承佑丧礼规格的问题来试探郭威，让几个朝官提出建议，按魏高贵乡公曹髦的旧例，葬以公礼。这个建议立即遭到郭威的反对。他说："仓促之间，我不能保护皇帝圣驾，已经是天大的罪，怎么还敢贬低君上呢？"冯道一听，心中有数了，于是带着百官去谒见郭威。

郭威礼数十分周到。冯道是朝中大佬，资深望重，过去见面行拜礼，现在一如既往。冯道也坦然受拜，拉长了官腔说："侍中此行真不易啊！"什么时候需要什么样的表演，冯道是精于此道的。他深知郭威此时竭力要避免给人以谋逆作乱的印象，因此自己越是表现得持重大方，就越是对郭威的支持和协助。

赵匡胤对冯道的表现很赞赏，真正是宰弼之臣的风度，处变不惊，临危不乱，面对郭威，不谀不谄、不亢不卑。赵匡胤对于那些既骄且吝，得意时嚣张跋扈、失意时卑躬屈膝的武夫从内心深处鄙视和厌恶，他喜欢有修养的文人，他们具有一种特殊的魅力。

接着，冯道及百官便随郭威一起去明德门问候太后，并请示立君事宜。太后虽然有丧子之痛，但对于郭威能全君臣之礼没有让局势变得更糟又不能不暗自庆幸。立嗣君，她不想多干预了。她已经没有儿子，刘知远的另一个儿子刘勋，非她所出，而且卧病已久。刘知远还有两个弟弟——河东节度使刘崇和忠武节度使刘信，另外刘崇有个儿子武宁节度使刘赟。这些人中立谁合适，全由他们商议着定。

太后虽然没定见，郭威却不能不盘算。由驻节在外的宗室继位，绝不可取。他们都手握兵权，各有自己的谋臣战将，野心叵测，非自己所能驾驭。他和王峻商议，不能自甘为别人俎上之鱼肉。只有立孱弱不堪的刘勋，是安全系数最大的选择。他俩进万岁宫，向太后表示立刘勋为帝的意见。太后说："刘勋病得躺在床上起不来，怎么当得了皇帝？"——她还是有自己的想法，让一个较强悍的刘氏子孙为帝，也许能保住宗庙血食。

郭威见太后不同意立刘勋，马上回营鼓动将领们去宫门请愿，坚持要立高祖亲子。太后看这形势，便命左右把刘勋连人带床一起抬出来给大家看。看到刘勋那骨瘦如柴、奄奄待毙的模样，众将领一时无法开口。郭威和王峻商议，退而求其次，立年轻荏弱的皇侄刘赟为帝。议定之后，立即着人写劝进表，并派太师冯道等三人往徐州奉迎刘赟。

已经牢牢控制了中央政权的郭威还要抓紧做两件事。一件是处置曾经围聚刘承佑左右的阴谋分子，另一件是进行必要的人事调整和安排。

已经被捕的刘铢、李洪建及其党羽一律处斩，即使王殷屡屡请免李洪建的死罪，郭威也没有答应。但在如何对待这些人的家属问题上，郭威却表现了别具一格的宽容。他对那些主张斩尽杀绝的官员们说："刘铢杀了我的全家，如果我又杀尽他的全家，怨仇反复，就没有了结之日了。"结果所有罪官的家属一概赦免。宽以济猛，恩威兼备，不枉法，不滥杀，赵匡胤体会到这里面有着很深很深的学问。

至于人事安排，郭威把自己一直很欣赏的翰林学士范质提升为枢密副使、王峻升枢密使、李谷升任三司使。此外，全面接管典卫禁军，由王殷任侍卫马步军都指挥使（原为侍卫步军都指挥使），郭崇威和曹威则由邺都行营马军、步军都指挥使改任为侍卫马军、步军都指挥使。同时，他还将一批亲信的青年军官安插在禁军中，如石守信迁升亲卫都虞候，赵匡胤、王审琦任东西班行首，罗彦瑰、王彦升为都虞候，张令铎为控鹤指挥使，韩重赟为左班殿直副都知，韩令坤为控鹤都校，慕容延钊为铁骑都虞候等等。赵匡胤和这些青年中级军官，有的是儿时好友，如韩令坤、慕容延钊；有的是知己新交，如罗彦瑰、张令铎等。他们在禁军中共事订交，成了赵匡胤后来显达的十分重要的人事背景。

大局初定，十二月初，又传来了契丹入寇的消息。郭威这时竟然把朝廷大政委付给王峻王殷等人，自己要带领大军冒雪出征。兵到滑州，停了数日，这时新君刘赟的车驾已经自徐州西来，在宋州驻跸。刘赟遣使到滑州来劳军，郭威带着众将在厅前接受来使宣慰。郭威恭恭敬敬跪拜，可是大多数将领互相观望不肯下拜。四下里嘁嘁喳喳地议论：

“我辈屠陷京城，其罪至大。真的让刘氏复立新君，我们还能保得住身家性命吗？”

郭威听得明明白白，也不作声，依旧行礼如仪。礼毕，立即下令部队往澶州开发。他是要让所有的人知道，他既维护朝廷，又顾念部属，把队伍开上前线去，免得再生事端。

但是，部队的疑惧情绪却像草原上的火，不断蔓延，越烧越猛。头天过黄河，在澶州宿营，第二天天还没亮，就有数千名兵将在辕门大声鼓噪。喊叫的口号无非是“请侍中自为天子”“我军已与刘氏为仇，再立刘氏，无异自杀”之类。郭威命人关门，但将士们翻墙上屋爬进来，不由分说，把郭威拥坐在正中，一齐跪倒，山呼万岁。还有人灵机一动，扯下一面黄色旗子，裹在郭威身上。闹腾了一番，就把郭威拥上马，回师向南。

整个过程看来全是自发的兵变，但又进行得那样井然有序，似乎背后有一只巨手在安排着一切。赵匡胤事后想，郭威向什么人布置过什么吗？没有。如果有，自己不会不知道。就是事发之际，自己的表现（包括对兵变的同情和竭力维护秩序）也是本能地顺从符合整个事变进程的需要。大家似乎都被一种无形的力量推动着，约制着。乍看是盲动，却毫未偏离既定的目标，这里体现着最高超的领导艺术。

郭威南下中，连连发出上太后书、告百姓书，说是要奉汉宗庙，事太后为母。又说这次大军保证秋毫无犯，望百姓勿相惊扰。七天后，兵至汴梁七里店，宰相窦贞固率百官迎谒劝进。

郭威还在途中之时，留守汴梁的王峻、王殷便已派郭崇威领众乱兵去截堵刘赟。郭崇威一面代表郭威用好话安谕刘赟，一面策反刘的宿卫亲军，解除了他的抵抗力。郭威又给刘赟一封信，解释自己为诸军所迫，情出无奈，并召回冯道。最后，以李太后名义下诰，废刘赟为湘阴公。第二天，太后又有诰命，以侍中郭威监国。监国，实际上就是离皇帝只有半步之遥的过渡名义。百官藩镇都纷纷上表劝进，可是监国郭公还是很不情愿当皇帝的样子，甚至杀掉了一个醉后狂言的步兵将校，因为他嚷嚷道："在澶州是骑兵扶立，今天要轮到我们步兵扶立了。"

做足了文章，硬是挨到过了年，正月里，监国公才接受太后的诰命，即皇帝位，改国号为周（他说自己是周裔虢叔之后），改元广顺。

这年（广顺元年，公元 951 年），赵匡胤二十四周岁。年纪已不为太轻，而自己的事业却还在起步阶段，他不免有些焦躁。飞黄腾达对一个军人来说，必须到战场上去寻找机会、创造条件，但现在郭威称帝了，一般不会再亲临战阵，而作为皇帝侍卫禁军的他，当然也难得上战场。他想请求将自己外放，可是又迟疑不决，因为在郭威身边，他可以了解和学习许多自己从前不知道的事务及其处理方法。他觉得这点太重要了，他不能轻易放弃。建国以后，郭威的大政举措，赵匡胤认为大致都得体而必要，但也有某些失误。他一件件地参详、判断，但从不当面或背后发表己见。并不是要韬光养晦，而是觉得人微言轻，少说话、不说话总可以避免由于经验和见识的不足而失言甚至于贾祸。

他最赞赏郭威处置英明的是人事安排：重用先朝的文臣治国。冯道、窦贞固、苏禹珪、范质等俱委以重任。而对王峻、王殷等共同举事的武夫，表面上虽恩宠有加，实际上却多所限制。这俩人本来就轻浮、狂躁，缺乏修养，居功自大又争权好利，却偏偏不能随心所欲，于是必然地走上心生怨望、多所不轨的获罪之路。两年不到，王峻贬为商州司马，刚到任便得腹疾而亡；王殷则更糟，在流放登州的路上被杀。去掉二王，朝中便再没有像前朝的杨邠、史弘肇这类骄傲跋扈难以驾驭的臣僚了，而处理政事，文臣又确乎更具条分缕析规范缜密的优势。相形之下，郭威比刘知远的用人之道要胜出许多。

此外，郭威的俭朴也给赵匡胤留下深刻印象。最显著的例子，一是罢掉各地方的奉献，所有来自山南海北的奇珍异宝、美食佳馐、名贵土产他一概谢绝，他说："为了满足我一个人的享受，天下百姓不知要耗去多少血汗。再说，我也用不着这些东西，置诸有司，还不是白白浪费了？"再一个就是郭威提出的节葬的原则。匡胤亲耳听到郭威交代柴荣："古代的帝王都喜欢丰殓厚葬，耗费惊人，可是至今还剩下几座陵墓没有被发掘？陪葬物过于精美，实在等于诱人盗墓。我死之后，万万不可仿效前人做这等蠢事。一个小坟堆，纸衣、瓦棺，立个‘周天子之墓’的碑就行了。你将来一定要照我吩咐的办，如敢有违，我的精魂就不保佑你。”营造山陵历来是帝王们的头等大事之一，而郭威的这番见识、这种态度确实是人所不及。

在赵匡胤看来，郭威也有失误之处，他感受最深的便是刘赟的被杀。刘赟是个懦弱无能的人，做不成大事。若把他接进汴梁，翦除他身边的羽翼，完全可以以国公之礼养诸别馆，他没有作乱的能力，而郭威在道义上却占据了更有利的位置。从战略上说，也就很有可能控制住太原的刘崇，使他不敢称帝。赵匡胤当时就意识到北汉（刘崇）的建国带来的政治麻烦绝非短时期内能得到解决，杀刘赟是得不偿失的。

赵匡胤在观察、在思索，而所有这些思索的结论，对他今后一生的政治活动，都有着极为重要、广泛而直接的影响。

郭威对于跟随在自己身边的赵匡胤，当然也有过相应的考察和判断，不过因为位置不同，他不可能对下属了解得如下属对他一般清楚、仔细。他只是觉得赵匡胤勤勉、勇敢、忠于职守，沉稳厚重，没有一般纨绔子弟的轻浮，也没有一般武夫的粗莽。但也许正因为这一切，他觉得赵匡胤的长处过于集中，让自己产生一种莫名的担心。任何一个群体中的首脑人物，对于自己下属中的这类人物，总是既欢迎而又有所警惕的。有一天，他终于决定，升任赵匡胤为滑州副指挥，让他离开自己身边。他想，对年轻人来说，这是一个锻炼的机会，更重要的是，他隐约觉得赵匡胤在有意识地观察着自己，他不愿意让任何人因为距离太近而对他过于深切的了解。

滑州副指挥的任命刚刚下达，柴荣就进宫找父皇索要赵匡胤。郭威说成命不好收回。柴荣说：“着有司改委吧，我那儿确实很需要人。”这倒是实情，柴荣刚由镇宁节度使内调开封府尹，掌握京畿地区的军政大权，不能不补充帮手。郭威同意了。赵匡胤根本没有去滑州，便被派为开封府马直军使。从这时起，他作为柴荣的左膀右臂，运筹帷幄、征战沙场，在岁月的辉煌中向着权力的顶峰开始了顺利的攀登。

开封府马直军使虽然职位不高，但这是赵匡胤崭露头角的一个起点。此后，等待着他的便是一系列的军功和荣耀。短短四五年间，他就成为历史舞台上举足轻重的人物。

## 高平之战建首功

显德元年（954 年）初，郭威病故。他得的大约是脑中风这一类的病，头年的十一月享祭太庙时突然发作，当时便失去了动作能力，未完的拜跪之礼都是柴荣代行的。当天晚上病情加剧，差一点就不治了。半夜以后，又慢慢缓过劲来。此后他在病榻上度过了生命的最后两个月。正是这两个月让他对身后事做出了妥善的安排，使他临终前能平静地说一句："吾无恨矣！"

郭威当了三年皇帝，时间不长，但给他的继承人柴荣打下了一个较好的基础。当他在病中时，听说禁军中有人散布流言说当今皇上对将士的例赏不及唐明宗时丰厚，便下令把将领们召到寝殿，严肃而又平静地对他们说：

"朕自即位以来，恶衣疏食，专以赡养军队为念。府库积蓄，四方贡献，供给军需之外，很少盈余，你们难道不知道吗？现在有人纵容凶徒散布流言，不顾人主之勤俭，不察国家之贫乏，又不想想自己有何可赏之功，还心怀怨望，你们能自安吗？"

众将都惶恐谢罪而退。事后抓住几个嚣张跋扈的军校给杀了，流言终于平息下来。郭威深知，在自己病重的时候，对于这类流言，最需要提高警惕，它很可能就是某些野心人物蠢蠢欲动的前奏。

为了万无一失，接着他又进行了一系列人事调整：提拔户部侍郎王溥为中书侍郎、同平章事，把殿前指挥使李洪义和李重进外放为节度使。李洪义是刘承佑的表哥（李太后的侄儿），澶州起兵时倒戈拥戴郭威。李重进则是郭威的外甥，在血缘上比柴荣更亲一些，而且年纪也比柴荣大。郭威特地把他召进宫来，要他向柴荣行叩拜之礼——定下君臣的名分。郭威所有这些安排都具有深远的政治用心，后来的事实也证明了他的正确预见。

柴荣即了皇帝位，赵匡胤也被调入禁卫亲军。那北汉主刘崇，听到郭威死去的消息，不禁又勾起儿子刘赟无端被杀的仇恨，心想柴荣立足未稳，正是自己报仇的良机，于是亲率精兵三万，并遣使往契丹，请来辽兵万余骑，会同一起，杀奔潞州而来。昭义节度使李筠率兵接了一战，结果中了北汉伏兵之计，折损了千余兵丁，赶紧退回上党城中，固守不出。这潞州乃是北汉兵南下的必经之地，刘崇派大军紧围不舍，形势十分危急。

消息传到汴梁，朝野震动。柴荣在殿上召集群臣，宣布自己要御驾亲征。太师冯道劝阻：

“刘崇地蹙国贫，兵力微薄，不足为患。陛下新即位，先帝山陵之事未毕，人心易摇，不宜轻动，派员干将前去御敌就足够了。”

“刘崇乘我大丧之机，欺我年少新立，有吞天下之心。他既然亲自来了，我就不能不往。”柴荣驳斥了冯道。他很厌恶冯道此时的不明事理，一点也不明白自己要以战树威的心情。不过，因为冯道是资深老臣，他说得还算婉转。谁知冯道不领情，仍然固执己见说御驾不能亲征。

“昔日唐太宗定天下，总是亲征在外，朕怎么敢偷安呢？”柴荣又耐心地引古人的例证来加强自己的论点，想不到冯道竟接了一句：

“不知道陛下能不能做得了唐太宗？”

在朝堂上议事的众多官僚几乎都被冯道这句话惊呆了，怎么能这样直截了当地对新立天子表示怀疑和藐视呢？赵匡胤心里也觉得奇怪，这个老家伙历事五代君主，不管姓什么的人当了天子，他始终位列卿相，靠的什么？除了精于政务，很重要的一条原因就是他为人圆滑，从不与任何人（包括君主和臣僚）结怨，有时甚至于装聋作哑，扮出一副心智不全的痴呆面孔。今天莫非是老糊涂了？赵匡胤是主张柴荣亲征的，不仅是因为考虑到柴荣需要借此树立自己的威望，他本人也渴望到战场上去表现才能。匡胤正准备开口劝说冯道，柴荣却又接着说：

“以我们如此强大的兵力，破刘崇直如泰山压卵一般！”话刚说完，冯道又补了一句：

“不知道陛下能不能够做得了山？”

朝臣中多数都认定冯道老儿今日中了邪魔，要不就得了狂症，这时柴荣脸上挂不住了，怒气在眉尖上凝聚，眼看就要发作。新任中书侍郎王溥反应还算快，赶紧打圆场说：

“老太师此言差矣！以天子之威，兼兵精将勇，其万钧之力虽泰山亦不足以比拟。刘崇乘我主新立，蠢然来犯，正应由御驾亲征，破其迷梦。刘崇小丑，一战可克。而四方当由此震动而不敢再生觊觎之想，故其功至大。老太师一向公忠谋国，不知今日何以有此千虑之一失？”

冯道不吱声了，朝堂上自然也没有再持反对意见的人。柴荣把一肚子怒火又压了回去，自己刚登基，不好轻易处罚一个七十多岁的五朝宰相，当务之急是拟定出兵方案。到了临出发的时候，柴荣想起冯道顶撞自己的事，仍然觉得恼火，下一道旨，以冯道为山陵使，命他奉安太祖（郭威）梓宫赴陵。一个风烛残年的老头能经受得住这趟苦差吗？赵匡胤不禁起了一点恻隐之心。他从内心里尊重那些有修养有才干的文臣，治理国家需要这种人。冯道老了，而且这次是咎由自取，无可怨尤，但赵匡胤还是决定去为他送行，表达一下自己的同情。临别时他向冯道拱手行礼，说："老太师一路珍重。"冯道知道他是柴荣的亲信，望着他，回礼答道：

"将军常在陛下左右，望多劝陛下持重行事，阵前不可轻发，因为陛下一身系天下之安危！"

冯道去了，刚好完成安葬郭威这件差事就病死于途中，那时与北汉的战争尚未结束。

柴荣的整体部署还是很周详的，命天雄节度使符彦卿和镇宁节度使郭崇（即郭崇威，为避郭威的讳，改名郭崇）从河北出兵威胁北汉后方；命河中节度使王彦超和保义节度使韩通从晋州出发东向邀击北汉军；马军都指挥使樊爱能、步军都指挥使何徽、义成节度使白重赞、郑州防御使史彦超等组成北征主力，向泽州进军，自己带领四千禁军（赵匡胤、张永德各率两千）随后出发，最后面是河阳节度使刘词的部队策应。真有"以此致敌，何敌不摧"的气势。

刘崇并不知道柴荣亲征兵发泽州的事，他不想在潞州再和李筠僵持，绕城而过，引兵向南，两军在高平遭遇。第一个接触后，北汉兵退走。柴荣怕敌人跑了，便下令急追。北汉兵退到巴公原，却不再退，而是列出了严整的阵势。刘崇居中，武宁节度使张元徽居东，契丹国的武定节度使杨兖居西。这时柴荣的后军还没有到达，相形之下，兵力较对方弱，军中不免有些恐慌。柴荣自己却是斗志旺盛得很。他命令白重赞、李重进左军居西，樊爱能、何徽右军居东，史彦超领精骑居中，赵匡胤、张永德的禁军护卫御驾。刘崇看到周军数量少，不禁沾沾自喜，得意地对左右将领说：

“早知道周兵如此单薄，我何必向契丹借兵？”一边说，一边想起此次借兵费出的金帛，暗暗心痛，咬咬牙说：“也好，今日一仗，不单是破了周兵，也可使契丹心服。”

北汉众将连连称是，这时右军契丹杨兖差偏将来见刘崇，传话说周兵行伍整齐，料是劲敌，请大王量敌而进，不可轻视。刘崇听了这话，高傲地抖了抖胡子，对来人说：“回去告诉你家令公，不要故作危言，阻我军的气势。且看我今日会敌决胜，拿住柴荣，为我儿报仇。”契丹偏将回去复命，杨兖十分不悦。

这时阵地上刮起了东北风，少顷又转成南风。刘崇军中的司天监李义奏道：

“此风正助我军之势，主公出击，战之必胜！”

此言甚合刘崇心意，正待传令，只见枢密直学士王得中扣住马的辔头劝阻道：

“此系逆风，怎说助我军之势？李义胡说八道，该斩！请大王慎之勿出。”

“吾计已决，老书生休得妄言，乱我军心，再不闪开，先斩了你！”刘崇在马上大声呵斥。王得中只得退下。接着，张元徽便奉命率千骑出击周军右翼。

那张元徽乃是一员勇将，而周军右翼指挥官樊爱能、何徽却心怀二志，战不数合，率骑兵弃阵而逃。顿时右军溃散，步兵千余人解甲投降，向刘崇高呼万岁。刘崇见周军阵势已乱，督促诸军向中央冲杀过来。柴荣此时顾不上自身安危，率领身边禁军迎上前去，厮杀之间，自己和少数亲卫被北汉兵围住。刘崇派了数百名弓箭手，攒射柴荣，一时飞矢如雨。柴荣的卫兵用盾牌护住柴荣，情况危急到了极点。

赵匡胤这时领着部分禁军，刚好杀翻了身边的一片敌人，稳住了阵脚，抬头一看，只见柴荣处境凶险，忙对左右兵将大叫道：

"主忧臣辱，主危臣死。是我们拼命的时候了。"此时，正好张永德赶到，赵匡胤对他说：

"请你带领部下从左边的高地冲下策应我，我领人从右面捣入敌阵，解救陛下。"言罢，手持通天棍，带头冲向汉兵。

所谓"一夫拼命，万人莫敌"，赵匡胤一马当先，置死生于度外的精神激发了数千禁军的斗志，一个个都有一以当百的气概，跟在匡胤身后直闯敌阵。北汉兵见一支劲旅杀来，只得放开了对柴荣的围攻，转身迎敌。战了数十回合，赵匡胤已手毙了刘显、刘达等数员敌将。这时张永德率部又从西面高地乘势而下，周军气势益盛。赵匡胤命殿前右番行首马三保护柴荣退出战场，看众将破敌。

周军越战越勇，汉兵渐渐不支。不多时，汉军骁将张元徽战马中箭倒地，他来不及翻身站起，就被周中军马全义手起刀落，斩为两段。元徽一死，汉军士气尽夺，加之南风愈刮愈猛，风助人威，人借风势，北汉军终于全线溃败。除去投降者，刘崇只带得些残兵败将退往晋阳去了。契丹杨兖一直在战场以外观望，汉兵败了，他畏周兵势盛，不敢援救，且又想起战前刘崇那些不逊的话，心中恼火，自带着本部兵马退回契丹去了。

那樊爱能、何徽俩人率部逃离战场，一路南窜，劫掠辎重，散布谣言，说是"契丹出动大军，官军一败涂地，余众尽已投降。"柴荣派亲军校尉去劝止，俩人也不肯奉诏，手下军士还把派来的人也杀了。这时率领后军的刘词在途中遇到樊、何，他俩人劝刘词不要继续前进了，说是前军已败，天子已避入潞州，尔等再赶赴战场，也只是送死。刘词把这两个家伙骂了一顿，仍然领兵北上。傍晚碰上了北汉逃离战场的余部约万余人，迎头又是一番痛击。正好赵匡胤也率所部追击汉兵至此，俩人合兵一处，杀得这万余汉兵十亡其九，抛弃的辎重军械更是不计其数。战斗基本结束，这天晚上，柴荣和全军将士都在野地露营。

第二天，部队在高平休整。柴荣下旨，把投降到北汉方面去的步兵杀掉一批，然后把北汉投降过来的数千人整编成军，命行军司马唐景思统领，开赴淮上，担负防范南唐的守备任务，部分老弱者资遣回家。赵匡胤觉得这几项决策都很不错，既整肃了军纪，又扩充了力量，还体现了君王宽仁博大的胸怀。对樊爱能、何徽俩人怎么处置呢？柴荣有些犹豫不决。最后他决定待进驻潞州以后，在对高平之战论功行赏时一并发落。

这一仗的首功当推赵匡胤和张永德二人，而张永德又一再地盛赞赵匡胤智勇双全，功居第一，于是，柴荣提升赵匡胤为殿前都虞候，领严州刺史（严州远在浙江，这是遥领，并非实授）。其余诸将，各有封赏：原郑州防御使史彦超升镇国节度使；李重进兼忠武节度使；向训兼义成节度使；张永德兼武信节度使等等，将校迁升者达数十人。赵匡胤年纪不过二十八岁，从军五年，升迁到这一地位，实属少见的恩典。他很满意，特别是对张永德在皇帝面前的褒誉，更心怀感激。从共事中，他认定张永德是个可以信托值得深交的人，他不仅作战勇敢、办事干练、头脑冷静、襟怀坦白，最难得的是身为郭威女婿、柴荣妹夫的他，从不以自己的亲贵身份傲视他人。对于匡胤，张永德总是多方维护扶掖。俩人的良好关系，可说是贯彻始终，从无隔阂。直到赵匡胤晚年，对张永德还是表示出特殊的尊重和信任。

赏完了功，就要罚过。那天，柴荣在行宫卧室中，召见张永德，向他征询意见；

“樊爱能、何徽这两个家伙，论理都该斩，可是国家正当多事之秋，将士难得，又想给他们以戴罪立功的机会，再说我新登大位，也不想给人以好行诛杀、刻薄寡恩的印象。很觉此事难以决断，你的看法如何呢？”

“樊、何二人，素无大功，忝居节钺，望敌先逃，又杀使拒命，虽死不足偿其罪。陛下如有开疆拓宇、威加四海之志，则宜痛惩此等败类。否则，虽有熊罴之士，百万之兵，而军法不立，亦不得其用！”张永德这番话说得柴荣猛然从帐中跃起，把枕头摔在地上，连声说：

“对，你说得对！”他已经下定了杀樊、何的决心。

和樊爱能、何徽一起被斩首的将校达七十余人。刑前，柴荣对他们训斥道：

“汝曹皆累朝宿将，并非不能战，阵前望风而逃，没有别的，就是想以我为奇货，卖与刘崇。”

赵匡胤对一次诛杀七十余名军官，有点不以为然。俗话说“法不责众”，只要严惩首犯就能收到震慑人心的效果。况乎其中有些人只是奉命行事或是身不由己。他心里觉得这位“柴大哥”为人有点峻急，是性格上的不如郭威之处。

柴荣想乘胜直捣刘崇的老巢——晋阳，但此后的战事却进行得不太顺利。刘崇固守不出，而周兵北征日久，粮草补给成了问题，加上天久雨，士卒疲病。此时契丹又遣兵来援北汉。镇国节度使史彦超和昭义节度使李筠轻敌，孤兵恃勇深入，结果寡不敌众，史彦超战死，李筠侥幸逃回。柴荣痛惜史彦超的死，终于决定放弃对晋阳的围攻，班师回汴梁。

柴荣大概是做商贩时养成了事必躬亲、计铢较两的习惯。做了皇帝仍然是政无巨细、皆由己出的作风。朝廷百官只要奉命办事就行了，赵匡胤对这一点是颇不以为然的，但又没有想出一个劝说柴荣的好方法。此次北征，柴荣是违众议而圣躬独断，结果获得成功。这更助长了他包揽一切政务的自信。河南府推官高锡上了一道奏章提出尖锐的批评：

“四海之广，万机之众，虽尧、舜不能独治……今陛下一以身亲之，天下不谓陛下聪明睿智足以兼百官之任，皆言陛下褊迫疑忌不信群臣也！不若选能知人公正者以为宰相，能爱民听讼者以为守令，能丰财足食者使掌金谷，能原情守法者使掌刑狱，陛下则垂拱明堂，视其功过而赏罚之……何必降君尊而代臣职，屈贵位而亲贱事，无乃失为政之本乎？”

说得多有道理啊，赵匡胤想。可是柴荣只是冷冷一笑置之——倒也没有发脾气，但这是为了表现他有容人的度量。赵匡胤了解柴荣，知道自己如果再就这个问题发表意见，不惟无益，相反还可能取咎。

赵匡胤常常不自觉地将郭威和柴荣进行对比。他觉得郭威是宽厚有余而精明不足，柴荣则是干练有余而仁恕不足。郭威在能力、勤奋和竞进方面不及柴荣，而柴荣在沉稳、大度和兼听等方面则不及郭威。俩人都有值得自己仿效的地方，但自己似乎对郭威还多一点好感，虽然柴荣待自己更厚，始终保持着一份兄弟的情谊，但情感这东西有时很难解释清楚，它常常不是一种等量的交换。

## 斩将搴旗的捷报中初识赵普

柴荣是一个有雄心大志而且确实从行动上奋发图强的君主。他痛感于唐僖宗广明年间以来中国的积弱，向往着统一和强盛的局面能够在自己手中实现。他清楚地意识到，强盛的前提是统一，而统一只有通过强有力的军事行动来完成。与北汉军队在高平大战所获得的胜利，更助长了他削平天下的雄心。他越加相信自己具有这种能力并且担负着这项历史使命。

为了让臣下理解他的抱负，在战略思想上建立共识，他谕令朝中大臣各作一篇《开边策》。然而群臣多数养成了守常偷安、不求进取的习惯心理，提不出什么有分量的建议，只有礼部侍郎王朴的文章还算说出了一番道理：

> 中国之失吴、蜀、幽、并，皆由失道。……其始失之也，莫不以君暗臣邪，兵骄民困，奸党内炽，武夫外横，因小致大，积微成著……今欲取之，莫若反其所为而已。夫进贤退不

> 肖……；恩隐诚信……；赏功罚罪……；去奢节用……。俟群才既集，政事既治，财用既充，士民既附，然后举而用之，功无不成矣！……唐与吾接境几二千里，其势易扰也。扰之当以无备之处为始，备东则扰西，备西则扰东……然后避实就虚，避强击弱。未需大举，且以轻兵扰之。南人懦怯，闻小有警，必悉师以救之。师数动则民疲而财竭，不悉师则我可以乘虚取之。如此江北诸州将悉为我有。既得江北，……江南亦易取也。得江南则岭南、巴蜀可传檄而定。南方既定，则燕地必望风内附。若其不至，移兵攻之，席卷可平矣。惟河东必死之寇，不可以恩信诱，当以强兵制之，然彼自高平之败，力竭气沮，未必能为边患，宜且以为后图，俟天下既平，然后伺间一举可擒也。……

王朴的这番见解，很得柴荣欣赏，也给赵匡胤留下了很深的印象。这个在柴荣手中没有来得及实现的战略计划，后来由赵匡胤兄弟全部完成了，只是由于当时形势的发展，上述几个战略目标的先后次序有些变化而已，在战略指导思想上始终没有脱离这条主线。

参考了王朴提出的构想，柴荣选择南唐作为第一个打击目标。在这之前，他遣兵收复了秦、凤二州，把后蜀的势力压回剑门关以南，免除西面的后顾之忧。显德三年（956年）春天，柴荣下诏亲征淮南。征伐的理由很简单：在秦、凤前线捕获了一名后蜀信使，从他身上搜出一封南唐中主李璟致后蜀国王孟昶的回信，回信中答复了后蜀提出的联兵抗周的请求，表示不日出兵，阻截周军的后路。柴荣既抓住了南唐蓄意为敌的把柄，而收复秦、凤的战略目的又已经实现，便决定立即出兵南征，下诏书道：

蠢尔淮甸，敢拒大邦，盗踞一方，僭称帝长。晋、汉之代，寰海未宁，而乃招纳叛亡，朋助凶逆。昔日金全之据安陆，守贞之叛河中，大起师徒，来为应援，迫夺闽、越，生灵涂炭。至于应接慕容，凭陵徐部，沭阳之役，曲直可知。勾引契丹，入为边患，结连西蜀，实属世仇。罪恶难书，人神共愤。

平心而论，柴荣的上述指责大都是言之有据，但即使没有这些理由，南唐也是要打的。

这次南征，较之前次的北伐，柴荣的兵力大有改善。主要原因是两年来，他委托赵匡胤对禁军进行了彻底的整编和严格的训练。禁军里充斥着许多老迈羸弱的将士，是累朝以来承袭的弊病，务求姑息，恐伤人情，致使战斗力越来越差，不堪用命。赵匡胤一方面简缩建制，一方面淘汰羸卒。同时又从诸藩镇部队中选拔精锐，并招募天下壮士，使禁军的人员素质大大改观，通过日常操训和实战锻炼，禁军战斗能力大有提高。这支队伍不仅成为柴荣征伐四方的主力，而且日后也就是赵匡胤的亲军，是他在政治舞台上进行赌博的主要资本。

大军出发前，柴荣已经派李谷为淮南道前军行营都部署，统督忠武节度使王彦超、侍卫马军都指挥使韩令坤等十二员将军出兵南下。在年前的十二月里，他们已架设浮桥，从正阳渡过了淮河，直达寿州城下。可是寿州守将刘仁瞻智勇过人，坚守不出。寿州久攻不克，李璟又派大将刘彦贞率兵二万及战舰数百艘自滁州出发增援。水陆两军均做出准备攻击浮桥的姿态。李谷见势害怕起来，与部将们商议道：

“我军不习水战，如果浮桥被敌人截断，我们腹背受敌，连退路都没有了，不如退回到浮桥一带，等皇上大军到了再举进攻。”柴荣是不同意前锋部队后撤的，但命令到达时，李谷已退守到了正阳，柴荣只好遣归德节度使李重进赶紧向淮上出兵，自己和赵匡胤等率禁军随后从陈州一路南下。那气势真个是征云黯黯，杀气濛濛，戈戟如林，旌旗似雾。这时正值春天，淮水一天天上涨，对南唐的水师极为有利。李谷认为大军不宜渡淮，恐怕浮桥守不住，粮道阻绝，危不可测。建议等李重进兵到后，一起分析形势，认定能够抵御敌方的水师而保住浮桥时，再图大举过河，最好能等到秋天水浅，敌师疲惫时，取之未晚。柴荣接到李谷的奏表，很不高兴，向赵匡胤征求意见。赵匡胤坚决反对迁延时日，主张兼程南进，大军必须保持强大的声势。一往无前的军威，是克敌制胜的重要因素，倘若逡巡不前，久必为敌所乘。赵匡胤这时官位仍不过是殿前都虞候兼领永州防御使，可是由于他典掌禁军，一直亲随柴荣左右，为天子所倚重，因此他的意见往往就是柴荣本人决策的主要依据。

偏偏南唐派来的北面行营都部署刘彦贞是个草包，既无才略，又不知兵。一直是靠向南唐主身边的亲信行贿，让他们为自己吹嘘，说得他才胜隋、何，勇如绛、灌。这回周兵南下，南唐主第一个便想到要用他为前敌总指挥。他见自己兵马未到，李谷便从寿州城下退走，以为周兵畏怯如此，必不堪战，心中又喜又骄，当下命令部众追往正阳。刘仁赡和南唐池州刺史张全约极力劝阻说："敌军既畏我之威，又何必与之速战？万一不测，则大事去矣！"刘彦贞哪里听得进去，领兵浩荡往正阳进发，旌旗辎重逶迤达百里。

这时刚好李重进率领的周兵渡淮南来，双方遭遇在正阳东南。李重进发起进攻之前，登高观察敌情，只见刘彦贞连营数十里，即对部将说："此军破之甚易。"他命令三千将士赶往上流，待敌军一乱，伺机邀击。自己则在正面迎敌，果然战斗开始不久，南唐军就开始溃散，布置在上流的三千军卒从侧面杀出，南唐军更是乱成一团。刘彦贞见势料不能胜，带领部分精锐夺路而逃。却又遭遇到李谷领兵来与李重进会师，一顿厮杀之后，刘彦贞被乱兵砍死。其余南唐诸将，或死或俘。此战斩首万余级，伏尸三十里。池州刺史张全约逃入寿州，和刘仁赡合兵坚守。南唐朝野震动。

柴荣得到捷报，喜不自胜。御驾行营抵达正阳后，以李重进代李谷为行营都招讨使，并下令继续围攻寿州。但此时南唐兵仍有万余人，水陆两路，屯于下游的涂山，随时都给围城部队带来威胁。柴荣命令赵匡胤亲领一支禁军去攻击这支唐军。匡胤首先派了百多名骑兵直薄南唐军营寨，稍一接战就做败逃之状，把对方诱进预先布置好的埋伏圈，一声号令，伏兵齐发。就在涡口这地方大败南唐军。南唐都监何延锡被赵匡胤一棍打死马下。涡口之战，缴获战舰五十余艘，彻底解除了对围攻寿州周军的威胁。

赵匡胤认为，要夺取整个淮南江北地区，滁州是必争之地。滁州周围的群山正是南唐都城金陵的屏障，一旦攻下滁州，金陵就呈门户敞开之势，既可以从江面断绝寿州的外援，又可以控制南下的通道。滁州北面，有座清流关，新近由从正阳退下来的一万五千名南唐兵把守。带兵官是皇甫晖、姚凤。那皇甫晖是一员老将，后唐时便叱咤沙场，颇有名气，不易对付。赵匡胤向柴荣请命，由自己亲领一支人马去攻打滁州。柴荣欣然同意。

赵匡胤带着几千将卒，兼程倍道，赶至清流山下，立足未定，就被皇甫晖寻上门来打了一仗，结果竟落了个败势。因天色已晚，皇甫晖收兵进关，约定明日再战。赵匡胤顿兵关下，心中闷闷不乐。皇甫晖这老东西颇为骁勇，且居于守势，看起来，这滁州一时难进。赵匡胤少年漂泊时，养成一个好习惯，人地生疏，诸多不便时，使求教于当地父老。此时，他命人找来村中一个长者。问他这清流山中是否还有别的路径，老者说不知道，但却告诉他，邻村有个赵普赵学究，河北幽州人，来此数年了，靠设帐授徒为生。平日喜欢察看地理形势，且自己还绘得一手好图。若去问他，或有所获。

赵匡胤在营中换了便服，带了两名做家丁打扮的随从，到邻村去访赵学究。经人指点，来到一个山谷。只见此处松竹苍翠，涧水琤琮，幽径深处，有三两间瓦舍，想必就是那赵学究的家。匡胤等人走了过去，见一中年女子在院子里收取晾晒之物，便拱手为礼问道：

"敢问大嫂，此处是赵学究的家吗？"

"正是。客官找他——"那妇人话犹未完，只见屋内走出一个身着儒服的男子接口道："在下便是赵学究——姓赵名普，字则平，不知客官有何事见教？"

匡胤定睛看那人，只见他身材高瘦，面貌清癯，双眸炯炯有光，眉间相距不过一指，额骨略高，一副工于心计的模样，忙行礼道：

"啊，赵先生，可以借一处说话吗？"

听他这么说，赵普眼中闪出一点亮光，脸露笑容，将匡胤引进屋内，随从守在屋外。

赵普唤那妇人进了茶，与匡胤俩人分宾主礼坐下，然后神色庄重地问道：

"赵将军找学生不知是为了何事？"

"先生为何如此相称？"赵匡胤听见赵普唤他将军，吃了一惊，难道此人有未卜先知之明。

"荒村僻野，甚少外人。今日将军在清流关前大战皇甫晖，岂能不为人知？"赵普微笑着说。

"惭愧、惭愧，日中关前遇挫，羞见地方父老。敢问先生何以会栖居在这山野之中？"

赵普于是简述了自己的过去。原来他祖籍河北幽州，因故地已为契丹人所占，便投靠岳父家。少读诗书，稍长，充任州府小吏有年，故对于狱讼之类事务甚为熟悉。后在永兴节度使刘词帐下为幕僚。不为所用，又不许去。直到刘词去世后，自己才带着妻小南来。

“周天子要南征，这是天下人共知的事。取淮南之地，滁州最为要冲，而这清流关又是滁州的门户，地势险要，易守难攻。于是我便在此卜居，详察地形，以备将来之用。”赵普的这一番话不能不使赵匡胤又吃了一惊，原来此处竟藏着一个如此有心计的人，连忙问道：

“不知道先生是否已有什么妙计在胸？”

“我有一奇计，可使将军转败为胜，转祸为福。”赵普从容说道：“这清流山左侧，有一条人迹罕至的小路可以绕过清流关，直达滁州城下。这路连皇甫晖的手下也无人知晓。翻过山后，便是西涧，目下正值涨水，乘流而下，一两个时辰便到滁州，出其不意，攻其不备，滁州城不及设防，唾手可得！”

赵匡胤听了这话喜不自胜，忙问赵普可否找人引路。赵普当即命家僮随匡胤回营，好连夜带部队循小路出发。分手时，约定攻下滁州，便来接赵普及其家小，并上表为他请功。但赵匡胤对此事始终心存疑惑，他忍不住又问道：

“先生似乎有未卜先知的本领，我之来访，实属偶然，我若未来，先生之计何由得用？”

“将军的为人学生早有风闻，这清流关之险要，非用奇计难以克服。一二日间，纵将军不来，学生也会自投营中献计。”这是实话，赵普等待这样一个机会已经很久了。儒生是不应该有终老林泉的出世之想的，择其时，择其人，总要展其抱负，始为不枉一生。通过和赵匡胤的初步接触，他感到这个人前程未可限量，他决定把自己的才智、命运和希望全部投入到赵匡胤的事业中去，他肯定自己没有看走眼。

第二天早上，皇甫晖才发现周军已经到了山后，速忙下令撤军回滁州城，企图断桥自保。谁知赵匡胤已抢先一步，涉水过河，直抵城下。皇甫晖见赵匡胤来势凶猛，想稳定军心，便说：

“赵将军，我们各为其主，这一仗在所难免，将军能否容我整好队形行列后再战？”

赵匡胤听了，不免笑出声来，这老头迂腐之至，想是在效行宋襄公“泓水之战”的故事，便依了他，又能如何？当即答道：

“好吧，给你一个时辰，好让你败得心服。”

皇甫晖整顿好了队伍，果然按时出阵。赵匡胤不容他再多说，大叫一声：“我只要抓皇甫老儿，不干别人事！”一马冲入敌军，身后的军卒也随势而上。皇甫晖还想慢条斯理调兵遣将一阵阵地厮杀，不想赵匡胤来得如此迅猛，只好仓皇应战，不及两合，被赵匡胤一棍扫中头部，痛不可忍，跌落马下。当时被周军士卒绑了。那南唐兵见主帅被俘，乱成一片，各自溃逃，周军涌入滁州。赵匡胤忙差人向柴荣报捷。

占领了滁州，周军势如破竹，连克扬州、泰州等地，不几日，江北淮南，已大半属了柴荣。这个胜利局面的取得，实在有赖于赵匡胤的屡出奇兵。从此，不仅柴荣对他日益宠信、倚重，朝中将领也无不交口称赞。连被他俘获的皇甫晖也在面见柴荣时说：“臣前朝时与契丹打过许多仗，从未见过如此精兵勇将。”

赵匡胤进驻滁州后，立即上表保举赵普。柴荣又亲自接见了赵普，立授赵普为滁州军事判官。从此，赵普成为赵匡胤一生事业的重要助手。刚上任，他就显示了超人一等的政治才能，令赵匡胤十分欣赏。事情的原委是：战后的滁州，治安不好，赵匡胤命令部下清乡，搜捕盗匪，共获百余名之众，准备全数斩首。赵普对匡胤说："这些人未经审明查实，便一律处斩，如有冤诬之事，岂非滥杀无辜？"

"你说这话未免太迂。战乱之后，不用重典，焉能安靖？何况这里原属敌国，不屠城，就要算法外施仁了。"赵匡胤不同意他的意见。

"明公素怀大志，怎么对大汉子孙，竟存畛域之见？仁民爱物，王道之根本，还请明公三思！"赵普这几句话说得极有分寸，但其中深意，令赵匡胤觉得十分入耳，于是他同意赵普对这些人犯重新审理。

赵普费了约一二日工夫，便查实那些囚犯多数是无辜的平民，或为地方挟嫌报复，或与官军口角冲突，于是禀明赵匡胤，除少数赃证俱在的惯匪外，其余一律开释。消息传出，不少百姓赶至衙前，称颂赵匡胤的恩德。赵匡胤高兴极了。他深深懂得，乱世中欲成大事者，仁惠之名和骁勇之名同样重要，甚至更为重要。仁惠使民众归心；骁勇使敌人丧胆。孙子兵法上早就说过："攻城为下，攻心为上"。民众归心就能为我所用，而有了人就能有一切。这就是《大学》里说的："有德此有人，有人此有土，有土此有财，有财此有用。"

赵匡胤觉得，赵普确实是上天赐给自己的好助手，今后对他一定要多加器重。赵普更是早就认定赵匡胤是自己择而事之的明主，今后要竭尽公忠效股肱之力。从此，俩人之间建立的那种相互信赖和支持的主从关系，虽然也出过一些问题，但一直维系了将近二十年之久。

## 整顿军纪，再破围城

经历了正阳和滁州的两场大败，南唐李璟被后周的声威震慑住了，他决定认输求和。

李璟派司空孙晟和礼部尚书王崇质带着求和的表文来见柴荣。表文中说：

> “自天祐以来，海内分崩，或跨踞一方，或迁革异代。臣绍袭先业，奄有江表，顾以瞻马未定，附凤何从！今天命有归，声教远被，愿比两浙、湖南，仰奉正朔，谨守土疆，乞收薄发之威，赦其后服之罪，首于下国，俾作外臣，则柔远之德，云谁不服！”

除了这谦卑恳切的表文，又献金千两，银十万两，罗绮两千匹。正式条件是：只要柴荣罢兵，南唐愿去其帝号，割江北寿、濠、泗、楚、光、海六州之地，岁贡金帛百万之数。

柴荣看了表文，听了来使详细说明求和的条件，心想，这个李璟好不晓事。江北现已大半为我所有，他还说什么割六州之地，难道要我把到嘴的肉吐出来？不行！他在谈判中坚持要南唐割让全部淮南江北之地。这里本是南唐根基所在，李璟不甘心作这样大的让步，于是又命齐王李景达为诸道兵马都元帅，招募骁勇，重新组织力量，抗御周军。

南唐右卫将军陆孟俊领兵万余，自常州出发，首攻泰州，周兵不敌弃城而逃。陆孟俊收复泰州之后便向扬州进发，形势一时变得十分严峻。赵匡胤在滁州接到诏书，命他领兵速往六合，声援扬州。这扬州守将本来就是赵匡胤的父亲赵弘殷和儿时好友韩令坤。恰在此时，赵弘殷患病要北归就医，道经滁州。父子见面，还未能尽叙离情，赵匡胤又要奉旨出战。军令如山，不敢怠慢，赵匡胤只好托赵普代为照料父亲，但看到父亲苍老而病弱的样子心中又老大不忍。这时，赵普在一旁劝他道：

“君命不可违，请公即日起兵。公姓赵，我亦姓赵，彼此本属同宗。若不嫌及名位，公父即是我父，一切进奉汤茶、嘘寒问暖之事皆由我一力承担。待他老人家启程回汴梁时，我亦自会安排照应，请公放心出征。”

匡胤对赵普行拜谢之礼，诚恳地说：

“蒙兄惠允代行子职，匡胤不胜感激。此后兄与我即如手足，誓不相负！”

赵普连忙逊让不迭，心中为自己能和赵匡胤结成如此亲密的关系而暗暗高兴。

赵匡胤辞别了父亲，向赵普交代了留守滁州的诸般事宜，便带领两千兵丁向六合进发。他心中有种不祥的预感，也许这就是和老父的永诀了。父亲戎马一生，官运不亨，至今不过是一名前军副都指挥使。自己也未尽过一天孝道，想来实在愧疚。但自古有云："忠孝不能两全"。君命在身，军务紧迫，实在是顾不上亲情了。

军队刚进驻六合，就传来了韩令坤已经放弃扬州西撤的消息。匡胤大吃一惊，扬州是江北重镇，一旦失守，大军在江北就难以立足了。他立即派兵驻扎要冲，阻截扬州败兵，并下令道："如有扬州兵过六合者，断其足，不准私放。"同时派人给韩令坤送去一封书信，大意说："总角故交，素知兄勇，今闻怯退，实出意外。兄如离扬州一步，上无以报主，下无以对友。"信使在途中遇到韩令坤正往六合退来，呈上书信，韩令坤读罢，竟被激发了一腔奋勇，喝令军伍将前队改为后队，又开回扬州驻守。那陆孟俊闻报韩令坤已退出扬州，全军上下便滋生了一种慢敌之心，大摇大摆地进兵，以为扬州不战可下。谁知刚到扬州城外，就被严阵以待的韩令坤打了个措手不及。由于南唐军全无应敌的准备，被生龙活虎般的周兵一阵冲杀，顿时大乱。韩令坤带领一队劲卒直捣南唐军中坚，陆孟俊知不能敌，回马便逃。韩令坤如何肯放他走，连忙弯弓搭箭，飕的一声，将陆孟俊射下马来。周军赶上将陆孟俊绑了，南唐军见主帅被擒，再无斗志，顷刻工夫作鸟兽散。

南唐元帅李景达，听说陆孟俊全军覆没，忙与左右商议进军之计。幕僚们进言道：

"韩令坤新胜，气势正旺，不易攻取，不如避其锋锐，西攻六合，六合既下，扬州失去退路，也就指日可得了。"

景达从计，便领兵两万，直奔六合而来，在距六合二十余里的地方，安营扎寨，固守不出。赵匡胤也按兵不动，双方僵持了数日。周军的将士们忍不住了，便入帐请战：

"南唐军被扬州之败吓破了胆，不敢进攻，我们如果乘胜出击，定能获胜。请明公下令。”

“不可！”赵匡胤答道“南唐军设栅自固，当然是怯战。但我军兵不过两千，倘若出击，被他们看破虚实，反倒壮了他们的胆。不如等他们来攻，我们以逸待劳，伺机出战，不患不胜。”

“倘若他撤兵，怎么办？”众将仍不放心。

“李景达是南唐主的亲弟，封为齐王，诸道兵马都元帅，数万人马，怎好不战而退，岂不太没面子？我料再等两日，他必会发起攻击。”匡胤做出这番分析，众将便不再多言。

果然，三天之后，斥候来报，李景达已发兵奔六合而来。赵匡胤即整军出城，准备迎敌。不一时，南唐军蜂拥而至。双方接战，一边是目无全虏，誓扫淮南，一边是志在保邦，争雄江右，只听得金鼓齐鸣，杀声震地，从巳时直战到未时，未曾分出胜负。赵匡胤先鸣金收兵，那李景达也不相逼，领军自回本寨。

赵匡胤回营之后，即令全军集合，先是清点伤亡，然后命所有兵丁呈缴头上所戴的皮笠，由自己逐一过目。点毕了皮笠，赵匡胤突然指点十数名将士，令其站列阵前，怒声喝斥道：

“汝等为何不肯尽力出战？来人，与我将他们一齐绑了，推出辕门斩首示众！”

在场的官兵俱茫然不解。有的念在多年袍泽之谊，上前求匡胤给予宥免。匡胤说：

“你等以为我信口诬指这数人有罪吗？你们看，他们的皮笠上为何留有剑痕？”说罢把皮笠举起，遍示全军。将士们仍不解是何意。

“敌众我寡，全靠将士人人奋勇，个个效力，才有胜望。”匡胤解释道：“我今日阵前督战，曾见他们畏缩，便假作催促，在他们的皮笠上砍下一个印记。今日若不将这十数人正法，明日出战，大家效尤，这仗还怎么打？”

将士们听这一说，哪个还敢作声？少时间十余颗首级便呈到帐前。匡胤又下令将首级传示各营后，再予下葬。

第二天，赵匡胤卯正时分，命将士们饱餐一顿，然后列队听他作战前动员。他说道：

“能否退敌，全在今日一战，我胜与尔等同生，败则与尔等同死。尔等需各奋神勇，不得后顾，只要人人一往无前，任他兵多将广，也必然一败涂地。尔等可有决死必胜的信心？”

“有！”将士们齐声答道，士气十分高涨。

辰牌时分，匡胤下令出战。军伍出城不过里把路，就碰上了唐军。周军这一仗真是显出了惊人的勇气，一个个生龙活虎，争先恐后，越是敌兵多处，越是拼命杀人。片刻工夫，南唐军便已招架不住。李景达自恃人多，兵分两翼，包抄周军。怎奈周军锐不可当，围住这边，那边突破；围住那边，这边突破。忽然间，又见一彪人马，手持长矛，直奔南唐中军，竟将李景达身边的帅字大旗钩倒。景达吓得忙往后退，要不是护卫亲兵奋力拦截，差点连首级也被周兵取去。南唐兵见帅旗已倒，主帅惊退，哪里还有心恋战？一个个弃甲丢盔，夺路而逃。匡胤下令，不许拾取战利品，只顾向前追敌。

那李景达领了一群溃军，来到江边，正要乘船逃往江南。忽听号炮一声，斜刺里又杀出一支人马，迎面拦住去路——原来赵匡胤早已在渡口不远备有伏兵。亏得李景达手下还有一员勇将，唤做岑楼景，他带领部分兵丁和伏兵交战，李景达等人才得以上船。只是船少人多，转眼间赵匡胤追兵又到，此时唐兵已全无抵抗力，争着往船上挤，挤不上的在江边被周兵砍瓜切菜一般斩杀，尸横遍野。有的跳入江中想泅水逃生；有的从船上被挤落水中。长江水深浪阔，有几人能游得到岸，溺死水中者又不计其数。两万人马，能得生还者，十不及二。

两个月后，赵匡胤奉旨从六合班师。这时他才知道父亲在北归的途中已经病逝。自己是长子，却未能为老人送终，心里实在不是滋味。生前尽孝已不可能，只有待日后自己功成名就，为父亲取得显赫的封赠，四时善尽祭饷之礼了。途经寿州，得知柴荣亲自督战久攻不克，已先行回汴梁去了。寿州围城部队由李重进指挥。因为时值盛夏酷暑，将士久戍在外，疫病和厌战情绪同时蔓延，军心不稳。匡胤又留下来帮李重进整顿军务。直待形势完全稳定后，才继续北上。赵匡胤回到汴梁，以战功显赫，被授以同州节度使兼殿前都指挥使。

终于当上节度使了，这是人生事业的一个辉煌的标志。从唐天宝年间以来，节度使就成为一切武夫悍将向往和追求的目标，而其中不少人更由此而实现了进一步飞黄腾达甚至于称王称帝的梦想。做了节度使，就可以权知留后（知，指品位和官职相当的任命，如果品级高于职事官的任命叫判），而留后是可以代表皇帝颁行政令的职事。这时候（显德三年，公元 956 年），赵匡胤还不足三十岁，真可以算得是骄人的成就了。而且，自郭威以来，宰辅中枢再没有任用过武人（吸取了前朝杨邠、史弘肇等人的教训），节度使的位置就是军旅生涯所能达到的极点了。再加之赵匡胤又以殿前都指挥使的名义典掌着禁军。这时的他，可以说已是后周朝廷中举足轻重的人物，引起了各方面出自不同用意的注视。这是赵匡胤一生的重要转折点，从这里，才真正可以说开始了他向权力高峰的攀登。是滁州战役的胜利给他带来了实现这一转折的契机。后来，为了纪念这个赵宋王朝发迹之始的地方，宋真宗特在滁州盖起一座大庙，庙的大殿叫“端命”，表示始受天命的意思。

显德四年（公元 957 年）春天，柴荣决定再次亲征南唐。从显德二年冬以来，寿州之围始终未解，唐将刘仁赡确实表现了卓越的才能和坚韧的品质。因为城中缺粮，唐齐王李景达从濠州派应援使、永安节度使许文稹和北面招讨使朱元领兵数万，溯淮水而上，来救援寿州。大军驻在周兵包围圈外，想修一条甬道，把粮食运进城去。甬道将成之际，被周军统帅李重进发起的攻击破坏了，损失数千人。刘仁赡看到这情形，决心领兵出城拼死一战。但被李景达传令阻止。刘仁赡的小儿子刘崇谏大概是饿得受不住了，深夜潜逃准备乘舟往淮北。被巡逻的小校捕获。仁赡下令将儿子腰斩处死。众将不敢救。监军使周廷构哭倒在辕门，求仁赡宽赦崇谏的年幼无知，刘仁赡不许。周廷构又求刘夫人解救崇谏。夫人却说："我亲生之子，岂能不爱？然而军法不能徇私情，刘氏的名节不可以遭玷污。若赦了崇谏，我们夫妇还有何面目见将士？"仁赡终于把儿子斩决了。守城的将士感动得哭起来，一致表示要誓死用命抗周到底。

有这样公忠的将领，无怪乎寿州攻不下。但柴荣却下定了志在必得的决心。

为了准备这次南征，柴荣训练了一支数百艘战舰的水军。当这支舰队从颍河驶入淮河时，南唐军着实吃了一惊。渡过淮河以后，柴荣命赵匡胤领兵袭击南唐军在寿州城外的营寨。赵匡胤大获全胜，杀敌三千余名，把唐军修的甬道全部破坏掉，截断了城外援军和城内守军的联系。赵匡胤向柴荣建议，先集中力量击溃城外的援军。南唐援军的主要将领北面招讨使朱元自恃功高，不大听李景达的调遣。朝中朱元的政敌屡屡奏请罢朱元的兵权，唐主准奏。朱元气愤不过，便在交接之前带三万余人投降后周。柴荣估计唐军内乱，必定会沿淮河往东溃退，于是派遣水军顺流先行一步，自己和赵匡胤从陆上对南唐援军设在紫金山的总营发起进攻。南唐军不能敌，自主要指挥官边镐、许文稹、杨守忠以下官兵万余人或被俘或被杀。余众果然东逃。柴荣自己沿淮河北岸追击，命赵匡胤率部从南岸追击，水师则在中流堵截。这一仗下来，南唐兵战死、溺死及投降者共计四万多人，缴获战舰、粮船计数百条。

柴荣、赵匡胤一路追杀二百余里，宿营于镇淮军。两天以后，随驾亲征的大本营的从官们才赶到。周军在镇淮军夹水构筑防御工事，并架起浮桥，断绝了从濠州增援寿州的水上通道。南唐军虽然组织过几次反扑，但都被后周军击溃。这时，柴荣给刘仁赡下了劝降书，向他说明了寿州孤悬一隅的形势，劝他自择祸福。刘仁赡得知城外援军全数溃灭的消息，扼腕切齿，再接到柴荣的来书，更是忧惧交加，猝然发作脑中风，人事不省。又迁延了两日，监军使周廷构、营田副使孙羽等以刘仁赡的名义奉表请降。柴荣立即下诏，派人入城宣谕。第二天便在寿州城北门外举行受降仪式。刘仁赡的大儿子崇让代父亲谢罪，同时用担架把不能动弹的刘仁赡抬了出来，柴荣慰勉了几句，复令他入城养病。但刘仁赡年事已高，此番中风，非同小可，眼看已不济事了。柴荣要抢在他断气前给以封赠，以扩大政治影响。官职给得很高——天平节度使兼中书令；制辞也写得极美——“尽忠所事，抗节无亏，前代名臣，几人堪比？朕之伐叛，得尔为多。”可惜这一切都无法给刘仁赡带来慰藉，就在这一天，他死了。柴荣又追赐爵彭城郡王。

赵匡胤觉得柴荣政治上比以前更成熟了，对刘仁赡的处置确实很高明，在收揽人心方面取得的效果是很大的。当然，柴荣也没有忘记赵匡胤在此次战役中作出的贡献，下诏授匡胤进领义成军节度使，加检校太保。

## 在顺境中的继续升迁

尽管赵匡胤知道自己这几年仕途的顺畅难免会招致仇视和妒忌。但他认为，无须为这点担心，更不必作任何掩饰。就像一颗刚刚升起的星，正需要以耀眼的光芒来证明自己的存在。而且对于那些抱敌对态度的人，自己的声威愈显赫，就愈能起到震慑的作用。为此，他每次出征，不但甲胄特别鲜亮夺目，连马的辔头上都缀满彩色的缨球。左右的人提醒他说："这样人家很容易识出你。"他却答道："我就是要让他们认识我。"

但他同时也很注意绝不要留给别人骄矜、粗暴的印象。一方面他绝对尊重和服从柴荣。在柴荣眼中，他始终是最勇敢、最忠诚、最干练而又最听话的臣属；另一方面，他尽力处理好与同僚和部属的关系。在他们眼中，赵匡胤是一个不居功自大、不排斥他人，诚实宽厚、爱护同袍的好将领。在寿州城外的袭击战中，牙将张琼以自己的身体替他挡住了敌人用连弩发射的巨箭，箭头穿透髀骨，血流如注。救醒后，问他何以能这样为主帅效命，他说："赵公待我如子侄，我视赵公如亲长，为赵公而死，我死而无怨！”

赵匡胤听了很高兴。自己平日对将士的关怀已经获得最好的回报，对于一个将领来说，没有比下属对自己的爱戴和效忠更重要的了。在六合，一次杀了十多名畏葸不前的将士，虽然是振奋士气的必要措施，却也是一着险棋，但在全军上下并没有半句怨言。这证明恩威并济的手段运用之妙，存乎一心；关键的时候，无威不能服众，而在平日，恩却比威更重要。

这年十一月，柴荣又从汴梁出发征伐南唐，第一个目标是濠州。赵匡胤担任前锋部队的指挥。濠州城东北有个十八里滩，南唐兵在此修了城栅，因为三面环水，以为周兵必不能过。谁知柴荣这次带了一支骆驼兵，滩上水浅，周兵以骆驼队为先导，星夜涉水直扑南唐营。南唐兵不及防备，纷纷逃散。赵匡胤领骑兵接应，一阵掩杀，占了敌营，夺得战船数十艘。部队就上了这些船，顺流而下直奔泗州。泗州守将范再遇，见周军一到，惊慌得失了主张，未作抵抗便出城投降。柴荣亲自督攻濠州。因为城外的屏障十八里滩已为周军所破，接着水寨中的战舰又全被周军烧毁，濠州的防御战已无法进行下去。南唐濠州团练使郭廷谓上表柴荣，说：“臣家在江南，虽有投降之心却恐遭灭族之祸，请准派人往金陵禀命，然后出降。”柴荣准了他的请求，便亲往泗州。看到赵匡胤接管泗州，秋毫无犯，秩序井然，没有一个士卒敢擅自进城，柴荣十分高兴。

这时南唐在淮河上的水师尚有战船数百艘，全部由南唐的保义节度使，濠、泗、楚、海都应援使陈承诏率领，连同马、步军七八千人，屯驻在清口，与楚州成犄角互保之势。柴荣决定进攻楚州，首先要解决清口之敌。他命赵匡胤率步骑沿淮水以南，自己率亲兵沿淮水北岸，中间是水师，三路齐头并进。这里地近海滨，人烟稀少，淮河两岸长满了茂密的芦苇，遍地是泥淖沟堑，行军颇为不易。但周军士气高涨，人人奋勇争先，全不顾途中的疲劳和艰苦。柴荣为了振奋军心，下令金鼓齐鸣，声闻数十里，黄昏时候，离清口尚有三四十里处，诸将都准备就地扎营安歇。赵匡胤不同意：

“清口南唐兵还不知道我军的到来，定无防备，我们正好乘夜偷袭，定可成功。怎么能够在这里宿营呢？继续前进，午夜前便可发动攻击。”

接着，他带着部分精锐乘上水师的船，准备先扑敌营，陆上步、马军后续接应。

这天晚上天色阴沉，月光暗淡，唐营中果然并无防备，连巡逻兵到了后半夜也躲入帐中睡觉去了。匡胤领着将士们悄悄爬至营前，突然点燃火炬，一声呐喊，冲入营寨。唐军一个个从梦中惊醒，连兵器都找不着，待到火光一亮时，刀锋也到了眼前，赤手空拳，却是如何抵挡？突袭成功的周军顺手一顿乱剁。杀了片时，陆上的后援部队又从营外杀入。陈承诏的七八千人马除少数逃脱外竟被杀得所剩无几。赵匡胤下令清点战场，收容降卒，却不见陈承诏，料他已经逃走，当即带领百骑从营后冲出，沿路追寻。大约赶了五六里路，发现前方山坡上一个黑影，匡胤策马冲了上去。那陈承诏倒很知趣，见追骑已至，便也不再逃，坐在地上，等人来绑。

这一战全歼南唐军，擒获主帅，又缴获战船三百余艘。自此，南唐在淮河上的水师消灭殆尽。楚州也成了孤城一座。濠州城里的郭廷谓也不再提金陵禀命的事了，修表请降。濠州的投降，柴荣得兵万人，粮数万斛。更能集中力量攻打楚州。可是楚州防御使张彦卿和都监郑昭业是两个宁折不弯的硬汉，明知已无希望，还是死拚硬打。城破以后，俩人又组织巷战。兵器都拼光了，张彦卿举起绳床与周兵格斗。最后，俩人及所部步将一千余人全部血战至死，竟无一人投降。柴荣和赵匡胤都还是第一次遇到这么顽强的对手，不禁为他们壮烈的死而嗟叹不已。遂下命令对张彦卿以下战死官兵妥加安葬，也算是旌表忠烈的意思。

楚州攻克，已是显德五年（958年）正月的事。从显德二年冬开始的征伐南唐的战争至此终于结束。南唐已经没有力量和勇气再打下去了。李璟心想，水军主力已经丢光了，淮南的土地也丢光了，周军占据临江一线，随时都威胁着江南。为了维持自己对江南的统治，干脆将江北十四州全部献给柴荣算了。当然这还不够，自己又声明从此撤销帝号，改称江南国主，奉周正朔（改自己的交泰元年为显德五年），甘认为周的附庸之国，并请准传位给儿子（以示自罚）。柴荣接待了李璟派来的请降使兵部侍郎陈觉，同意南唐奉正朔、献土地、岁输土贡等各项条件。柴荣对陈觉说："我出师原本只是要收复江北之地，现在你主既然愿意举国内附，我还能有什么不肯答应的呢？传位的事就不必了。今后两国以长江为界，互不相扰，永修世好。"为了明确自己的这一态度，柴荣在致答书时，仿照唐朝与回纥交往的旧例，称"皇帝致书敬问江南国主。"

十天后，李璟又遣同平章事冯延巳使周，献上银、绢、钱、帛、谷共达百万之数，名为犒军、买宴之费。冯延巳是文章好手，与李璟二人在互相卖弄吹捧诗词文采中建立了一种奇特的君臣关系。此次冯延巳带来的奏表，其华丽典雅自不必说，其卑躬屈节也是史所罕闻。其中写道：

臣闻孟津初会，仗黄钺以临戎；铜马既归，推赤心而服众。皇帝量古终包，德合上元，以其执迷未复，则薄赐徂征；以其向化知归，则俯重信纳。仰荷含容之施，弥坚倾附之念。然以淮海遐限，东南下国，亲劳玉趾，久驻王师，以是忧惭，不遑启处。今既六师返旆，万乘还京，合申解甲之仪，粗表充庭之实。

一周以后，李璟又遣使上买宴钱，表辞更加谦恭，末尾说："臣僻处偏隅，迥承乃眷，虽心存于魏阙，奈日远于长安。无由亲咫尺之颜，何以罄勤拳之意？遂令戚属，躬拜殿廷，纳忠则厚，致礼甚微。诚惭野老之芹，愿献华封之祝。"又命使臣告知柴荣，自己将李璟改名李景，以避周讳，因为郭威的祖父名璟。

柴荣的虚荣心得到了极大地满足，和议得以达成。可是赵匡胤却有些不以为然。他认为南唐国力此时已颓弱到了极点，正应摧枯拉朽，一举而下。此时达成和议，无异于给敌人一个喘息休整的机会，为日后的统一大业增添困难。但他也看到连年出征，国家的财力和人力已相当吃紧，而长江天堑，跨越不易，目前也并无足够的准备，因此他把要提的建议咽了回去。

南唐使臣冯延巳为人狡猾又无耻，他知道赵匡胤在后周的分量非常人可比，便亲自拜会匡胤于私邸，以李璟的名义送上白银三千两，其用意一是收买赵匡胤，希望他不要阻碍和议的实现；二是让贿赂的风声传出去，以此离间柴荣和赵匡胤的关系。赵匡胤此时经济上并不宽裕，家境原本就一般，父亲去世后，一家老小十余口全赖他的官俸维持生计（大弟匡义，年甫二十，刚刚补入禁军，小弟匡美，尚为冲龄幼童）。赵匡胤为官清廉，而禁军将领们生活比较奢侈，鞍马甲胄，务求光鲜；筵宴应酬，少有间隔。仅靠俸禄，简直就难乎为继。平日仗好友同僚张永德经常资助，才免于困窘。三千两银子不是个小数，对于他来说，也正用得着。但赵匡胤与冯延巳敷衍应付了一通之后，收下银子，原封不动，呈入内府。他知道这银子不能要，虽然以他的功劳和地位，要了，柴荣也未必会降罪，但自己不能为这点银子毁了自己的形象，使皇上和朝官们产生恶感。果然，柴荣对他拒收贿赂的行为大加赞赏，并厚加赍赐，又命他改领忠武军节度使。

柴荣见李昇已三次遣使来朝，便也以南唐先期使周的冯延鲁和钟谟代表周朝使唐，赐给御衣、玉带及犒军帛十万，外加一本当年的《钦天历》——似乎是担心李璟在奉周正朔时缺乏科学依据而弄错季节，实则无非显示“天威”。对于这样的“恩赏”，李璟还必须表示最深切的感激。他在由冯延鲁带回的谢表中说：

> ……天地之恩厚矣，父母之恩深矣，子不谢父，人何报天，唯有赤心，可酬大造。

赵匡胤看到这份厚颜无耻的谢表，对江南小朝廷产生了一种鄙弃而厌恶的心理。其实，他少年时对南唐开国的“烈祖”李昇还是颇怀敬佩之心的。以一个近似乞丐的孤儿，竟能开拓出那样一片东至于海、西至于川、北至于淮、南至于粤的基业，谈何容易。然而所传不过一代，国势便颓唐到如此地步。儿子无能到甘愿认敌为父，李昇如果在天有灵，不知作何感想。说到底，力量是决定一切的。天下，唯有德者居之，这话当然不错，唯有力者居之，说得恐怕更为准确。赵匡胤告诫自己，无论任何时候，都要注意保持自己的力量。既然处身在一个军人横行的时代，那就只有掌握着强大的军队，才能真正立于不败之地。

就在这一年，赵匡胤的妻子贺金婵病死了，这给他带来了沉重的打击。妻子是个贤惠的女人，遐迩知名。侍奉老人，抚育子女（贺氏生三男二女，其中二男夭折），全靠她一力承担。这么多年，赵匡胤待在家里的日子，少得可怜。家务更是从来没有过问。赵匡胤想，妻子刚满三十岁就去世，很有可能是积劳成疾。自己过去对她的体贴关心太不够了，总以为日后自己功成名就，少不了她的荣华富贵。可是她直到死也未曾享过一天清福。而且她这一死，更留下一个难题，三个孩子，最大的才十一岁，谁来照应呢？续弦是必须的，而且要快。冬天便有人说合了一门亲事，新娘是禁军将领王饶的女儿。可是赵匡胤又筹不出办婚礼的钱，最后还是驸马爷张永德再一次伸出援手才算把事办了。

婚后不到三个月，赵匡胤又奉命随柴荣出征。这回的目标是北方大敌——辽国。

在淮南取得的胜利，不但大大提高了后周的声威和士气，也明显充实了后周的人力和财力。这次的北征进行得十分顺利，完全不似前三年的南征那样艰苦惨烈。柴荣以赵匡胤为水路都部署，亲军都虞候韩通为陆路都部署，领兵先行，水陆并进；自己率亲兵为后应，一路沿河北上。辽国宁州刺史王洪，手下将弱兵微，闻听周兵来犯，派人往京师请兵，路远天长，渺无消息。心想抵挡无益，不如及早投降。当即开城，把赵匡胤的大军迎了进去。王洪又自请为向导，引后周大军，顺水顺风，向益津关进发。益津关（今河北霸州）守将终廷辉，站在城楼向南一望，只见赵匡胤的水师舻船相接，摆满河面，船上旌旗招展，戈戟森严，不禁吓出一身冷汗，正在无计可施之际，听见关下有人叫道：

“终将军，请快开城门，放我进去。”

终廷辉认出叫关人是宁州刺史王洪，忙问道：

“王刺史怎么来到此处？”王洪答道：

“我为关内生灵，单骑来此，有话与你商量。”

终廷辉将王洪迎入关内。王洪便向他说起周兵势大，抵抗徒劳，不如降顺，好保全士卒与百姓。终廷辉犹豫了半晌，别无它法，只好随王洪出降。赵匡胤接待之后，好言劝慰一番，便向他了解北进的路径。终廷辉答道：

“此去瓦桥关（今河北雄县），不过数十里，只是水路狭窄，战舰不能入。明公欲取瓦桥关，只有舍舟登岸，由陆路而进。”

这时韩通的步骑诸军尚未到达。匡胤想不必在此久等，便命王洪、终廷辉各回本城守备，并补给他们裨将军士若干人。自己则率领所带兵卒，直捣瓦桥关。那瓦桥关守将姚内斌自恃有数千骑兵，竟乘赵匡胤的步兵立足未稳时，主动出击。两军一场厮杀，辽兵还是不敌，姚内斌退入关内，死守不出。第二天，韩通的部队也赶到了。韩通说起莫州、瀛州（河北河间一带）两位刺史均已投降。匡胤听了，十分高兴，便亲自赶到关下，把姚内斌唤了出来，对他说：

“姚将军，瀛、莫二州及宁州、益津关等处都已望风降顺，独有你据住此关，不肯归服。你仔细想想，能挡得住大军的攻击吗？就算你一人有玉石俱焚的决心，难道就不念及苍生百姓？不如及早投降，免得糜烂地方、涂炭生灵！”

姚内斌一时没有答话，最后说：“容我明日复命。”赵匡胤见他如此说，也不再相逼，只说：

“你明日若不出降，我就下令攻城。城破之日，决不宽贷，你好生斟酌吧！”

匡胤回营，正逢着柴荣带着大军赶到。三军会师，欢欣雀跃。柴荣褒奖了赵匡胤与韩通俩人的战功。次日，姚内斌亲至军营，奉表请降，匡胤又引他拜见了柴荣。柴荣慰免了几句，便命姚内斌引大军入关。

柴荣在瓦桥关大宴众将，一则庆功，一则商议进攻幽州（今北京）之计。赵匡胤席间奏道：

“陛下离京，不过四十二日，兵不血刃，取得燕南各州，足证陛下声威远播、洪福齐天。不过辽主必不甘于失败，势必纠集虏骑，据守幽州，拼死一战。故我军宜审慎出兵，不可轻入。”

柴荣听了这番话，默不作声。他心里恨不得一时三刻踏平幽燕，任何审慎缓进的意见他都觉得不顺耳。散宴后，他召李重进入帐，说：

“早日削平南北，一统四海，是我的夙愿。此次北征顺利，正宜一鼓作气，尽驱胡虏，你明日带一万人马先行，我率大军随后。不破辽都，决不收兵。”李重进领命而退。随后柴荣又命散骑指挥孙行友，领兵五千，往攻易州。

李重进的部队到达固安县，守城官吏已经逃走。李重进率部刚进城，柴荣大军亦随后赶到，又命重进继续北上。出城不远，遇见一条长河，波光浩渺，竟深不可测。只因辽人已将渡筏全部拖往北岸，大军无法涉越。柴荣命士卒赶紧采木造桥，自己带亲兵回瓦桥驻跸。

就在这天晚上，柴荣病倒了。第二天早晨，他挣扎着想爬起来，可是头重得坐不住，只得又躺下。虽然是四月孟夏，可是他拥着夹衣还觉得冷。两天过去了，病势仍未减轻。诸将想请驾还都，可是知道他克敌心切，不敢启奏，怕他动怒。赵匡胤对众人说：“皇上圣躬违和，长此羁留，只怕为辽兵所乘，待我去奏请还跸。”

赵匡胤来到御榻边，先问了安，并不急于说话。柴荣猜到几分他的来意，先开口道：

“本想乘胜一举平辽，不料突然染病，延误戎机，心中焦虑，不知如何是好？”

匡胤沉吟了一会，缓缓说道：

“臣以为恐是天意尚未绝辽，致圣躬不豫，不能克日荡平。陛下不如顺天行事，暂放一时，则天必降福，圣躬也当康泰如昔了。”

这“天意”之说倒是很具说服力，比别的什么道理都强，柴荣迟疑了半晌，亲切地说：

“贤弟的话亦有道理，朕且暂时回都。贤弟可传谕各路兵马，明日起驾。”

还是赵点检（这时赵匡胤已任殿前副都点检）高明，三言两语就解决了问题，各营兵将不胜之喜，纷纷打点，做班师回都的准备。

## 赵普还真是个关键人物

柴荣安排了新近收复的河北诸州的留守事宜，便拖着病体，上了南归之路。撤出战场，病势果然减轻，心想莫非真如匡胤所言，“天不绝辽”？一日，大军在途中歇息。柴荣下车来活动活动筋骨，忽见路旁有块木牌，上写三个大字：“点检做”。心头一震，忙将木牌拾起，带回车中，脑子里不由得飞速地转动起来。

“点检做”，做什么？自然是做天子。唐末以来的口语中，这个“做”字便有了这一重特殊的含义。柴荣对于历史上形形色色的野心家玩弄这套神秘主义把戏的伎俩是很熟悉的。从陈胜把写好字的手帕藏进鱼肚子里的故事开始，后世出现了多少人为制造的神谕、图谶、奇征、异象、童谣等等。这块木牌肯定也是属于这一类的新花样。看来“点检做”这三个字不能等闲对待，特别是对它出现在自己患病的时候，更不可掉以轻心。点检是谁？不就是驸马张永德吗？他便是现任的殿前都点检。当然，张永德是太祖皇帝的爱婿，是自己的妹夫。不仅战功累累，而且一向忠心耿耿，不像个有野心的人，自己并没有任何怀疑他的理由。但是，这种事情有时常常是出人意表的。太祖皇帝当初也并非蓄谋代汉，只是形势一步步发展，促使他不得不“做”。何况前朝还有个石敬瑭，他正是后唐明宗李嗣源的爱婿，后来不就是他篡唐而立晋吗？真所谓“殷鉴不远，在夏后之世。”而且，张永德平日谦和宽厚、仗义疏财，在禁军中颇得人心，焉知他不是暗中广结党羽有所图谋呢？更有甚者，他和赵匡胤关系特别密切，对赵的关怀体贴无微不至，也许就是为了笼络对方，以便有朝一日能控制全部禁军以图大事呢？……想到这里，柴荣心底不禁泛起一阵凉意，如果这一切是真的，其后果简直不堪设想。不可不防，不可不早防！

回到汴梁，柴荣第一件事便是免去张永德的殿前都点检之职。他任命赵匡胤为殿前都点检、慕容延钊为副都点检。

对于赵匡胤，柴荣自信有比较全面而深刻的了解。他认为，有三条理由令自己放心：第一，赵匡胤虽然智勇超群，深得将士之心，但性情直爽，并非工于心计的人。行事磊落，不像有深藏不露的勃勃野心；第二，自从在董家桥除霸二人结为兄弟以来，自己对赵匡胤一直恩宠有加，从荐他入父亲的军帐到提拔他为殿前都点检，可说其间无处不有自己的信任和爱护。而赵匡胤对自己也表现了赴汤蹈火的耿耿忠心。从感情上说，赵匡胤不可能对大周怀有二心；第三，赵匡胤从军不过十年有余，虽已官居极品，且深获士卒之心，但在将帅中由于资历、门第等方面的原因，尚未具有令同侪慑服的威望。有了以上的三条，柴荣认定赵匡胤可以大胆使用，畀以重任。前两年，宰相范质就曾转奏过侍郎郑起的一道表章，其中极力陈述赵匡胤士众归心，发展下去，对周室极为不利。当时正值淮南战事吃紧，柴荣甚至怀疑郑起的貌似忠君后面是否隐藏着挑拨离间的祸心。后来，淮南战争结束，尚书杨徽之又曾向柴荣进言，要他解除赵匡胤的禁军之职。柴荣听了，一笑置之。这种做法无异于自剪羽翼。淮南虽已收复，但距离统一天下的目标还十分遥远，怎么能够将赵匡胤这样难得的将才弃而不用呢？

回到汴梁，柴荣的病情又恶化了。这时已是六月天气，可他老是觉得身上发冷，御医们敬献了许多药物，说是补中益气，祛除寒湿，全都不见奏效。宰相范质，看到柴荣久病不愈，便奏请立太子，以正国本而定人心。又有钦天监的官员奏请皇帝陛下册立皇后，说是皇后符氏病逝以后，宫中久乏内主，致使邪魅横行，祸及圣躬，册立新后，必能镇祛妖邪，使皇上早日康复。依柴荣的本意，这两件事现在都不宜做。先说立太子吧，长子宗训现年不过七岁，谁知道他将来的才德是否足以君临天下？立储过早，只会造成一些难以消除的后患。至于册后，符氏去世不过几个月，自己并没有在妃嫔中发现可以母仪天下的人。后位久虚，固然不宜，但册而不得其人，后果更糟。然而此刻病入膏肓的柴荣已经无力贯彻自己的这些意图了。他接受了臣下的建议，册立符氏的妹妹为新皇后，因为她颇有几分乃姊的风范。同时，立宗训为太子梁王。册后立储之后不过十日，柴荣便抛弃了自己耗尽半生心血而且粗具规模颇有生机的帝业撒手西归了。

幼主登基，不谙国事，太后又是新立，也无法问政。范质、王溥、魏仁浦等中枢大臣自然担起了处理一切朝中大事的责任。但这几位都是老成持重的文臣，临危治乱的功夫自然欠缺，在这主少国疑的关键时期，臣民的注意力一致地投向实力派人物，首先是同时典掌禁兵的殿前都点检赵匡胤和侍卫亲军副指挥使韩通。

韩通的官位在赵匡胤之下，但却掌握着御林军的实际指挥权。这也是柴荣的精心安排。赵匡胤善于指挥作战，运筹帷幄或者搴旗斩将，无人能出其右，但也正是这种智勇兼备的才具难免遭致众多的猜疑。柴荣觉得把他安置在较外围的典掌禁兵大军的位置上，既能更好地发挥他的优势，也可以稍释群疑，自己当然也更放心。至于韩通，莽撞有余而精细不足，出身行伍，性情暴烈，喜欢与人冲突，上下关系均不甚融洽，军中人送他一个绰号，叫“韩瞠眼”，但对柴荣他却是一片忠诚，肝脑涂地而在所不惜。这样的人带领侍卫亲军是再合适不过了。虽然欠缺谋略，不过警卫部队只需要敢死的精神，却并不需要出色的智计。但是柴荣的这个安排在他死后就暴露出严重的问题了。

柴荣活着的时候，重大的军事行动几乎全部亲自参加，军队的指挥权始终集中在自己手中，作为侍卫亲军副都指挥使的韩通不过就是一名御林军司令而已。柴荣一死，七岁的宗训当然不懂将兵，而中枢的大佬们又都是文臣，于军事所知甚少，军权自然落在时时近在闱阙的韩通手中。韩通的人缘不好，禁军中的将领们对这种情况极为不满，不约而同地都把眼光投向了声望最高的归德军节度使、检校太尉、殿前都点检赵匡胤。但赵匡胤只能劝慰大家少安毋躁，因为他除了等待时机以外别无它法。

禁兵，就是国家的野战部队，除了在战争前线，将领们有临机指挥之权，而平时的一动一静，则完全由枢密院直接下达命令。将领们在不出征的时候，只有吃喝玩乐（偶尔练练兵），很少有机会过问国家的军政大事。柴荣在时，大家对此习以为常，柴荣死后，军队将领们又渐渐萌发了蠢蠢欲动的习惯心理。他们需要权威，因为权威能给他们带来升迁利禄。

赵匡胤在禁兵中历练十年，已织成了一面严密而牢固的人事网络。在他周围形成了一个“义社十兄弟”的组织。其中有王审琦、石守信、杨光义、李继勉、刘守忠、刘廷让、韩重赟、王政忠等一班宿将。这一伙人经常在一起非议朝政、臧否大臣，而在他们每个人的周围又有一个中、下级将领的小圈子。小圈子的下面还有小圈子，小圈子里的中心人物是“大哥”，而最上面的一个小圈子里的“大哥”就是赵匡胤。

禁兵中的这种形势和气氛应该引起有心人的警觉，可是韩通却偏偏缺少了心眼。在小事情上他惯于“瞪眼”，是个利用权力作威作福的老手，但是遇着大事，却是糊涂麻木得紧。他的儿子韩微看出潜伏着的危机，向他进言：

“父亲，当前主少国疑，禁兵中人心浮动，要警惕有人利用这种机会图谋不轨。”

韩通听了，只是微微一笑，驳斥道：

“你休要危言耸听。什么人敢图谋不轨？”

“父亲可听说过‘义社十兄弟’吗？”

“怎么没听说过？这都是先帝在时多年驰骋沙场的一批老将，结拜兄弟，原不足怪。”

“可是您不知道，禁兵中上上下下都有这种‘兄弟会’，在这些‘兄弟会’里，都共同崇拜武功卓著的赵点检，您也不觉得其中隐藏着危机吗？”

韩通一时没有答话。他也感觉到了赵匡胤无所不在的威胁性，但他同时又觉得赵匡胤智勇双全，战功累累，并非浪得虚名，禁兵中将士对赵匡胤的推崇和爱戴无可指责。何况自己大权在握，无论是谁，纵有野心，也难求一逞。韩微这时又在一旁开口说道：

“古人云：‘防患于未然’。趁他们羽翼未丰，不如先下手为强，把赵匡胤赶出禁兵，让他节镇边远军州。‘蛇无头不行’，禁兵中失去赵匡胤，便再难得有号令四方的人物。”韩微见父亲不说话，以为他动了心，便接连说了一大套。

“不可！此事我自有分寸，今后你休要再提，更不可擅自行事，以免激成大变。”韩通的话斩钉截铁，堵住了韩微的口。

韩微悻悻然地走了。但他认定赵匡胤这批人作乱只是迟早的事，父亲如此大意，肯定要吃亏。他决心寻找机会干掉赵匡胤。

赵匡胤并非愚钝之辈，对眼前的形势他观察得很清楚。他知道禁兵将士们不满意朝纲不振的现状。他们需要强有力的统治者，他们需要战争，只有在战争中他们的利益才能得到充分的体现。几十年来的历史告诉他们，如果没有一个能理解他们的需要的皇帝，那就只有政变，通过政变来寻求实现利益的各种机会。赵匡胤知道他们已经把目光投向了自己。现在只剩下薄薄一层纸没有捅穿，但谁也说不准哪一天便会出现突发性事件。到时候自己仓促应变，说不定身家性命都不保。 定要做出充分的思想和行动准备，变被动为主动，使自己处于进退有据的不败之地。此事不能和军营中的武夫们商议，因为那些人难免招摇生事。就是到了用得着他们时，还必须通过中介人进行联络。总之，即使事到临头，和他们之间那层窗户纸也不能捅破。那么，找谁商议呢？他想，最靠得住而又用得上的人只有弟弟匡义和掌书记赵普。

赵匡胤所任归德军节度使，驻节宋州，但因为他又是殿前都点检，负典掌禁兵之责，所以他很少去宋州，节度使衙门的一应事务，都托赵普管理。弟弟匡义，此时虽不过二十二岁，却已在京中任供奉官都知。显德二年（959 年）冬十二月初的一天，赵匡胤把赵匡义、赵普俩人找到自己的官邸进行了一次重要的商谈。

“听人风传，近来街谈巷议流言甚多，禁兵中人心更是浮动，尔等可有所耳闻？”赵匡胤即使是对最亲信的人，出言也很审慎。

“传来传去，无非是说周祚将尽，要另立新君。”赵匡义急不可待，脱口而出。

“一派胡言！世宗功德，神人共知，谁谓周祚不久？”赵匡胤驳斥道：“立新君？哪个敢站出来行篡逆之事？我定不饶他！”

“哪个？军民上下还不都是寄望于你！”匡义一点也不以他的斥责为意，继续说，且一语破的。

“你这厮莫不是活得不耐烦了？”匡胤骂起来：“难道不知这是要灭族的大事！愚兄与世宗皇帝有君臣兄弟之谊，岂能背之？且先帝待我恩深如海，宠信有加，肝脑涂地犹不能报，又怎忍背之？谁欲陷我于不义，我不会饶他。”

这时坐在一边的赵普开口说话了。

“明公，你的忠义之心，自然是可昭日月，但很多事情，都是形势的发展使然，而并非一人意志所能左右。太祖皇帝（郭威）岂有不忠于汉室之心，澶州事起仓促，太祖一辞再辞，誓死不愿负汉高祖（刘知远）的知遇之恩。奈何军心民心已定，最终不得不行禅代之事。”

“此事我所亲历，太祖皇帝忠于刘汉令我十分感动。”赵匡胤接过赵普的话头，沉入一种颇富感情色彩的回忆状态，“就是禁兵中一班将士铤而走险，竟至弑君屠城，使局势无可转圜。今日断不可使禁兵中再出现动乱的苗头，你们可知道禁兵中有些什么动静？”

“世宗皇帝拾得'点检做'木牌的事已经传遍各营了。”赵匡义答道：“小弟遇见过许多将领，都曾亦庄亦谐地问我，你哥哥便是点检，他到底‘做’还是‘不做’？我都不知如何对答。一日撞着张令铎、罗彦瑰两个，他们都说‘国主年幼，定必导致权臣当道，天下纷争，故另立明君，在所不免，而环顾左右，具人望者非你家哥哥莫属。’

我直教他们休如此说，恐为人所乘……”匡义还未说完，赵普便打断他：

“人同此心，心同此理。副都点检慕容延钊为人持重，心迹不外露，但他与明公是总角之交，情深谊厚，故不足为虑。”这时赵匡胤微微一笑——他和慕容延钊交往甚多，延钊对形势的认识以及对自己的态度，他是心中有数的。赵普接着说：

“最要紧的是侍卫亲军的动向。明公的儿时好友韩令坤现任侍卫亲军马步军都虞候，他一向是唯明公马首是瞻。亲军马军都指挥使高怀德、步军都指挥使张令铎都是对明公心仪已久、忠诚不二的人。有他三人在，则亲军中的人心向背不问可知。至于各路节帅，近在畿辅的，如义成军节度使石守信、安国军节度使李继勋、保信军节度使赵赞、睦州防御使王审琦，拥戴明公之心已溢于言表。至于彰义军节度使白重赞、山南东道节度使王仁镐，也是向来敬服明公的。禁兵中的将领跟随明公多年，崇仰感戴之心上下攸同。其中以都虞候韩重赟、罗彦瑰、王彦升等人最为活跃，以朝夕之间革故鼎新为己任。”

赵普一口气把将领们的情况说了个大概。当然，他没有提到可能对后周抱有一片孤忠的人。他认为，当前重要的是促使赵匡胤下决心，多分析消极面有害无益。为了使自己的论证显得全面，他最后补充道：

“忠武军节度使张永德，一向掌典禁兵，又是太祖女婿，不可不予以重视，但依我看来，他新近被解除兵柄，对周室难免存失望之怨，更何况他与明公相交甚厚，故对其亦不必过虑。”

赵匡胤听了这番话，甚为受用，却不动声色，依然是一副忧心忡忡的模样，说道：

“先帝以信令御群臣，爱将士如子弟。龙驭宾天未及半年，为人臣者即妄议废立之事，其心何忍？”说毕，眼角竟挤出了两滴泪珠。

“明公固不忍，奈何将士已有心？”赵普说。

“我正为此事惶急。我今困在浅池中，全无余地。倘果有不逞之徒贸然行事，成则陷我于不义，败则致我于族诛，进退皆不得其处。”

话说到这里，一切都已了然。赵普是何等精明之人，立即与赵匡义嘀咕了几句，然后说道：

“明公所见极是，此时务必以出征为名离开汴梁。我等自会安排，明公只需静候消息相机行事就是。”说毕，和匡义二人匆匆辞出。

序幕已毕，一场大戏就要正式开演了。

## 在陈桥驿披上了黄袍

转眼便是显德七年（960年）的元旦。这是幼主柴宗训纪元第一日，赵匡胤和文武官员一起，朝贺如仪。仪式已毕，君臣欢宴于崇元殿。赵匡胤与韩通、范质、王溥等人相互敬酒，相谈甚欢，朝堂之上一派祥和气象。过了几天，从北方镇、定二州传来紧急探报，道是“北汉主刘钧，勾结契丹入寇，气势汹汹，人马甚众。请速发大兵御边”云云。宗训年幼，尚不晓事，符太后新立，亦不懂军国要务。枢密使兼同平章事范质奏道：

“北汉世仇，其来犯必倾全力，不可小觑。都点检赵匡胤，昔随先帝南征北伐，无役不从，忠勇绝伦；知权达变。可令其统率禁兵大军前往御敌。副都点检慕容延钊，素称骁勇，可任先锋。再下令各镇将会集北伐，由赵匡胤统一调度。”

符太后自然是准奏颁旨。慕容延钊领旨后立即简选精锐将士，克日出师。赵匡胤则率大军于第二日启程。不过两天工夫，石守信、王审琦、高怀德、张令铎、韩重赟、罗彦瑰、李继勋诸部均已先后会集汴梁，逐队出发。赵匡胤此行可能导致的后果，似乎已经是尽人皆知了。一时之间，谣诼纷传，“点检做”的故事传遍大街小巷，市井小民都说：“这回点检是真的要‘做’了。”于是搬家逃难者，不绝于途。赵匡胤当然不愿看到这种混乱的局面，可是形势发展到此刻，即便完全没有走漏半点风声，也难免引起人们的猜疑，何况汴梁的百姓，政变改朝、屠城大掠这一类的事情经历得太多，自然练就了一条敏感的神经。

次日就要出征，谣言却越传越凶，赵匡胤也不免有些慌神。官署中坐不住，便往家里跑。见了母亲杜老夫人和妻子王夫人，惶急地说：

“外面现在谣言四起，不少富室举家逃匿他州，都道是我欲行不义之事，我该怎么办呢？”

“谣言我们也听到了，正为你担心呢！”母亲杜夫人说。王夫人年轻胆小，更是一脸忧色。

这时，从后屋传出一个粗哑而低沉的女声：

“这算怎么回事？外面如此汹汹，竟跑回家里来躲着。”说话间，便走出一个高大壮实、面如铁色的中年女子。原来这是赵匡胤的疏堂姐姐，多年来一直在他府中料理各种粗细家务，性情豪爽，气力过人，且又行事公正，不辞劳苦，不惟仆役服她管束，连老夫人有时也让她三分。此刻她正在厨下备饭，听得匡胤在前厅吁叹，顺手抄起一根擀面杖，走出来指着赵匡胤说：

“大丈夫临大事，该怎么办当自己拿主意，怎么跑到家里来吓唬这些妇道人家？”

赵匡胤被她这一喝，心中觉得惭愧，不再出声，默默回转官署。静下心来，方想到此刻最需要镇静，唯有镇静才能显示自己的坦荡。

他决定去向韩通辞行。因为韩通基本掌握着京城的全部军事力量，是最有实力的人。亲赴他府上辞行最能表明自己胸无城府，这步棋虽然有点险，但凭着自己对韩通的了解，赵匡胤觉得正好是险中求胜的妙着。

韩通还真是被他料透了。听说赵匡胤来辞行，他竟然大感快慰。他也听到了种种谣言，随之产生了一些疑虑。但他此时的思路却是，既然赵匡胤在传言蜂起之际敢于轻装简从亲自过府，那就说明他并无不轨之心。他知道我韩通是唯一能够挫败一切阴谋的人，他不怕我，就说明他心里没鬼。所以，当自己那驼背而工于心计的儿子提出建议时，他一口回绝了。韩微说：

“父亲，这是剪除赵匡胤的最后的机会了。少时在席间以掷杯为号，将他绑了，就地斩首。”

“胡说八道！”韩通训斥儿子道：“亏你想得出如此歹毒的主意，欲令我为万人唾骂吗？”

“父亲若再迟疑不决，后悔之日就在眼前。”

“放肆！”韩通训道：“你怎么全没分晓？毫无罪证，滥杀朝中大臣、出征主帅，谁来承担责任？岂不会弄成个彼无逆证而我有逆迹了？”

于是，韩通宴请了赵匡胤，并对他说了一大堆劝慰、称赞的客套话，然后送他回府。

第二天一早，校场点兵已罢，大军开向了北上澶州的大道。这一日只行了四十里，来到陈桥驿，日影已是昏黄。赵匡胤下令各军就在驿前驿后宿营。这时太阳将落未落，天空出现了一种异常少见的现象，在太阳下面，暮霭的烘托中，又有一个太阳。两个太阳透过暗淡的暮霭，融成一片黑光，摩荡了许久，才见下面的一个太阳逐渐消失。这本是大气层中的水蒸气对阳光产生折射作用而形成的一种光学现象，古人不得其详，自然十分惊讶。军营中有个散指挥使姓苗名训，懂些天文八卦之术，往往能预测风雨灾变。这时有些将士们不免向他询问刚才的天象主何凶吉，苗训只是摇头笑答：

“此是天命，此是天命，不可轻泄，不可轻泄。”

赵匡胤手下的亲吏楚昭辅也来到此处，站在一旁，见旁人问而不得要旨，便大声说：

“苗先生，什么天命？难道竟说不得吗？”

苗训打量他一眼，作沉吟状，然后说道：

“你是点检身边的人，对你实说也无妨。来，且借一步说话。”于是，他便拉着楚昭辅避开众人，在一旁嘀咕了几句。众人听不明白，只见最后楚昭辅问他：“何日才得验证？”苗训答道：“既现天象，那就是眼前的事了。”说毕飘然而去，颇有几分亦仙亦道的风范。

众将士少不得一齐围住了楚昭辅，问苗训跟他说了些什么。楚昭辅推搪了半晌，才说：

“此事你等不可乱传。苗先生说‘先没的日光应验在周室；后现的日光，应验在点检身上。这便叫做天命’。尔等若将此话乱传出去，降罪下来，一概与我无关，尔等切记！”

越是嘱咐不能传播的事，传播得越快。不到半个时辰，整个军营上下都已经知道“两日重光，新君当立”的“天命”。

赵匡胤知道镇、宁二州的探报是赵普、匡义等做的手脚，能够趁此机会统大军离开汴梁实在是件好事。这些日子以来，他的情绪一直很紧张。他知道，自己目前所处的形势，和乾祐三年郭威比较起来，相似又不尽相同。有利的一面是主上幼小、太后年轻，朝中没有得力的决策人。这种情况一方面决定了朝廷无法控制迫在眉睫的动乱，另一方面更刺激了军人们通过动乱谋求利益的欲望，而这些渴望政变的军人或出于感情的因素，或出于现实的考虑，都积极地或被动地拥戴自己。而不利的一面呢，那就是自己比郭威更缺乏道义上的根据，因而可能会遇到一些估计不到的抵抗。刘承佑是个昏君，滥杀大臣，宠狎邪僻，郭威兴师用的是被迫自辩的名义，最多算“清君侧”吧。后来，刘承佑为乱兵所杀，郭威还恸哭良久，几次坚辞不肯即大位。明明是篡代，可是郭威在争取道义上的主动这一点上真是做尽了也做足了文章。所以除了太原刘氏这个无法化解的矛盾，他没有遇到任何来自其他方面的抵抗。可是，现在的情况却大不一样。柴荣是个深得人心的皇帝，对自己又是情同手足，恩宠无比，要从他遗下的孤儿寡妇手中夺取天下，无论如何也找不出站得住脚的理由。要想取得道义上的主动只能靠自己“表演”，那无非就是尽量表现自己在这件事情上的被动和无奈。但这能产生多大的效果呢？感柴荣的知遇之恩而忠于周室的人肯定是会跳出来的。一时还难以认定究竟会有哪些人将进行殊死的抵制。那天赵普对人事情况的分析是片面的，他怕我气馁，没有把消极因素做充分的估计。

不管怎样，现在已经是箭在弦上。赵匡胤知道积极促成此事的人正在紧张地做准备。最重要的是自己要沉得住气，决不可以表现任何的主动和急切。他决定今晚在大营欢宴全体高、中级将领，自己作一番慷慨激昂的战前动员，鼓励大家和辽军决战，立功报国。然后，便痛饮出征酒……他按这个部署做了，喝到六七分醉时，便装作不胜酒力，回营安歇。

赵匡胤退席之后，酒筵并未散去。军官们边喝边谈，话题自然转到了大家最关心的事情上。首先是有人说到傍晚时天有二日的异象，议论纷纷，都说是天命之兆。这时侍卫亲军马军都指挥使兼领江宁节度使高怀德站起来说：

“诸位，我有两句话说。”席间一时安静下来。“此去河北，少不得是一场决战。拼刀枪、冒矢石、出死力、灭强寇，这原本是为将者的职责所在。只是主上幼弱，太后新立，我等出生入死的劳苦，何人知晓？现既已有上天一再授命，我等不如应天顺人，先立点检为天子，然后北征。如此则苦有所值，功有所赏。即便战死沙场，也能得个旌表封赠，诸公以为如何？”

“高公所言极是，我等就在今夜立新天子！”高怀德话刚说完，亲军步军都指挥使张令铎立即表态支持。随后，都虞候韩重赟、罗彦瑰一齐高声嚷道：

“立赵点检为天子！就在今夜。‘点检做’，‘点检做’，此时不‘做’，更待何时？”

“好，好，‘点检做天子’！……”在座的齐声附和。

这时都押衙李处耘在一旁插话提醒大家：

“此事需禀明点检，经他同意，方可实行。贸然提起，点检必不肯依。不如先请点检之弟供奉官都知匡义过来商议，请他代禀。”

众将一齐称善，须臾间便找来匡义。匡义只是推说兄长素以忠义为心，自己不便代禀此事。正说话间，赵普出现了，匡义赶紧说：

“且听赵书记说，看此事该如何定夺。”

“我正是来与诸公商议此事。”赵普倒是爽快，毫无半点犹疑，“方今主少国疑，海内躁动。点检令名素著，中外归心，一入汴京，天下可定。乘今夜整备停当，明晨行事便是。”

匡义此时也再无退避之色，当即晓喻众将：

“兴王异姓，虽云天命，实系人心。望各位回营整顿军伍、严饬军士，不许剽掠。明晨列队于桥驿，重申军纪。进入汴梁，百姓能安居乐业，则四方自可传檄而定。诸位也就能共保富贵了。”众将无不诺诺连声，各自回营准备去了。这里，赵普与匡义又立即遣军使郭延贾连夜快马赶回汴梁，通知后军将帅石守信与王审琦，要他们在京中预为布置。同时出动警卫部队，在军营内外布满岗哨，大营周围更是灯火通明，将士环立。以防有人走漏消息或图谋不轨。

四鼓将尽，军伍已聚集于陈桥驿门。天色渐明，众将拥进大营，争呼万岁。值班的军士连连摇手说："点检尚未起床，诸公请勿喧哗。”众将哪里睬他，便请匡义入内直白其事。匡义进去时，只见兄长似刚被惊醒，一面打着呵欠一面问道：

“外面出了何事？为何如此喧哗不止？”

“诸将议定，要立兄长为天子！”匡义答道。

“什么？这事，这……岂可做得？”赵匡胤吃惊得似乎连口齿也不清楚了。

“异征屡现，天命所归，兄长不妨就‘做’了吧！”

“先皇帝文治昭昭，武功赫赫，以信令御群臣，以正义责诸国，爱士民如子弟，实旷代之圣君。我深受皇恩，报答犹恨无期，怎能于山陵抔土未干之际，忍心为此有悖忠义之事……”这番话当然是说给外厢的人听的。估计那伙人已经听得不耐烦，便站起身说：“待我去晓谕诸将，再作计较。”说着便走出前厅。

走出来一看，他自己也确实吓了一跳。将校们一个个披挂齐整，手执兵器，一片刀光耀眼。见了他，也不容他说话，便齐声呼道：

“诸军无主，愿奉太尉为皇帝！”那语调里不仅仅是尊崇，也含有胁迫，既然我们决定要你当皇帝了，你不干也得干！

赵匡胤还未来得及琢磨出答复的言词，那高怀德已捧过一袭黄袍（连黄袍都准备好了，不像郭威似的用块黄旗子裹体）披在赵匡胤身上，张令铎就势将赵匡胤按在椅上坐下。众将校一律跪倒，山呼万岁，声彻内外。赵匡胤说：

“汝等图富贵，陷我于不义。此等大事，不与我知晓，仓促如此。我世受国恩，有何面目见先皇帝于地下？我半生英名，今番休矣！”

“天命攸归，人心所向。明公若再推让，上违天命，下失民心。若为周室着想，则下令礼遇幼主，优待故后，也就不为有负了。”赵普从旁劝说。赵匡胤似有所动，但随后又摇头说：

“幼主及朝中大佬将视我赵某为何等样人？”

“明公明知主少国疑，今日之事，就算你推辞不就，朝中岂肯信乎？语云：‘机不可失’，此后再想成事，恐也晚了。”高怀德为人粗豪，这两句话冲出口来，倒叫赵匡胤默然无词。

外面的将士却懒得再听这些废话，匆匆催促新皇帝上马，带部队开回汴梁去。匡胤上得马背，揽住辔头，对众将言道：

“事已至此，夫复何言？但我有号令，你等能听从吗？”意思是我从了你们，你们可能从我？

“唯陛下之命是从！”众将一齐答道。

“太后和主上，是我北面而事的，不得冒犯；朝廷大臣，是我比肩同僚，不得侵凌；府库财物，皆国之公藏，不得劫掠；士庶百姓，皆国之子民，不得惊扰。从此数命，后当重赏，不用命者，戮及妻孥，绝不宽贷。”

听了赵匡胤的数章约法，诸将一个个都表示绝对服从，毫无异议。他们此时急于要把赵匡胤推上台，自己好从中得到好处。对种种约法，即便心里有想法，此刻也绝不会说出。于是，赵匡胤也不再延宕，立即重新整顿队伍，将后队改为前军，掉头向汴梁出发。

赵匡胤谢绝了部下为他安排的肩舆，仍然骑着自己的战马，走在队伍的中间。

真没想这么简单就把整个军队控制住了。第一步既然已经成功，下面的事也就是箭在弦上不得不发了。赵匡胤兴奋中略略有些紧张，不知道回汴梁后还会遇到些什么障碍。他知道在陈桥发生的一切不同于当年拥立郭威的澶州兵变，那时的郭威比今日的自己在道义上有更多的主动和优势，而郭威为了充分调动这一优势，更是做足了姿态。现在自己可不能够完全学郭威的样，回到汴梁就要准备用断然措施来处理一些反对分子，谦让之辞只能点到即止。至于那些矢忠于周室的人，他们绝不可能被你的谦让所感动，相反，只会利用你的谦让来捣乱。赵匡胤想，此去汴梁不过两三个时辰的路。必须先着人快马赶回，做些安排。他立即派出了亲吏楚昭辅和内客省使潘美。楚昭辅的任务是安慰家人，毋使受惊；潘美的任务则是去授意朝中宰辅大臣，要他们好自为之。

赵匡胤猛然又想起了在归德高辛庙问签的事。想不到那卦象还真的灵验无比，他嘴角情不自禁地浮现出一个得意的微笑。

卷——叁

*Volume 3*

# 艰难的统一之路

## 禅代的后续很麻烦

楚昭辅和潘美还未进城，陈桥兵变的消息就已经传到汴梁。宰相范质和王溥（他们都是同平章事，参知枢密院事，不过一个是左仆射，一个是右仆射），当时早朝未退，接到探报，俩人目瞪口呆，半晌说不出话。

他俩都是朝中老臣，改朝换姓的事经历过不是一次两次了。既已司空见惯，本不该有过度的反应。但这回的兵变却又实在不同于以往：第一，事件来得太快、太突然；第二，自己担着太重的干系。过去碰上这种事，随大流，回家待着，只等新皇帝召见就行了。可现在，作为宰相，面对一个七岁的幼主，他们俩人要承担起朝廷的全部责任，而他们俩却根本不知道该怎么办。面色苍白的范质下殿一把抓住王溥的手说：

“仓促中遣将派兵，致生此变，都是我们的罪过啊！”说话间，他的手指紧紧掐住王溥的手腕，指甲深陷进去，王溥的手都几乎要流血了。“愧对先帝之托，虽万死不能赎其罪。”直到王溥唤起痛来，范质才发觉自己的失态，赶紧向他道歉。这时侍卫亲军副都指挥使韩通从禁中走出撞着他俩，便问道：

“叛军将要进城了，二公怎么还在此处闲谈？”

“韩指挥有什么良策？”王溥反问他。

“都中尚有禁军，我这就去调集他们登城守御。同时传檄各镇，要他们火速派兵勤王。镇帅中不乏忠义之士，只要援兵来得及时，协力讨贼，逆党当不难讨平。”此刻的韩通显得十分清醒，他后悔自己没有听儿子的话，搞成眼下这副难以收拾的局面。这时范质又嗫嚅道：

“只怕是缓不济急，真不知如何是好！”

“你们二位快去准备勤王檄文，我此刻立即调集禁军。食君之禄，担君之忧啊！”韩通说完便匆匆离去，临行这两句令范质、王溥很有几分愧意。但五代积习中养成的朝臣，很难说有多少忠君尽节的观念。君主的频繁而突然的变易，他们见得太多，以致感觉麻木了。勤王的檄文还没有着落，家人匆匆来报，说是叛军前队，已由仁和门进城，请相爷快快回府。俩人听此一说，料定大势已去，自己已是无所能为了，不如回家静候消息，当下各自散去。

却说赵匡胤的大军进了汴梁，果然遵行陈桥定下的戒约，一路绝无劫掠惊扰之事。无赖游民趁机抢掠者，被巡逻士兵捉到，就地正法。市面安静，百姓乐业，全没有丝毫过去发生兵变时的混乱景象。石守信为内应，又打开了内城的左掖宫门。赵匡胤兵不血刃，进了内城，自己带卫队回到都点检的衙署，并下令各军解甲归回各自营房。这时要去召集禁军的韩通还在路上，正好碰到了积极拥戴赵匡胤的散员都指挥使王彦升带着铁骑数十人巡逻。韩通心想不好，连忙策马往家中驰去。王彦升素性残忍，又求功心切，心想韩通这厮定是要负隅顽抗，便带着马队追赶上去。韩通刚刚到家，还没来得及关上大门，王彦升已经赶到。跃下马来，上去就是一刀，将韩通劈死门内。然后，他又索性将韩通一门老小杀个精光。王彦升以为自己立了一功，但赵匡胤进城前便已明令不许侵凌朝臣，听到韩通被杀，心里很不高兴。以其拥戴有功，一时又不好发作。总之，王彦升从此以后的宦途并不太顺，一辈子也没有混上个节度使。当然，他还有其他的毛病。

赵匡胤端坐在自己的官署里，等候消息。不一时，罗彦瑰等人就把范质、王溥两位带来了。赵匡胤一见到他俩，就满脸眼泪，呜咽失声地解释道：

“我受世宗厚恩，愧不能报。今又被六军逼迫至此，惭负天地。人非草木，能不汗颜？”

范质见他这副模样，不免又壮了几分胆，便想以君臣之道说他几句，好为自己多留些体面。谁知话尚未开口，就被罗彦瑰一声喝断：

“我辈无主，今日已议立点检为天子，再有异言者，斩无赦！”同时便将冷森森的宝剑在范质、王溥俩人面前晃了一晃。赵匡胤呵斥罗彦瑰，要他退下。那罗彦瑰却动也不动，只圆睁了两眼紧紧瞪住范、王二人。相互僵持了片刻，王溥首先退到阶下，倒身下拜。范质也只好跟着跪倒在匡胤面前，俩人齐称“万岁”。

受柴荣临终顾命的两名宰辅大臣既已就范，其他也就不必再担心有什么朝臣违命不从了。事不宜迟，就在当天下午，聚集文武百官于崇元殿，举行禅代大典。行礼之前，范质问道：

“明公既为天子，如何处置周室母子？”

“太后幼主，我曾北面事之，早已下令，誓不相犯。”赵匡胤说到此处，又补充了一句：“即令昔日不是君臣，世宗乃我义兄，自当善事其遗属。”赵普在一旁插嘴说道：

“幼主能法尧、舜而禅大位，他日自然当待以宾礼，那也就算是不负周室了。”

未牌将尽，百官渐次到齐。两班左右分立。翰林学士承旨陶谷从袖中取出拟好了的周帝禅位诏书，递给兵部侍郎窦仪，由窦仪宣读：

天生蒸民，树之司牧，二帝推公而禅位，二王乘时而革命，其报一也。予末小子，遭家不造，人心已去，天命有归，咨尔归德军节度使殿前都点检，兼检校太尉赵匡胤，禀天纵之资，有神武之略，佐我高祖，格于皇天，逮事世宗，功存纳麓，东征西讨，厥绩隆焉。天地鬼神，享于有德，讴歌颂狱，归于至仁，顺天应人，法尧禅舜，如释重负，予其作宾。于戏钦哉，唯天知命。

也难为了陶谷，一个时辰不到，便做出如此典雅、精炼而不失要旨得一篇诏书。诏书读毕，由宣徽使昝居润引赵匡胤就龙墀北面拜受。然后，宰相范质、王溥分左右两边扶掖着赵匡胤登上崇元殿宝座，着衮衣，加帝冕，即皇帝位，受文武百官朝贺，一时山呼万岁之声，响彻殿庑。接下来是一连串程式化的诏令：奉周幼帝为郑王，符太后为周太后，迁居西宫；定国号为宋（因为赵匡胤所领的归德军节度使驻节宋州）；改元建隆，大赦天下；命官员分告天地、社稷，诏谕天下（诸道节度使，另行分别赐诏）等等，一个新的朝代就此开始了。

禅让大典结束，新皇帝立即就要迁入内宫。赵匡胤带领一批亲军将校由朝堂转进宫门，正遇着符太后牵着幼主，一身白衣，以袖掩面，被宫人搀入轿内。几个太监，见新家皇帝入宫了，不敢怠慢，赶紧抬起轿子往西宫而去。赵匡胤远远听得轿内有哭泣之声，一时心头不免涌起一丝愧恧之感。

众将拥着赵匡胤继续巡视内宫，所到之处，宫人均跪拜于道旁。赵匡胤忽然看见一位宫嫔抱着一个孩子，孩子不过两三岁，好奇地张望着闯进宫来的一伙生人。周围的宫人都是一脸惶恐。赵匡胤问这孩子是谁，左右答道是世宗幼子。赵匡胤扭转头问身后的赵普：

"这孩子怎么处置呢？"

"去之！"赵普用轻微而冷酷的声音答道。"去之"，就是干掉的意思。左右立即有人上前从宫嫔的手中夺过孩子。孩子被吓得哭起来。赵匡胤用眼光扫了一下周围的人，看见内客省使潘美低着头，手扶着殿柱，手指因用力而颤动，几乎要掐进木头里去。赵匡胤问潘美：

"你以为不该这样处置，对吗？"

潘美不敢作答。赵匡胤接着又说：

"即人之位，犹杀人之子，朕实不忍为。"

听到赵匡胤这样说，潘美才终于开口道：

"臣与陛下北面事世宗，深受其恩。今日劝陛下杀之，即负世宗；若劝陛下不杀，则陛下必见疑。是左右两难也。祈陛下谅之。"

赵匡胤觉得潘美说话诚实中听，于是说：

"这孩子就给你做侄儿吧——世宗的儿子不可以做你的儿子。"

潘美谢恩，把孩子带回家去了。赵匡胤此后再没有问过这孩子的事，潘美也未再提起。孩子后来取名潘惟吉，官至州刺史。潘惟吉的孙子潘夙还是神宗时代的一位名臣。

因为是政变换来的果实，论功行赏是一件绝不可以延缓的事。而为了取得赏功之举在道义上的主动，赵匡胤决定在封赏功臣之前先旌

表一些为周室尽节的“忠义之士”。这件事马虎不得，做好了能产生很重要的政治效果。

赵匡胤知道陈桥起事有一个很难弥补的缺陷，那就是道义根据的虚弱。当年周太祖郭威从澶州进兵汴梁，打的是“清君侧”“诛群小”的旗号，一切正面对抗的势力都可以涵盖在“群小”这顶帽子下面。而郭威当时又并未受禅，直到他把一个“忠君老臣”的角色扮演得淋漓尽致以后才登上了帝位。自始至终，他根本不存在为那些死硬的抵抗分子正名和旌表的问题。但是，自己从陈桥回师却完全提不出任何正大光明的理由，唯一多少可以化被动为主动的努力，就是充分表现自己受将士逼迫的无奈。既然还要给人以“周室忠臣”，禅代非出本意的表面印象，那么就必须承认一切对自己的抵抗都是正义的行为，对那些为周室死节的人也就应该给予旌表。

赵匡胤并不担心自己的做法会鼓励更多的人争着做周室的忠臣。因为他知道，拥戴自己的人都含有一份利益的考虑，他们不会去选择空洞的道德原则。而那些出于感情因素要效忠周室反对自己的人，他们的行动并不需要我赵某来鼓励，相反，旌表死人可能使他们感动而软化了对抗的立场。这后一种人当然很少。重要的是要尽可能地维护自己的道义形象。

需要旌表的人并不多，高级官员里只有一个韩通。赵匡胤认为韩通是不该死的，他不相信韩通在失去反抗能力之后还会坚持不合作的态度。王彦升杀了他只是给他成全了一个好名声。想起韩通和自己共事的种种往事，赵匡胤下诏赠给他中书令的官衔，葬以厚礼。

还有一起殿直亲军集体自杀的事。那天赵匡胤带队伍回京，本想从南门入禁城。守门的是殿直亲军的长入祗候班，带队两名卒长，一个姓乔、一个姓陆，就是不肯开门，并且命令军士们放箭。赵匡胤于是只好绕到北门，从那儿才进了禁城。这两名卒长知道大势已去，还是不肯臣服，带着手下的弟兄全部自缢。赵匡胤亲自来到他们的营房，赞叹道：“真是一群忠义孩儿！”随后下令为他们建庙，庙名“忠义”，长入祗候班更名为“孩儿班”。后来孩儿班的军士帽子后面垂有飘带两条，一条为粉青色，表示为柴荣持服，另一条为红色，表示祝贺赵匡胤登基。

旌表完了周室的“死节之臣”，便着手封赏拥戴有功的将士。石守信接替自己任归德军节度使，高怀德接任石守信空出的义成军节度使。同时，石守信又兼领了韩通的侍卫亲军马步军副都指挥使的位置，高怀德则兼领殿前副都点检。张令铎领镇安军节度使兼亲军马步军都虞候；王审琦为泰宁节度使兼殿前都指挥使；张光翰升任宁江节度使；赵彦徽升任武信节度使、罗彦瑰领眉州防御使；韩重赟领永州防御使……其他翊戴有功之臣一一加官晋爵。

陈桥起事时，韩令坤、慕容延钊均不在身边。赵匡胤即位以后，立即派专使诏谕他二人。数十年的亲密朋友，当然不会有任何异议。赵匡胤接到他们的贺表，立即加慕容延钊为殿前都点检（又是自己腾出来的位置）、昭化军节度使，韩令坤则加侍卫马步军都指挥使、天平节度使。俩人都加授同中书门下平章事。

下一步才是封赏文臣。赵普为右谏议大夫、枢密直学士，范质、王溥、魏仁浦三人仍在相位。范质加兼侍中，王溥进位司空，魏仁浦进位右仆射。匡胤幕府中的刘熙古、吕余庆、沈义伦均分别迁升为左谏议大夫、端明殿学士、户部侍郎等。

对于边远节镇，只要他们表态明确，赵匡胤也是不吝惜封赠的。天雄节度使符彦超加太师，雄武节度使王景加太保，定难节度使李彝殷加太尉，荆南节度使高保融加太傅。李彝殷、高保融其实都是一方之王，各自为政，接受朝廷的官衔纯粹是一种象征性的虚文，并没有任何实际意义，只要好听就行。

最后，才轮到自己的弟弟，迁为睦州防御使。并且赐名光义，避皇帝的讳，改掉了匡字。

依历代的成例，新皇登基，首先要立宗庙，尊封先人亲长，但赵匡胤却把这件事放在封赏功臣之后，这大概是政变皇帝迫于形势而作出的决定，因为当务之急是安定天下，而天下的安定首先有赖于臣属的归心。应该把活人放在比死人重要的位置，况且追封先人，虚文而已，虚文不可不要，但须继在实事之后。即位后一两个月，诸事初安，赵匡胤才把此事提上议事日程。首先是立宗庙，依隋、唐以来旧制，追尊高、曾、祖、父四代号谥，建庙。高祖赵眺谥文献，庙号僖祖；曾祖赵珽谥惠元，庙号顺祖；祖父赵敬谥简恭，庙号翼祖；父亲赵弘殷谥昭武，庙号宣祖。尊母亲杜氏夫人为皇太后。

尊立皇太后，在滋元殿举行了隆重的典礼。赵匡胤俯拜于金阶，百官齐贺。可是杜太后却不甚领情，满脸愀然不乐之色。她至今不能谅解儿子在陈桥贸然起事之前没有对家属做出相应的安排。那一天，消息传来，幸亏她当机立断，带着家中妇孺躲进离家不远的封禅寺内，否则全家人必然成为韩通手中的人质，最终性命不保。说来也是命不该绝，主持僧守能和尚把他们锁在藏经殿的阁楼上。韩通的手下入庙索人，守能打诳语道是“早已走散，不知去向”。士卒们在庙内搜查，爬上藏经殿阁楼，本来要开锁入内，看到锁上面蛛丝密布、尘埃凝积，像是多年未曾开过，都说：“此处怎么会有人！”于是又退回楼下，呼哨而去。当时杜太后和家人真是吓了个三魂渺渺七魄茫茫，少不得埋怨赵匡胤只顾自己富贵，不管亲人死活。杜太后是知书识礼之人。她也想到了儿子受天命于仓促之间，来不及安排家事，而且预做安排，在谣诼风传的当时，更会难免引起猜疑。但同时她也懂得谋大事者不可以太重亲情的道理，甚至想起了刘邦要向项羽“分一杯羹”的故事。匡胤比刘邦如何？如果韩通真的将我一家扣为人质甚或熬成一锅羹，匡胤会不会也要分一杯呢？

看到太后冷漠的表情，赵普在一边问道：

“臣闻母以子贵，今子为天子，太后怎么反而觉得不快乐呢？”杜太后一时却也不好如何回答，沉吟了一会儿，终于诌出了一篇流传后世的大道理：

“我在思索‘为君难’这几个字。天子置身于兆亿黎民之上，若治天下得其道，这位子自然极尊贵；但如果不得其道，天下失驭，那时就求为匹夫而不可得了。这就是我的担忧。”

这番话说得满朝文武无不叹服，赵匡胤也又一次拜倒在地，口称，“儿谨受教。”

治理天下，用好宰相是一件大事。赵匡胤深知自己的亲信集团中，除了赵普，没有一个是当宰相的材料。而赵普资望太浅，一时也不宜拜相。于是赵匡胤对后周的三相（范质、王溥、魏仁浦）一律优礼相待，均予留任。

何谓“三相”呢？宰相是民间对最高行政官的俗称旧时左、右仆射即宰相，唐代以来，三大馆职概由宰相兼任。哪三大馆呢？即昭文馆、国史馆、集贤殿。久而久之，三大馆职（即昭文馆大学士、国史监修、集贤殿大学士）就等同于宰相了。此时，范质是昭文馆大学士（首相），次为王溥（国史监修），再次为魏仁浦（集贤殿大学士）。不过不久，范质和王溥被罢去了原来兼任的参知枢密院事，即取消了他们参与军事决策和指挥的权力。

对于国家机构的正常运作，这些宰相们具有不可缺少的专业知识，因此必须使用和倚托，但绝不能由此而听任他们滋生骄慢的心理。要让他们随时意识到我赵匡胤是明君，是英主，让他们慑服于“天威”之下。为此，他首先进行了一项礼仪性的改革。过去，宰相们议政于殿前，都要赐座君侧，从容奏事，赐茶乃退。赵匡胤提出要宰相们每事都拟好文字材料，又推说自己目昏（近视），要宰相们到御座前指点说明，事前密令内侍就在此时撤去其座。老宰相们对赵匡胤心存畏惮，谁还会坚持坐论大政的旧制。一回两回，宰相站着和皇上说话就变成规矩了。

## 镇压叛乱不能手软

赵匡胤兵变前对形势的判断是准确的，拥兵在外的镇帅们必然会有人站出来拒绝承认新朝。首先发难者是驻节潞州的昭义节度使李筠。

赵匡胤对李筠的态度是有心理准备的。当年高平关之役，大破北汉刘钧的部队以后，赵匡胤曾随柴荣驻跸潞州。柴荣对李筠优礼有加，一则他是历唐、晋、汉三朝的老将，二则他孤军固守潞州逼刘钧绕道南下其功非小。赏北伐之功时，世宗擢李筠为检校太尉、领昭义军节度使，仍驻潞州，且说了一大堆慰勉奖誉的言语，李筠当时感激涕零，表示了肝脑涂地誓死效忠周室的决心。赵匡胤曾目睹这一切且印象很深，因此他估计李筠会不大好对付。

果然，当使者带着大宋皇帝加李筠为中书令的诏书到达潞州时，李筠当时就想拒命，只是左右一再劝谏，他才勉强同意接见使者。在酒席筵前，他又突发怪想，命人取出周世宗的画像悬挂在大厅墙壁上，自己望着画像涕泗横流，哭泣不已。他的幕僚们被这一举动吓得失了主张，只好极力掩饰，对使者解释道：

“我家令公喝醉了时，经常举止失常。”

潞州地处与北汉相邻的前线，李筠的态度很快就被北汉王刘钧知晓，刘钧手书密信藏在蜡丸内，遣人送交李筠，约他同时起兵攻打赵宋。李筠就想立即举起兴复周室的大旗，驱师南下。他的大儿子李守节哭着谏阻他，他不听。

赵宋朝廷的使者回到汴梁，禀知一切。赵匡胤仍隐忍不发，又亲笔写诏，对李筠慰抚笼络，并召李守节来京任皇城使。李筠接到诏书，真的把儿子派来汴梁，其用意是窥伺朝中动静。赵匡胤接见李守节，劈头一句话就是：

“太子，你怎么到我这里来啦？”

李守节被赵匡胤吓得匍匐在地不断叩头：

“陛下何出此言？这定是有人进谗言构害臣父。愿陛下明察。”

“你不必如此惊慌。”赵匡胤微笑着说“我听说你曾数次谏劝你父亲，可是他不听。今番遣汝来，就是想让我把你杀掉。你回去告诉你父亲，我未为天子时，随便你们自专自行，我既已经当了皇帝，你们难道就不能稍稍让我几分吗？”于是，赵匡胤又把李守节放回潞州。

李筠从守节口中知道朝廷已然有备，率性放开手脚大干。一方面令幕府起草讨贼勤王的檄文，一方面派牙将刘继冲等往北汉纳款输诚，约为援助，同时立即出兵抢占了泽州。李筠帐下从事闾丘仲卿向他提出建议说：

“公孤军起事，其势甚危，虽有河东援军，恐亦不得其力。大梁方面兵甲精锐，难与争锋，不如从西面下太行山，直达怀、孟二州，然后扼守虎牢关，以洛阳为根据，再挥师向东，争夺天下，计之上也。”

“我乃周朝宿将，与世宗义同兄弟，禁卫诸军皆我旧部，闻我起兵讨贼，势必倒戈向我，况我兵精将勇，何患不能踏破汴梁！”李筠自信得很，不用闾丘仲卿之计，仍坚持正面南下。

这时，赵匡胤也意识到必须尽快堵住李筠西下太行之路。便派石守信、高怀德二人率前军进讨，嘱咐他们争取时机，速战速决。同时又命慕容延钊、王全斌率兵由东路去和石守信、高怀德会合。为了保证战争的顺利进行，诏令三司使张美负责调集粮草，以供军需。

北汉方面派内园使李弼带着诏书、金帛、良马来见李筠，李筠请北汉举军南下，自己愿为前导。北汉主向辽国请援，李筠希望不要用契丹兵。刘钧也是急不可耐，便不待辽军，即日出师。汉军发至太平驿，李筠率领部属迎谒，一见面，双方都感到有些失望。刘钧对李筠其实还是很客气的，命李筠赞拜不名，赐座在宰相卫融之上，封西平王。可是李筠看到刘钧的仪卫寡弱，军容不盛，不免生了轻藐之心，觉得此等后援实不可恃。言谈中，李筠一口一个“受周室世恩，实不忍负”，听得刘钧很不耐烦，因为周室是他刘汉的世仇死敌。分别时，刘钧又派宣徽使卢赞到李筠处任监军。李筠心更不服，根本不卖卢赞的账，双方无法共事。刘钧只好再派卫融到李筠军中协调矛盾。

第二日，李筠率三万之众南下，在长平与石守信部遭遇，受挫后停兵不进。赵匡胤考虑到这一仗对自己声望和权威的稳固关系甚大，它将影响到一批镇帅们对朝廷的态度，于是决定御驾亲征。然而李筠的实力太有限了，将士也不肯用命，僵持了十来天后，在泽州以南一场决战，李筠所部被石守信、高怀德击溃，卢赞被杀，李筠率残众遁入泽州，固守不出。这回他却表现不出上次守潞州时的能耐了。不过旬日之间，赵匡胤便亲临前线，督军攻城。李筠渐渐不支，又苦撑了数日，被控鹤左厢都指挥使马全义率领一支敢死队突破了城门防线，赵匡胤亲自指挥大军杀入城中。李筠见无路可走，投入火中，自焚而死。北汉宰相卫融被俘。

赵匡胤继续向潞州进军，李守节出城投降，匍伏请死。赵匡胤对他说：

“你父为逆，你却知忠，朕岂能不分善恶？今特赦你，并授你为单州团练使，你好好效命朝廷，不要辜负了朕的恩典。”随后，又赐他锦带袭衣，银鞍玉辔等物，并命他参加潞州城的庆功宴，和诸将一起共享凯旋之乐。

北汉刘钧听到李筠败死的消息，从太平驿撤军回晋阳，对其臣下说：“李筠傲慢无状，焉能不败？我军能全师以归，总算大幸，只可惜失去了卫融和卢赞两名大臣。”

被俘的卫融却表现得很英勇。赵匡胤问他：

“汝教刘钧助李筠叛我，为了什么？”

“你忍心负周，我不忍心负汉！”卫融的回答气得赵匡胤红脸发黑，令卫士用铁挝猛击卫融的额部，登时血流满面，卫融大声叫道：

“死不负主，我死得其所矣！”

赵匡胤立即意识到绝不可以成全这种人的死念，卫融是横下心要死了，而他死之后，自己的形象就会受到很大的损害。你想做死不负主的忠臣吗？我偏要让你做不成。于是，赵匡胤强收了一腔怒气，带着不胜感动的神情说：

“真是个忠臣，放了他。”卫士们闻命立即为卫融松绑。御医又为卫融敷上良药。随后赵匡胤致书刘钧，愿意遣返卫融，只要对方将扣押在北汉的潞州监军周光逊送还。可是刘钧竟不给予任何答复。这时赵匡胤才对卫融说：

“汝系北汉忠臣，我敬佩你的忠义，欲将你遣回北汉。是汝主不欲汝归。今无他法，你便在朕朝中任太府卿，意下如何？”

卫融在精神上已被赵匡胤征服，决定归降。

征讨李筠的泽、潞战争在两个月的时间内胜利结束了，但还有几名老镇帅的动向也是不可不严密注视的。

一个是成德节度使郭崇。据监军陈思诲密奏，郭崇常对将士追忆周室恩德，动情时声泪俱下。赵匡胤认识郭崇甚早，当年自己在郭威帐下尚无军籍时，郭崇就已经是侍卫亲军马军都指挥使了。拥戴郭威的行动中，郭崇是功勋卓著的关键人物。此后，柴荣对郭崇始终是十分尊重和信赖的。所以在接到密报后赵匡胤说：“我对郭崇是了解的，他笃于恩义，极重感情，以他和周室的关系而言，哭泣流泪都是正常的反应。”同时他又派了个军使前往视察究竟。郭崇听到这消息，忧惧得乱了方寸。幕僚劝他说：

“当今皇上登基，公首效诚节。军民处置，一无反常之处，朝廷既欲加罪，何患无辞呢？使者来了，只管大大方方率官吏迎接，尽自己的礼数，让他去观察，一切皆不辩而自明。”郭崇就照这么办了。使者回京后说，郭崇营中毫无异象。赵匡胤听了高兴地说：“我知道郭崇是不会谋逆作乱的！”

还有一个是保义节度使袁彦。据密报，自宋革周命以来，袁彦致力于缮甲练兵，整修武备，其意叵测。赵匡胤心中也着实疑虑，便命潘美去任监军，伺查动静，如有不轨之徒，着潘美便宜处置。潘美不惟为人心存厚道，且智勇兼具。他单骑闯入陕州城，向袁彦口传诏谕，要他去汴梁朝觐皇帝。袁彦毫无推托之意，随即整装上道。就这么一个简单的检测方法，完全可以得出袁彦并无反意的结论。赵匡胤十分高兴，夸奖潘美“胆略过人，善体朕宽仁之心。不杀袁彦，成吾志矣！”随即他下诏调袁彦任彰信军节度使。

平定潞、泽的胜利产生了震动性的政治效果。不数日，便有南唐使臣来朝，进表贺捷，并附呈了一份淮南节度使李重进致南唐国主李璟的密信。赵匡胤拆开看时，见信上写道：

周淮南节度使李重进，奉书南唐主麾下：重进，周室之懿亲，藩镇之旧臣，世受先帝深恩，不忍背负，今将举兵入汴，乞大王援助一旅之师，联镳齐进，声罪致讨，若幸得成功，重进当拱手听命，还爵朝廷，少效臣节于万一，宁敢穷兵黩武为哉？惟大王垂谅焉！

赵匡胤看罢密信，做出勃然发怒的表情说：

“李重进竟敢潜结南唐，图谋叛逆，情殊可恨，辜负了朕先前赐他铁券的好意。”说着又转对南唐使者说道“尔主竭诚事朕，朕心甚慰。尔此番回去，转告尔主，守住要隘，勿让叛军侵入江南。朕即日就将发兵平定淮南。”

唐使去后，赵匡胤又分派石守信、王审琦、李处耘、宋渥四员将领，率领禁兵，先行出征淮南，自己另率大军，随后出发亲征。

赵匡胤其实早已知道李重进必反。他与李重进早在随柴荣征淮南时就彼此相知。平心而论，他对李重进印象甚佳：一是个难得的将才；二则人品比较诚恳方正。但这个人是绝不可能为自己所用的，因为，第一，他是郭威的亲外甥，从血缘上看，他是较柴荣更密切的亲戚。为此，柴荣曾对他起过疑忌之心，不过由于他处理得当，主动化解了与柴荣妹夫张永德之间的矛盾，使张转变态度，从旁施加影响，让柴荣消除成见。从此柴荣对他最为宠信，一直把毗邻南唐的江淮地带交给他管理。直到最后一次北伐，柴荣患病，群情主退之际，柴荣独托他领兵继续北进，分明是把他当作最合己意的臣属，李重进对这一点也是心领神会的。君臣间的关系远比他人密切。第二，李重进在周朝战功累累，柴荣每一次开疆拓土的行动中，都有着李重进的一份突出的贡献。因此可以说李一生的荣誉和业绩都和周室的国运紧紧联系在一起，简直是一种存则俱存、亡则俱亡的关系。而且，作为臣属，他也已经没有什么可追求的地位和待遇了。

当李筠在潞州起兵的时候，李重进正好接到赵匡胤命他移镇青州的命令。他知道新皇帝不信任自己，无论是否愿意效忠，将来的下场定不会好。于是他遣亲吏翟守珂去往潞州，与李筠定南北夹攻之盟。谁知这个翟守珂先潜入汴梁，向赵匡胤告密。赵匡胤问明底细后说：

“他无非是怕我加罪于他，故蓄异图。朕今赐他铁券，以表誓不相负之意，他能相信否？”

“臣见重进终有异图，愿陛下事先预防！”翟守殉说的是实话，他知道李重进不会背周归宋。赵匡胤听了，点头说道：

“我与你相识有年，你今日来此，算是不负故交了。你言之在理，只是我欲亲征泽、潞，恐重进乘虚偷袭，使我前后受敌。烦你此番回扬州，设法稳住重进。以免二凶并作，分我兵势。待我扫平泽、潞后，再伐扬州，就易与了。”

赵匡胤厚赏了翟守珂，命他返回扬州。守珂在李重进面前编了一通谎话，果然骗住重进暂时按兵不发。赵匡胤仍不放心，又遣陈思诲（便是先前密告郭崇的监军）带着诏书和铁券往扬州去安抚重进。李重进留住陈思诲，说是待天子北征班师后，一同入朝。赵匡胤此时赐铁券也并非全是诈术，他确实希望李重进能够归附自己。李重进当年在正阳大破南唐刘彦贞，斩首万余级、伏尸三十里的战绩，赵匡胤是钦佩不已的。后来围寿州、取濠州，唐兵闻风丧胆。在寿州城外，赵、李二人还有一段同营共事的经历。赵匡胤不愿放弃争取李重进的最后一线希望。

李重进当时本也有些动摇。各路节镇，都已臣服，自己孤军，又能成什么气候？偏遇着手下两个不怕死的部将，一个名向美，一个名湛敬，极力谏阻他入朝觐见。俩人道：

“公乃周室至亲，去见宋主终不免尴尬。若他有意加害，则此一去就不得复还了。”

“不入朝，宋主见责，又当如何呢？”李重进仍是犹豫不定。

“古人有言：‘宁我薄人，毋人薄我’，彼才平泽、潞，兵力惫乏，何不即日兴兵，直捣汴梁？此之谓先发制人。”俩人又怂恿重进出兵。

“兵力不足，恐不济事。”李重进说。

“可向南唐请援。若得唐兵相助，大事必成。”

“既然归顺与否，都没有好结果，就依你二人之计行事吧！”于是，李重进下令扣押陈思诲，一面投书南唐求援，一面修城缮甲备战。

不几日，探卒来报，宋军已然南来。李重进不免有些惊慌，问向美和湛敬：

“唐兵未出，宋军已至，如何是好？”

向、湛二人原是没什么用的大言之徒，但祸是自己惹下的，推脱不得，只好硬着头皮请战。李重进拨出一万兵马，着他二人带去迎敌。谁知刚一接阵，便败不成军。向美被杀，湛敬逃回。李重进自己登上城楼，一望城外，只见宋军军容强盛，真个是士卒如蚁、矛戟如林，把个扬州围得水泄不通。远远看见黄罗伞下，赵匡胤全身甲胄，别有一番英武气概。当下李重进一声长叹，早已斗志全无。下得城来对众将言道：

“我乃周室旧臣，本应以死报主。敌我力量悬殊，抵抗徒劳无益。我已决定举家自焚，你等各自逃生去吧，以免无谓牺牲。”

当时左右部将主张杀了陈思诲，聊以泄恨。李重进说：“我已将死，杀他何益？”言毕即命家人取薪举火，先令妻子投入火中，然后自己仰天长唤一声“太祖、世宗，臣李重进追随你们来了。”亦即奋身赴火，霎时间便化作了一道青烟。

李重进既死，扬州不攻自破。赵匡胤进城后，先是问及陈思诲，探卒回报，重进自焚后，思诲已为乱兵所杀，横尸狱中。赵匡胤甚为悼惜，命予厚葬。再找着翟守珂，慰谕一番，便要带他同回汴梁。翟守珂见重进惨死，毕竟宾主多年，心中有些不忍，便呈报赵匡胤准其收拾李重进的骨殖，藁葬于野外。赵匡胤答道：

“就依你所奏，难得你一番情义，朕不加罪于你就是。”

## 杯酒释兵权

扬州的善后，首要在安定民心。赵匡胤想，此地处于南唐前线，又是李重进多年经营之所，收拾民心，不能不着力贯彻恩威并济的施政原则。首先，他把罪迹昭著的谋逆分子（即那些积极怂恿和支持李重进举兵的人）拘捕起来并进行审判，然后将其中的二百余名枭首示众。其余扬州军民一律赦免。李重进的弟弟和长子已经战死，赵匡胤对其妻子和幼子做出了妥善安置，部曲和族众尽予开释。被俘的扬州兵，不愿留于军中者，资遣回籍。扬州百姓，每人发放赈米一斛，十岁以下儿童减半。赵匡胤对自己的上述一系列举措十分满意。他一向认定，作为领袖人物，不仅要使人敬服，而且要使人敬爱，所以恩威并济的两手策略至为重要，因为无威则不能服，无恩则不能爱。

赵匡胤尚未班师回汴，南唐李璟便派出了左仆射冯延鲁为特使前来上表祝捷。在例行的礼仪完成以后，赵匡胤突然把脸一板，说道：

“尔主为何与我叛臣勾结来往？”

冯延鲁被这一问愣住了，但他原是个工于舌辩之徒，立即稳住神，不慌不忙地答道：

“陛下只知道勾结来往，还不知道我主曾经参与此事的预谋。”

“你此话是何意思？详细说来。”赵匡胤说。

“李重进的来使就住在我家里，故我得知其详。当时，我主对他言道：‘人有不平之志而反，亦是常情。但反而不得其时，则徒取祸。中朝禅代新主，人心未定。彼时李筠起兵上党，尔主不乘时以反，现潞州已平，尔主却欲以数千乌合之众对抗中朝十万精锐之师，其不明智则孩提亦可辨矣。吾国虽有兵，不可借与汝’。”

匡胤听罢，倒也无从发作，便换个话题：

“就算如你所说吧，现在我大军临江，诸将都建议我乘势济江而下金陵，如何？”

“陛下挟天子之威，帅百万精甲，何战不胜？何攻不克？江南偏远小国，地蹙民穷，敢抗大朝之命乎？唯金陵有数万带甲之士，皆先帝所遗精锐，效忠李氏，不敢惜命。陛下如能舍弃数万将士之性命与之血战，江南自不难平。且长江天堑，有不测之风涛，可以沉舟摧舰，此亦臣不能不为陛下虑者。”

赵匡胤故作夸张地哈哈大笑，说道：

“刚才不过是朕的一句戏言，哪个要听你这些舌辩之词。”接着，他要冯延鲁回去告诉李璟，只要南唐谨守与周室所定的成议，自己便决不会进攻江南。可李璟还是害怕，匆匆迁都到了南昌。

赵匡胤班师回到汴梁，不多日便迎来了建隆二年（961 年）的新春。做了整整一年皇帝了，赵匡胤觉得怪累的，倒不是因为政务繁忙，而是太不自由，拘束得难受。贵为天子，本应该百无禁忌，为所欲为，可事实上他觉得远不如当节度使那样可以恣情任性。这是为什么呢？道理其实很简单，就是顾忌臣民和后人的评说。当皇帝的，不管自己做得如何，总还是希望万民称颂、千古流芳。可是圣明天子真不容易做，它至少要求你克制自己各种本能的欲望，要憋着劲跟自己过不去，难啊，实在是难！那一天，他玩兴偶起，在后宫御花园里用弹弓射雀取乐。忽有一亲吏称有急事求见，赵匡胤马上停止弹雀接见那人，结果他上奏的只是一件普通事。赵匡胤恨他扫了自己的兴，便诘问道：

“明明是普通事，你为什么要报称急事？”

“臣以为比弹雀还是要急一些。”那人答道。

赵匡胤见他如此顶撞，勃然大怒起来，从内卫手中接过一柄长斧，用斧柱撞他的口，只见那人口中流血，随即吐出两颗牙齿，他不呼痛，也不告饶，弯下腰，慢慢捡起撞落的牙齿，放进怀里。赵匡胤见了愈加有气，骂道：

“汝这厮把牙齿藏进怀中，难道还想告我？”

“臣不能告讼陛下，自会有史官记下这事。”那人徐徐答道。此话一出，赵匡胤立即意识到自己作为皇帝，时时事事要想到垂范后世。马上扮出一副很高兴的样子，多谢那人的直谏，慰勉一番，并赐给许多金帛。

还有一次，欢宴群臣，酒酣之际，一眼瞥见前凤翔节度使、中书令王彦超，忽然想起当年在复州被他以十贯钱打发走的故事，便问道：

“卿当年任复州防御使，朕不远千里前往投靠，你为何不肯接纳我呢？”

皇上问出这种话，气氛能不紧张吗？群臣都捏着一把汗，亏得王彦超沉得住气，不慌不忙下阶跪倒，顿首答道：

“当时臣不过一边州守吏，一勺之水岂能容神龙乎？如果臣纳陛下，陛下安能有今日？”

赵匡胤听罢哈哈大笑起来。第二天，王彦超便上表待罪。赵匡胤才想起昨晚酒醉失态，造成了极不好的影响，万乘之尊怎么能够如此气量狭小斤斤计较于早年的得失呢？他当即对王彦超慰抚一番，并对侍臣们解释道：

“沉湎于酒，何以为人！朕每每因宴会而至醉，到了次日未尝不悔也。”

想做圣君，就得这样瞻前顾后、谨小慎微吗？稍一懈怠就会铸成大错，怪不得左右问他为什么不乐，他会气冲冲地答道：

“你以为做天子容易吗？我怎么能快乐！”

杜太后迁入后宫以来身体就一直不好，拖到这年六月，看看已是不济了。她最相信赵普，总是按过去的称呼叫他赵书记。常常叮嘱他：“烦赵书记尽心，吾儿年轻，尚不懂事。”几个孩子中，她最疼爱光义。光义外出，她总是嘱咐与赵普偕行。光义年前八月已由睦州防御使调任泰宁节度使，她恨不能让赵普随他前去赴任，但匡胤身边又怎能离得了赵普呢？此刻，当自己已是危在旦夕的时候，她又要匡胤召赵普入宫受遗命。当着赵普，她问赵匡胤：

“汝自己知道汝何以能得到天下吗？”

赵匡胤望着母亲奄奄一息的样子，呜咽不止，答不上话来。杜太后不耐烦地说：

“我正要跟你说大事，你怎么光知道哭呢？我问你，你知不知道自己何以能得天下？”

“都是靠祖先和父母的遗泽和福分。”匡胤答道。

“不然。你之得天下是因为柴氏传位于幼儿，群心不附的缘故。汝与光义皆我所生，汝后当传位于汝弟。四海之广，治理不易，能立长君，才是社稷之福。”

赵匡胤听到母亲这番话，心中一怔。母亲爱光义心切，然自古以来哪有太后遗命天子传位于弟的先例呢？想是病得糊涂了，只凭一腔感情，完全不顾事理。哪里是什么“立长君”，分明是偏心眼。我今年才三十五岁，长子德昭已是十五岁了，难道我百年之后，他年岁还不够“长”？诚然，光义精明能干，且英俊高大，德昭许多方面恐是不及乃叔。自己对光义也最是宠信。但母亲此番话却与情理法度都不相容。

杜太后见匡胤不作声，便用两眼直瞪着他，然后又是一阵急促的喘息。看到母亲难受的样子，赵匡胤不忍拂她的意，哭着顿首说：

“儿一定遵照太后的旨意就是。”

杜太后立即叫过赵普，对他说道：

“你是个见证，就在我榻前写下誓书。”

赵普敢不从命？忙按太后口述写成誓约，并在后面署上“臣普记”，然后把密约藏入金匮，交给谨密宫人保管。第二天，杜太后死了。

杜太后去世后一周，南唐主李璟也病死在南昌，子从嘉即位，改名煜，将都城迁回金陵。

赵匡胤喜欢微服私访，虽然贵为天子，还是经常轻舆简从，溜出宫外，主要目的是了解臣民对他的看法，以测知人心的向背。左右劝他要注意安全，他总是大大咧咧地说：

“帝王创业，自有天命，不能强求，也不能强拒。从前周世宗在世时，见将士中方面大耳之人，常无理杀之。朕终日随侍他身旁，却安全无恙，可见得天命所归，便不会被人暗算。”

一天，微行至赵普家。赵普慌忙接驾入内，行礼已毕，也是劝他多加保重。匡胤答道：

“如有别人应得天命，便任他所为，我也不想去禁止他。”赵普连忙接着说：

“陛下固然是英雄，但如说普天之下，人人悦服，则我亦不敢断言。就是典掌禁兵的将帅，也未必个个可靠。万一某人乘间窃发，那时措手不及，就悔之晚矣！”

“你这话也太过虑了。禁兵将帅都是我的故旧，想必是不会生变的。”匡胤说道。

“我也不是怀疑他们不忠。但这些人大多不是统驭之才，未必能控制得住部下。倘然军伍中有人胁令作乱，只怕也是不得不从。”接着赵普又对他讲了一番唐末以来帝王八易其姓、天下扰攘的道理，根子就在兵柄尽在臣手，方镇割据，君弱臣强。赵普说，从国家长远计，对各路镇帅，必须稍夺其权，制其钱粮，收其精兵。类似的话，赵普其实说过多次了。可就是没能促成赵匡胤下决心。

除了调慕容延钊为山南东道节度使（殿前都点检从此撤销，再未设置）、韩令坤由侍卫亲军马步军都指使改授泰宁节度使外，其余禁军将帅一概如旧。

但在赵匡胤头脑中，一个计划已经在酝酿着。七月里的一个傍晚，他把最亲近的几位禁军高级将领召到便殿饮宴。石守信、王审琦、张令铎、赵彦徽等人俱都在座。酒至半酣之际，赵匡胤屏退左右，对众将言道：

“朕得居帝位，实赖卿等拥戴。古人云，‘为君难，为臣不易。’朕自觉为君之难远胜为臣。想当年做节度使时，何等逍遥自在。而受禅这一年多来，朕是未尝有一夕安枕。”

“不知陛下何以如此多忧？”众将问道。

“朕与卿等，多年故交，对你们直说也无妨，”赵匡胤微微一笑，接着说：“一是朝乾夕惕，唯恐一事处置之不当，为天下后人笑骂；一是人孰不想至贵极尊？铤而走险之徒觊觎帝位者，何处不有？更兼此等人均在暗处，共以天子为其目中之的，实有防不胜防之虑。”

石守信等人听出话中有音，一齐离座跪倒阶前叩首问道：

“陛下怎会有此一虑呢？今天下已定，军民归心，还有何人敢生非分之想？”

“卿等自然没有此心。”匡胤语气平和地说：“但是倘若麾下有人贪图富贵，暗中策划，一旦变起，将黄袍强披在汝身，到彼时，纵然汝等本不情愿，也已是骑虎难下了。”这番推己及人的话说得很坦率，石守信等人惶恐谢罪道：

“臣等愚钝，思不及此，乞陛下哀矜，指示我等生路。”王审琦、张令铎已然哭出声来。

“你等休要惶恐，快请起来，朕有几句话，正要和卿等共同商议。”赵匡胤一番劝慰，众将一齐站起，听他说话：“人生如白驹过隙，忽生忽老忽死。寿数再长，也不过是百年以内。所以贪恋富贵，无非想多积些金银，让自己恣情适意，活得舒服，也让子孙不至穷困罢了。朕为卿等打算，不如释去兵权，脱离宿禁，出守大藩，选择良田好宅购置下来，为子孙立永久之业，自己多买些歌童舞女，每日饮酒相欢，以终天年。汝等谓好是不好？”

谁能说不好呢？皇帝设想得如此周到，如果还不满意，那就适足证明自己是梦想“取而代之”的野心家。石守信等又一次拜谢道：

“陛下怜念旧臣，真可谓无微不至，君臣之间，如此亲如骨肉，亘古少见也。”

“朕正是欲与卿等结为骨肉至亲。朕与卿等各家互约婚姻，世代亲睦。君臣间永无猜忌，不知卿等以为如何？”

与帝王家结为姻亲，从来都是极大的荣宠，诸将自然一个个欣然从命。赵匡胤有个妹妹，封秦国大长公主，初嫁米福德，福德早死。赵匡胤登基不久，便让她改嫁高怀德。其时杜太后尚有些迟疑，新天子却只是担心妹妹逾笄华年难耐空闺寂寞，自作主张为旷夫怨女促成一件好事。此时他便将自己的大女儿昭庆公主许给王审琦的长子王承衍，二女儿延庆公主许给石守信的次子石保吉。又将张令铎之女配与自己的幼弟光美为妻。席中话说得投机，酒也喝得尽兴，这一晚，君臣尽欢而散。

第二天，诸将一齐上表称疾，请辞去典掌禁兵之职。于是，赵匡胤下诏，命石守信为天平节度使，王审琦为忠正节度使，张令铎为镇宁节度使，赵彦徽为武信节度使，罗彦瑰为彰德节度使，众人一概免去宿卫之职，各就藩镇。高怀德也被免去了殿前副都点检，出为归德军节度使。只有石守信一人保留了侍卫亲军都指挥使的职务，但因出就藩镇，故也是虚衔，兵权并不在握。诏书一下，诸将先后辞行就任，赵匡胤又各个优加赏赐，皆大欢喜，也成全了开国君臣善与始终的名分。

这样一个用心长远而意义重大的政治步骤就算是完成了，完成得如此顺利，连赵匡胤本人都感到一份意外的惊喜。两年以后，他又曾打算召天雄军节度使符彦卿，入京典掌禁兵。这个符彦卿，是后唐名将符存审的第四个儿子，人称“符老四”，幼精骑射，骁勇异常。契丹人常闻其名而丧胆，晋、汉两朝，已累镇外藩。后周以来，一直任天雄军节度使。柴荣的大、小符皇后，便是他的女儿，另有一女许与赵光义为妻。柴荣封他为太傅、赵匡胤又封他为太师。因为禁兵将帅都已出就外镇，匡胤便想调他入京典掌亲卫。赵普得知消息，赶忙谏阻：

“符彦卿位极人臣，怎可再赋予兵柄？”

“朕待彦卿素厚，谅他不会负我。”匡胤说。

赵普见主上对已经认识清楚的问题又犯了糊涂，为了让他清醒，便冒失地顶了一句：

“陛下又何以能负周世宗？”

一句话说得赵匡胤又羞又恼，偏又发作不得，只好默不作声地罢了此议。

禁兵中虽已无悍将，久镇一方的强藩仍不能掉以轻心。继而永兴军节度使王彦超、安远军节度使武行德、护国军节度使郭从义、定国军节度使白重赞，保大军节度使杨廷璋等，同时入朝。赵匡胤又在后苑设宴款待，席间言道：

“卿等均国家旧臣，久临剧镇，为国操劳，这殊不合我优礼老臣的本意。”

王彦超素来精明，领会了话中的意思，立即出席跪倒，向匡胤奏请辞职，理由是“素乏功劳，忝膺荣宠。今已衰朽，乞归田养老”。

“卿真可谓谦谦君子！”匡胤当即表扬他。

偏偏有个杨廷璋不省事，竟还在席间夸耀自己的战功履历。赵匡胤听得烦躁，冷笑道：

“这都是前朝的故事，不值得再谈了。”

次日便有诏书，所有与宴的节镇，一概罢黜，改授左、右金吾卫上将军及左、右千牛卫上将军等官职，实际上都是养老的闲差。

## 爱护将领，宽简刑法

禁兵的将领外放，但禁兵的战斗力却必须加强。赵匡胤采纳赵普的建议，实施了两项重要措施。一曰简选，一曰更戍。

简选就是在殿前诸班和侍卫亲军两大禁军系统中精选骁勇之士，组成上军，淘汰羸病疲弱之卒，同时选出一些强壮的军卒作为“兵样”，分送全国诸道任招募教习之事。训练出来的精锐，送往京师，以补禁兵之缺。总之各节镇的强悍军卒逐渐地不断地往中央禁军集中。

更戍则是为了铲除唐末以来藩镇各专其兵的积弊。分遣禁兵定期轮流戍守边城，一方面锻炼士卒、均其劳逸；另一方面，使镇帅和士卒间无法建立带个人感情色彩的关系，于是，上不敢专恣，下不敢骄惰。

军队人事和制度的大调整、大变革，使赵匡胤大大松了一口气。他为自己所取得的这项成就感到自豪。一百年来，中国的政治一直处在军人集团的控制和影响之下，军人政权的苛刑峻法和不同军事集团之间的征讨厮杀已经给百姓带来了无比深重的苦难。今天，他赵匡胤终于带领着历史走出了阴暗的迷宫。他想仅这一点就足以使自己跻身于最杰出的“圣君”之列而毫无愧色。当然，这一切才刚刚开始，由于国家没有统一，对军人的倚重和恩赏仍然是十分重要的基本政策。但方向已经确定，车子循着方向辚辚上路了，任何逆转都不再可能发生。

他想起了幼时为他启蒙的辛文悦老师，想起了自己的父亲赵弘殷。他们当年都反对他习武，为的是不愿看到他成长为一个残民害物的武夫。要是他们还活着，看到自己首创的这个局面会作何感想呢？一方面当然是高兴一百年历史的积弊终于有望彻底铲除；另一方面，他们恐怕也得承认，强权的取消还必须通过强权。我当年如果不投身戎伍而操毛锥为业，今日即便位至使相，也绝不可能实现这个宏大的历史目标。

改造军阀政治的体制，赵匡胤毫不手软，但对于将领本人，他却很注意优待笼络。特别对于驻在西北边陲的将帅们，更是照顾周到。他们留在京师的家属，待遇极其丰厚。本人入朝，必召对赐宴，并赏金帛。在镇一应军务，均许其便宜行事，偶有不法之事，往往也曲意优容，止以薄责。诸将对这一切感激涕零者甚多，莫不死命效忠，以报“天恩”。

西山巡检史郭进治军严谨，军士有过失常罚罪致死。赵匡胤每次遣禁兵往汾州更戍，总嘱咐他们：“你们此去要遵法守纪，过去，我可以宽赦你们，今后，郭进会杀你们的——如果你们胡作非为。”有个军校因积怨挟嫌举告郭进不法之事，赵匡胤查证，多系不实或夸大之词，于是把这人送交郭进，由他处置。正好这时北汉兵来犯边境，郭进便对此人说：“你敢举告我，相信你有些胆量。现我不治你罪，汝到战场去杀敌。如能立功，荐你为官。”这人当然踊跃赴战，斩获甚众。郭进整理他的事迹上报朝廷，请赏此人官职。赵匡胤说：“他诬告我的大将，战场上的表现只能赎罪，不能授赏。”郭进又再次上表说：“臣如失信，则今后不能用人矣！”赵匡胤于是准其所奏。后来，赵匡胤又命令有司为郭进在京师修建府邸，极其豪华，所有的材料和装饰全部采用亲王、公主才能享受的规格。”有人提出这种做法有违礼法，赵匡胤大怒，说道：“郭进不惮辛劳困险，为我控扼西山这么些年，使我无北顾之忧，吾待他能不如自己的儿女吗？你们就赶紧按这个规格建造，不许再多说。”郭进听说这事，感动得只想把一条性命献给皇上。

通远军使董遵诲，就是当年赵匡胤流浪到随州时每每被他欺凌的那位公子爷。赵匡胤登基之后，在便殿召见他，他想起当初倚仗父亲是随州刺史的地主之威，多方向匡胤寻衅甚至要和他摔跤的往事，惶恐已极，跪在地上请赦自己有眼无珠的死罪。赵匡胤令左右将他扶起，宽慰他不必为少年之事而如此惶恐。忽然有董遵诲的部属击鼓鸣冤控诉其不法之事数十件，董遵诲又被吓得跪倒在地，惶恐待罪。赵匡胤说：“我已经赦你之过，自当不念你的旧恶了。只要你此后自新，肯为国用命，朕将破格录用。”董遵诲频频叩首谢恩。赵匡胤又问他的母亲现在何处，可有消息。原来董遵诲的父亲董宗本，本是后晋大将赵延寿的部下，赵延寿被擒降辽以后，宗本带着儿子南奔，妻妾陷于幽州。晋天福年间以后，幽州便是辽地，不能南归。赵匡胤知其故事，缘有此问。遵诲答道：“母仍在幽州遭难。”赵匡胤即派人以重金收买边民，偷偷地将遵诲之母迎回，并加优赐。这时他再派董遵诲任通远军使，去环州处理复杂的吐蕃问题。望外之恩，施之再三，董遵诲能不投入全部身心为皇帝卖命吗？他在那里施展自己的政治才能，一方面实施亲和政策，向蕃族酋长们宣谕朝廷威德，又是封羊酾酒，又是重赏厚赐；一方面又坚甲利兵，对其不俯首听命者痛加征剿。两手并用，果然实现了一方的安定。后来，遵诲遣外弟刘综来朝贡马，回去的时候，赵匡胤解下自己身穿的珍珠盘龙衣，作为赐物要他带给遵诲。刘综说："遵诲人臣，怎么敢当此赐呢？"赵匡胤答道："我既委托他任方面之事，怎么还会计较这些陈规俗礼！"

还有一个关南兵马都监李汉超，被百姓讼告，说他有强占民女、借钱不还等不法之事。赵匡胤亲自讯问这位原告，问他：

"你女儿本来可以嫁个甚等样人家？"

"自然不过农家百姓。"那告状人答道。

"李汉超未到关南时，辽人可曾来侵扰？"赵匡胤忽而又换了个不相衔接的问题。

"年年都来入寇，实是苦累不堪。"那人答道。

"现在情况又如何呢？"赵匡胤又问。那人低头轻声答曰："再未见来。"

这时赵匡胤怫然变色，训斥那人道：

"汉超系国家重臣，汝女与他为妾，比嫁与农家，总多几分荣耀。且使关南没有汉超，你的子女、你的家财，能得保全吗？区区小事，你便敢来控诉大臣，下次再来，朕决不宽贷。"

这个告状的哭哭啼啼被打发回去了。同时，赵匡胤却遣一密使，向李汉超传谕："你赶快将民女送还，偿清借款。这次我宽贷你的不法，下次你不可再犯。如果入不敷出，手头困窘，尽可告朕，何必向乡民借贷呢？"汉超闻知一切，感激得热泪盈眶，连忙将人财交还，并上表谢罪。从此他修明法度，一方吏民大悦。

然而，匡胤的爱将之心屡有偏颇之处，有时甚至徇情枉法。控鹤右厢都指挥使尹勋，配隶许州为教练使时，任修浚五丈渠的工程监督。这五丈渠是汴京通淮上的一段运河，对于确保东南漕运至关重要。由于工期紧迫，日夜苦干，民工不堪忍受。某夜，陈留丁夫逃走。尹勋得知，先斩其队长十余人，又追获逃亡者七十余人，一概割掉左耳。有人跑到京师申冤，兵部尚书李涛上书奏闻，请斩尹勋以谢百姓。赵匡胤不表态，李涛又力奏道："臣执掌兵部，军校无辜杀人，不得论罪，是臣失职。"赵匡胤一方面称赞李涛说得有理，另一方面却又念及尹勋战时的忠勇，只给予他轻微的斥责。

龙捷左厢都指挥使马仁瑀，私托主持科举的知贡举薛居正，请他取士时关照自己的一位亲戚。薛居正表面上敷衍他，而实际上顶着不办。最后，这人当然榜上无名，马仁瑀借着几分酒意，带着这名考生到薛居正处，对居正多方谩骂。这种明白昭著的违法行为，被御史们上表参劾。可是赵匡胤不加惩处，反而替他开脱。赵普为此事谏劝他，他却说："仁瑀自高平一战以来，一直在我麾下，出生入死，被创流血，不可计其数。罚之，朕心不忍。"

赵普也理解皇帝对军人的那种特殊感情，因为军营经历在他的生命中留下了太深的烙印。好在许多重要的制度已经改变，个别将领纵然还有骄横的表现，但整体而言，军人已经失去了控制国家政治的条件和作用。现在，他必须继续引导皇帝把注意力集中到改良政治方面来。当前，有两大要务：一是加强吏治；一是宽简刑法。

赵普提出，加强吏治，最重要也最迫切的是在县一级采取措施。五代以来，节度使派遣自己的亲随至各县，名为镇将，与县令分庭抗礼，实际上就是代行了县令的职权，一应公务，直接与州府联系，县吏无事可干。赵普建议皇帝下诏，规定："县复置县尉一名，在主簿之下，凡盗贼、斗讼案，俱由县尉领其事。自万户至千户，各配置弓手若干名……”从此，县政统还于县吏，镇将只有守备城池之责，与民政脱离了关系。为了起到示范作用，赵普又建议下放了一批中央机构的官员去各地任知县。如大理正奚屿知馆陶，监察御史王祐知魏县，屯田员外郎于继徽知临济，右赞善大夫周渭知永济等等。这些官员衔天子之命而来，阶品本来就高，而且也都是着意挑选的干才，处事自然精明果断，而且大都不卖节度使们的账。就像这个周渭，去永济上任，著名的“符老四”（彦卿）这样凶横的老节帅郊迎于城外，何等给面子。可是周渭只在马上一拱手，到了官邸，才与彦卿相见，没有半点卑屈的神态。捕到了罪犯，查证之后，就地正法，连州、府都不报。还有些中央官员是被有意贬谪为知县的。如殿前侍御史郑起知西河，右拾遗杨徽之知天兴等。这个杨徽之，当年上表给柴荣，请免去赵匡胤典掌禁兵之职。入宋以后，曾因过失差点被赵匡胤杀掉。还是赵光义在旁进言：“这人是周室忠臣，杀之恐贻人口实。”才以贬官了事。而这类人的资望和能力当然都是令人瞩目的。

总之，新的体制，再加上这样一批特殊县令的任命，地方行政官员的地位、权力和影响力都大大提高和增强，而相对的，节度使对地方行政的控制力和影响力也大大削弱了。

至于宽简刑法，则头绪甚多，只能逐步逐件去做。五代以来，政治纲纪败坏已极，但统治百姓的法律却严酷空前。比如贩卖私制酒曲者，后汉时是一律处死，到后周时改为制曲五斤以上处死，赵匡胤以其法太严，乃改为民犯私曲罪至十五斤以上，以私酒入城三斗以上者，始处极刑。数额以下，量刑递减。又如盗窃罪，也修订为赃款超过五千足陌钱者才处死。贩运私盐入禁地十斤以上，私煮碱三斤以上才处死。为了做到死刑判决的慎重，赵匡胤下诏重申刑部的终审权。诏曰：“五代诸侯跋扈，多枉法杀人，朝廷置而不问，刑部之职几废。

自今决大辟（死刑）者，录案闻奏，委刑部详覆。”这一项制度，制止了各路节镇的滥杀之权，不知挽救了多少无辜小民的性命。刑部还根据皇帝的命令重新详细制定了刑法中的处罚条例，流刑分四等，徙、杖、笞刑分五等。使各种犯罪的处刑量刑有了明确的依据。

除了处置犯罪，其他各种宽民、便民的法令也颁布了不少。至于救灾、赈饥、减赋、免役、释放降卒、遣散兵丁等临时性的诏令每年都有若干次。为了发展农业生产，每年年初都要发布一项奖励农桑的诏令，地区性的、阶段性地扶植农民发展生产的具体措施更多。总之，赵匡胤治下的百姓获得了几十年来从未有过的宽松的环境。这为后来北宋时期文化、社会的全面进步打下了良好的基础。

赵匡胤的爱民、恤民之心，在历代帝王中要算是比较突出的。有的史家认为，这就是他保国得以久远的最首要的原因。他的这种对百姓的较为宽仁的态度，大概与他青年时代浪迹天涯尽知民生疾苦有很大关系。当然，在这方面，他身边的宰辅之臣，包括赵普、范质、王溥、魏仁浦等人，甚至还有赵光义，都是出过一些好主意的。

顺便再说一句，有些读者可能心存疑惑，私酒、私盐之类犯罪当时为什么会判刑如此之重？那是因为，这两者都是国家财政收入的主要来源，不能听任民众分享其利。

## 统一终究还是要由近及远

当皇帝的人，无不把开疆扩土视为己任。只要力所能及，扫清六合，吞并八荒，是一切为人君者心头最大的向往。而对于从木世乱世中崛起的赵匡胤而言，不要说什么“六合”“八荒”，就是光复汉唐故物也是一个因遥远而模糊的目标。赵匡胤自许甚高，他不承认自己在才智能力诸方面比汉武帝、唐太宗逊色。可是自己所统治的帝国，实际版图不过是中原的一小块地区而已。每每想到这一点，他就不能容忍，觉得这是历史对自己的一种嘲弄。他一定要改变这个局面。现在，通过即位以来三年时间的努力，民心归附，府库殷实，兵力强盛，动手解决问题的条件已经成熟，但却一时没有恰当的机会。四方都“引领以待王师”，该从何处下手呢?

正当赵匡胤处心积虑冥思苦索而不得要领的时候，机会却送上门来了。乾德元年（963 年，即建隆四年，赵匡胤又改元乾德）正月，武平节度使周保权遣使送来告急文书。

武平节度使辖区在今之湖南，实际上就是五代时马殷所建立的楚国那块地盘。现在名为朝廷封授的节度使，但军事和行政权一直没有收归中央政府。湖南这块地方，从地理、经济和人文条件而言，本不可能形成割据式的国家。但自唐末大乱以来，它却实实在在维持了一个数十年之久的独立政权。

话还得从马殷说起。唐僖宗时，盘踞蔡州的秦宗权派弟弟宗衡率领孙儒、刘建峰二将往淮南去抢地盘。马殷便是孙儒帐下的一员裨将。孙儒想自立山头，就杀了秦宗衡。后来自己又败死在杨行密手下。马殷这些残兵败将就推刘建峰为帅，逃离淮南，转进江西，慢慢地发展到数万人，以马殷为先锋，从江西往湖南进军。马殷率部占领了醴陵，并一路攻克潭州。刘建峰杀了潭州刺史，自称潭州留后，表奏朝廷，唐僖宗就授他为湖南节度使。他任命马殷为邵州（今湖南邵阳）刺史。

刘建峰是个庸人，根本不能驾驭下属，不久就因私通军卒之妻被击杀。军中不可无帅，行军司马张佶召集诸将，共同商定从邵州把马殷迎来潭州，接掌大局。马殷被唐朝拜为潭州刺史，随后，他攻占了郴、连、道、永诸州，控制了整个湖南及粤北小部分地区。朱温建立后梁，马殷遣使修贡，被授官中书令，封楚王。后唐明宗时，封马殷楚国王，允许他建置台省官属，享天子之半仗（半付仪仗）。不久，马殷就死了，活了七十九岁，王位传给次子马希声。

马殷的儿子很多，但没有一个成材的。马希声穷奢极欲，不两年就死了。四弟希范继位，也不思有为，沉醉享乐，总算混了十来年，临死时把位子交给同母弟马希广。朗州（今湖南常德）节度使马希萼论排行在希广之前，希广担心他有逆谋，不许他入潭州城奔丧。从此，兄弟之间打开了内战。最后希广不敌，希萼的军队渡过湘江进入潭州（今长沙市），擒杀希广。这时正值郭威代汉之前，汉隐帝刘承佑已死，中央朝廷一片混乱，马希萼便称臣于南唐李璟。希萼的弟弟希崇也怀有野心，派人突袭王宫，把希萼囚禁到衡山，自己在潭州继位。谁料衡山那边却又拥立希萼为衡山王。两边同时都向南唐上表，请求支持。南唐正巴不得有出兵的机会，立即派边镐率大军入湘，把马氏之族尽迁往金陵。希萼安置在洪州（今南昌），希崇安置在扬州。

南唐的军队却打不得硬仗。虽然轻易地灭了楚国，然而在湖南站不住。边镐被辰州刺史刘言打败，狼狈东归。刘言占有湖南三年，被武安节度使王进逵废杀，王进逵又统治了湖南三年，被岳州团练使潘叔嗣所杀。潘叔嗣不想进据王进逵的老窝朗州，便派人通知潭州的武清军节度使周行逢去接管朗州，希望周行逢把潭州让给自己。周行逢当然不会同意，只肯给他做行军司马。潘叔嗣发怒拒命。周行逢怕他又作乱，便伪称愿让出潭州，把潘叔嗣骗进潭州城杀掉了。杀了潘叔嗣，周自称武平、武安二镇留后，上表给周世宗。柴荣授他为武平军节度使，驻节朗州，宋初仍授旧职，并加中书令。周行逢出身农家，颇知民间疾苦，也算励精图治。因此湖南全境在他治下过了七八年太平日子。

周行逢这节度使虽说是朝廷所授，但境内一切政务概由自主，除了礼节性的贡奉，说到底仍是一个独立王国。建隆三年冬，行逢患了重病将死，召集将帅托以后事。儿子周保权才十一岁，不能不靠众将扶持。好在身边的臣属都是自己提拔，素来恭顺，当无异图。只有一个衡州刺史张文表和自己同为刘言部下团兵出身，性情凶悍，近者又因没有授他行军司马而怏怏不乐。日后定是个动乱因素。他嘱咐众将说：

“我死之后，张文表必反，宜以杨师瑞征讨。请诸公善佐吾儿，无失土宇。逼不得已时，宁愿举族归顺朝廷，也不可陷入虎口。”

托毕后事，周行逢就撒手而去。保权继位，上表朝廷，赵匡胤授以检校太尉、朗州大都督、武平军节度使。讣告发至衡阳，张文表果然大怒：

“我与周行逢同时入伍，同立功名。今行逢已死，不把节镇让与我，反要我北面臣事于十岁小童，何欺人之太甚也！”当下，他就带领军卒，由衡州出发，先占潭州，又声言要进取朗州，尽灭周氏。

战报传来，朗州震动，周保权说：“先君真有知人之明，我虽年幼，断不可使军国落入贼手。”于是，依行逢遗命，命杨师瑞率万人讨伐张文表。出师之时，保权挥涕对三军训话：

“先令公抔土未干，而凶贼谋逆，实保权不孝所致，竟敢劳动诸君，实不自安。诸君如未忘先令公之恩德，望戮力同心，灭此贼于地下！”辞气激昂，义形于色，三军一片感泣之声。杨师瑞亦感动得热泪盈眶，对左右说：

“汝等见郎君乎？尚未成人，而贤明如此！”诸军校都愤愤然，要到战场报效行逢父子。

周保权在派出征讨大军的同时，便向朝廷发出告急文书。荆南节度使高继冲这时也拜表上闻，因为荆南与湖南山水相连，担心文表来攻。赵匡胤一连接到这两份文书，真是喜不自胜。首先他令荆南，发水师数千名，往潭州讨张文表，随后他立即组成南征大军，以山南东道节度使兼侍中慕容延钊为湖南道行营都部署，以枢密副使李处耘为都监，克日率军出发。临行前，他召集慕容延钊和李处耘，面授机宜：

“荆南之地，南通长沙，东连南唐，西迫巴蜀，北近大梁，交通要冲，物阜民丰。自唐末高季兴割据以来，数十年间，历五代十二君，或臣或叛，不受朝廷管辖。各朝都曾封王授爵，高氏却并未归心。季兴之子从诲，专事掠夺四方来往货物，今日降唐、明日降蜀，四处讨封受职，人称'高无赖'。从诲死时，儿辈相争，是时我曾到复州，就近了解荆南地理民俗，以为朝廷将用兵于荆南。保融继位，保融传弟保勖，保勖传侄继冲，至于今日。

"卿等此番前去平定湖湘，正好向继冲借道，乘势将他收归朝廷，荆南之兵，水师最为精锐，我已下诏令其将水师派往潭州，为汝等去一障碍。据朕派出之探报回奏，现荆州兵可战者不过三万之数。年谷虽登，但百姓困于暴敛，其势日不暇给，取其国颇易耳。"

赵匡胤这番详尽的战略部署，使慕容延钊和李处耘心服口服。原来皇上心中早有成算，今以天兵临此四分五裂之国，自然是摧枯拉朽，功无不济。二人兴冲冲地领命而去。

南征大军来到襄州，慕容延钊遣閤门使丁德裕先赴江陵，向高继冲借道，并请补充给养。高继冲和僚佐们商量后，托词江陵民众恐惧不安，愿提供给养在百里以外的地方。李处耘第二次把丁德裕派往江陵，坚持重请假道一事。高继冲不得不召集群臣再议对策。高继冲以自己年幼处理政事尚无经验，民政方面倚靠节度判官孙光宪，军事方面委托衙内指挥使梁廷嗣。而这两个人意见一致，都赞成同意借道。孙光宪说：

"中朝自周世宗，便已有统一天下的志向。今宋主登基数年，凡所措置，规模益为宏大。此去伐张文表，犹如泰山压卵。湖、湘平定之后，难道还又借道回去吗？不如及早以疆土献与朝廷，则荆楚之地可免于战祸，明公亦可保全富贵。此之为万全之计。"

兵马副使李景威却有不同意见，他说：

"假道收湖、湘，此借虞灭虢之计也。我愿领兵三千设埋伏于荆门险隘之处，乘夜色发伏兵攻其上将，王师必自行退却。我军再回师收张文表以献朝廷，明公之功业大矣！不然的话，难免日后蒙摇尾乞食之羞。”

“李景威，尔峡江一小民，懂什么胜败之道！”孙光宪斥责道，双方争执起来。

高继冲黄口孺子，这时刻能拿得出什么主意！踌躇难决时，还是他叔父高保寅献策道：

“且准备牛酒，借犒师为名，先往他营中看看强弱和动向，再作计较。”继冲忙说：

“即请叔父明日辛苦一趟。”

高保寅采购了数十头肥牛，上百瓮美酒，往荆门犒师。梁廷嗣亦随行。来到宋营，李处耘接待十分殷勤。次日又由慕容延钊请入帐中，置酒宴请，相对甚欢。保寅和廷嗣二人高兴不已，忙差人回去报告高继冲，让他放心。哪知道在慕容延钊接见并宴请他们时，李处耘已带领劲卒，连夜出发，赶往江陵。那高继冲还正在等保寅带回喜讯，忽闻大军已经迫至江陵，不由大惊，束手无策。想来想去，只好出城迎接。北行了十余里，便遇着了李处耘。处耘把继冲迎入寨中，只说慕容延钊随后就到，请他在此稍待一时，自己却率着亲军进入了江陵城中。等到继冲回来，只见宋军已分据了各处要冲，生米煮成熟饭，无可挽回了。继冲不得已献出版图籍册，将全境三州十六县，十四万二千三百户，一概上交宋廷。赵匡胤自然无比欣慰，下诏遣王仁赡为荆南都巡检使，又下令赏赐高继冲衣服玉带，器物金银及精美鞍勒等。并授官马步都指挥使，仍领荆南节度使如故。孙光宪劝主归朝有功，命为黄州刺史。高继冲不久又改任武宁节度使，总算保全富贵终其一生。

慕容延钊和李处耘的下一步动作当然是进攻湖南——这才是大军南下的主要战略目标，袭占荆南不过是顺手牵羊而已。但此时湖南的形势却已经起了根本的变化。

张文表很狡猾。他由衡州进驻潭州后，得知朝廷大军来伐的消息，便停止了向朗州的进军。他想即使自己胜得了杨师瑞指挥的部队，也难以抵挡慕容延钊统率的禁军劲旅，最后兵败犹可，还要落一个乱臣贼子的名分。于是，他一方面和杨师瑞相持于湘江两岸，一方面派人去向朝廷方面输诚。当时，赵匡胤派往潭、朗二州宣谕圣意的是中使赵璲，也是个贪财好货的宦官。张文表着人献上金银，并申诉自己的情由。说是周行逢死后，自己去朗州奔丧，途经潭州，被潭州留后廖简所辱，因而发生争斗，误杀了廖简，实无反心云云。赵璲虽明知这是抵赖之词，但心想自己奉一纸诏书南来，就能让张文表归顺，实在是好事一件，何况“受人钱财，与人消灾”，于是便遣使到潭州，好言抚慰张文表，要他原地待命。

谁知杨师瑞不待宋师南下便发起一场决战，生擒了张文表，进据潭州。就在第二天，赵璲也到了潭州，先宴请湖南将领。指挥使高超对众将说：“看赵中使的意思，定会活文表之命。若文表随他回京师，必设计图我朗州，后患可虞。”于是众人商定，斩了张文表，并把他的肉煮熟分给将士们吃掉。宴会结束时，赵璲要召见张文表，高超答道：“文表谋乱，已经斩首。”赵璲听了，也只好叹息着摇摇头，他当然并不知道，张文表已经被朗州将士们吃进肚子里去了。

张文表既已被吃掉，周保权当然就不想看到王师南下了。可是探马报来的消息却是荆南高氏已被收服，朝廷大军正日夜往湖南进发。周保权不能不怕，召集僚属商议。观察判官李观象是个和孙光宪一样的角色，他说：

“文表被诛而王师不还，其用意尽人皆知，是欲尽取我湖、湘之地。今荆南高氏已束手听命，所谓唇亡而齿寒，朗州势不可以保全。不若归命于朝廷，幸可保全富贵。”

周保权觉得他说得在理，准备照计行事。可是指挥使张崇富不同意，他进言道：

“日下我军新胜，士气高昂，不妨与宋军决一高低。且此地城郭坚厚，就算不能战而胜之，尚可以据城固守。宋师远来，粮草不济时，自然退走，实在不须深虑。”

周保权又觉得他说得有理。将领中尽是周氏旧部，自然附和张崇富者居多，俱言道：“不可让这些‘伧子兵’，小觑我湘中无人。”于是决计抗命，整兵缮甲，修城秣马，以待宋军。

慕容延钊先遣丁德裕前往宣抚，劝朗州献土投诚。丁德裕率从骑数百来到朗州城下，呼令开门。张崇富在城上问道：

“城下的来将是谁？到此做甚？”

“我是阁门使丁德裕，来此传达朝廷圣旨，宣谕天子的德意。”

“什么德意不德意！”张崇富冷笑一声说：“无非是想来窃据我朗州。汝回去告知宋天子，朗州封土，本是世袭，先人开辟草莱，谈何容易？岂能随便拱手让人。现张文表已经荡平，不劳汝军入境，彼此各守其界，免伤和气。”

“尔等竟敢反抗王师吗？”丁德裕怒问道。

“朗州可不比江陵，汝休以为我湘中地旷人稀，便敢小觑。如欲强行来占，我数万精忠敢死之士必与尔等周旋到底！”张崇富说完此话，随着就是一箭，把丁德裕吓得连退了好几步。德裕回营，报知慕容延钊，延钊又具表奏闻朝廷。赵匡胤见报，便又派出一名中使前往宣谕云：

“汝本请师救援，朕为怜念你周氏历年对朝廷的恭顺，才破格派兵，救尔脱于苦厄。今妖孽已平，汝等反而以怨报德，抗拒王师，究竟是何意思？”

张崇富根本懒得理睬，只是命令部下尽拆境内桥梁，沉船阻河，伐树塞路，一意与宋师为敌。崇富带着部队出澧州（湖南澧县）之南，与李处耘的军队遭遇。处耘看到对岸敌军，旗帜鲜明，队伍齐整，知道单靠正面进攻不易取胜，便做出佯攻的姿态，准备过河。同时分出劲旅，绕道到上游，南渡澧水。张崇富只防着正面，正准备待李处耘过河立足未稳时邀击其军，却不料忽然从斜刺里杀出一支人马，说话间并冲入阵内。崇富连忙指挥将士迎战这支敌兵，战未数合，那对岸的宋军又已经渡江杀来，湖南兵顿时乱作一团，不知如何对敌。张崇富想稳住阵脚，但乱军已是不听指挥，崇富自己也慌了手脚，带着部分亲随，逃回朗州去了。

宋军这一仗大获全胜，俘虏了不少湖南兵。各路将士纷纷来到李处耘处报功。处耘检阅俘虏，选出肥壮者数十人，杀了，将肉分赐各营，烧熟之后作庆功席上的菜肴。另外又选出少壮军人数名，在他们脸上刺了字，然后放归朗州。这些被纹面的人逃回朗州，不免把宋军吃人肉的事大肆宣扬，其中若干细节更经辗转相传者着力渲染。于是全城恐慌，纷纷逃散。最可怪的是这些朗州军士，原本刚吃过张文表的肉，此刻听到别人也吃人肉，竟一个个吓得斗志全无。

等到李处耘的大军开到城南时，城中已经是一片混乱，无法组织有效的抵抗了。张崇富本人逃往西山，周保权无所适从，又召李观象问计。李观象答道：

“臣前者已云，吾国之所恃，就是江陵在北境为齿唇。江陵既平，则大势已去。欲与宋军相拒，则有如鱼儿掉进了沸锅里，还掉头甩尾的折腾，能免一死吗？今日除请降，别无它法。”

周保权命李观象去接洽投降的事，可这时大将汪端又借口破城在即，把保权及周氏亲属带出城外，藏匿在沅水南岸的一座僧寺里。这天夜里，李处耘的前军进入朗州。等到慕容延钊大军一到，处耘又带兵出城搜索逃亡者。来到西山脚下，正好撞着张崇富从藏匿处走出，意图逃往他处。也是冤家路窄，这回张崇富还未来得及说出豪言壮语，便做了李处耘刀下之鬼。后来，汪端及保权一家的踪迹也被发觉。李处耘麾下部将田守奇追到沅江南岸的僧舍，俘虏了周保权一家，汪端则先行逃窜。

朗州既破，湖南境内各州县一檄而定。周保权被押到汴梁，上表待罪。赵匡胤命释其缚，入朝面对。周保权本不过十一二岁，稚气未脱，且又机灵，此时他装出一副被“天子之威”吓破了胆的可怜相，浑身不住地发抖，跪在阶前，结结巴巴，连口齿都不清楚了。赵匡胤不禁起了怜惜之心，便优诏予以特赦，授右千牛卫上将军。修葺京城周氏旧宅，令与家属同住。后来。周保权长大了，还当上了右羽林统军，并曾任并州刺史，和高继冲一样得保善终。这不能不说是赵匡胤的宽厚之处。

平定湖南，得州十四、县六十六、户九万七千。赵匡胤心里匡算了一下，自他跟随柴荣出征淮南、河北以来，朝廷的版图比后汉刘承佑时已扩大了一倍。这个成绩，虽然不能令他满足，但是也够臣下们敬仰崇敬的了。通过这些年的征伐，他逐渐形成了一种自信：只要持之不懈地付出努力，一个像汉、唐一样庞大而久远的帝国会在自己手中创建起来。

## 从臧否古人中找到自己的坐标

荆南、湖南重入版籍了，下一个目标该是哪里呢？谁也不知道。只有精明仔细的大臣会从赵匡胤的一项人事任命中得出端倪。华州团练使张晖突然被调任为凤州团练使兼西面行营巡检壕寨使。张晖在华州多年了，治有善绩，颇受称颂。建隆二年的时候，赵匡胤召见过他。当时刚刚平服了李筠的叛乱，因为北汉在这场叛乱中起了很坏的作用，赵匡胤就准备进攻河东之地，除掉刘钧这块心病。问计于张晖，伐河东可行还是不可行？张晖答道：

“泽、潞二州疮痍遍地，再兴军旅之事，百姓是承受不起了，等这些地方生机恢复仓廪充实后，始可图河东之事。”

“朕欲统一四海，卿以为宜以何处为先呢？”

“巴蜀孟昶，昏淫骄奢，人神共弃。其民之望王师久矣。且擅称帝号，不奉正朔，伐之有名。秦、凤诸州，去帝畿不远，彼固无意于我，陛下岂可不留意此地理之便？”

赵匡胤对张晖这番话印象很深。慰勉一番之后，打发他回华州去了。

这次收服荆南，江陵城中有蜀国使臣及随从军卒等数百人，赵匡胤将他们全都放回成都。他以为这样做可以感动孟昶，让他知天命之攸归。孟昶本来是想发使朝贡表示谢意和敬意，但被枢密使王昭远所阻止，最后决定不仅不朝贡，还遣大兵屯于峡路，增置水军，以备宋师来犯。赵匡胤得知后，极为恼火，伐蜀的念头产生了。

他想起曾向他进言的张晖，于是下令把他从华州调到凤州。张晖对这一调动的用意心领神会，到凤州以后，详细了解汉中的山川城寨的险易之状，写了不止一份密疏，细陈进取之计。赵匡胤看过这些密奏，非常高兴。考虑到当时禁兵班师不久，将士过劳，需要休整，才没有立即对进攻后蜀的事做出正式的策划和部署。

天朝大国在一切方面都要有相应的规模和格局。汴梁城虽自后晋以来就是帝京，但屡遭兵燹，宫室颓败，街肆陈旧。赵匡胤决定要在京师的基本建设方面花些工夫，虽然不能大兴土木，追求奢靡，但总要显出些新朝大朝的气象来。

首先在交通方面，他征发民工修浚五丈渠，以保证京城的粮食和物资供应能源源不断地从东南运来。修渠是很苦很累的徭役，赵匡胤知道这一点，他对侍臣们说："烦民奉己的事，朕必不为。不过修浚沟池是为了确保京师的供给，这是不得已而必须要做的事。"

其次是增修宫阙，宏大而不奢华是赵匡胤的施工指导思想。竣工以后，他自己坐在寝殿中，命内侍从里向外，打开所有的门。只见到处端正通豁，他高兴地对侍臣们说："很好，这就像我的心一样，完全敞开，小有邪曲之处，所有的人都能发现。"

他又新修了一座武成王庙，庙的两廊上画着历代名将之像。功成之日，赵匡胤进得画廊，首先看见了秦将白起，很不高兴地对左右说道：

“这个白起坑杀降卒，根本不是个有武德的军人！怎么让他受享于此，快快撤去。”

他评完了白起，又一路评论下去。许多画了像的不如他的意，而他提起的一些名字却又廊中无像。这时左拾遗知制诰高锡正好上疏论晋朝的王僧辩不克善终，不宜在配享之列。于是赵匡胤索性诏令吏部尚书张昭、工部尚书窦仪跟高锡一起，对所有画像重新裁定，取功业始终无暇者为之立像。最后的结果是：加上了西汉灌婴，东汉耿纯、王霸、祭遵、班超，晋王浑、周访，南朝宋时期沈庆之，后魏李崇、傅永，北齐段韶，后周李弼，唐秦叔宝、张公瑾、唐休璟、浑瑊、裴度、李光彦、李愬、郑畋，梁葛从周，后唐周德威、符存审二十三人；去掉了魏吴起，齐孙膑，赵廉颇；汉韩信、彭越、周亚夫，东汉段纪明，魏邓艾，蜀关羽、张飞、晋杜元凯，东晋陶侃，北齐慕容绍宗，梁王僧辩，陈吴明彻，隋杨素、贺若弼、史万岁，唐李光弼、王孝杰、张齐丘、郭元振等二十二人。赵匡胤在奏章上只批了要在堂内加上齐相管仲的像，魏西河太守吴起的像应保留于廊下。其余一概同意按张昭他们的决议照办。其实张昭等人的议决也是根据赵匡胤看画时的评论揣摩出来的。其中有些人的进退究竟有什么道理，他们自己也说不清楚。因为赵匡胤当时的评论很多原本是没有道理的胡诌。后来，秘书郎直史馆梁周翰上书说：“凡名将悉皆人雄，苟欲指瑕，谁当无累？一旦除去神位，吹毛求异代之非，投袂忿古人之恶，似非允当，臣心惑焉。”赵匡胤没有理睬他这份奏表。你感到迷惑是你的事，老子的好恶就是如此。我是皇帝，历史将来要评价我，我今天也要评价历史。不合我口味的，我就不让他配享于庙内。

他自己最心仪的是汉高祖、世祖，唐太宗，便命有司专门为他们建庙，与尧、舜、禹、汤、文、武并列。汉高祖因其故庙改建。汉世祖（光武帝）庙建于南阳，配享大臣是邓禹、贾复、吴汉、耿弇。唐太宗庙建于醴泉，配享大臣是长孙无忌、房玄龄、杜如晦、魏征、李靖。从他自己亲拟的这个配享名单，可以看出他内心重相而轻将的感情倾向。他也很欣赏汉昭烈帝刘备，但对关羽和张飞却极不满意，认为这两个人偏狭、浮躁，作为刘备最亲密的助手，不仅没有起到应有的正面作用，相反坏了不少大事。他反对让关、张二人在武成王庙内立像，可能由于同样的原因，他没有给昭烈帝立庙，因为如果要为刘备立庙，不让关、张二人配享是难以想象的。

如何平衡将和相在国家政治生活中的地位和作用，是为人君者的一大难题。无将不能开国，无相不能治国，这道理很简单。但是将相之间的矛盾往往都在于不能正确地估计自己和对方的作用。赵匡胤认为，历代的“明君”多是和“贤相”连在一起的，因为“贤相”是实现国家繁荣昌盛的一个决定性因素，但眼前，华夏大地还处在四分五裂的状态，将的作用却也丝毫不能忽视，他还必须刻意尊崇他们的地位、保障他们的利益。不过，这大都是些粗人，很难接受道理，却不断地要制造些麻烦。处理这些麻烦，成了赵匡胤一件深感头痛的事。

殿直军校史珪和石汉卿，年轻干练，很得宠信，于是难免忘乎所以，趾高气扬。一日和殿前都虞候张琼为小事争执，被张琼当众责骂了一顿。史、石俩人怀恨在心，到赵匡胤处告密，说是张琼私蓄部曲（家将）百余人，作威作福，且平日有诋毁皇弟晋王赵光义言词等等。赵匡胤便召张琼入殿，当面讯问。这个张琼，当年征淮南时，在寿春城下，曾经以自己的身体作盾牌，保护赵匡胤越过壕沟。城上强弩骤发，矢下如注。张琼身中数箭，有一箭射透髀骨，死而复生。后来在六合江口大战中，引伏兵突出，斩获无数，险些生擒南唐元帅李景达。真可谓战功卓著，是员不折不扣的勇将。因为功大，不免有些跋扈，当着赵匡胤的面，也不知收敛，相反还一味顶撞：

“陛下听信谗言，道臣行为不检。不知证据何在？臣向日在寿春舍命救陛下之时，此等进谗言之小人不知在何处？陛下如不能明察是非，则有功之臣当尽为之寒心……”他还想再说下去，赵匡胤却如何还能忍受，怒火中烧，便喝令左右掌嘴。那石汉卿正巴不得有此一命，连忙走过去用铁挝猛击张琼头部。张琼顿时血流如注，昏死过去。石汉卿等又将他拖出殿外，禁锢在天牢之中。张琼慢慢苏醒过来，只觉得伤部疼痛难忍，自料已是难得救活，便在狱中哭喊道：

“我在寿春时，身中数矢，已是九死一生。当日死去，也可免去今日之辱。今日之死，不明不白，恨煞人也。”随后，他解下自己所系的腰带，托狱吏交给母亲。言毕，一咬牙，将头向墙壁撞去。脑浆迸出，霎时毙命。

有司将张琼自杀之事上报赵匡胤，同时又查明张琼家无余财，止蓄奴三人而已。赵匡胤不能不有几分自悔自责之意，叫来石汉卿，问道：

“你说张琼家蓄部曲百余人，在哪里？你说！”

“我的意思是说他的家奴有一以当百之勇。”这个石汉卿是个伶牙俐齿小丑似的人物，平日便是以乖觉灵巧善解帝意而得宠。

“混蛋！”赵匡胤怒斥道：“下次再敢谎奏，朕必取尔之命。”对这样一个角色，他想不出该再用什么话去责备。错误已经造成，便杀了石汉卿等也无法挽回，何况自己今后还用得着他们。他只能给张琼家属以优厚的抚恤了事。

还有一件事却更令赵匡胤感到为难，那就是慕容延钊和李处耘之间的矛盾。

事情的起因真是一些小而又小的琐事。俩人同帅大军出师荆、湘，慕容延钊是行营都部署，当然居于中军。李处耘是都监，延钊的副手。但他立功心切，总是在前军督战，等于又成立了一个前敌指挥部。开始，他帅军先入襄州。襄州街面产一种味道很好的烧饼，两面焦黄，又甜又香。军卒到此，当然不免都要买来吃。卖饼人家看到生意奇佳，自然想出涨价这个主意。一二日间，饼价上涨了一倍还多。李处耘认为如此敲诈军人殊为可恶，便把那涨得最凶的饼家，抓了两名，差人押送到慕容延钊的行营总部。延钊是个当大官多年的人，几时处理过这些小事？他认为处耘是在羞辱他，至少也是找麻烦。于是他又命人把这俩人送回李处耘处。处耘心想这种事他找个书吏拟份告示处理一下不就完了，又何必要又送回来，这不是向我摆谱吗？好像我就该过问这类事。他心中不服，又把犯人送了过去……两下里来往反复了三四次。李处耘最后才下命令将二人在市场斩首示众。俩人由此产生了摩擦。

进入江陵后，延钊部下的一名小校名司义者，借宿在荆州客将王氏家中，酗酒行凶。王氏上告于李处耘处。处耘便把司义叫来，训斥了一顿。司义是个小人，走到慕容延钊处大肆挑拨，说是李处耘如何居功自大，口出狂言辱骂延钊是“徒有虚名的老家伙”，“根本不上前线，却坐领其功”，“如不是我李处耘智勇兼备，江陵如何破得”等言辞，慕容延钊听了恼怒不已，伺机待发。行军至白湖，李处耘望见一军人进入民舍，随后，又听见民舍中人大呼“救命”，遣人入内搜捕，违反军纪者即慕容延钊的马夫。处耘用皮鞭狠狠地抽了那人一顿。后来延钊知道了，当时怒冲冲地斩掉了马夫，心里却十分不自在。他把这笔账记在李处耘身上，准备随时奉还。自此，两个人互相攻讦，你上我一表，我参你一本，小事化大，无中生有，越闹越凶。赵匡胤把这件事置诸朝议。宰相们统一了意见：慕容延钊是宿将，免其罪，李处耘则谪贬为淄州刺史。

李处耘从这个处理决定里感觉到了朝中人心的向背，而且朝臣们的倾向也许正是揣知皇帝本人的心思而表现得逢迎，形势显然对自己不利。他不敢再作申辩，灰溜溜地到淄州上任去了。赵匡胤从心底舍不得让李处耘离开京师，但此时此刻，权衡各方面的关系和利弊，却又不能不叫他走。李处耘跟随自己多年，当年柴荣把他作一名干员委派到军中任都押衙之职。陈桥兵变时，他从中出谋划策、联络调停，出力甚多。最难得的是，身为军人，却除了在战场上兼备智勇外，更精于治抚之道。讨平李重进后，处耘知扬州事，民众悦服，颇有政声。第二年调他入京时，百姓遮道涕泣，累日犹不肯散去。这次征讨荆、湘，确实有赖他临机决断、处置得宜，江陵智赚高保融，澧水力克张崇富，可谓功劳卓著。可是他处事为人却有些明显的毛病：刚愎自用，不顾群议；有时恃才傲物而忘乎所以。比如，和慕容延钊闹矛盾就是极不明智的表现。延钊是朕的义兄，历事戎行，久经考验，周太祖时就已经官居铁骑都虞候。今日满朝军事将领，论资历已无人能居其右。而且他与别人共事一般都能心存厚道，因而在朝臣中有极好的口碑。何以你李处耘就偏偏无法和他相处？特别是延钊自幼而壮与朕有数十年交谊，他对朕的情感始终如一，朕对他又怎能不稍有偏袒呢？为政之道，在“亲亲而尊贤”，你李处耘难道没有听说过吗？赵匡胤想，李处耘不会不知道“亲亲”的道理，可能他是觉得君臣之间亲疏难免变化无常，全视功过利害而定，可是他忘了朕与延钊的关系是介乎君臣兄弟之间。李处耘，这便是你的不智之处啊！

就在这年冬十二月，慕容延钊病故。病重时，赵匡胤亲自带着御医处方的药物去探视。在慕容延钊的丧仪上，他更是伤心地大哭起来。为臣下去世而痛哭，他一生中也就仅此一次。

他想起了很多很多往事。住在夹马营的时候，比他年长几岁的慕容延钊可以说是他童稚的心灵崇拜的偶像。在郸下从军以后，虽有柴荣的照拂，但那毕竟是一种上下关系，而慕容延钊的关怀和支持对他迅速在人地生疏的环境里顺利发展至为重要。他一直兄事延钊，即帝位后也未改掉称延钊为兄的习惯。在后周，延钊的升迁不及他快。到显德末年，地位已经在他之下。可是延钊从未表现出半点妒忌或轻藐的意思，相反极力维护匡胤的威望，如果不是出于真正的情谊，这点是很难做到的。陈桥兵变之后，慕容延钊的态度也是最关键的。他当时是殿前副都点检，而且帅有重兵。他如果要举起“勤王”的旗帜回师汴梁，那将造成一个什么样的局面呢？而且他当时已经位极人臣，不像一般将校那样需要从政变中去实现升迁的梦想。他，只有他对自己的支持是出于纯粹的感情而不带利益的色彩……

赵匡胤想起这些，哭得更加悲伤，简直是号啕失声，无法控制。参与丧事的礼官说：“君王为大臣发哀，哭声不宜过分，陛下宜节哀顺变，莫违常态。”赵匡胤觉得他说得对，答道：

“朕自己也不知道哪来这么多眼泪！”

他追封慕容延钊为河南郡王，厚恤了他的家属。因为传闻慕容延钊的病和征荆湘时受了李处耘的气有关，于是延钊的死打消了赵匡胤在短期内将处耘调回京师的想法。而李处耘在淄州心情也郁郁不能平。又气又忧又惧。他认为自己单方面受到贬谪不公平，是莫大的羞辱。同时他又担心皇帝陛下忘记了自己这个曾替他死命奔走的人，更害怕同情慕容延钊的人乘机再向皇帝进谗言，给自己带来更大的厄运。忧心忡忡的日子终于使他也患上了慢性病。不到两年，他也死在淄州任所上了。对于他的死，赵匡胤更多的是惋惜而不是悲伤。以后好些年，赵匡胤还常常想起他，并对左右说："要是忠诚而又干练的李处耘还在就好了。"

还有一个马仁瑀，自恃历年征战有功，嚣张跋扈，大胆妄为，营私而不知耻，无理辱骂知贡举薛居正。赵匡胤因念及他追随左右的旧功，曲为容忍，未予处分。这回他又和皇后的弟弟王继勋闹得不可开交。王、马二人都是龙捷左厢都指挥使。互相看不起，无法共事。马仁瑀指责王继勋自恃贵戚，挟势骄倨，凌蔑将帅。相争起来，马仁瑀袖口一捋，就准备殴打王继勋。王多少有点怯，避让开了，但怨嫌却越结越深。一日，赵匡胤诏令禁兵郊外讲武（演习）。双方都准备借机会下手，秘密下令各自所部购买打斗的器械。如果演习按时举行，那将会变成一场后果难卜的混战。事情总算被赵匡胤提前知道了，他立即下令取消演习。而且，这次他不打算再把马仁瑀留在身边。两天后，一纸诏书，马仁瑀为密州防御使。

在这场纠纷中，王继勋也并非毫无责任，但对国舅总归还是要格外施恩。这也符合"亲亲"的原则，更何况王皇后这时已经患病，赵匡胤也不忍再给她带来任何精神刺激。不过，对国舅的优容也终于没有能挽留住皇后年轻的生命。三个月后，皇后去世，不到四十岁的赵匡胤，已两次遭丧妻之痛，而且这两个妻子都是十分温慧贤良，他不能不感到沮丧。

心情不好，他就更觉得这些蛮横凶悍的武夫不顺眼。在承平的时代，这些人不仅没有什么积极的作用，相反只会带来无穷无尽的麻烦。赵普的观点很对，一定要把武人的权限降到最低的程度，他决定要进一步重用赵普，并且再起用一批精明、干练的文臣，最好是懂武事的文臣。而且，今后的军事，尽量不再委之于那些桀骜不驯的宿将，要起用修养较好的青年军人。

# 卷——肆

*Volume 4*

# 通向统一的第二步

## 赵普正式登台掌权

也许是赵匡胤进一步重用赵普的意图被人察觉，也许是赵普的被提拔水到渠成众望所归，为了给赵普腾出位置，范质、王溥、魏仁浦三名宰相一致上表求退。赵匡胤一次性地同意他们辞去相位的请求，这就是著名的“一日罢三相”。他为什么会这样做，有种种不同的猜测。应该说，很少有可能是出于对三相的不满，最大的原因是他要为赵普准备一个毫无干扰的受人尊崇的工作环境。

赵匡胤下诏，尊范质为太子太傅，王溥为太子太保，魏仁浦为左仆射，一律免去政事，即不再在中书、门下二省任同平章事。第三天，下诏以枢密使赵普为门下侍郎、同平章事、集贤殿大学士。

一人为相，起草的敕书连副署的人也没有，颇为不便。赵普向皇帝奏知其事，赵匡胤竟回答说：

“你尽管进敕，朕为你署字，行吗？”赵普听了哭笑不得，说：

“这是臣下司职之事，帝王怎么好做呢？”后来还是翰林学士窦仪想出个权宜之计。他说：“现在开封府尹、皇弟赵光义也是同平章事衔，可以副署。”但这办法权宜一时则可，久了终是不便。赵匡胤召来翰林学士承旨陶谷，问他：

“比宰相低一等的，前朝设什么官？”

“唐朝设参知机务、参知政事。”陶谷答道。

过了几天，便有诏，以兵部侍郎薛居正、吕余庆并本官参知政事。参知政事不许用印，不能升政事堂，只在宣徽使厅办公，殿庭之上设专位于宰相座后，敕尾署衔比宰相矮几个字。而且月俸及其他待遇也只有宰相的一半。赵匡胤的意思很明显，他不想让其他人和赵普处在同一阶梯上。

罢相不久，范质就病倒了。赵匡胤想起他这几年在相位上所付出的操劳，觉得有必要亲临慰问。到了范家，发现这位宰相清贫得出人意料，连待客的器皿都不周全。于是命翰林司赐以果床、酒器等。第二次再去看范质时，范质谢皇上馈赐之恩。赵匡胤说：

“你当了这么多年宰相，怎么还如此清苦？”

“臣一向在中书省处理公事，家里不接待谒见的客人。有时聚饮，都是贫贱时的亲戚，哪里用得着什么珍贵的餐具、酒器？一直这么下来都没有置办，也并不是穷得买不起。”

范质这人性子急，好面斥人过，因为本人能清廉自持，所以才得到朝臣的敬重。他曾对人说：“人能用鼻子吸进三斗醋，才可以当得宰相。”意思是说当好宰相要有忍性，自己的忍耐功夫还很不够。五代时的宰相，多不免从各路方镇处接受馈赠，直到范质才革除了这一陋习。他自己的俸禄，多照顾战死将帅的遗孤。后来赵光义评价他说：“宰辅中讲循规矩、慎名节、持廉洁，没人能超过范质，但欠世宗一死，为可惜尔。”这话前半部分很中肯，但后面的一句就欠公允。在五代那样一个军阀横行、礼义沦丧的特殊历史时期，怎么能够要求每个儒臣为他那来历不明的君主死节呢?

这年（964 年）九月，范质死了。赵匡胤甚为悼惜，本已封鲁国公，又追赠中书令。多年后还对人说：“范质不治私产，是真宰相。”

然而范质却不是一个凡军国大事都可以和他咨商的宰相。他老成严谨而失之于保守僵化，宽仁简让而失之于优柔荏弱，缺乏进取心和创造性，守成庶可重用，创业则不堪与谋。对于赵匡胤目前的需要来说，他是断然不能和赵普相比的。赵普敏锐的政治眼光、深厚的军事修养，思想缜密而又通权达变，深得赵匡胤的赞赏。从滁州清流山下相识的那时算起，十年过去了。这不短的一段共事，使赵匡胤深信是上天赐给了他一个如此忠实而得力的助手。君臣之间的相互信赖和默契的程度，也许可以说是前无古人。

乾德二年冬天的一个大雪纷飞的夜晚，汴梁的街肆因为寒冷而一片沉寂，车马萧条，行人绝迹。赵匡胤这时竟然吩咐内侍备轻车，自己要亲临宰相府和赵普商议国政。

赵匡胤的微服私访是老习惯，虽经赵普等人劝阻，他依然行之如素，因为他认为亲自掌握第一手资料是做“明君”的基本功。赵普家里，他去的次数自然最多，许多事，白天朝议未决或不便于在朝堂公议，他便要在晚上再找赵普商谈。陛下的经常不期而至，使赵普养成了退朝以后不敢换去衣冠的习惯，以免措手不及而有失礼仪。这天晚饭之后，赵普看天气如此恶劣，想早些休息，但心中仍未安妥，便问门客：

“圣上今晚想是不会来的了？”

“这样的大雪，普通人家也无人外出，况乎贵为天子？宰相可尽早安歇了。”门客知道赵普之问是需要别人从侧面来肯定自己的判断。

赵普听了这话，便脱去冠服，回到内室，正打算要就寝之际，忽听外堂传来叩门之声，不一会，门官便跑步进来禀告：

“圣上到了。”

再要整理衣冠已是来不及了，赵普慌慌张张跑出来，只见赵匡胤已站在花厅前院的雪地里。赵普要行大礼，被皇上拦住，君臣一齐进入内厅。赵普又连忙行礼解释道：

“臣接驾过迟，且衣冠不整，陛下恕罪。”

“今夜大雪，卿焉能想到朕要来，何罪之有？”赵匡胤笑着说。赵普要重整冠服，赵匡胤阻止他：

“不必了，仅你我二人何须如此认真？”

确实，赵匡胤本人并不喜欢繁琐的礼仪。往年在军旅生涯中也没有这许多讲究。只是做了皇帝以后，规矩越来越多，自己也被迫去适应。就说冠带朝服吧，下朝以后，自然要除去，可是有一次在御苑召见翰林学士窦仪，自己当时只戴着头巾、趿着软鞋，窦仪在苑门看见之后就是不肯进来。赵匡胤叫内侍唤他，他说：

“陛下衣冠未整，臣擅入，是为非礼。”

赵匡胤只好冠戴整齐后再见他，窦仪说：

“陛下创业垂统，宜以礼示天下。”

听了这样的批评，还得十分庄重地表示谢意，赵匡胤心里很别扭。但他从此在朝堂或后庭见大臣时一定穿戴得规规矩矩。因此，他对臣下这方面要求也就严格起来。去年，也是翰林学士的王著，在禁中宿直（即夜晚在宫中值班）。宿直之制是赵匡胤规定的。他要求翰林和文班常参官每五日一轮在内殿起居，得以及时上奏时政得失、朝廷急务、刑狱滥冤、百姓疾苦，并不得以闲慢事应付，不必以触讳为惧。那晚王著喝醉了，不待在值班官舍，却跑到滋德殿求见皇上。传唤进来时，只见他披头散发，衣冠不整。赵匡胤大怒，立刻将他罢黜出朝，连御史刘温叟也因此连坐失于弹劾之罪，罚俸两月。从这件事以后，朝臣们对于面君时的衣着礼仪都特别注意。

赵匡胤要赵普坐在自己对面，说：

“我已约了晋王同来，他怎么还未到呢？”说话间响起了车马声，紧接着是叩门声——赵光义也赶到了。赵普把光义也迎入厅中，光义说：

“今夜如此寒冷，丞相可知道羊羔美酒是御寒的佳品？府中备的有吗？”

“有，有，有。”赵普一迭连声答道。随即命家人往厨下准备。

赵匡胤很高兴，便要赵普派人在堂前铺上厚厚的地毯，放上烤肉的炭炉，君臣围坐在炉边，领略一番烧烤羊羔佐酒的趣味。这时赵普唤出自己的夫人来亲自料理添酒烤肉的事。夫人林氏向皇帝和晋王行礼。赵匡胤是早在滁州时便熟识的了，便笑着说：

“嫂嫂，今日多劳你了。”皇帝唤臣妻为嫂，在史书中极其少见的。虽然过去一直是如此称呼，但此一时，彼一时，昔日的宾主已变作今日的君臣，且赵匡胤身登大位已有多年了。这一声“嫂嫂”不能不令赵普夫妇感动。这是一种多么难得的荣宠啊！

一面吃着、喝着，赵普从容问道：

“风雪交加，夜深寒重，陛下何故要外出？”

“朕睡不着，一榻之外，尽是他人家业，叫朕如何能睡着？故来见卿。”

赵普当然听懂了皇帝话中的含义，接口道：

“陛下觉得天下太小了吗？这正是创业之君的雄心，臣当为陛下贺。南征北战，现在确实已经条件成熟，不知陛下想从何处入手？”

“朕欲取太原，尽复河东之地。”匡胤答道。

“这就不是臣能够理解的了。”赵普说。然后添酒，转动着烤炉上的肉，不再作声。

“你为什么不同意朕的意向呢？”匡胤追问。

赵普把烤好的肉送到匡胤和光义兄弟面前，然后不慌不忙地答道：

“太原之地当西、北二方边境，地甓民穷，攻之殊易。惟一举而下之后，则西、北之边患我独当之，孰利孰害，不言而喻。臣意以为，不如先攻他国，姑留太原为我阻隔契丹。他国既平，则太原不过弹丸黑子，何患其不下？”

赵匡胤听他说得有理，便微微一笑道：

“朕也正是此意，刚才所说不过是试试你。”赵匡胤接着又问道：

“那么先平他国，依卿之意，究以从何处下手为宜呢？”

“臣以为最宜以取巴蜀为先。”赵普答道。

赵普的想法和赵匡胤已经酝酿很久的意图完全一致。事实上，赵普也早已知道赵匡胤的计划，不过，他所表达的仍然是发自自己内心的意见。赵匡胤点点头，又问及遣将的事。

“朕欲一洗五代以来将帅粗豪骄悍之习气，可惜收效甚微。向者朕在朝堂曾言欲使武官尽就学读书，好学习为治之道。当时竟没有一个人作声，可见都不支持这个想法。卿可知道将领中也有爱读书的人否？”

“有。枢密承旨曹彬和潭州防御使潘美皆敏而好学，故均有宽仁谦厚的君子之风。”赵普答道，他认为这是现有高级将领中学识、修养、品行都处于最前列的两个人。

赵匡胤对曹彬和潘美俩人都很熟悉。他同意赵普对他们的评价。

早先，在后周的禁军里，曹彬的严谨好学就已经被人钦佩。他平日完全不像一般禁军军官那样纵情声色犬马。不嫖不赌，甚至连宴会也很少参加，非去不可的宴筵，他常常正襟端坐，目不旁视。赵匡胤看出此人的卓荦不同之概，便想与他交结，但他偏又是个中立不倚、无亲无疏、非公事不登门的人。到头来，俩人间关系终是泛泛而已。匡胤登基后的第二年，把曹彬从平阳前线调回来，忍不住问他："从前，我常常想亲近你，你为什么总是疏远我呢？"曹彬顿首道歉说："臣为周室近亲（他的姨母是郭威的夫人），又在禁军任职。恪尽职守，还生怕犯过失，怎么敢妄自和他人交接呢？"赵匡胤想他说得也是，身为贵戚的人是要格外谨小慎微，多事交结一定会引起柴荣的警觉，张永德就是个明显的例子。他随即迁升曹彬为客省使。在对河东和契丹的战斗中曹彬又取得了不少战绩，累迁为枢密承旨。

至于潘美，跟赵匡胤的关系要密切得多。他年纪较轻、资历较浅，但作战勇敢，且足智多谋。赵匡胤一向对他很关照，他对赵匡胤更是十分敬服。陈桥兵变时，潘美就是一个积极而活跃的骨干分子。此后一直得到信任和重用。扬州平李重进，把潘美留在那里当巡检使。湖南平服后，又调他为潭州防御使。南汉国刘𬬮多次犯扰湖南桂阳、江华一带，均被潘美击退，最近他又帅部攻克了郴州。

但是，现在考虑的是取巴蜀的将帅人选问题，赵匡胤接着又对赵普说：

"卿以为此二人可以任入川之主帅吗？"

"陛下，入川兹事体大，必须要投入足够的兵力，应考虑以前敌位置的藩镇为帅，枢密院派人任都监，曹彬可充此任。都监有临机处置之权。至于潘美，资望稍有不足，且湘南正值多事，日后尚用得着他。"

赵匡胤深以为然地点点头，他又望了望坐在一旁的光义。光义一直在静静地听，并不插嘴，此时也点点头表示同意。

一场重大军事行动的初步策划就这样完成了。下一步要做的就是着手具体的准备工作，并且等待恰当的时机，或者说等待找到一个发动战争的口实。

## 孟昶启衅

机会终于很快就送上门来了。

后蜀军校赵彦韬在汴梁自首，说是奉蜀主孟昶之命，和孙遇、杨蠲三人一起，带着密封在蜡丸内的帛书，往太原去见北汉主刘钧，约定共同起兵攻宋。赵匡胤命赵彦韬呈上蜡丸，打开一看，内有帛书一幅，写道：

> 早岁曾奉尺书，远达睿听，丹素备陈于翰墨，欢盟已保于金兰，洎传吊伐之佳音，实动辅车之喜色。寻于褒、汉，添驻师徒，只待灵旗之济河，便遣前锋而出境。

匡胤看到这里，不禁笑了起来。果然是蜀国孟昶约北汉刘钧共同起兵的密信。正找不到出兵的借口，他倒上门寻衅，好让我师出有名，真是正合朕意。孟昶这厮可说是鬼迷心窍，自寻死路。匡胤当即重赏了赵彦韬，并一并赦了孙遇、杨蠲的罪，随后将他三人安置在宾馆内，请他们详细陈说蜀中的山川形势、戍守处所、道路距离等等，并绘出地图，以备进攻时使用。

平定荆南时曾得到一名医术高明的方士，从前侍奉高氏家族，赵匡胤现将他安置在御医馆。此人名叫穆昭嗣，对蜀国形势十分熟悉，特别是对从峡口进入川东一路的情况了如指掌。他对赵匡胤献计说："荆南本为东路入川的门户，今门户已为我所有，大军沿江而上，与北面陆上从汉、褒一线南下之师互为呼应，巴蜀之平当指日可待。"赵匡胤听后十分高兴，便开始筹划两路大军的组建工作。

这后蜀小朝廷为什么会动了与北汉联手伐宋的念头呢？这需要从头稍加细说。

后蜀开国之主孟知祥原系后唐庄宗李存勖手下的爱将。唐之魏王李继笈灭前蜀后，知祥被命为成都尹、剑南西川节度使。他对于收拾战后两蜀残破的局面，贡献甚大，即史书中之所谓"择廉吏、除横赋，安集流散，下宽大之令，与民更始"。四川的地理条件得天独厚，物产殷足而又相对封闭，因而经济的恢复和发展比较迅速。庄宗遇弑，明宗即位以后，孟知祥便有割据称雄之心。开始是拒绝租税转运京师，后来又杀掉了李嗣源（明宗）派来的监军李严，和朝廷关系十分紧张。后唐方面也曾出兵征伐，因路途艰险，师出无功，双方又达成妥协。随后东西两川起衅，孟知祥消灭了东川节度使董璋，统一四川全境。后唐授以剑南东西两川节度使、检校太尉兼中书令，又补授两川刺史以下官吏，统押近界诸蛮，兼西山八国及云南安抚制置等特权，并封为蜀王。唐亡之后，知祥即皇帝位于成都，国号蜀。称帝后几个月，他就死了，儿子孟昶继位。

孟昶是个纵情风月的公子哥儿型的人物，雅爱诗文，又喜游乐，蜀中的富庶也为他准备了恣意享乐的条件，生活的奢侈靡费达到了匪夷所思的程度。他最爱赏花，成都简直被建设成为一座花市。春天，宣华苑赏牡丹；夏天，浣花溪观荷花；秋天城头看芙蓉；冬天芳林苑赏红栀。各处林苑都极尽豪华富丽之能事，以浣花溪为例，当时同游的兵部尚书王廷珪献诗曰："十字水中分岛屿，数重花外见楼台。"孟昶听了，称赞良久，并对左右说："唐人所谓'曲江金殿锁千门'，我看还比不上朕的浣花溪的宫阙楼台之盛。"赏芙蓉时，孟昶命将城上芙蓉尽用蜀锦为帷幕装饰起来，锦衬花、花映锦，蔚若云霞，光艳夺目。这个风流天子还对群臣说：

"自古以蜀为锦城，今日观之，真锦城也。"

孟昶不仅爱花，更兼爱色。后蜀广政六年，他大选良家女子以备后宫，限年十三以上，二十以下，全境为之骚然。百姓人家许多都抢着嫁女，谓之"惊婚"。后宫人数太多，他为宫内女官列出十四品级，有昭仪、昭容、昭华、保芳、保香、保衣、安宸、安跸、安情、修容、修媛、修娟等位号，秩列森严，比他朝中的六卿大臣还要规范得多。

孟昶当了三十年皇帝。虽然骄奢淫逸，但蜀中百姓对他却并不十分反感。一来他的荒淫远不如前蜀后主王衍，二来他性格柔懦，残民害民的事做得少。生平一贯尊儒尚道，劝农恤刑，肇兴文教，与民休息。他在位的三十一年中，蜀地是比较太平而富庶的。但像他这种性格和兴趣的人，政治上是不会很精明干练的。特别在用人方面，他简直糊涂已极。他所宠信的人，不是与他诗词唱和的几个舞文弄墨之徒，就是从小和他一起狎玩亲近的纨绔膏粱子弟。他的母亲李氏，本是唐庄宗的后宫嫔御。当年晋王李克用把侄女琼华公主许配给孟知祥，未几，庄宗又把李氏作为礼物送给知祥。后来，公主无子，而李氏却怀上了孟昶。母以子贵，由夫人而贵妃，最后是皇太后。李氏年轻时备历艰难，颇有见识。她看到孟昶为政用非其人，劝他说：

“我经历过庄宗与梁朱温跨河鏖兵的战事，又看到你父亲在并州抵御契丹以及后来入蜀定两川的实迹。诸将非有大功，就不能让他带兵，否则士卒必然不服。今王昭远（知枢密院事）出自厮养，伊审征（宣徽使）、韩保贞（节度使）、赵崇韬（节度使）诸人皆膏粱乳臭子，素不习兵，仅因为是你故旧，便授以重任。平时谁也不敢反对，可是仓促临战时，这些人能御大敌吗？”

孟昶根本听不进他母亲的话，这次他准备兴兵伐宋，正是由身边这些狂妄无能的亲信们挑动起来的。

当赵匡胤讨平荆、湘的时候，蜀相李昊曾经向孟昶建言道：“臣观宋氏之开启国运，与汉、周各代大有不同，将来必能统一中国。为我国计，不如及早遣使朝贡，免致战祸。”对李昊的话，孟昶本来颇以为然，但是知枢密院事王昭远却强烈反对。他说：“蜀道险阻，北有重山，东有三峡，宋兵能飞越吗？主上尽可安心，何必称臣纳贡，受宋廷节制呢？”孟昶又觉得此话有理，便不提朝贡，而是水陆增兵，修城建栅，作出对抗的姿态。

权重一时的王昭远是个什么人呢？他孤儿出身，被一个叫智諲的和尚收养为小厮。有一次孟知祥在府署请智諲吃饭，昭远作为随从跟去了。孟知祥发现这小厮慧黠伶俐，而孟昶那时刚进学，于是便把昭远留下来给孟昶做书童，自小至大，相处颇为亲狎。孟昶即位以后，安排他当了茶酒库使一类的官。十年之后，枢密使王处回以专权贪纵被给以勒归私第的处分。孟昶觉得枢密使权重难制，一定要用亲信之人。王昭远资望不够，便给了一个通奏使的名义，知枢密院事，军务大权一概交给了他。昭远好读兵书，不求甚解，而自视为诸葛亮再生，胸中有无穷韬略。当时蜀国有个山南节度判官，叫张廷伟，给王昭远献计说：“公素无勋业，今位至枢密，官高权重，人所侧目。如不建立大功，如何能平息众议。不如与并门（北汉）结盟，让他们发兵南下，我军则自黄花、子午谷出兵响应，使中原表里受敌，应付失措，则关右之地自然归我所有。”王昭远觉得张廷伟的计划很有道理，于是派出了赵彦韬等三人往北汉下书。谁知这个赵彦韬没有把书信带给北汉刘钧，却转道送给了汴梁的赵匡胤。

乾德二年（964年）冬十一月，赵匡胤已经完成了伐蜀的准备工作，正式宣布进军规划和指挥人选。命忠武节度使王全斌为西川行营凤州路都部署（总指挥，帅北路军），武信节度使崔彦进为凤州路副都部署，枢密副使王仁赡为都监；宁江节度使刘光义为归州路副都部署（副总指挥，帅东路军），枢密承旨曹彬为都监。共领步骑军六万分两路进讨西蜀。给事中沈义伦为随军转运使，均州刺史曹翰为西南面转运使，分别负责两路大军的后勤供给。

出师的前一天，赵匡胤设宴于崇德殿，既是出征将领向皇上辞行，也是皇帝为他们饯行。赵匡胤十分亲切地问将领们道：

“卿等以为西川可取吗？”

“臣等仰仗天威，谨遵庙算。精骑数万，锐不可当。陛下克日便可得捷报。”王全斌答道。旁边的右厢都校史延德是个粗人，接口说道：

“那四川如果是在天上，那就没法可取。只要它在地上，为陛下取来是指日间的事。”

赵匡胤高兴地笑起来。到了要作战的时候，他就最喜欢这样粗豪不羁的军人。别看他们平日总爱出些麻烦事，但一上战场，还真是一点也不含糊。王全斌是员老将了。十二岁就随父从军，在后唐庄宗帐下任殿直亲军，其忠诚勇敢颇受庄宗宠爱。后又历晋、汉、周三朝，屡有战功。国初平李筠之叛，他和慕容延钊一起由东路进军，表现极佳，就是有些宽纵下属，不太注意军纪，不懂得严明军法，只凭个人好恶行事。在五代成长起来的军人都有这些毛病，赵匡胤想，还必须跟他们再重申一下纪律：

“有卿等这样的勇士出征，朕就放心了。不过还有一件，要你们切实勒束部下执行。即：凡所至之处，不得烧毁民房、驱掠百姓、开坟掘墓、剪伐桑柘，违者朕要以军法治罪。”

“陛下放心，臣等自会约制部下，不敢破坏军纪。”这是副都部署刘光义的表态。曹彬则只是端坐在一边，没有作声。王全斌和崔彦进也点头附和。赵匡胤接着又说：

“凡攻克了城寨，只籍没它的器械、粮秣，所有浮财，全都分给将士。朕不欲汝等上交钱帛，朕所欲得者，止其土地，别无所求。”

这实际上是开了一个准许劫掠钱财的口子，赵匡胤深深懂得，军士冲锋陷阵，性命置诸脑后，不图升官，就图发财。军人渴望战争，不是靠这两条作动力，还能有别的什么吗？果然，王全斌、崔彦进等人听了皇上这番话，一个个眼中都放射出兴奋的光彩，凭着多年的习惯，他们对圣上的“格外之恩”已经心领神会，心头的勇气不觉之间增强了好几分。

宋师出发的消息很快传到了成都。俗话说“兵来将挡”，更何况孟昶自己早已定下出征大计。孟昶很快地组织好了迎战的大军，建立了一个信心十足但能力却大成问题的指挥班子。知枢密院事王昭远为西南行营都统，武定军节度使赵崇韬任都监，山南节度使韩保真任招讨使，都指挥使李进为副招讨使。孟昶少年时爱好打马球，现在的行营指挥部基本上就是他当年马球队的骨干，只不过，这次这些纨绔儿们将要开赴以蜀国的命运为赌注的刀光剑影的赛场。大军出师的那一天，将领们都像登台演戏的伶人一样，打扮得无比的光鲜夺目，盔顶上的红缨像火焰般跳动，和旌旗上五色斑斓的飘带交相辉映，真是十分好看。

孟昶命宰相李昊在城外置酒为大军饯行，他自己前一日在殿上接受了王昭远等人的陛辞。看到王昭远那胸有成竹、意气纵横的神情，他也觉得心里很踏实，只是嘱咐了一句：

“今日之师，卿所召也。希望你努力建功，使蜀国上下都能承认朕用人之允当。”意思是说，这场仗，是你要打的，如果打不好，别人都会说我不该重用你，你别让我失望。

王昭远觉得自己绝不会让主子失望。出征这天，他的打扮尤其有特点。在将领们色彩夸张的服饰里，显出一种超然物外的淡雅和闲逸。他宽袍广袖，并无纹饰，头戴纶巾，不儒不将，最绝的是手执一柄铁如意，潇洒中透着威严。前来饯行送别的李昊看到他这副模样，不禁从心眼里好笑。亏他想得出来，整个一个戏台上的诸葛亮，只是稍作变动，把手中的鹅毛扇换成了铁如意。李昊忍住笑对王昭远说：

“太尉此行，必定是旗开得胜、马到成功。”他称王昭远太尉是讲客气，也是从众——大家都如此叫，其实他此时并未就枢密使的实职。

“多谢丞相吉言，丞相只在朝中静候捷报便是。”说毕，他挥挥手中的铁如意，仿佛敌人的千军万马便在此一挥中灰飞烟灭。

“我只望早些听到太尉克敌制胜的消息。”李昊不过是顺口接话的敷衍，王昭远却还有发挥：

“我此行岂止是克敌，当领此二三万雕面恶少儿，直取中原——那也是易如反掌。”

“自然，自然。”李昊微笑着频频点头，心想这样的人出去能打胜仗，真叫活见鬼。他又随意应酬了几句吉利话便匆匆回城去了。

## 王昭远的笑话

王昭远的大军还只北上到罗州，便传来了边境守军失利的战报。王全斌的前军连破乾渠渡、万仞、燕子等寨，以迅雷不及掩耳之势攻占了兴州。守军七千余人被击溃，存粮四十余万斛全数被宋军缴获。蜀国兴州刺史蓝思绾退保西县。王全斌又连续进击，攻下了石圌、鱼关、白水阁等二十余寨。

蜀招讨使韩保贞和副招讨使李进听说兴州已被宋军攻占，便主动放弃山南地区，率部队往西县集中。宋军马军都指挥使史延德带领前军精骑，尾追而来。那韩保贞本未经历过什么战争场面，全靠父辈的余荫和孟昶的友情积升到今日地位，看见史延德那恶煞凶神的模样，便不敢出战。只是命令数万兵卒依山背城，结阵自守。但史延德却不肯给他以喘息之机，正当士兵营栅尚未完成之际，驱动骑兵，掩杀过来，瞬息便到中军。只见史延德舞动一杆大枪，张牙舞爪地在马上狂喊着：

“活捉韩保贞者有重赏，快快给我上！”

那李进因职责所在，无可奈何，只好举起画戟迎战。战不数合，被史延德一枪将戟拨至一边，催马靠近身旁，轻舒猿臂，活生生地从马背上将他提起来扔在地上。左右军卒连忙奔上将李进捆了个结结实实。

见李进被擒，韩保贞竟不敢再与史延德接战，带领部分军卒弃营便走。仅此一败，又折损了军粮三十余万斛——尽为宋军所得。

此时崔彦进带着马军都监康延泽正好率军来到。崔彦进命史延德继续清理战场，自己和康延泽又去穷追韩保贞，一路赶到三泉寨。韩保贞见追来者已不是史延德，心下稍安，再者心想总不能一直这样跑回成都去，于是把心一横，回转马头，准备抵抗。

康延泽正好想要立功，见对方摆开接战的架势，连忙策马赶上，举枪就刺。双方你来我往，大约战了十来个回合，韩保贞已是气喘吁吁，有招架之功而无还手之力了。他正想回马逃跑，不料康延泽又是一枪直往心窝刺来。韩保贞赶紧用刀来挡，这时康延泽的枪忽然又缩了回去，而韩保贞因见那一枪来得逼近，挡出去的刀自然多用了几分力，当对方的枪缩回去时，自己的刀势便收束不住，人也随着向前一扑，康延泽接个正着，一把将他拖下马来，唤军士绑了。

蜀军连失两名主将，阵伍已被冲得七零八落，混乱中死伤无数。残余部分烧断了山中的栈道，退往葭萌关一线去了。

王昭远闻到前军接阵即溃，不觉有些心慌。便在罗川列好阵势，准备迎敌。史延德是最初追到此地的，见蜀军主力严阵以待，自己所率不过部分前锋精骑，便也不敢冒进。命令部属就地暂憩，等待后军。时不多久，崔彦进便率兵来到。俩人正要商议合兵进取之计，只听那边前锋张万友大声叫道：

“不乘此抢过浮桥，更待何时？”——原来不远处有条江，蜀兵依江为营，桥梁未断。那张万友也不再待崔彦进发令，便带着一支马队直扑浮桥。蜀军见此，连忙围上来拦截，却敌不住张万友手中的一根狼牙槊，一连被捅倒了十数人，大部分落入水中。那江水既深又急，掉得下去，连叫声也没有就不见人影了。蜀军胆寒，一起退过了桥西。

这边崔彦进、史延德见张万友已然冲上浮桥，自然立即催促大队士卒一齐跟进。霎时间便占据了浮桥，在河西扩大战果，不知又有多少蜀兵做了无头之鬼。王昭远亲眼看到宋军如此骁勇，大惊失色，连忙指挥部队退守到漫天寨，此处地势险峻，宋军一时难以攻入。王昭远又下令调集各处精锐，来此增援。

崔彦进兵分三路，左路康延泽，右路张万友，在漫天寨外预先设伏。自己和史延德居中路，来到漫天寨下正面进攻。这漫天寨山势甚高，路径险峻，仰攻极难得手，于是便令兵士在山下高声辱骂。骂的内容极其刻毒：上至十八代祖先，下至妻女姐妹，无所不用其极。总之就是要把对方激出寨来，再行歼灭。

这骂，王昭远起先还忍得住，后来便慢慢激怒起来，往下一看，寨下的敌军也不算很多。心想索性倾寨而出，把眼前这股宋军吃掉。说干就干，他立刻叫人开了寨门，自己亲率人马冲出阵前，开始一场厮杀。这边崔彦进的部众迎上前去，稍一接触，就一齐退去。王昭远料定敌人力薄不支仓皇败退，便把那作道具使用的铁如意一挥，着全军紧追不舍。

眼看追了十余里地，王昭远觉得离本寨太远，便下令收兵。就在此时，从左右两面杀出两支敌军，便是早已设伏于此的康延泽和史延德。刚一接战，崔彦进的大队又从后面追了上来。王昭远如何敌得住这三路兵马，铁如意也派不上用场了，没奈何只得逃回山寨。他带出寨来的队伍已是溃乱成一团。宋军乘胜追击，一路追到漫天寨，紧跟在蜀兵的后面踊跃登山。王昭远一看这情形，心想进寨拒守已是来不及了，于是索性弃寨西逃。

宋军攻入寨中，又夺得器甲刍粮，不可计算。若干年来，蜀国经营这带边防不能说没有成绩，每个要寨都是一座仓库，备有许多后勤物资，以利于坚持长期的战事，谁知战争刚刚开始，这些积蓄便纷纷落入宋军手中，变成了敌人的补给来源。

王全斌亲率大营也赶到了，他命令崔彦进继续追击王昭远。一路之上，王昭远组织来援的部队进行了三次抵抗，每一次都以失败告终。最后，他只好西渡桔柏江，并烧掉了江上所有的桥梁，退守到了以险而闻名的剑门关。剑门素称“一夫当关，万夫莫开”，王全斌只好暂时屯兵关外，并着人联络东路军，了解那边的战况。

刘光义指挥的东路大军，从归州（湖北巴东）出发，溯江而上，一路连破松木、三会、巫山等寨，斩杀蜀将南光海等多人，生擒蜀战棹都指挥使袁德宏，夺得战舰二百余艘，消灭蜀军五千余人。不数日间，战线便推进到了夔州城下。

夔州控扼三峡，有夔门之称，是西蜀江防的首要之地。蜀宁江制置使高彦俦与监军武守谦，率兵在此守备。夔州城外锁江上，架有一座浮桥，浮桥上设有三重敌栅，布满弓弩，夹江则列火炮，专防敌船。从正面强攻，难度是很大的。在汴梁领命出师之前，赵匡胤曾向刘光义亲自布置指挥意图。他指点着那个穆昭嗣医官绘制的川江防务地图对刘光义说：

“到了锁江这个地方，切不可再以舟师争战，必须先派步骑兵深入敌后，突然袭击，俟敌稍稍退却时，再以战棹水师夹攻，必可取胜。”

按照赵匡胤的这一预先的部署，刘光义在离锁江三十里处，即舍舟登岸。他亲率步骑精锐，夤夜突袭。那守桥的蜀军，只管江防，不设陆防，骤然见到宋军自陆上进攻，不知所措，登时溃散，把一座浮桥好端端地送与了刘光义。宋军占据了浮桥，便直薄夔州，水陆并进，屯兵于白帝城西。

蜀军监军武守谦自恃有些武艺，兼又是个急性子人，便要开城与宋军决战。宁江制置使高彦俦却老成持重，当下劝阻武守谦道：

“北军长途跋涉而来，其势必求速战。我主动出击，正中彼之下怀。当前唯有坚壁固守，待其师疲劳，此为不战而胜之计。”

“寇据于城下而不击，吾不知其可。”武守谦不服，说：“你若不下令，便休怪我要自专了！”

“只需稍待时日，彼之粮运不济，便是彼竭我盈之势，那时一鼓便可破敌了。”高彦俦还是想说服武守谦。谁知那一位已然站起身来道：

“尔等畏怯，我却不畏！”说毕扬长而去。

武守谦回到自己营中，集合了麾下千余骑，大开城门，冲向宋军。刘光义见他来势颇凶，便也不敢怠慢，忙遣马军都指挥使张延翰领兵迎战。双方在城外五里的猪头铺展开一场厮杀。那武守谦虽然勇猛，但究竟比张廷翰之实力略逊一筹，鏖战了一两个时辰，便有些抵敌不住。张廷翰却越战越勇，枪枪紧逼。守谦料不能胜，虚晃一枪，回马驰向城里。廷翰在后面紧追不舍。守谦刚逃进城，守卒尚来不及关门，廷翰也已经纵马入城。城门口的蜀军被张廷翰一连戳死了好几个。城门是关不上了，宋军随后一拥而进，曹彬和刘光义也先后驰入。

这时高彦俦企图组织最后的抵抗，然而人心已散、队伍已乱。在巷战中，武守谦逃逸无踪，高彦俦自己则身被十余处创伤，心知大势已去。丧师失土，为将者只剩下尽节一条路了。高彦俦奔回自己府第，整理衣冠，向西北成都方向行再拜之礼，登楼自焚而死，做了后蜀少有的忠臣。

东路入川的门户夔州就这样攻克了。刘光义和曹彬从灰烬里拣得高彦俦的遗骨，以礼安葬，算是对忠臣表示的一点敬意。然后安抚了当地百姓，再继续向西北方向进兵。此后经万州、施州、开州、忠州等地，均未受到抵抗，峡中郡县一一望风而降。刘光义便将战况命驰骑飞报王全斌知晓，并表奏朝廷。

东、北两路大军的捷报送到汴梁，赵匡胤心中十分高兴。那日早朝，下令将作监，在汴河之滨，右掖门前，为蜀主孟昶修建府第。规模要宏大，需容得下他大小男妇全体家属；装饰要讲究，不可使他感到朝廷小气；设备要齐全，务要让他生活舒适方便。赵匡胤对左右说：

“孟昶来降，是早晚间事。他的家属，概不许伤害，令征蜀诸将妥善护送入都，朕要好好地安顿他们。”

战争还在进行，就为安排战败国元首作如此周密的设想和准备，不能不说有点出乎常理。赵匡胤从周围臣属们的脸上看到了惊异和疑惑的神色。他反躬自问，似乎也找不到很令人信服的理由。当然，他可以解释，这是出于政治策略的需要，而且，这解释也完全顺理成章。从近期看，一可以瓦解敌人的斗志，二可以激励自己军队的士气，因为他是在以最强烈的暗示宣告战争的必然结果；从长远看，其他还割据于一隅的僭君霸主会从中感受到恩威两种力量的有力震撼，从而软化对抗的立场。海内万民和后世百代也将称颂自己的宽仁大度。总之，政治效果是积极而又明显的。

但是否自己的这一部署完全是出于对政治效果的考虑呢？他觉得

说不清楚，而且也不愿意深究。

赵匡胤早就听说过孟昶有个宠妃，名为花蕊夫人。这女人不仅生得天姿国色，而且才情绝代。孟昶自从纳她为妃，日日在温柔乡中沉醉，虽则荒废了朝政，倒也享尽了人间艳福。赵匡胤对于女色向来比较淡薄，而历史上那些“一笑倾人城，再笑倾人国”的天生尤物，更令他憎恶和警惕。不过他并不把女人在国运兴衰上的作用看得十分重要。他认为所谓“狐媚偏能惑主”，关键在“主”而不在“狐”，“主”心不“惑”，“狐”再“媚”又能如何？孟昶这家伙，靠父亲的余荫，僭伪号于西蜀，数十年养尊处优，穷奢极欲，而且还占有了这样一个据说是天下无双的美女，恣情逸乐……这天道未免有些不公。

作为一个壮年男子，赵匡胤身上雄性的本能在这里转化为一种潜意识的妒忌。他要为孟昶准备规模宏大的府第，命令部下妥善护送孟昶的家属进京，实际上包含了要刻意羞辱孟昶的用意。他要让孟昶在自己的宠妃面前完整地表现从颐指气使的帝王到摇尾乞怜的俘虏的角色转换。他要让花蕊夫人亲眼看到自己崇拜的男人怎样跪倒在真命天子的脚下，为了得到苟活的机会和优厚的待遇而感激涕零。

然而所有这些，只是赵匡胤潜意识里浮沉着的一些思想片段。没有这些，赵匡胤便不是一个真正的男人；而如果全是这些，赵匡胤就不是一个伟大的君主。和所有的“人杰”一样，卑劣和崇高在他们身上常常是互为表里甚至是缠夹不清的。

乾德二年的冬天，特别寒冷。汴梁城中积雪厚于往年，且经久不化。一天，赵匡胤视事于讲武殿。为了保暖，殿堂周围都用毡帐遮覆起来。内侍为皇上准备了紫貂皮的袍服和帽子。赵匡胤忽对左右说道：“朕穿戴尽皮裘，身上还觉得冷。想起西征的将士冒霜犯雪，辗转于疆场，真觉得这衣帽不该给朕用。”他随即脱下衣帽，遣内侍快马送往西川，赏赐给王全斌，且谕旨慰问全体将士，以示衣帽虽不能遍及，而眷顾之心一视同仁。赵匡胤这一行为的动机含有真诚的一面，因为他出身军旅，对战地生活的艰苦有深切的体会，爱惜士卒，常常是一种本能的情感反应。

王全斌收到钦赐的裘服，感动得哭了。一个惯向刀头舐血的百战之将，会那么容易哭吗？也许是后人的夸大之词。但他有一点是很清楚的，即皇帝的这种表示该用什么去回报。他见过很多皇帝了，性情各异，而对臣下的回报所怀的希望，却没有什么不同。这种回报的表现，在关键的时候，是血、是肉、是生命，而不是几滴眼泪——不管这眼泪真诚与否。

## 孟昶父子的闹剧与悲剧

王昭远的败信，很快传到了成都。孟昶感到十分恐惧。他找不出什么可以信托的人共议大事，只能凭着自己仅有的一点常识和经验来亲自部署。他知道，现在关键是要守住剑门。但靠王昭远剩余的那点部队，力量显然是不够的。他决定集中尚未动用的万余名带甲之士，由太子孟元喆为元帅，开往剑门，作殊死的抵抗。为了慎重起见，他派出老将侍中李廷珪和同平章事张惠安给元喆当副手。

孟元喆不愧是孟昶的儿子，继承乃父追逐声色的家风，真正有青出于蓝之概。吃、喝、玩、乐，无所不精，无所不好。当然，和他父亲比较起来，还是各有所长，并不雷同。比如孟昶年轻时最爱好马球运动，而孟元喆却把主要精力投入“戏剧事业”——不但爱听爱看，而且爱唱爱演，那种热情和执着比唐庄宗李存勖不遑多让。而且父子二人还各有不同的“雅好”：孟昶好填词作诗；孟元喆却能写一手很不错的隶书——这大概就是他唯一的长处了。

孟元喆从来没有打过仗，甚至从来没有看见过战争场面。但他却很豪迈地接受了元帅的任命。他因为和唐庄宗有着同样的嗜好，便常常以唐庄宗自况，而据说古今艺术的天才每每不自觉地混淆了幻想和生活的界线，于是他也就在恍恍惚惚中自以为像唐庄宗一样的英勇善战。他像在舞台演出一样接受了任务，然后像准备演出一样准备出征。

大军出发那天的景象实在是一场彻头彻尾的闹剧。根据太子元帅的命令，所有将士的军服是新制的，鲜亮夺目，所有的旌旗也一律用文锈新制，连树旗用的杆子都全部用锦绸包裹起来。彩色斑斓的旗阵之后，便是孟元喆的指挥中心，由他的几十名姬妾和几十名戏子伶官组成。将领和参谋人员等统统往后靠。“指挥部”一路上笙箫管笛、锣鼓铙钹，响彻云霄。戏子们虽然不能起舞，但兴致都很高，一个个振起响遏行云的嗓门，唱个不停。成都的百姓几时有这样好的福气，“不花钱，不费米”，白听这些平日难得一见的“内廷供奉”们的戏。街道两旁，门前窗口，甚至房顶屋脊，都挤满了欢欣雀跃的人群。这哪里像出征，简直比春秋二季的庙会还热闹。

偏巧天公又不作美，队伍尚未出城，却又下起了小雨。孟元喆心痛那些彩旗锦绣，怕淋湿了便不再光鲜漂亮，于是下令将所有锦绣制品统通解下。不想没多久，雨又停了。元喆大概是不想让尚未一睹大军风采的市民失望，他又下令把彩旗锦绣重新装饰起来。不知道是什么原因，重新装上去的旌旗都倒挂在杆子上。元喆也不理会，带着他的“指挥部”重新上路。乐队继续奏乐，伶人依旧高歌。望着这番滑稽景象，成都的百姓惊奇之余，乐得前仰后合。

王全斌此时正在与诸将商议破剑门之策。侍卫军头向韬提供了一个很重要的情况。他说：

“听一蜀军的降卒言讲，益光江东越过数重大山，有一条小路，名叫来苏。由此小路前行，至剑门南面二十里处的青强店，便与官道相合。我军若由此道进军，便毫无险阻地绕过了剑门。”

王全斌听了十分高兴，便把那降卒叫来，赐以酒食钱帛，让他把那条小路的情况详详细细又说了一遍。然后当即决定全军从来苏小径直趋青强店。马军都监康延泽建议道：

“蜀军数战数败，胆气已夺，可以正面急攻。来苏小径，主帅不宜由此进击，只需差一偏将前往。待此部到达青强店后，就向北与大军夹击剑门，王昭远等无路可走，势必就擒。”

王全斌认为这个建议很周到，当下命令史延德分兵出来苏小径。王昭远听到探报，宋军自小道绕向剑门南面，连忙派一员偏将守剑门，自己率领主力到汉原坡来拦截。谁料尚未遇到宋军，便传来了剑门已被攻破的消息。王昭远这下可真的是吓得魂不附体，人痴呆了一半。因为剑门一失，西川便已是无险可守，敌人从此就可长驱直入成都。他还没有醒过神来时，只见尘头大起，号炮连声，史延德的部队从南面，王全斌、崔彦进率大军从北面，一齐杀来。这时，只有靠都监赵崇韬，担负起指挥的责任，布阵迎战。王昭远手里拿着铁如意，坐在胡床上站都站不起来了。主帅尚是如此，其下将士的斗志也就不问可知。赵崇韬上马，带着这群胆战心寒的军卒，与宋军接触不过数招，军卒倒下数人，其余的便一窝蜂逃散了。赵崇韬此时倒还表现了几分勇气，他极力支撑着，还搠翻了十来名宋军，只是坐骑不济，连连向后倒退。赵崇韬越是用力向前，那马便越是用力退后，害得他最终从马背上翻落地下，还未能站得起身，便让宋军捆成一个粽子一般。这时，王全斌便下令大肆追杀蜀兵。战斗结束时，总计蜀兵被杀在万余之数。

那本已神志不清的王昭远，在寨中看到赵崇韬落马被擒，反倒猛地清醒过来，连忙丢盔卸甲，连铁如意也不要了，叫几个亲随扶着自己上了马，扬鞭疾驰，逃往东川。最后藏匿在一农家的谷仓里，整日悲嗟怨叹，以泪洗面，把一双眼睛都哭肿了。折损了数万大军，弃守了国门要塞，眼看后蜀几十年的江山就要完蛋了，自己当初如不听张廷伟的鬼话去启衅于宋，或者局势还不致如此之惨。如今我还有何面目去见陛下和成都的缙绅父老，就在此处自尽以谢国人吧！但他舍不得死，何况死了又有什么用？自己的罪已是百死莫赎。他的这个难题很快被解决了，追缉他的铁骑不久就赶到此地，入舍搜索，发现了这位狼狈不堪的都统大人，当场铁链一锁，押回去请功去了。

蜀太子孟元喆带着他的戏班子，一路嬉戏，来到了绵州（今四川绵阳）。闻知剑门已经失守的消息，心想再往前也没地方可去了，本来是想退保东川的，那边还有较大的活动空间，后来大概是觉得去之也无益，干脆连部队也丢下不管了，只领着一班戏子又跑回成都。这回一路上他可没闲着，把田舍、仓廪烧了个精光。回到成都，父子相对，不知所措。万般无奈之中，只好又把群臣集合到朝堂，商议对策。

主张抵抗的人销声匿迹了，因为谁都知道已经动员不出后备兵力，只有老将石斌建议：

“宋师远来，其势难以持久。请将可用之兵聚集于成都，坚守不出，日久敌师自弊。”

没有人附和他的意见。很明显，朝臣们心里都在怀疑：没有强悍的统帅，没有奋勇的士卒，能守得住吗？明知不可守而强守，岂不是无谓的牺牲。其后果只能是招致一场屠城的惨祸。那么，当前到底该怎么办？在场的都是食西蜀官俸多年的大臣，谁心里都有数，可谁也说不出口，也不愿说，只是扮出一脸的痴呆对望着。孟昶叹口气说道：

“我父子以丰衣美食养士四十年，一旦临敌，竟没人肯为我向东发一矢一石，说什么坚守，有谁愿意效死呢？”说到此，眼泪不禁潸潸而下。这时，只见宰相李昊从外面匆匆走入叫道：

“陛下，探马急报，王全斌的部队已入魏城，不日就要到成都了。”消息引起一阵骚动。

“这便如何是好，如何是好？”孟昶急得像热锅上的蚂蚁。望望众臣，依旧是面面相觑。他沉思了一会，断然说：

“罢了，罢了，朕已然是走投无路了——”

“陛下，切不可想不开……”有些大臣看到孟昶决断的表情，以为他要以身殉国，忙不迭地劝解。宰相李昊脸上掠过一丝微笑说：

“陛下，不必如此。既然成都已是无法可守，不如就此见机纳土称臣，尚可以保全身家。江山者，得之丁人，失之丁人，又何恨焉！况天道循环，周行不殆；合久必分，分久必合……”

孟昶不作声，心想这些人早就打算投降，我能依靠他们为我出力献策吗？李昊是看透了自己绝不会殉国的，所以他才敢说出“纳土称臣保全性命”的话，还诌出一大篇道理，不过那“得之于人、失之于人”的两句倒也是实情。事已至此，这样一想，便觉得轻松许多。他不想听李昊再啰唆下去，于是打断他说：

“好吧，那就由卿去拟表文吧！”

李昊是文章高手，何况此事在他心中酝酿已久，那降表是写得文采飞扬、朗朗上口。当即命通奏伊审征快骑送往宋军行营。王全斌接受了降书，派出以康延泽为领队的百骑精兵，随伊审征入城，向蜀国君民宣谕恩信，安定人心，并查封所有府库。

第二天，王全斌率大军举行了声势浩大的入城式。成都没有进行过围城战争，街面上看不出残破景象，只是冷清清地没几个人影，居民都躲在屋里从门窗的缝隙处看一队队走过的宋军。中原的军队已数十年未入川境，早先随孟知祥一同入川的将士及其后人，都已经同化为十足的四川人了。王全斌揽辔缓缓而行，顾盼生风，仿佛行进在异国番邦的通衢大道。作为一个胜利者、征服者，他的感觉好极了。队伍来到升仙桥，只见孟昶率领文武百官依次排列迎候于道旁。按照礼俗，孟昶君臣颈间都挂着一条帛带或丝绦，表示待罪听命的意思。王全斌连忙下马，亲手为孟昶释去帛带，并代表赵匡胤表示抚慰之意。然后便带着这一干君臣进城，并把孟昶等人一直送回禁苑。

接下来，后蜀的君主就要以罪臣的身份正式向大宋朝廷上表求哀。这道告哀表文尤需情恳而辞切，言简而意赅。少不得又是文章宰相李昊的手笔。其中略谓：

> 先臣受命唐室，建牙蜀川，因时事之变更，为人心之拥迫。先臣即世，臣方丱年，猥以童昏，谬承余绪。乖以小事大之理，阙称藩奉贡之诚。染习偷安，因循积岁。所以上烦宸算，远发王师，势甚疾雷，功如破竹。顾惟懦卒，焉敢当锋？寻束手以云归，上倾心而俟命。当于今月十九日，已领亲男诸弟，纳降礼于军门，至于老母诸孙，延残喘于私第。陛下至仁广覆，大德好生，顾臣假息以数年，所望全躯于此日。今蒙元戎慰恤，监护抚安，若非天地之重慈，安见军民之受赐？臣亦自量过咎，尚切犹疑，谨遣亲弟诣阙奉表，待罪以闻。

李昊本是前蜀的大臣，前蜀亡于后唐时，降表也是李昊所作。故夜来便有那好事的蜀人，在李昊的府门前写上“世修降表李家”六个大字。

此表由孟昶之弟雅王仁赞亲自送往汴梁。赵匡胤阅过降表，当即抚慰了仁赞几句。因孟昶表文中有“自量过咎，尚切犹疑”等语，便在赐复的诏书中答道：“既自求于多福，当尽涤其前非，朕不食言，尔无过虑。”并命孟昶率其家属，速速来京授职。

孟昶等一行在途中走了两个月，到了江陵，便舍舟上岸。赵匡胤早已派人在此迎接，安排鞍马车乘。到达汴梁近郊后，开封府尹、皇弟赵光义先来表示慰劳之意。

第二天，举行了隆重的受降典礼。集合在宫门前的侍卫亲军，排成整齐的方队，甲胄鲜明、刀枪耀眼，笳号呜呜、旌旗猎猎，军容极是雄壮。孟昶与弟仁赞，子元喆、元珏，宰相李昊等三十三人一律素服，依次候立于明德门外，每人都勒着一条作为待罪象征的帛带。先由宋阁门使李廷宪接受降表，孟昶等人伏地待罪。过一会儿，赵匡胤令人将他们扶起听敕。敕文曰：“取法上天，广覆下土，既叶混同之象，永垂临照之光，方喜来朝，何劳俟罪。体兹倦息，无至兢忧。”这算是皇帝赦免他们了。接着又赐给袭衣、冠带，让他们更衣进冠。这时，赵匡胤升位于崇元殿，由李廷宪一个个将孟昶他们引进殿行君臣之礼。礼毕，皇帝又带着他们登明德门城楼，检阅禁兵。待各队将士按部归营之后，再赐宴于大明殿，宴前，接受贡礼并颁赐恩赏。

赵匡胤对投降的蜀国君臣确实给了格外宽厚的待遇。授孟昶开府仪同三司、检校太师兼中书令、秦国公，食上镇节度使俸禄。孟仁赞授右神武军统军，孟元喆授兖州节度使，孟元珏授左千牛卫上将军。来降君臣都授了官，李昊授了工部尚书，连被俘虏的王昭远也给了个右千牛卫上将军。除了授官，还要给赏。孟昶，赐黄金鞍勒马、金器千两、银器万两、锦绮千段、绢万匹。孟昶之母李氏，赐金器三百两、银器三千两、锦绮千匹、绢千匹。其他人按爵位官阶分别赏赐了不同数量财帛。孟昶的官邸是早就准备好了的，其他官员，赵匡胤也命将作监一一为他们营建宅第。

孟昶的母亲和后宫的嫔妃都受到了恩赏，女眷们自然也随李氏太后入朝陛谢。赵匡胤对李太后十分尊重，称之为“国母”。李太后以下后妃由黄门中使一一唱名引见。那孟昶的爱姬花蕊夫人徐氏也在其中。匡胤听到报花蕊夫人的艳名时，不由得要定睛细看。只见珠帘启处，一位丽人袅袅走来，未到近前，便已传来一种扑鼻的异香。行礼之后，抬起头来，果然是人间罕见的绝色，看得赵匡胤一时为之走神。若非亲眼得见，他简直无法想象，世上竟有生得如此美貌的妇人，难怪孟昶这厮不理国事，日夜在后宫流连，只落得一个国破被俘的下场……赵匡胤一走神，竟忘了说“免礼平身”之类的套话。幸亏身边的小黄门官机灵，看出皇上不对劲，忙操着清脆响亮的嗓音代宣了圣旨：

“花蕊夫人免礼，赐座。”

这一声吆喝才让赵匡胤醒过神来，总算没闹出笑话。他不禁为自己的表现而感到一点隐约的羞愧，他一生似乎还从未经历过类似的情况。

李太后请求入宫谒见后妃，赵匡胤立即同意了。其实他的后宫，此时既无太后，又无皇后，也无贵妃，可说无人可谒。但是为了让这蜀宫女眷一行人多逗留一刻，他也煞有介事让黄门官带他们到后宫礼节性地转了一圈。赵匡胤自己一直坐在前殿等他们出来谢恩告别。告别时，他态度越发谦和，叮嘱李太后道：

“国母有暇，可随时入宫，不必拘于形迹。”

那李氏也只当是一句客套，当即唯唯而退。女眷们逐次退出，赵匡胤只把一双眼睛盯在花蕊夫人的身上。花蕊夫人何等乖觉，看出这位宋天子的神情异样，临行又回首将流盼轻轻一转。本已是天生尤物，更何况眉目传情，当下里便叫赵匡胤三魂去了二魄。赵匡胤生平，确实不是爱好女色之人。年轻时丢下娇妻去外游荡，后来长年在外征战，两个妻子都不曾有过太多和他共处的岁月，并且都病逝在三十岁以前。王皇后死后，他一直没有考虑选立新后，后宫也并无一个可意之人。但他毕竟是个年甫四十的男人，生活中不能不怀有一种正常的向往，希望得到一个他所中意的女人。看到花蕊夫人，他的心怦然而动，他似乎感到她就是他心目中的女人。但是，“罗敷有夫”，梦想与现实之间横亘着一座无法逾越的大山，赵匡胤为这一点而陷入深深的苦恼。

是天从人愿，还是其中确实包含着一个极狠毒的阴谋，谁也拿不出足够的证据。事实是孟昶入朝之后仅仅七天就死了。当时孟昶才四十七岁，身体虽然稍胖（以至不能骑马而放弃了马球运动），却并没有明显致命的慢性病，而死前所发的病又很奇怪，只是觉得喉间有物梗住，不能下咽，拖了三四日，一日比一日重，终于一命呜呼。这症状又排除了脑卒中、心猝死这一类突发性致命急症的可能。赵匡胤派了太医诊治，可都束手无策。临终前，孟昶神智还清醒，令人拟文，上遗表给赵匡胤，感荷天恩，并请求照顾老母和遗孤。

孟昶死后，赵匡胤表示了深切哀悼之意。废朝五日，赙赠布帛千匹，葬费尽由官出。并追封孟昶为楚王，赠尚书令。又专程召见李太后，表示悼念，看到李太后满脸的悲哀愁苦之状，便安慰她说：

“国母毋过于悲戚，当节哀顺变。如嫌在京不便，他日当送国母返归故里。”

“陛下欲送妾归于何处呢？”李氏问道。

“自然是送归蜀地。”赵匡胤诚恳地答道。

“妾本太原人氏，昔从庄宗征伐，后随先夫入蜀。陛下如能送妾归老并州，妾当感恩不尽。”

“并州如今被北汉占据，不便前去。待朕日后平定了刘钧，定当如国母之愿。”

李太后是个极有心地且办事果决的人。她回到府中，在孟昶的灵前并不号哭，只是以酒酹地，祝祷于孟昶之魂：“汝不能以死殉社稷，偷生而不得生。我只为汝之尚存，故不忍遽死，今汝既死，我生何为？”说罢便米水不进，绝食数日之后，因年老体弱，便也一命呜呼。赵匡胤命鸿胪卿范禹偁办理丧事，赙赠加等，随孟昶灵柩一起，葬于洛阳。治葬完毕，孟昶的家属一概又回汴梁，少不得面圣谢恩。赵匡胤再次得到见花蕊夫人的机会，心中喜不自胜。这次情形可大不相同，那一座横亘在梦想和现实之间的大山已经被无形之手搬走了。

# 征蜀将帅的奖与惩

花蕊夫人姓徐，自幼才色双佳，她父亲徐国璋把她献给孟昶，很受宠爱，封为贵妃，别号花蕊夫人。这女子不惟面容姣好、体态婀娜，且善解人意，娇媚温柔；上天偏又让她聪敏过人，身具诸般才艺，琴棋书画不消说，吟诗填词俱极精美。孟昶原本就是个追逐声色犬马的好手，只要是逞感官之快意的勾当，他没有一件不爱好，没有一件不精通。纳了这位花蕊夫人，俩人自然是如鱼得水，相得益彰。

花蕊进宫的时候，孟昶已是中年，身体发福，击球、射猎这类马上的游乐渐渐力不从心，兴趣便转移到弹琴、作画、射覆、吟诗这些方面。为了赢得徐妃的欢心，他蓄养了一大批文学之臣，经常在摩诃池上召集他们在一起议论诗文并即兴创作。这批人中有几个小有才气，但人品却极差。蜀中百姓虽然也传诵他们的作品，对他们为人的整体评价却很糟糕。如颇有名气的欧阳炯、阎选、鹿虔扆，就和韩琮、毛文锡同被人称为“五鬼”。孟昶自己也写过不少诗词，只是因为才情有限，没有什么有影响的作品，只有他为花蕊夫人所作的一首小令中的两句还颇为国人争传：

冰肌玉骨清无汗，水殿风来暗香满。

后来却有人对此佳句的出处提出疑问。说是青城山上一老尼常对人言“冰肌玉骨，自清凉无汗”，化为七言，似嫌未通云云。但当时那批马屁文臣却一致给予极高的评价。花蕊夫人也认为自己嫁给了一个最富诗人情调的皇帝，因而真心实意地爱他。当然孟昶对她更是百依百顺，呵护有加。恣情纵意的帝王生活条件再加上相互间的真挚爱情，那可真是“不羡神仙的眷属”。

不过，幸福的尽头往往就是痛苦。孟昶的小朝廷在极短的时间内被摧毁，一家人成了待罪之囚，而且紧跟着孟昶就神秘地死去。孟昶一死，花蕊夫人知道自己不可避免地会要被赵匡胤据为已有，她从陛谢那天赵的眼神里就确认了这一点。她以平静的心情来对待即将来临的事实，女人的命运不就是如此吗，她需要男人的保护，旧的保护失去了，那就要依靠新的保护。所以，当赵匡胤的黄门官宣谕说“花蕊夫人今夜就请留在宫中”时，她既不惊慌，也不喜悦，默默接受了新的命运。

把一个新寡的亡国王妃纳入自己的后宫，赵匡胤也曾一度产生过愧恧和犹疑的心情，但他无法遏制心头那种强烈的欲望。他觉得自己必须占有这个女人，这似乎也是上天交付给他的一项使命，他应该得到她，就像他秉承“天命”应该把后蜀的山川百姓收归自己的帝国一样。普天下大概都曾认为孟昶是世上最有艳福的人，占有了花蕊这个绝代尤物。应该让他们知道，这只是一个历史的误会。他赵匡胤才是唯一的“真命天子”，天子广有四海，世界上一切最美好的东西都应该归他享用。

当然，还有一个名分问题。以花蕊夫人目前这种尴尬身份，暂时无法考虑给她任何封赠，只能稀里糊涂住进后宫里再说。不会有谁敢提出异议，天子连这点自专的权力都没有吗？

赵匡胤从来没有体验过一种对女人的狂热的爱，没有什么女人让他魂牵梦绕，让他产生一种朝夕与共的渴望。京娘的死确实使他心头沉重了好些日子，他觉得自己有负于那个天真可爱的女孩。当节度使的时候，他就派人去整修并祭扫了京娘的坟墓，还为她的弟弟文正安排了小小的官职。他觉得自己能做的也只有这些。至于两个妻子的死，他虽然悲惋，却没有更深一层的心理活动。他认为那都是天命，人寿的修短是天定的，无法可想。是她们的福分薄，自己并不任其咎。

可是，这次有点不同，这个花蕊夫人似乎具有一种特殊的力量在吸引着他。他时时都想和她在一起，因为和她在一起就感到快乐。但是俩人的气质相差太远，能博得花蕊欢心的技艺，赵匡胤一样也不会。总不能像傻瓜一样老是无所事事地厮守着。赵匡胤想学作诗，可是政事太忙，静不下心来，而且年岁也大了，想掌握一些过去很生疏的东西，困难得很。他把自己年轻时在华山观日出时写的那首诗给花蕊看了，花蕊只是微笑着说：

“天子的诗，不可用常人的标准去度量。陛下的口气真大，帝王气象，自然流露。”

“夫人可有什么近作？给朕看看。”赵匡胤说道。他对读诗并没兴趣，只是无话找话而已。

花蕊夫人踌躇了半晌，然后打开妆台上的小抽屉，取出一页花笺，上有几行诗句，稍有犹豫地交给赵匡胤，说道：

"妾近日有咏后蜀宫中事七律二首，请陛下过目，并请恕臣妾冒犯之罪。"

赵匡胤接过来读了一遍，似懂非懂，只是其中一首给他以强烈的印象：

君王城上竖降旗，妾在深宫那得知；十四万人齐解甲，竟无一个是男儿。

赵匡胤认为这两句诗直白易懂，而且在情感上极沉痛、极深刻。虽然诗中流露的愤懑无疑反映出对旧朝的怀恋，但赵匡胤不仅不以为忤，相反还对花蕊夫人寄以同情。他不像某些人那样认为诗的作者完全逃避了本人对后蜀的倾亡应负的责任。女人就是女人，他们永远都是历史命运的被动承受者。追求逸乐固然是蜀亡的原因之一，但那是孟昶的个人品格所决定的。有没有花蕊夫人的存在，他孟昶都是那么一个人，都会造成那样一种局面。不过，十四万大军一朝瓦解，仅仅理解为其中没有血性男儿所致，作为一个受保护者的女人的愤慨之词固无不可，作为对历史的总结就未免有失公允。赵匡胤按自己的观点向花蕊夫人解释：

"蜀中将士不可谓全无忠勇之士，惟国事的兴替，顺乎天命。而天命之攸归，人力其可恃乎？"

赵匡胤总是习惯用"天命"来说明兴亡臧否的根源。因为这两个字具有无穷的威力：天命不可违，顺天命者，一切无往而不利；逆天命者，算尽机关也徒然。每每说完这个道理，他都要微微抬首，目光轻轻向左右一扫，不经意地流露出"顺天命者，舍我其谁"的自负。

花蕊夫人当然知道这时候该说什么话：

“陛下上膺天命，四海归心。故蜀中将士虽系男儿也尽效妇人般俯首称臣。”

赵匡胤听了哈哈大笑。多么乖巧的一张嘴啊！这样的可人儿真个是招人疼爱。

花蕊夫人的内心可并非体验着同样的快乐。她可以很柔顺地满足赵匡胤的身心两方面的需要，曲意的逢迎对她来说不是一件困难的事。但她没有办法忘掉孟昶，忘掉昔日在成都的那些逍遥而绚烂的岁月。孟昶虽然不是一个雄才伟略睥睨四方的英雄，但他对爱妾细腻入微的体贴和视同生命的珍爱，使作为女人的她得到了最大的满足。赵匡胤当然也爱她，但她知道，像赵匡胤这种人，是不会对别人产生纯粹的人与人之间的真挚感情的。他也爱他的臣下、将士和百姓，那是因为他们都是他实现自己伟大抱负的工具，他对他的女人的爱，和这也差不了多少。她崇拜赵匡胤、敬畏赵匡胤，但她却不可能爱他。只是为了舒适而尊荣的生活，她必须把自己的未来拴在这棵大树上。

为了寄托自己对孟昶的思念，花蕊夫人亲手绘制了一幅孟昶的像，挂在堂上，朝夕供奉。赵匡胤问她这人是谁，她诡称是蜀中百姓虔信的张仙人，想要生男孩的妇人向她祝祷，无不灵验。赵匡胤以为花蕊夫人有心为他蓄一龙种，心中十分高兴。

宫中一班嫔御，谁又不想生男抱子呢？于是纷纷求她为自己也绘上一张，拿回宫中礼拜，一时之间，宋宫各院处处都能看到孟昶的画像，极香火之盛。这倒真是孟昶生前从未想到过的殊荣。

当赵匡胤在温柔乡中沉醉的时候，从巴蜀却不断传来动乱的消息。

首先是两支入蜀大军之间的矛盾。赵光义率领的东路军是在王全斌之后数日才到达成都的。孟昶当时送上的馈遗和犒师的礼品悉照北路军一例对待。接着，朝廷的颁赏诏书到了，两路大军也一视同仁并无差别。北路军先就心中不服，因为他们自视为入川主力，理应居功在首，嘴边便常有不逊的言辞。而东路军当然也不服。一是跋涉之苦较北路有过之无不及，二是由于曹彬坚决制止一切违反军纪的行为，由峡江一路而上，可谓秋毫无犯。只是破了州郡时，分得过一些府库钱财。对比之下，北路军的将领有的已经大有收获。会师成都以后，赵匡胤下令，行营总部任何决策需两路将领会商而后定。结果是会议上往往各执一词，以致于哪怕是极小的事，也无法形成共识并做出决定。王全斌、崔彦进、王仁赡几个人日夜饮宴嬉游，不理军务，放任部属大肆掳掠民女货财。川蜀之民，不胜其苦。曹彬看到这情形，心中着急，却又无可奈何，他建议王全斌等人早日班师，可王全斌哪里听得进去。后来权知成都府事的参知政事吕余庆到了，他是赵匡胤旧时幕府中人，现今官职甚高，诸将稍有畏意。那时成都城中盗贼四起，大多兵即为盗，盗即是兵，无人能禁。一天，药市刚开始交易，就有街吏来报，一名军校借酒持刀抢劫商人钱财，吕余庆当即派人捕得该名军校当街就地正法。军人们从这开始才有所收敛。

可是，真正的大麻烦是随后发生的蜀兵作乱。赵匡胤下诏，命将蜀中军队中的可用之兵选送阙下（京师），途中从优发给装钱（路费、补贴），可是王全斌擅自减少朝廷核准的数目，又纵容部属去欺凌勒索，蜀兵心怀怨愤，走到绵州，就造反作乱。他们推举原文州刺史全师雄为统帅，一下子就发展到十几万人，号称兴国军。王全斌派马军都监朱光绪，前往招抚。谁知这个朱光绪是个凶残淫狠之徒。他先是访拿全师雄的家族，杀了个精光，只留了一个女儿，霸占为自己的妾侍。被激怒了的全师雄再无半点妥协保全的念头，带着队伍攻入彭州，自号为兴蜀大王。一路开幕府，置节度使，东西两川，响应者越来越多。崔彦进、高彦晖等分道进行讨伐，结果屡战屡败，高彦晖战死。王全斌被自己激成的这场大变吓坏了。

这时，成都城里还有两三万蜀国降兵，安置在夹城中。乱事一起，诸将都主张将蜀兵一概杀掉。只有康延泽提出建议，把其中老幼病弱者七千余人就地释放，其余的押解出川，顺江而下，贼若来夺时，再杀也未晚。王全斌没有采纳他的建议，而是听任诸将大肆杀戮。蜀军卒被屠达二万七千余人。这种做法对动乱实际上只起到了火上浇油的作用。一时随全师雄为乱者达一十七州。王全斌一面申报朝廷，一面令刘守光、曹彬率部出击全师雄。他二人的部队因为入川以来一直严守军纪，百姓颇有好感。这次出征，果然就效果不同，与全师雄部在新繁接战，战斗刚开始，叛军的前队就有许多人解甲来降。全师雄不知其故，只好麾兵退守。不料阵脚一动，宋军便如潮水般涌来，大呼："降者免死！"混乱的叛军纷纷抛戈弃械，举手归降。头目中若干强悍好斗者，坚持抵抗，不是被杀，便是受伤。眼见得无法支持了，全师雄便带领余众逃奔郫都。宋军又尾追至郫都，全师雄等又窜往灌口。叛军的声势经此打击后大不如前。这时从嘉州（今四川乐山）又传来了前虎捷指挥使吕翰叛乱的消息。吕翰与全师雄的部将刘泽汇合一处，拥众五万，叛军之势又重新张大。曹彬又会合王仁赡同向嘉州进击，大破吕翰军，吕翰领残部遁往雅州（今四川雅安）。刘泽部三万余众仍在嘉州、简州（今四川仁寿）一带活动。康延泽其时任普州（今四川安岳）刺史，自己招募了一支三千人的军队，由于训练得法，指挥正确，竟大破刘泽之兵。刘泽走投无路，率部投降。这样四川叛乱稍稍平息。

康延泽随即被赵匡胤任命为东川七州招安巡检使。其后，清剿叛军的战争又持续了近一年。直到乾德四年（966年）冬天，全师雄在金堂病死，四川全境才算是逐渐平静下来。

这场动乱，时间比灭蜀战争长，造成的损失和破坏也更大。而这一切又完全是由人为的原因引起的。王全斌等人执行的掳掠百姓、滥杀降卒等一系列残暴的政策是激发暴乱的根源。对王全斌、崔彦进和王仁赡，群臣有上表弹劾的，百姓有诣阙告状的。赵匡胤不得不把他们全部召回，亲自审查处理。

最先讯问的是王仁赡。他是以枢密副使身份由朝廷任命的征蜀北路大军都监。这是个极滑头的官油子。知道皇帝是要追查征蜀将领的诸般不法之事，为了争取宽大处理，他把自己所知道的诸将的过失一一详报，甚至略加夸张，可就是不提自己，但是赵匡胤在这之前，已从蜀中回来的官员们那里进行过了解调查，取得了详尽的第一手资料，看到王仁赡在自己面前耍小聪明，便决定给他点破一下：

“朕来问你，纳李廷珪的伎女、开丰德库取金元宝，也是王全斌、崔彦进他们干的吗？”

皇上这一问，吓出王仁赡一身冷汗。他匍匐在地下，不敢回答。李廷珪是后蜀侍中、成都巡检使，当时随孟元喆一起出征至绵阳，本意去助王昭远守剑门，闻剑门已破，遂与元喆率兵遁回成都，退兵路上将所有州县仓储全部烧光。宋军进成都以后，王仁赡要按图籍追查这些军需物资的去向，李廷珪害怕起来，求计于马军都监康延泽。康延泽说：“王公志在声色，能得其所欲，一定就置而不问了。”李廷珪是个节俭人，家中根本没有蓄养女伎，于是找到姻亲家里，讨来女伎四人，又四处告贷借得金帛价值数百万献给王仁赡。王仁赡果然就不再追问了。这样的事，皇上都已经知道，自己还有什么好说的？只有认罪等候处理了。

王全斌、崔彦进这些人都很快认了罪。赵匡胤念及他们的功劳，不想将这些人正式交付审判，便令门下省引他们与讼告者对质，最后落实非法受取隐没不报之财共计钱六十四万六千八百余贯。至于蜀宫珍宝及外府收藏没有登记在册的都未计算在内。查清经济问题，再附以擅自克扣兵士赴阙装钱、杀降卒而招致寇乱等罪由，由御史台召集百官，讨论如何处理。朝官们都说三人之罪当斩。赵匡胤宣布给予他们特赦。王全斌、崔彦进俩人被贬往边远的随州和金州，任崇义军留后和昭化军留后，王仁赡免去枢密副使，降为右卫大将军。其他北路军诸将，视其违法情节，给予不同处分。

至于东路军，则当然地受到奖赏。曹彬为宣徽院南使，领义成节度使，刘光义改领镇安军节度使，张廷翰领彰国军节度使，李进卿领保顺军节度使等等。以曹彬所受的奖赏最为优厚。曹彬接诏后，求见赵匡胤，推辞道：

“这么多将领获罪，臣却受赏，何以自安？”

赵匡胤笑着对曹彬解释道：

“卿有功无过，又不自夸自傲，理当受赏。朕想，如果你犯了哪怕是纤芥般大小的过失，那王仁赡他会替你隐瞒吗？惩恶奖善，国之正道，你不必推辞了。”

曹彬可能不知道，王仁赡为了自保，在受审时历数众将罪过，极尽落井下石无限上纲的能事，却独独说了他一句好话：

“清廉谨慎，没有辜负陛下使命的人，只有一个曹彬。”

## 册立皇后的风波

对于王全斌及其部将在四川的残民、害民等不法行径，赵匡胤早就通过其他密奏有所了解，但他不能在整个局势安定之前，给予激烈的制裁，那样会影响全部战略意图的圆满实现。他曾经介入过一两件事的处理，他希望以此促使那些暴虐成性的军人从中受到启示，稍知自律，但看来收效甚微。

那还是乾德三年秋天，赵匡胤听说西川行营有一名军官拷掠民妇先割乳房然后再杀掉的事，极为震怒，马上下命令把该军官捕送京师，斩首示众。朝廷近臣中有人为之开脱，想保全这人的性命。赵匡胤说：

“朕之兴师，意在吊民伐罪。罪在君国，民妇何罪？而残忍对待以致于此。蜀民亦朕之子民，朕能不为其偿冤乎？死刑需立即执行，毋得再议。”边说边流出了感伤的眼泪。

乾德四年，有人奏请按谋逆连坐之罪，将西川的戍边将士留在成都的家属全部拘禁起来进行甄别，凡证明其夫主附从于全师雄为乱者，一律诛杀。当时形势很乱，戍兵中绝大多数都卷入了乱党。刀头一举，那就不知道又是多少万颗人头落地。赵匡胤对枢密使李崇矩说：

“此议不可行。朕顾虑亡命在乱党中的将士，许多是被贼酋驱使，其本人并无反心。”随即他下令把所有的戍军家属尽行开释。

赵匡胤的仁厚用心并不能感动以杀人越货为职业的军人，最后，一批战功显赫的将领不得不交由御史台议罪。赵匡胤不想这样做，但又不得不这样做。虽然处分并不如朝臣们拟定的那么重，但还是收到了警惕人心的作用。从此以后，宋军在征战中的军纪大大改善了。

正像仁德和廉洁常常联结在一起，残暴和贪婪每每也难以分开，而且伴随着它们的还有奢靡。赵匡胤认为克服贪婪的欲望必须从生活的俭朴做起。他在青少年时期，家境一直不宽裕，做了节度使以后，也还常常需要别人接济。节约已经成为他的习惯。做了皇帝，还是保持着这种传统作风。喜欢穿洗旧了的衣服，轿辇上围的也是素净的布料。寝殿挂的是青布做边的苇帘子，宫中的帐幔从来不加纹饰。早年穿着的麻布衣裳也舍不得丢掉，经常用以赐给左右近臣，并且说“这是我过去最喜欢穿的衣服”，用以启发他们的俭朴之心。从后蜀宫廷收缴的图书、珍宝、文物及器具等陆续运到汴梁，各色各样的日用品充分反映了孟昶及其后宫生活的奢侈铺张。其中有一个用七宝装嵌的小便壶，赵匡胤见了感叹道：“这样追求享乐和糟践财物，想不亡国，能办得到吗？”马上命人把它打碎。

他的这套作风并不能博得左右臣下的理解和支持。特别是生活在他身边的近臣更是常常觉得打熬不住这份清苦，可是又不敢在他面前暴露出不满。于是，这些人便去找皇弟光义，请他在皇上面前说几句开导的话。光义还真的说了，可是毫无效果。当时光义说：

“陛下今日贵为天子，不宜自奉过于俭约。万乘之尊，就要有万乘之尊的排场和规格，一味简陋，百姓会失去崇仰和敬畏之心的。”

光义的话不能说毫无道理，可是赵匡胤却板着脸孔训斥他道：

“荒谬！我只听说过人君以骄奢而丧其国，从来没听说过因俭朴而失天下的。”停了一会，他又接着说道：“你难道就忘记了你小时候我们家里过的是什么日子吗？”

赵光义不敢再开腔了。确实，从他记事的时候起，家里的经济情况就一直不太好，一点老底子全在后晋天福年间被南侵的契丹军和汉奸部队掳掠干净了。一家大小十余口全靠父亲和哥哥的俸禄维持，并不宽裕。父亲死后就更加艰难。他和幼弟光美几乎都是一年还难得穿上一件新衣。也是因为家境不好，最疼爱光义的母亲才会同意把刚满十六岁的他补入禁军。

赵家没有显赫的世系，所以有次在太庙里祭祖的时候，赵匡胤问左右，祭坛上陈设的都是些什么物事？近臣们忙禀告是古代相传的礼器，并把那笾、豆、簠、簋等物一一说出名称来历。

“朕的先祖们哪能认识这些东西呢？”赵匡胤听得不耐烦了，下命令把那些东西全部撤掉，祭台上只供上平常人家的食物、器具。事后他又想到，太庙有太庙的规矩。于是索性定出制度，自己亲祭时，供礼悉如常人，自己祭后，再换上那些古器古物，由致祭的官员们去祭拜。

从蜀国宫人随身携带的用具中，赵匡胤很偶然地发现了一面制作精美的铜镜。当他把这面铜镜拿在手里端详时，发现镜的背面铸有“乾德四年制”几个字。他大吃一惊，继而感到恐惧。“乾德”是自己的年号，当初改元的时候，他交代朝臣们注意，不要与历代用过的年号相重。可这里怎么又出现一个“乾德四年”呢？莫非是什么昭示天命的“异物”，上面铸着“谶语”一类的话？“乾德四年”，今年就是乾德四年，是指乾德只有四年的气数，还是有什么别的意思？赵匡胤是不大相信这些玩意的，可事情让自己碰上了，还是不免感到害怕。他召来了翰林学士陶谷、窦仪，问他们这是怎么回事。窦仪当即答道：

“此物必定是从蜀中来的。前蜀时王衍曾用过此一伪号，想必是那年铸造的。”

赵匡胤听了松了一大口气，不禁赞叹道：

“到底是书读得多啊，看来宰相还得用读书人。”

从此以后，他日益看重儒臣。宰相赵普的行政才能确实出众，眼光之敏锐，思虑之缜密，处事之果断，都无人能及，就是书读得不多，知识不够渊博。于是，赵匡胤常常劝赵普多读书，赵普也确实养成了勤读的习惯。但读书有成不是一天两天的事。自从皇上当着窦仪的面说了“宰相要用读书人”这样的话，朝臣中就风传开窦仪将要拜相的消息。赵普感到一种恐惧，却又无可奈何。他自知平日处理政务有专擅之处，这是历代权臣、能臣的大忌，为此而遭杀身之祸者也不少见，但这又是一个无法回避的悲剧法则，一个历史的怪圈。那些毫无锋芒颟顸昏庸的人当然不会因专擅、操切而触怒“圣主”和结怨同僚，可是这些人中又有哪一个堪称治世的栋梁呢？哪怕有再大的风险，像赵普这种人是绝不会甘心自动退出历史舞台的。正好有一天，赵匡胤找他商议任用窦仪为相的事。他答道：“窦仪这人文艺有余，经济不足。”

赵匡胤知道赵普说的话大体并没有错，但他却不愿意就轻易地下结论说窦仪不可用。他对于赵普权力过于集中这一点早有感觉，而且赵普这个人的刚愎自用有时颇令他恼火。有一次，赵普向他保举一个官员，因为在赵匡胤记忆里这人并不出色，于是，奏表留中不报。第二天，赵普又上一表，还是为那人要官。赵匡胤仍不答复。第三天，赵普又呈上内容相同的奏表。赵匡胤发怒了，把表接过来，撕成两半，丢在地下。赵普把表拾起来，带回去补好了，次日又带上朝来。赵匡胤气得喊叫起来：

“朕就是不给他升官，你要怎么样？”

赵普却一点也不退让，侃侃答道：

“刑以惩恶，赏以酬功，古今之通道也；刑与赏，皆天下之刑赏，而非陛下之刑赏，怎可以喜怒来作判断的依据呢？”

赵匡胤气极了，一时又无恰当的言词驳斥，只好站起来就走，赵普也跟着他走。赵匡胤走入后宫，赵普便站在宫门口，不走开半步。将近耗了个把时辰，赵匡胤听黄门官说赵普还站在那里不动，心想，再这样僵下去，他会留下直言强谏的美名，我却会成为固执谬见的笑柄，我会吃亏。于是他叫小黄门把奏表取进来，自己签署了认可的意见……

赵匡胤不愿意经常被迫做出这样的妥协，他要设法分散赵普的一些权力，挫掉他逼人的骄气。你赵普说窦仪不行，未必就真的不行。赵匡胤决定亲自和窦仪谈一次话。首先，他想听听窦仪对赵普的评价。他向窦仪谈了赵普的一些过失和毛病令自己难以容忍，同时他又称赞窦仪早有清誉，极孚人望，暗示他是代替或制约赵普的合适人选。谁知道窦仪根本不愿说任何否定赵普的话，只是一再称赞赵普是开国元勋，公忠亮直，是举世不可多得的济世良臣等等，全是赵匡胤不愿意听的话，君臣竟是话不投机而散。窦仪回到家里，对他的兄弟们说：“宰相我是绝对不会做的。我可不愿意站到悬崖边缘的位置上去。现在不会要我干了，我们全家的安全也有保证了。”

窦仪和赵普不是一种类型的人，他们之间最大的差别在于对权力的态度。窦仪不倾慕权力，而赵普不可一日无权。当然，这也是他们不同的气质所决定的。窦仪是学者而仕进，赵普则是政客而得志。窦仪确实缺少经济（治世）之才，所以他明智地回避了触手可及的富贵。但赵普却并不会因此而放松警惕。他时刻防范着赵匡胤会重提此事，他有意地纵容其他朝臣给窦仪出难题，组成了一道排斥窦仪的统一战线。他有自己的一班子人，参知政事薛居正、吕余庆，翰林学士陶谷以及赵逢、高锡等大臣，都受他长期庇荫，又都对窦仪怀有忌刻之心，因此把打击窦仪这件事干得很卖力。朝臣们多数都是捧红踩黑见风使舵的人。赵普权大势大且手段毒辣，谁会和他对着干呢？就在早几个月，枢密直学士冯瓒、绫锦副使李美、殿中侍御史李檝三人因为得罪了赵普，被赵普构织贪赃之罪，差点连命都丢了，最后还是被特赦才弄了个三人一齐流放沙门海岛的处分。既然赵普以窦仪为对手，那么最正确的保全自己的态度就是和窦仪划清界限。

窦仪为自己的孤立而苦恼，也对赵普所策划的反对自己的阴谋感到愤懑。茫茫宦海，险不可测，无论你怎样明哲保身，风波仍然随时都可能将你吞噬，到处密布着暗流和漩涡，一切容忍和退让都毫无用处，而且也没有退路。也许当初根本就不该入仕，可是读书人不做官又能干什么呢？圣贤之书所说的修、齐、治、平的大道理，还不是围绕着经世济民这个实用的目的？总之，生而为儒，志向在官，出路在官，富贵在官，除了当官，就只有去做教书先生，在穷乡僻壤的破败塾馆里，伴着几个顽童度此一生。窦仪越想越想不通，心情郁闷，终于染上了重病，而且药石无灵，就在这年十一月去世了。赵匡胤听到窦仪的死讯，十分感伤地说：

“上天为什么这么急着把窦仪从我身边夺走呢？”他下诏追赠窦

仪为右仆射——这是宰相的衔头，生前没能够用窦仪为相，死后也一定让他领受一下当宰相的荣耀。

宰相是文官的班首，一定要具备表率的作用。窦仪干练不足，但学养无人能比。所以赵匡胤虽然不满意窦仪的逊让和退避之风，但仍寄希望于他的振作。赵普操纵一伙人排挤窦仪，赵匡胤看得很明白。他认为窦仪总有一天会忍无可忍，站出来和赵普对着干，那时自己就可以借仲裁的机会打击一下赵普的气焰，并且把腰板硬起来了的窦仪扶上相位。谁知道天不从人愿，窦仪竟然在受排挤的委屈和苦闷中郁郁成病且一病不起。

对窦仪的死，赵匡胤不能不惋惜。惋惜中又觉得纯粹的儒生毕竟还是太软弱了。面对复杂的甚至险恶的政治斗争他们身上带着一种先天的局限性，而且学问越高深，这种局限性越大。他们日积月累的品识修养只会使一种信念日益坚定，即一切为名利的竞逐都无聊而可耻。这样他们和现实政治的距离自然越来越远。窦仪死了，而且相当长时期内，朝中不会再有窦仪这样的人。行政的干才容易选拔培养，渊博的学识则是资质和勤奋多年结合的产物，难啊！

宰相还得有人做，政事还得有人管。赵匡胤权衡之后，依旧决定倚重赵普。这种情况下当然还得采取一些新措施来调动赵普的积极性，所谓措施无非是加官晋爵。赵匡胤很快下了诏书，着赵普以本官同平章事，加左仆射，充昭文馆大学士。“昭文馆大学士”——这就是名副其实的首席宰相了。

乾德年号，既然前蜀王衍用过，那就必须改掉。赵匡胤授意赵普筹议此事。赵普提出，改元是一件大事，需慎议而后行。最好是伴以国家喜庆之典，隆重颁布，取其吉兆。

“卿以为当前有什么堪称祥瑞的喜庆呢？”赵匡胤问他，心里似乎也预感到他会作怎样的回答。

“臣以为册立皇后是我朝当务之急，且国之庆典今日亦莫大于此了。”赵普的回答果然不出赵匡胤的所料。这个“当务之急”已经有人提起过，只是赵匡胤始终未明确表态，以致延宕下来。册立皇后最根本的问题还是新皇后的宝座该属于谁。赵匡胤这两年跟花蕊夫人朝夕相处，感情还是很融洽的。当然，初见时那种新鲜感和刺激感大大消退了，但总体上说，花蕊夫人仍然不断地带给他温暖和快乐。赵匡胤不是一个懒惰的皇帝。他每天批阅的奏表常达数十份之多，加上爱思考，好读书，时间安排就比较紧，虽然说宵衣旰食是夸张了点，但完全放松的休息时间确实并不多。花蕊夫人很理解这一点，懂得如何充分利用皇帝有限的闲暇，采取灵活而有效的方法，来调节他的身心的重荷，恢复他旺盛的精力。赵匡胤对这一点心中是颇存感激的。他想过要立花蕊夫人为后，但对她的尴尬背景却又不能不抱有顾虑。他能估计得到朝臣们的不同反应。此时，既然赵普提出了这个问题，赵匡胤便想首先看看他的态度。

“朕欲立花蕊夫人为后，卿意以为如何？”他单刀直入地提出问题。赵普的回答也很痛快：

“皇后者，国之母。陛下以为，亡国之宠妃，可以母仪天下乎？”

“朕之家事，难道朕亦不能自主吗？”赵匡胤不甘心就这样放弃了自己的想法而受制于人。

“陛下不只是为一己娶妇，而是为天下亿兆子民择母。亡国之宠妃，陛下虽以为可妻，而天下人可以奉之为母吗？”赵普的回答仍然是那样直率。话虽有些无礼，但道理却很充分。赵匡胤觉得无法驳斥，也不很想驳斥，因为自己也曾经想到过这一点。

花蕊夫人的命运就这样被裁定了。那么皇后究竟立谁呢？赵普说只要是良家淑女便好，可以着各州府选德言工容出众的女子送来京师，再一一甄选，当不难得。但这种做法，赵匡胤坚决不答应。他有一条原则，虽不能时时事事贯彻，但却经常强调，那就是：“烦民奉己之事，朕必不为。”全国范围内去甄选后妃，难道还不是“烦民”之甚吗？赵普说那就在公卿将相等仕宦人家考虑吧。

赵普这一说倒是提醒了赵匡胤，他眼前浮现出一个娇小活泼的女孩，那是左卫上将军宋延渥的小女儿，春天，随着她母亲入宫来贺长春节（二月十六日，赵匡胤的生日）。一见之下，赵匡胤大吃一惊，这位宋小姐长得太像一个人了！像谁？就是那位当年在蒲州轻生殉爱的义妹赵京娘。京娘去世廿年了，论年纪，足可以做宋小姐的母亲。可是在赵匡胤的记忆里，京娘始终就是那么一个活泼、美丽、痴情而又烈性的十七岁女孩。那一段短暂的爱情是赵匡胤一生都未能淡忘的遗憾。随着岁月的流逝，遗憾和感伤渐渐模糊，而这位宋小姐的出现却又勾起了他沉淀在心底的往事。那天，他亲赐宋小姐冠帔，又赏给他母女二人许多礼物。没有一个人知道皇上为什么会这样额外施恩。母女二人谢恩告退出来，赵匡胤的心里还为了遥远的往事久久不能平静。

宋小姐，原先也是见过的。乾德元年的时候，她母亲也曾带她入宫，那时不过是个十二三岁的女孩，虽然乖巧伶俐，却并未触动赵匡胤的一段心实旧事。更早些时候，其父在周太祖帐下供职时，宋小姐还是幼童，常随父到禁营中玩耍。宋延渥是郭威十分亲信的臣属，当时的地位虽然比赵匡胤高得多（他早已任节度使，而赵匡胤还只是一名殿直亲军东西班行首），但却看出赵匡胤是个杰出人才日后定当崭露头角，当然也考虑到赵匡胤和柴荣的特殊关系以及在郭威身边的重要位置，他对赵匡胤一直很尊重，多年来，二人相处不薄。宋小姐来到营中时还曾缠着这位“赵叔叔”与她买果子吃。

宋延渥年纪比赵匡胤大不了多少，但显达却比他早得多。因为生得一表人才，又英勇善战，后汉时被刘知远选做女婿。自从娶了汉室永宁公主，驸马都尉宋延渥很快就爬到了节度使的位置。郭威起兵从邺都回汴梁时，他是汉义成军节度使，驻节滑州。滑州是邺都往汴梁的必经之地，因此，宋延渥的态度对郭威的进军成败至为关键。郭威的战略目的是直扑京师翦除群小，取得政治和道义上的主动。如果当时宋延渥以“讨逆”的名义进行拦截，那情况就会变得十分复杂，对郭威很不利。但是宋延渥作为汉室驸马，却站到郭威一边来了。谁料到，当年那个小女孩如今竟出落得如此俏丽，如此酷似那痴情而命薄的京娘妹子。

“左卫上将军宋延渥的女儿，容德兼全，卿以为可立后否？”赵匡胤已经定了主意，便提出来征求赵普的意见。赵普答道：

“陛下已有圣鉴，自然是能孚众望的。”赵普不想也不敢再拂皇上的意。

剩下的事全都由赵普派人去办了。一纸诏书，把宋小姐召入宫来。这时已是乾德五年岁尾，翰林院拟好了改元的年号——“开宝”。新年伊始，便下诏为开宝元年，二月，由太史择定良辰，册立宋氏为后。

宋氏这时只有十七岁，赵匡胤却已经过了四十二岁的生日。年龄虽然悬殊，相处却甚为融洽。赵匡胤面对宋后，心中总恍惚觉得眼前便是京娘，不免把积年的遗憾化为一片怜爱，表现出十二分的关怀和体贴。而宋后不惟长相酷似京娘，连性格也十分相像，活泼中透着天真，温柔里带着贤淑。最难得的是年纪虽小，却十分讲究礼仪。每当赵匡胤退朝的时候，她总是全副凤冠霞帔在宫门迎候，然后陪着皇上用餐，餐后再一同去御苑散步。她把这一切都当作是一种神圣的职责去完成，她知道，作为皇后，她一方面应该以自己的行为母仪天下，另一方面，她应该让皇上回到后宫能保持愉悦的心情，得到充分的休整。

宋后所表现的这份认真，令赵匡胤十分感动。他庆幸自己择后得人。他认为这不仅是他本人的幸运，也是大宋亿兆子民的福分。他已然渐渐忘记那位曾令他神魂颠倒的花蕊夫人了。这也难怪，一个三十多岁的半老徐娘，纵有千种风情，又如何能与豆蔻年华的俏丽少女相抗衡呢？

花蕊夫人无法跳出自然规律的制约，就像那些因年龄和体力原因而被淘汰出局的运动员一样，本来是虽败犹荣的，可是对于一个依靠美色依附男性的女人而言，这种失败往往就具有难以承受的悲惨意义。其实，历代以来，美人失宠也并不少见，但花蕊夫人却又不可与别人并论。作为亡国的俘虏，她在宋宫中始终没有任何正式的名分。得宠时犹可，一旦失宠，那种处境不言而喻。光是宫娥太监们的白眼、议论和奚落就让人活不下去。她偏偏又是一位才女，多愁善感，怎能不由悲生怨，由怨生病。既悲故国，又怨新朝，如此愁病交加，不到半年，便香消玉殒。

赵匡胤得知花蕊的死讯，念及往昔的一段恩爱缠绵，不禁也流出了两滴感伤之泪。

## 难应付的宰相文官们啊

赵普权倾朝野，而且新近又实至名归，被授以首相（昭文馆大学士）之位，处事的苛刻专擅自然更胜从前，不过他自认为前段操办册立新后之事很称君心，加之朝中大臣依附于自己的甚多，抱敌对态度的一时尚未发现，因而自我感觉良好，丝毫没有丧权失位的忧惧。改元开宝以后，他又组织了一场大型的祭典。在冬至那一天，君臣合祭天地于南郊，正式颁布改元的文书，并由皇上宣布大赦及蠲免乾德五年以前逋租（逃租欠税）的诏令。四海腾欢，万民仰颂。祭典之后，请赵匡胤御乾元殿，由他赵普率领百官向皇帝奉玉册宝，上尊号，叫应天广运圣文神武明道至德仁孝皇帝。赵匡胤从内心里不喜欢这套虚文，但还是郑重其事地接受了。正如日常生活中许多明明白白的谀词，却还是为人们所乐于受用。所有这些活动搞得声势浩大、十分隆重。赵普想，皇帝对自己这样的宰相还能有什么不满意的呢？

然而，赵匡胤还是在心里考虑着抑损赵普的权限这个问题。朝臣的密奏中弹劾赵普不法行为的材料已经不少，有揭发他陷构冯瓒、李美致罪的；有检举他强购民宅、聚敛私财的；有指责他结党营私、排斥异己的……对这些密奏，赵匡胤一概不动声色。赵普毕竟是他最重要的久经考验的助手，对他的忠诚应该是无可指责的。当然，他并不是一个最理想的宰相，然而现在却找不出可以替代他的更合适的人选。即使是改变这种一相独尊的局面也很不容易，群臣中谁是可以对他起到制衡作用的人呢？

首先，赵匡胤当然想到的是资深望重的老臣。

翰林学士陶谷，历事晋、汉、周数朝，博闻强记、淹通经史，学问方面当然是一流的，办事也精明干练。国朝以来，礼仪制度，大多经他拟定，最难得的是他连前朝卤簿仪仗的装备和服饰都记得清清楚楚，并能绘出图样。此后多年权知贡举，在选拔人才方面也贡献不小。

但此人的品行是有些问题的。赵匡胤早先就听说过他在后汉时积极参与诛杀侍中李崧的政治阴谋。至于第一个直观印象则是在自己受禅那天的事。当时因为时间紧迫，范质、王溥他们张皇失措，都未能准备禅文。陶谷在一旁，不慌不忙从怀里掏出文稿说："已经拟好。"固然是及时解决了难题，赵匡胤内心却对陶谷的为人甚为鄙薄。食周之禄，官至台省，事变突发，不能为主分忧，却积极地准备禅文，这哪里是人臣之道嘛！

乾德二年，陶谷和吏部尚书张昭同掌选事（官员的调任和升迁）。出于挟嫌报复的目的，竟捏造事实，说"左谏议大夫崔颂向给事中李昉行贿，要求安排自己的亲属为东畿令"，还要张昭为他作证。赵匡胤把张昭叫来对质。张昭是个直性子人，他极鄙视陶谷这种做法，见了皇帝，把帽子一脱，大声说道：

"陶谷欺君罔上！"

赵匡胤最不喜欢看到臣下这种直言强谏的样子，他总认为这里头有表演的成分，难道我是个昏昧无能的君主吗？他一生气，事情也没查清楚，就对李昉、崔颂都作了贬官的处分。张昭为此三次上表请致仕（退休），赵匡胤也照准。这事后来虽然澄清了，为了不使自己尴尬，赵匡胤只是重新任用李昉、崔颂，而没有责罚陶谷。陶谷并没有从这件事里汲取教训，仍然一如既往地热衷于自我吹嘘、排斥他人。竟然常对别人说些招人耻笑的话：

“我的头骨生得异于常人，应当戴貂蝉冠。”意思是说自己应当宰相或不日就要当宰相。他知道在以学问仕进的儒臣中自己只能屈居于窦仪之下，又揣摩透了赵普对窦仪的戒备之心。于是，主动阿附赵普，想尽办法排斥窦仪。所有这些赵匡胤都看在眼里。

这种人能够当宰相吗？当然不能。

老臣中还有一个刘温叟，后唐清泰年间便已入仕，后晋时即登翰林学士，论道德修养，五代年间无人能出其右。赵匡胤记得当年在后周同事柴荣，有一年刘温叟权知贡举，得进士十六人。当即有人告密说刘温叟受贿徇私。柴荣大怒，取消了其中十二人的进士资格，将温叟降为太子詹事。他没有为自己辩解，也没法做出能证明清白的辩解。后两年，这被罢黜的十二人全部相继得中，从而使人们确认他并没有徇私。开国以后，赵匡胤对他很尊重。先授他掌刑部，后又任御史中丞并兼判吏部的诠叙工作。他都做得很有成绩。待人处事他永远是那样端方严谨，一丝不苟。当然，有时也不免失之迂腐、呆板，不过这种拘泥小节拙于权变的缺点常常也令人肃然起敬。比如说他事继母的孝顺尽人皆知，孝到什么程度呢？盛夏酷暑，早晚问安也必定冠带朝服整齐熨帖。总之衣冠稍不整不敢相见。再如朝廷旧制，宪省（刑部）公务员有所谓公用茶赏（茶水补贴），中丞以上每月一万钱，公用（办公经费）不足，就从赃物罚没收入中开支。温叟嫌这名称（赃罚中支付）太难听而不受，十二年间，他始终一文也未领取。

刘温叟的廉洁和清贫是举朝公认的。有一次，晋王赵光义听说他因清廉以致家用困乏，便派一府吏给他送去五百千钱。他收下了，放置在厅西的房间里，命那府吏封存署字而去。第二年端午，光义又给他送来角黍（粽子）、纨扇，派来的还是去年那个送钱的人。那人看到厅西那间屋子门上自己留下的封识依然如旧，回来报告晋王。晋王后来对皇上说：

“我的钱尚且不用，何况别人的钱呢？去年他收下来，是不想因拒绝我而显得无礼，整整一年，他动都没有动。可见他甘于清贫的节操。”

赵匡胤也不禁大加叹赏，但他处事的过于方正有时也让赵匡胤感到不快。后蜀的宰相欧阳炯被俘以后，安排为翰林学士。赵匡胤听说欧阳炯精于音律，特别是一支长笛吹得出神入化。有一天特地把他召到便殿，要他为自己演奏一曲。笛声被刘温叟听见了，他当即赶来叩殿门求见，进殿以后，他神色庄重地说：

“禁署之地，是朝廷举行典礼、颁布诰命的所在，不宜做这种戏子们做的事。”

赵匡胤一时竟无词以对，半晌才想出托词：

“人言孟昶君臣都耽溺于声乐，欧阳炯是个宰相，也会这一套，所以终于被我所擒。朕把他召来，就是为了检验一下传言到底是否真实。”

“臣愚，不能体察陛下用心是在引以为鉴戒。”刘温叟恭恭敬敬地回答，一点也听不出讽刺的意味。也许是赵匡胤自己心里虚，总觉得这话说得不中听。不过他从此再没有召欧阳炯或别的什么人在殿堂上做这类“戏子做的事”了。

还有一次，傍晚时分，赵匡胤带着几个小黄门登上明德门（禁城城门）的城楼。正好刘温叟才从公署里下班回家。前面开道的发现了皇帝一行人，赶紧报知刘温叟。刘温叟吩咐经过楼下时，开道的继续吆喝如常，就当没有这回事一样从城门走过去。这应该说是很无礼的行为，赵匡胤想，好在自己也不是正式出巡，就当他是没有看见吧。不过这也很难说得通，他坐在轿子里看不见，那些骑在马上的扈从难道也看不见吗？第二天早朝，刘温叟请求单独召见。还没让赵匡胤提出问题，他倒首先发难了：

“非庆典之时，皇上随意登明德门楼，近侍之臣都会冀望得到格外的恩宥，所经之处军士们也会等着赏钱或赏物。臣所以命从人呼喝开道而过，就是不愿意让更多的人知道皇上在不该登楼的时候登楼了。”

话说得比较委婉，但其中又分明是很严肃的批评。赵匡胤和所有的皇帝一样，都是不愿意听批评的，但他也和少数立志要做“明君”“圣君”的皇帝一样，常常不得不装出一副爱听批评的面孔，他当场就对刘温叟的话表示了赞赏。

赵匡胤想，平心而论，刘温叟这样的人太平盛世做个宰相还是蛮合适的，至少他在许多方面可以以身作则，垂范百官。但是，刘温叟已经六十多岁，而且，大概由于自奉太俭约，身体羸弱不堪，过重的政务他已经承担不起了。

所以，提拔宰相还是只能从年轻一些的朝廷大员中来考虑。

赵匡胤想到的是吕余庆和沈义伦。这两个人都是他的老部下。后周显德三年，他被任命为同州节度使，这是他首次出领节镇，需要组织自己的幕僚班子。吕余庆是赵匡胤本人向柴荣要来的，而沈义伦则是宣徽使昝居润荐来的。十多年来，俩人一直是鞍前马后地跟随着他。立国以后，先后担当过不少方面重任，而且事实证明都是难得的干才。

吕余庆最大的特点是持重谨慎而又兼具胆略和决断。平蜀之后，命他以参知政事知成都府事。由于他的果敢坚决，才使秩序混乱的成都在最短期间内平静下来。王全斌等一干悍将骄兵也不敢不服。在朝中他处事平易，不与人在名利上争长短。立国之初，赵普、李处耘这些人先被重用，他也恬然处之，并不在意。后来李处耘为了和慕容延钊闹矛盾的事被罢黜到淄州，尽管李处耘在荆湘军前对吕余庆也不够尊重，但当吕余庆从江陵回朝以后却还能替他申说了许多实际情况，使不敢自辩的李处耘避免了更大的厄运。

沈义伦最大的优点则在于清廉、宽厚。立国之初，他一直住在简陋的宅第里，毫不介意。当时很多权贵冒着违反禁令的风险从秦、陇一带购置巨大的木料，营建私宅。事情败露之后，便争着向皇上补行奏报。沈义伦给母亲盖了一间小佛堂，也主动坦白交代。赵匡胤笑着说：“你不是个敢犯规矩的人。”后来皇上下命令给他修府第，他又一再地要施工人员缩小规模。伐蜀战争中，他是负责总后勤的转运使。当王全斌这些人竞相劫掠财物时，他住在一间寺庙里吃小菜饭，蜀国上下送来的奇珍异宝，他一概拒收。从四川东归的时候，他的行李中只有图书数卷而已。赵匡胤曾经问曹彬对官吏的任用有什么看法。曹彬素来谨慎，先是答道：“臣只知监督军旅，考察官吏的事，非我所知，不敢妄言。”赵匡胤一定要他讲点具体意见，他只说出了简单的四个字：“义伦可用。”

吕余庆和沈义伦共同的弱点一是文采不足，欠缺儒臣所应具有的知识和修养；二是长期以来（从节度使府署做幕僚开始）和赵普共事，难免形成一种带派别色彩的关系。特别是设参知政事（俩人都是参知政事）以来，一直充当赵普的副手，这种副手实际是下属，久而久之，自然会养成仰承赵普意志的习惯。现在即使把他们拔擢到相位上，也难以起到制约赵普的作用。

和吕余庆、沈义伦同任参知政事的还有一个薛居正。后唐末年进士及第，历仕数朝，既以文才见长，又以干练著称。立国之初，任户部侍郎，后入为枢密直学士，权知贡举。平定湖湘之初，他受命知朗州。那时周保权手下的将领汪端逃亡在外，啸聚数千人，扬言要进攻朗州。有人告密说城内僧人与汪端有勾结，准备攻城时里应外合。朗州人心震动，留守诸将都主张将城中千余名僧人一网打尽全部杀光。薛居正却提出只要守住庙门不许与庙外交通便万无一失。后来贼众溃散，汪端被擒，才明白是汪端派出的奸细化装成和尚在城中出入，实与城里庙中僧众无关。千余僧人性命得以保全。诸如此类，人们公认薛居正是一个宽厚简易、不爱苛察的人，下属对他有好感，百姓也很信赖他。

乾德初年，赵匡胤拟亲征太原，需征用大量民夫担负后勤运输。那时河南遭灾，民众逃亡者达四万家。赵匡胤派他薛居正去召集流亡，不过十天，老百姓都回到了本乡本土。但是过分谨慎的性格也决定了他守成有余、开拓不足的精神面貌和工作作风，太缺乏赵普身上那种竞进和求胜的劲头。

赵匡胤经常召儒臣与他对讲经、史。有一次薛居正受命给他讲后晋刘昫编著的《唐书》。他以李世民和魏徵的关系为例，大肆发挥君臣相处之道，无非是赞扬唐太宗的虚心纳谏。赵匡胤对进谏和纳谏这一套向来有点不以为然，因此便打断他的话头说：

“自古以来为君者少有能正确约束自己的，为臣者又少有具远见卓识的。君行不检，不能无谏；而臣无远见，谏不切中。故虽在显位上，却不能垂范后人。一旦陷于不义，子孙罹祸，这都是君臣之道有所未尽。就说唐太宗吧，臣下直诋其非而不以为耻，就算是能纳谏的皇帝了，可是依朕看来，还是不如根本不做坏事，使臣下无尤可谏。古之人臣，能保全而享厚福者，就是由于恪守臣道而事君忠正。”

这话拐弯抹角说来，其实就是“不需要进谏的才是明君”的意思。我赵匡胤是不是明君呢，做臣下的心中去掂量就是。薛居正当时唯唯连声，内心想必不太同意，但他始终未驳诘。如果换了赵普，就会说出另一番道理。薛居正不敢说，因为赵匡胤讲得明白，面对“无尤可谏”的“明君”，要想“保全而享厚福”，必须懂得“恪守臣道”。薛居正的软弱说明他不是制约赵普的材料，而且他也是一个上六十的老人了。

赵匡胤想，吕余庆、沈义伦、薛居正这三个人现在都还不能替代赵普挑起宰相的重担，但是只要积以时日，他们作为一个整体，将是可以完成这项任务的。那么目前自己还必须继续依靠和重用赵普。但是赵普的政敌们却不断地发动着新的攻击。

左监门卫大将军、权三司使赵玭曾经掌握了赵普违反禁令从陇上购置巨木运来京师修建私第的情况，并抓住了一名赵普从吏，此人在市场上以赵普的名义卖出木材。赵玭把事情具表上闻，赵匡胤大怒，当时就准备将赵普逐往外郡，后被宰相王溥（当时尚未罢相）劝止了。事情一过，赵普开始了反击，最后罢掉了赵玭的三司使。赵玭被罢，心中不服，累次上密奏，揭发赵普不法之事。但奏表均留中不发。赵玭怀疑是赵普从中搞鬼，便亲自守候在阁门等着接诏。那天，诏书下来了，反倒是给他以勒归私第（相当于今之监视居住）的处分。这是赵匡胤对赵普的有意袒护。

屯田员外郎、判大理寺雷德骧，发现自己的下属官员，为了逢迎宰相赵普的意旨，擅自增减刑名，他气愤已极，仓促入朝，要向赵匡胤面陈其事。因为扳倒赵普的心太切，没有等小黄门传引，自己直接跑进讲武殿启奏。声音高亢，用词激烈，历数了若干条赵普的罪状。他的这种态度激怒了赵匡胤。简直是把矛头对准了朕嘛！仿佛朕是一个宠信奸佞的昏君。他讨厌这种慷慨激昂的进谏表演，他认为这种人都是在沽名钓誉。沽名钓誉犹可说，问题在于它是以丑化受谏者的形象为代价的。也就是说他们的演出效果越好，作为对立面的皇帝的形象就越糟。赵匡胤当即大声呵斥道：

“鼎、铛都有一双耳朵，你这家伙就没听说过赵普是朕的社稷之臣吗？”说完他顺手捎起身旁一把柱斧朝雷德骧嘴上就是一下，当场就敲掉他两颗上齿。随后命令左右把雷德骧拖下殿去，并让宰相赵普将之处以极刑。赵普当然不会下这样的令，虽然是代行皇帝的诏旨，别人还是会骂我赵普报复泄愤。果然不一会儿，皇上怒气息了，只以闯入之罪罢了雷德骧的官。

雷德骧的告发并不是没有作用，赵匡胤听到了那些重要的细节。不过目前他不想解决这个问题，因为条件并不具备。雷德骧挨打罢官都有点冤枉，日后再给他以补偿吧。不过他应该理解：皇上有时候也是需要表演的。

# 赵匡胤

## 武定乾坤　文治天下

（下）

雷池月　著

南方传媒　广东人民出版社
·广州·

**图书在版编目（CIP）数据**

武定乾坤，文治天下——赵匡胤 / 雷池月著. —广州：广东人民出版社，2024.1

ISBN 978-7-218-16363-5

Ⅰ.①武… Ⅱ.①雷… Ⅲ.①赵匡胤（927—976）—传记 Ⅳ.K827=441

中国版本图书馆 CIP 数据核字（2022）第 251380 号

WUDINGQIANKUN WENZHITIANXIA ZHAO KUANGYIN

武定乾坤，文治天下——赵匡胤

雷池月 著



**出 版 人**：肖风华

**责任编辑**：马妮璐
**责任技编**：吴彦斌 周星奎
**装帧设计**：VIOLET q1152979738

**出版发行**：广东人民出版社
**地 址**：广东省广州市越秀区大沙头四马路 10 号（邮政编码：510199）
**电 话**：（020）85716809（总编室）
**传 真**：（020）83289585
**网 址**：http://www.gdpph.com
**印 刷**：三河市中晟雅豪印务有限公司
**开 本**：710mm×1000mm 1/16
**印 张**：35.5 **字 数**：426 千
**版 次**：2024 年 1 月第 1 版
**印 次**：2024 年 1 月第 1 次印刷
**定 价**：99.00 元（全二册）

**如发现印装质量问题，影响阅读，请与出版社（020-85716849）联系调换。**
**售书热线：（020）87716172**

# 卷——伍

*Volume 5*

# 从塞北转战岭南

## 郭威留下的历史包袱

开宝元年（968 年）七月，北汉王刘钧病死了。

刘钧的父亲刘崇（后改名旻）是后汉高祖刘知远的弟弟，汉隐帝（刘承佑）在位时，任河东节度使，驻节太原。刘承佑死于乱军之中，郭威篡代之势已成定局。为了稳住刘崇，先请立刘崇之子刘赟为帝。刘赟当时任武宁军节度使，驻节徐州。郭威请冯道去徐州迎接刘赟入京，并指天誓日说自己决无他意。这时太原少尹李骧劝刘崇引兵下太行，控制孟津上游地势，俟机应变。刘崇却大骂李骧道：

“我儿已经立为新天子，我复何求？你要我俟机应变，这不是想离间我父子吗？”随即命将李骧推出斩首。李骧刑前高呼道：

“我自负有才，却为这样的愚人谋划，确实是该死。不过我妻有病，不能独活，请同死。”

刘崇很爽快地答应了他的要求，把他妻子跟他一块儿杀了。不几天，就传来了郭威自立为帝的消息。刘崇又遣人奉书郭威，请将刘赟放回太原。郭威婉言拒绝，并复书说，“湘阴公（刘赟）已从宋州接到京师，必将妥善安置。公勿担忧，只要能同力辅助新朝，让你加官晋爵永镇河东。”分明是要扣为人质威吓刘崇投降的意思。刘崇知道儿子完了，但自己哥哥好不容易取得的宝座哪能这样轻易拱手让人呢。于是在郭威即位之后，立即宣布由自己即皇帝位于太原。国号年号不变。这就是史书所称的北汉。

刘崇刚称帝，汴梁那边就把刘赟杀了。刘崇放声恸哭，后悔自己当初没有听李骧的话，责备自己说：“吾不听忠臣之言，致有今日。”他下令给李骧建祠于太原，岁时致祭。

从此，北汉与周便是世代血仇。为了报复，刘崇与契丹结盟，自称为“侄皇帝”，奉辽主为叔。在此后的两年，会同辽军不断地向晋州、潞州发起进攻，却屡遭败绩。北汉本来就地狭民穷，连年战争，庞大的军需再加上向辽国的进贡，造成了赋役繁重、民不聊生的局面。迫于形势，刘崇稍稍收敛了报仇雪恨之心。

郭威死后，柴荣继立。刘崇又认为是机会到了，联合契丹，大举伐周。柴荣力排众议，御驾亲征。这就是本书前面写到的赵匡胤脱颖而出初露锋芒的高平之战。那一场北汉大败，刘崇本人虽然保全了性命，但损兵折将，元气大伤。加上后来周军对太原的围城战，尽管因为久攻不下士卒疲病而退走，但岌岌可危的局势使刘崇受到了雪上加霜的打击。他终于一病不起，就在这年冬天死去，帝位传给了皇子承钧（后改名钧）。刘钧这年二十九岁。

周与北汉间的冲突因为柴荣致力于淮南战争而稍有平缓，小规模的战事当然始终没有停止过。刘钧即位后四年，北宋开国。李筠起兵拒宋，向刘钧求援。北汉本来派出了大部队充李筠后盾。但想不到李筠失败得那么迅速而彻底。刘钧害怕起来，全师而退，根本没有和宋军接战。赵匡胤当时曾通过谍者（情报人员）的渠道，捎话给刘钧：

“君家和周室为世仇，始终不为所屈是有道理的。今天我和你之间从没有什么过节，你又何必坚守一隅，使一方百姓受苦？如果你是有志于中原，就请下太行来决一胜负。”

刘钧便派了一个情报人员向赵匡胤复命：

“河东偏僻之地，土地兵甲，不及中朝上国的十分之一，但是我不能做家族的叛徒，区区守此，只是怕汉室列祖列宗断了血食（祭礼）。”

赵匡胤听到这番话，觉得其情可哀，一点同情泛上心头，便笑着对那谍者说：

“替朕转告刘钧，朕放他一条生路。”

从那以后，赵匡胤一直没有向北汉大举进过兵。现在，刘钧死了，赵匡胤必须开始考虑解决北汉的问题，因为北汉的局势陷入了空前的混乱。

刘钧没有儿子。刘崇活着的时候，就把自己女儿的孩子过继给刘钧。舅以外甥为养子，这在当时是常见的事，就像郭威收养柴荣一样。刘崇这样做还有一个原因，那就是这孩子没有父亲，是一场家庭婚姻悲剧的牺牲品。

刘崇出身微贱，少年时被乡里视为无赖，酗酒嗜赌，无所不为，后补入军伍，靠着哥哥刘知远一天天飞黄腾达，他也水涨船高地混到了马步军都指挥使的位置。所生一女许与同营军官薛某之子薛钊为妻，薛钊在后晋石敬瑭的禁兵护圣营中充当军卒。刘知远从河东节度使任上，迁升为侍卫亲军马步军都指挥使，这可以说是后晋禁军中的最高职位，他看到薛钊是自己的侄女婿，便将他从禁兵营中调入自己帐下。但薛钊其人，一无所长，只能空支一份薪饷而无事可干。刘崇的女儿和刘知远的女儿（即宋延渥之妻永宁公主）是嫡堂姊妹，关系甚为亲密，她看不起这个没能力没地位的丈夫，自己长年累月待在伯父的府中。薛钊娶了妻子，可是连面都难得见到，心中怏怏不乐。一个智商较低的人，长期处于受歧视受排斥的压抑状态中，每每能有些出人意料的铤而走险的表现。有一天，他乘着几分酒意，求见妻子。见面之后，一言不发，抽出佩刀向妻子刺去。刘崇之女也是习过一些武功的，当即向后一闪，躲过了要害，但手臂还是被刺伤了。薛钊一手抓住她的衣袖，一手再次举刀刺来。刘氏女紧急中扯断衣带，一转身，金蝉脱壳，人从外衣里窜了出来，快步跑出屋去。薛钊手里抓着一件空衣裳，不想再追，也追不上了，举起佩刀自刎而死。那时他们的孩子才两三岁。刘崇就命刘钧将他收为养子，取名刘继恩。没多久，刘崇之女再嫁给何氏，又生一男孩。孩子生下不久，夫妻二人先后去世。刘钧将这个男孩又抚为己子，取名刘继元。同母异父的兄弟二人在舅父的荫庇下长大成人，可惜都不是什么好材料。

那刘继恩长相古怪，全身有毛。身材不成比例，上长下短，因而在马上十分魁梧，下马却是个侏儒，不过人倒忠厚，对养父母十分孝顺，只是优柔寡断，全无治世之能。刘继元却正好相反，仪容俊美，风度潇洒，能说会道，还颇通禅学，但为人却极其刻薄残忍，诡诈阴狠，由于他工于心计，真面目很少暴露。

刘钧对两个养子都比较了解。他很担心继恩的柔弱懦怯不能成大事，但他也不打算废长立幼。到了自己弥留之际，他召来左仆射、同平章事兼枢密使郭无为，托以后事。刘钧说：

“继恩纯孝，但看来不是济世之才，恐不能担起我要交给他的这一份重任。”他希望听到郭无为表态，竭尽全力辅佐少主。然而郭无为默不作声，什么态也不表。刘钧只好带着一份遗憾闭上了眼睛。继恩随即就了大位。

这郭无为是北汉的一个重要人物。他是青州人，字无为（看他取的这个名字，就可以想见他为人之一斑）。曾隐居太原抱腹山下，故又自号抱腹山人。又上武当山当过道士，是个非儒非道介乎二者之间的角色。长的模样古怪，四方脑袋，吻部却像鸟嘴般突出。好学博闻，善于舌辩。早年郭威出讨李守贞时，郭无为曾到军前投效。郭威叹赏他的才识，想留在幕中从事。旁边有人建议说："公为大臣，握重兵在外，而延揽此类纵横之士，恐招致物议。"郭威踌躇不决，郭无为拂袖而去。后来终于被引荐到刘钧帐中，深得信任，从谏议大夫一直升迁到宰相的位置，朝政几乎全在他掌握之中，所以刘钧视他为唯一的托孤大臣。

刘继恩在勤政阁为父亲守丧。他穿着孝服，吃、住、处理公务都不离开勤政阁，而刘钧留下的执事百司和宿卫都在太原府署，于是刘继恩身边常常没有亲信随从。有人劝他召集亲军侍卫御前，他也久久不决。郭无为在父亲临死前不肯表态支持自己，使刘继恩深为恼火。他要改变郭无为一手专权的局面，但又不知该如何下手。他表面上进加郭的勋位，以示优礼，实际上却疏远郭，绕过他直接下达军令和政令。一两个月过去了，朝中风传着郭无为地位不稳的消息，但却又不见具体的措施出台。

那天，刘继恩备酒赐宴大臣和宗室子弟，各有封赏。酒后，继恩在勤政阁中睡觉。突然，供奉官侯霸荣带领十余名武士，手持利刃，闯入阁内，把门反锁了。嘈杂的声响惊醒了刘继恩。他情知有异，翻身跃起，想夺门而出，已不可能，只好围着屏风，毫无目的地乱转。这完全是求生的本能驱使下的盲动，支持不了多久。侯霸荣土匪出身，练就一副好脚力，传闻他跑步能追上奔马，而继恩又是天生的短腿，如何躲得开他。很快便被他追上，当胸一刀，刺个透穿，当即倒地死去。而不迟不早，就在这时候，郭无为带领宿卫甲士们赶到。门被侯霸荣反锁了。郭无为却胸有成竹，命武士们搭人梯从梁上翻入屋内，进屋的都是一流高手，任你侯霸荣及手下诸人如何骁勇，一顿砍杀，不过一二十招来回，侯霸荣以下十余人被杀个精光，不留一个活口。

事后，人们无法弄清楚侯霸荣弑君的原委。郭无为说："侯霸荣是个野性未驯的盗贼，数年间，由汉叛宋，由宋叛汉，反复无常，邀功图赏，此次弑君谋逆，是想以主上的首级作为再次降宋的进见之礼。"没有谁能说他分析得不对，但流传开来的说法却是郭无为指使侯霸荣弑君，然后又及时赶到现场，杀掉霸荣以灭口。不然何以会在时间上那么凑巧——国君一死，郭无为就赶到，而且现场又不留一个活口？

继恩既死，群臣议立新君。郭无为主张立继恩之弟继元，中书省平章事张昭敏说：

"少主（继恩）非刘氏血脉，故嗣位而不终。今应立宗姓以慰民望。世祖（刘崇）嫡孙继文（刘钧弟之子），久留契丹，宜迎立，可以内固宗社，外结强援，乃百姓社稷之福也。"

郭无为不同意他的意见，其余大臣，没有谁愿意和郭无为对着干，于是继元袭位。

即使北汉不发生这一连串的动乱，赵匡胤也已经拟定了出兵的方案并付诸行动。他认为自己已经兑现了对刘钧"开尔一条生路"的诺言。刘钧既死，而且无嫡子，解决北汉问题的时机也就到了。他任命昭义节度使李继勋为河东行营前军都部署，侍卫步军都指挥使党进为副都部署，宣徽使曹彬为都监，棣州防御使何继筠为前锋部署，怀州防御使康延沼为都监，建雄节度使赵赞为汾州路部署，绛州防御使司超为副部署，隰州刺史李谦溥为都监，兵分数路，大举进攻北汉。

刘继元刚刚坐上龙椅，宋兵已经深入汉境。他一方面向契丹告急，请求救援，另一方面派出侍卫都虞候刘继业、马进珂领兵扼守团柏谷。又以将作使马峰为枢密使，亲监其军。双方在铜挝河一场激战，汉兵被何继筠的前锋部队大败，损失二千余人。宋军乘胜追击，夺取汾河桥，直抵太原城下。刘继元派殿直都知郭守斌率领殿直亲军出城应战，结果又为宋兵所败，守斌中箭，逃回城中。

这时，契丹国主兀律已经派遣兵马总管达烈率领大军前来援救北汉。赵匡胤为了避免和辽国的正面冲突，便命令李继勋率部暂时退兵，同时积极使用另一手，即策反和劝降。郭无为就在此时和宋军搭上了关系，最初的联系人是一名叫惠璘的宋方间谍。惠璘假称自己是宋的殿前指挥使，因犯罪害怕处分而逃来北汉。他直接向郭无为提出交换条件，要郭保荐他在北汉做官以便搜集情报，而他则保证灭汉之后郭的身家财产安全。郭无为真的让他当上了供奉官。当李继勋的大军进攻太原的时候，惠璘欲逃回宋营，不巧途经岚谷，被巡逻关吏捕获押送太原。刘继元把他交给郭无为去审讯，郭无为却宣布无罪开释。有个叫李超的人，知道惠璘的真实身份，便要上告。郭无为立即派人杀掉李超以灭口。

赵匡胤随后正式派来了招降使者，使者带来了四十余道诏书。第一道自然是给刘继元的，诏上说只要他投降，便授为卢龙节度使。其余的诏书是给诸大臣和宗室的，对郭无为，允授以安国节度使，以下各官均允授以相应官爵。郭无为喜极而不形于色，装作一副忧心君国的表情，劝刘继元纳土称臣，可是刘继元就是不肯。国家再小再穷，可皇帝毕竟还是皇帝，至高无上，予取予夺，这种权威又怎么是一个节度使可以比拟的呢。哥哥继恩只当了六十六天皇帝，被杀了，人说他无福，可自己现在当了还不到六十天，就要投降，难道说比他更无福？不行，不到非降不可的时候，决不能降。皇帝的位子，不到非退不可的时候，绝不能退。不仅不能退，趁现在大权在握，应该对那些损害过自己的人、敌视着自己的人和对自己构成威胁的人，立即采取无情的镇压手段。他派人刺死了刘钧的妻子郭后，尽管她是他名义上的母亲，他怀疑郭后曾害死了他的妻子段氏；他借故杀掉了中书省平章事张昭敏，因为他曾反对立自己为帝；他把刘崇的十个儿子（他名义上的叔父）全部幽囚起来，然后逐个逐个害死，他不容许刘氏宗室留下任何一个人，因为那将是对他帝位继承权的潜在威胁。

## 艰难的太原攻坚战

赵匡胤招降这一手没有成功，第二年（开宝二年）春天，他决定御驾亲征。发兵前，他向右仆射魏仁浦谈起自己的想法，他说：

“朕欲亲征太原，卿意以为如何？”

“欲速则不达，愿陛下审思。”魏仁浦答道。

他当时点点头，没有再作声。心里不太高兴，脸上却并未表现出来。这些文臣们总是习惯于瞻前顾后、谨小慎微地思考问题，跟他们商量征讨的计划，真所谓是“筑室道谋、三年不成”。不过魏仁浦这个老头倒不是迂腐庸懦之辈，关键时刻往往能表现出过人的见识和胆量。记得那年，刘承佑派人向郭崇威下达杀郭威的命令时，就是他当机立断，促使郭威下定了进军汴梁的决心，最终协助郭威取得了帝位。在当时，那是需要何等样的远见和勇气啊！在对荆湘和西蜀用兵的时候，他都表示了积极的支持。可这一次他为什么会说出“欲速则不达”的丧气话来呢？赵匡胤对自己的决定竟产生了一丝怀疑，但是他想来想去，还是觉得正在执行的计划是万无一失的。赵普曾经把北汉比拟为“弹丸黑子”，这话并不夸张，连它的宰相（郭无为）都已经向我输诚效命，其他还有什么坚决抵抗的分子？继元小儿，恋栈富贵，大军一到，他无计可施时，便会投降。契丹来援，只要预做防范，也不足虑。那年随柴荣北征，也曾会过契丹将卒，不过尔尔。而今后在北方和契丹的决战总是不可避免的，现在跟他打一仗，有助于锻炼部队、提高士气。当然，魏仁浦有一重意思也是对的，那就是“审思”——要慎重地制定计划，要把对北汉的战争当做一场真正的硬仗来打。

赵匡胤命晋王光义为东京留守，枢密副使沈义伦为大内部署。李继勋和赵赞率兵先赴太原，自己带着大队随后出发。在途中，他召见了彰德节度使韩重赟，对他布置任务：

“契丹知道我这次的北伐，一定会派部队来救援。他以为我专务河东，河北镇、定二州方面会疏于防备，因此必从此路南下。卿可以为朕领兵加速前进，出其不意将它击溃。”随即，他任命韩重赟为北面都部署，义武节度使郭延义为副都部署。同时他又将上次作战中表现突出的棣州防御使何继筠派驻阳曲，扼守石岭关，他估计契丹援军必有一部分将从石岭关内侵。

大军不数日便到了潞州，因为连日降雨，只好暂停前进。那时，从各州调来的军需物品都往这里集中，道路泥泞，再加上指挥不力，车辆堵塞得一塌糊涂。赵匡胤认为这种混乱和滞阻是人为因素造成的，因而准备惩办转运使，这时赵普在一旁进行了劝阻：

“辎重车辆来自各州各郡，缺乏统一调度，又碰上这样的天气和道路，混乱阻塞总是免不了的。假如现在处罚转运使，敌人闻知，一定会以为我们补给储备不足，我军的威慑作用就要大打折扣了。所以，这个做法是很不策略的，只要用一个能力较强的人担任地方长官就行了。”

根据赵普的建议，赵匡胤委派户部员外郎、知制诰王祐权知潞州。王祐大力疏导车辆，不多久，在他的组织调度下，堵塞了许多天的道路终于恢复了畅通。

在潞州驻跸达一十八天之久。当时曾抓获了一个北汉的间谍，赵匡胤亲自讯问他：

“城中百姓光景如何？畏朕之来不？”

做间谍的哪个不乖觉过人？连忙答道：

“城中之民受刘氏之荼毒久矣，苦不堪言，日夜都在盼望陛下的车驾，只恨来得太迟。”

赵匡胤听了，情不自禁地笑起来，打发了些衣服和银两，便把这个间谍放走了。大权在握的人，没有几个不喜欢听阿谀逢迎的话。有的是自我感觉良好，不以其为谀；有的是居高临下，明知其为谀，只要不包藏显而易见的祸心，往往一笑而受之。赵匡胤这时的心情便是属于前者。他认为百姓总是向往和期待着“有道明君”，而普天之下，堪称“有道明君”者，舍我其谁呢。

但是这一次，他却实实在在接受了一个错误的信息。北汉的百姓当年被刘崇的报仇雪恨战略方针搞得力疲财尽苦不堪言的时候，曾经盼望柴荣亲征的大军能够解救他们。但是周军在北汉却大肆烧杀劫掠，令他们失望已极。从此每一场中朝和北汉之间的战争，对北汉的百姓来说，都具有了保卫妻小性命不遭屠戮、家园故里不被焚掠的意义。乾德三年，王全斌等人在成都的所作所为更不能不使太原城中的百姓不寒而栗。与其像那样的任人宰割，何如誓死一拼呢。城在，则身家财产在；城破，那也就只好归诸天命了。这就是当时太原城内军民的基本心理状态。赵匡胤如果深切地了解这一切的话，他可能会重新思考魏仁浦给他提出的建议，修订自己的战略计划，从而避免他有生以来在军事上所遭遇的一次最大的挫折。

赵匡胤率领大军来到太原城下时，李继勋等的前锋部队已经完成了对太原的包围。北汉军除了据城坚守，根本没有力量和宋军进行野战，偶一出击，辄为所败。他们唯一的希望就是老天能显示一点奇迹：或是让宋兵久攻不下知难而退；或者辽师倾力来援挫败宋兵。赵匡胤想，既然是攻坚战，必须抓住两条：一是要想办法瓦解敌人的斗志，一是要拟定合理的战斗计划，采取最有效的攻击手段。实施第一条，首先要派遣大量间谍奸细混进城去，散布流言，同时促使北汉朝中的投降派大肆活动，制造投降空气；实施第二条，则有待自己对战地的实地考察，并广泛听取从官和将帅们的意见。他把这两者同时摆上了办事日程。

郭无为接到了由宋兵细作们传来的天子口谕，要他相机行事，顺应天心，共襄大业，异日酬勋，封疆裂土云云。郭无为身在太原城中，对民众的抵抗情绪当然深有感受。但他最关注的却不是民心，而是刘继元本人的态度。刘继元不愿接受他请降的建议，从主观方面说，是不甘心放弃皇帝的宝座，而在客观方面也具有深刻的原因，一是觉得民气可用，二是相信强援必至。在这种情况下，要刘继元就范，让自己牵着鼻子走，不是一件易事。首先必须利用一切机会和手段打击他的情绪，让他失去自信。正好今晚有一个欢迎辽国使者的盛大宴会，郭无为决定在宴会上做一番精彩的表演，他要通过这场表演为实现自己的政治目的铺平道路。

这天晚上的宴会的确是空前的隆重盛大，和紧张的危城气氛不协调。宴请的贵宾是契丹主兀律的钦差大臣韩知范，他此行的目的一是代表兀律册立刘继元为大汉皇帝，重申辽、汉之间的父子关系；二是帮助北汉固守太原，韩知范熟悉军事、有韬略、沉稳干练，辽主相信他堪当此重任。韩知范是昨天夜里趁宋军不备时开城门放进来的，对围城的紧迫形势已经有了亲身的体验。但他神态很镇定，白天在册立大典上，他宣读兀律的诏书，声调高亢，神气纵横，此刻他又在酒席筵前和刘继元君臣觥筹交错、致礼频频。对北汉的大臣们说话时，他总是赞勉有加，俨然一副上国衣冠的派头。韩知范的自信与乐观感染了在场的北汉君臣，大家心里共同的潜台词是：契丹是可以信赖的叔侄亲戚之邦，有这样强有力的后援，宋军的包围被打破应该只是一个时间问题。

这时大厅中突然传来嘤嘤的哭泣之声，当在场的人为这一不协调音而愕然静默之际，低声的啜泣转成放声的恸哭。人们这才看清楚哭声发自宰相郭无为。旁边马上有人劝解：

“今晚乃喜庆之宴，明公何故如此？”

郭无为开始仍只是哭，不说话，当估计到刘继元和大臣们已有些不耐烦，突然大声说道：

“宋兵近在咫尺，随时都可能破城而入。城中数十万生灵和祖宗祠庙将任人涂炭凌辱。处此朝不保夕的危城，念及先帝十余年的惨淡经营和临终顾命，教我如何能不哭啊！”

他的这番哭诉立即扭转了整个宴会的气氛，立即从各个角落传来了长吁短叹。刘继元对郭无为如此煞风景的扰乱行为，心中十分恼火。正待要申诉几句，话尚未想好，只见郭无为离席走到厅中，抽出佩剑对天呼喊道：

“先帝，是臣无能，不能救此一方生灵和宗庙社稷，只能相从于地下了。”说毕举剑朝自己胸前猛地刺下……

“啊！”厅上的人同时被吓得发出一声惊呼。说时迟，那时快，郭无为身后早有人一把拖住他举剑的手，但剑锋已经划破了官服，伤及皮肉，顿时便见鲜血涔涔而下。

厅上这时已乱成一片。有人扶住郭无为，有人命令传召医官，有人吩咐准备舆轿。刘继元看到这情景，也立即离座来到郭无为身边，执住他的手不胜关切地说道：

“卿这是何苦呢？卿贵为宰辅，国之干城……”

“陛下！”郭无为以一种竭力支撑的表情用痛苦而颤抖的声音说：“奈何以空城拒百万之师！”，说毕两眼一翻白，昏厥过去。

郭无为真是一个极出色的演员，这最后的一句台词配合着形体动作，产生了极强烈的戏剧效果。宴会是当然无法继续下去了。刘继元君臣都带着一种无法摆脱的低沉情绪各自散去。只有一个人，自始至终冷漠地从一旁注视着郭无为的表演全过程，不时嘴角掠过一丝讽刺的微笑，他就是辽国使臣韩知范。

赵匡胤的大军行营总部设在太原城南，他带领着一群参谋人员和高级将领仔细地视察了太原城防形势。当即作出两条决定：第一，调集士卒和民工，加紧筑长连城。长连城即在城外垒土，取垂直方向与城墙靠拢并最终衔接，高与城墙齐，其作用是取得制高位置，以便掩护攻城并成为攻城的突破点；第二，在汾河上架新桥。围城部队必须驻屯在汾水东面和北面，才能有效地紧缩包围圈，而这样就必须架设新桥以保证辎重给养的运输和补充。

太原的城防很坚固，长连城的修筑也很费时日，敌军的弓弩射杀了不少修城的民工。这天在巡视前线时，有人提出要从后方继续增兵，以加强攻势。赵匡胤沉吟不语，未置可否。这时随侍在侧的左神武统军陈承诏开言道：

“陛下自有数千万兵在左右，为何不用呢？”

赵匡胤抬眼望望他，没有领会出他话中的意思。陈承诏举起马鞭指一指汾水。赵匡胤稍一转念，哈哈大笑起来。好你个陈承诏，关键时候还真能出好点子。于是立即下令命陈承诏负责督办堵河工程，在汾水东南角上筑一道长堤，让河水抬高后向北流入城里。这个陈承诏，就是十二年前柴荣南征淮上时，赵匡胤在清口一役中亲自擒获的那位南唐保义节度使，濠、泗、楚、海都应援使。柴荣释放了他，并授为右监门卫上将军。陈承诏打仗不行，可是有一门真本事——熟知水利，是官员、将领中极为少见的工程技术人员。赵匡胤开国以后，便充分发挥他的这一专长，命他督修惠民渠和五丈河这两条重要的运河。他不辱使命，顺利完成任务，对当时的漕运和商业交通作出了很大贡献。为了表彰他这一功绩，赵匡胤一次赐钱三十万，这可真是旷古少有的恩典。这次随军北伐，这个老水利专家又提出这样一条引水攻城的计策。还是学有专长好啊！可惜老头这次没能受赏。倒不是因为攻城未果，而是不到两个月他就死了，寿年可不短，活了七十四岁。死后赵匡胤还赠给他太子太傅的头衔。

汾水的流量本不大，东南方向的这一道长堤因本身地势较低，只能把有限的水流引向城南，一时难以构成根本性的威胁。赵匡胤又命令在城北汾水上游处再筑一堤，意图能将整个太原用水围困起来。而修筑堤坝并非旬日之间就能完工的事，众将建议先行地面强攻。强攻的办法是在城的东、南、西、北四面各结一寨，寨是木结构的，可防弩矢。军卒利用寨中弓弩手的掩护，强行通过城壕，以云梯登城，和敌军展开面对面的枪械和肉搏战。赵匡胤当即决定，以李继勋所部在城南，赵赞所部在城西，曹彬所部在城北，党进所部在城东，结寨发动进攻。

一个阴沉的拂晓，北汉士兵向城西赵赞的主寨发起反扑。这是一次偷袭。北汉军乘天色晦暗，悄悄打开城门，隐蔽身形，靠近宋寨，等到宋军发现，汉军已杀到眼前。宋军因为战斗起于仓促，毫无思想准备，一阵激战下来，竟折损了不少人。赵赞是一员老将，历晋、汉、周三朝，身经百战，深知这时最重要的是主将的镇定和勇气，如果自己表现出丝毫的退避之心，军卒就将逃散，寨子丢了不说，在汉兵的追杀中，人员的损失更难以估量。如果自己能够身先士卒坚决抵抗，往往可以焕发出部卒以一当十的勇气，也许带来奇迹性的转机。但是寨中的兵力太少而北汉却不断从城中派出增援人手，战斗已经到了十分艰苦和危险的状况。就在这时，从城墙上射来一支弩箭，正中赵赞的腿部。在身旁的亲随看见了连忙喊道："老帅，你中箭了，快退下去包扎吧！"说着就要过来扶他。赵赞把刀刃向外一横，圆睁双眼，大声呵斥道：

"不许大惊小怪，与我奋勇杀敌！"随即用手抓住弩箭根部，猛地向外一拔。那弩箭头上有倒钩，当时便连皮带肉扯下一块来。赵赞面不改色又厉声喝道："有再敢言退字者，杀！"

北汉兵看到赵赞被射伤，自然是越战越勇，宋兵看到主将如此勇猛，斗志也不敢稍懈。又激战了半个时辰，眼看宋军渐渐不支。也是天无绝人之路。正好东寨方面的总指挥党进派遣副手李谦溥带领士兵往西山伐木修建寨栅，听到这边战鼓咚咚、杀声震天，登高一望，只见赵赞寨中形势危急，连忙带着手下兵卒跑步前进，投入战斗。这一支生力军的出现扭转了战斗的形势。北汉军看到占领敌寨已不可能，便也不再恋战，一齐退入城中去了。赵匡胤接到紧急报告后，亲自率领部队来到城西，正好战斗已经结束，他看到士卒中许多人没有穿着战甲，便问这是谁带的队伍，怎么这么一副样子投入战斗，左右告知是李谦溥带领上山伐木的将士，听到鼓声赶来支援的，赵匡胤十分高兴，重重地奖励了赵赞和李谦溥。

这时，探报又送来了北汉兵出击东寨的消息。赵匡胤叮嘱医官悉心料理赵赞的伤口，又勉励了西寨官兵几句“尽忠杀贼、恩赏不亏”之类的话，然后在将士们一片“万岁”欢呼声中，带着自己的亲军宿卫，匆匆地赶往党进主持的东寨去了。

## 一连折损了两员大将

率领突骑数百人袭击宋营东寨的是北汉将领刘继业。他就是被后人在小说与戏曲中渲染得妇孺皆知的杨继业——《杨家将》里的杨令公。

刘继业本姓杨，名重贵。父亲杨信是汉高祖刘知远手下的麟州刺史。杨重贵不到二十岁就投效在刘崇帐下，骁勇过人，屡立战功，河东一带都称呼他“杨无敌”。刘钧即位以后，赐姓刘，改名继业，意思是视同自己的子侄，按继字辈分排名，官任建雄军节度使。刘继业世受国恩，位埒王侯，对北汉自然是忠心耿耿（至于他归顺宋朝，成为抗辽名将，为国捐躯，满门忠烈，那都是后话）。前者他受命与冯进珂扼守于团柏谷，因前锋卫队指挥使陈廷山投降倒戈，李继勋大军兵力超出杨、冯二人若干倍，寡不敌众，奔回太原。刘继元大怒，把他俩人痛骂一顿，罢去兵权。只因宋军围城攻打甚急，随即又任命刘继业负责东南城防。继业自恃勇武过人，带了几百骑兵，从东门冲出，一心要抢党进的寨子。

党进是个行伍出身的粗人，做官做到了节度使，却连自己的名字都不会写。那时，禁军中的将领，自都虞候以上，都把自己所统领的兵数写在随身携带的梃棍上，就像文官将要事写记在牙笏上一样。一天，赵匡胤问他帐下有多少兵，他不认识字，便把梃举起来给皇帝看，并且说：“都在这上面呢！”赵匡胤笑起来，觉得这人质朴已极，愈加信任。党进身形魁伟，长相凶恶，头发胡子连成一片，鬃毛一般扎煞着，甚为吓人。好勇斗狠，膂力超人。此时他看见刘继业带着几百骑兵前来抢寨，不由得怒从心上起，恶向胆边生，大叫一声：“上马杀贼！”说毕，抄起兵器，跃上马背，便直向敌阵冲击。身后亲随和士卒们也一齐跟上。党进认得出刘继业是敌方主将，而刘继业认他更是方便不过。两个人，两支枪，厮杀在一处，足足鏖战了一百多个回合，亦未分出胜负。各人心中都在暗暗佩服对方的骁勇。刘继业手下不过数百人，力量对比上处于劣势。战到此时，死伤不少。这时从城上传来撤兵的鸣钲之声。北汉将士忙不迭地拨转马头逃回城中去了。这边刘继业和党进正杀得兴起，偶一定神时，才发觉部属都已退走，便也不敢恋战，虚晃一枪，回马便走。谁知慢了一步，通往城门的方向已被宋军人马堵住，只好改变些许方向，对着城墙方面而又无人拦阻之处奔去。党进带着十数骑在后面紧追不舍，却也不敢靠得太近，因为都久闻“杨家枪”套路中之“回马枪”甚为厉害，追逼过近，恐怕吃亏。顷刻间便到了护城壕边，怎么办？刘继业此时也顾不上思索，便“扑哑”一声跳入壕中，挣扎着过了壕沟，站在城墙脚下，望着隔壕对峙的党进一行人。党进及亲随们不能也跳下壕沟，因为城上人已经发现了处在危急之中的刘继业，正在设法援救他，宋军如果跳入壕沟，转眼间就会被城上的箭镞射成刺猬一般。少顷，城上放下一根缒索，军士们向刘继业喊道：

“请节帅爷抓住这根绳子爬上城来吧！”

除此一途，别无它法。刘继业只好将缒索绑在腰间，自己一把一把地爬，城上一下一下地拖，连爬带拖，上了城墙。壕这边，党进等人也无计可施，只能眼睁睁看着刘继业绝处逢生。

以上的这一幕，前前后后，赵匡胤都从远处的高地上看到了。党进的勇猛令他欢喜，而刘继业的善战却使他忧虑。想不到北汉竟还有这样勇敢而机敏的战将，看来此次行动的目标，实现起来困难还不小啊。还是要贯彻陈承诏提出的水攻之计。他每天都到工地去检查拦河坝修筑的进度，奖勤罚懒，督促施工。夏天到来了，出师离京，转瞬已有两个多月。将士们中思家厌战情绪日渐浓烈。正逢后勤部门及时送来了夏服，赵匡胤在发放新军服时，一方面给予各军将士丰厚的奖励；一方面表示，再坚持一个月，太原城如不下，则班师回朝。他勉励将领们争立新功，再创辉煌。

南下救援北汉的契丹军也终于出动了。不久传来韩重赟在定州击溃一支契丹援军的消息，契丹军想从河北进军中原威胁宋军后方的战略意图被打破了。而另一支契丹援军也正如赵匡胤所预计的向石岭关方向运动。赵匡胤立即召石岭关部署何继筠星夜赶来太原行营，向他面授机宜，并增拨给精兵数千，要他务必重创敌军，使他们不敢再南下增援北汉。这时天气已是盛夏，赵匡胤命随行御厨给何继筠做了一份清凉可口镇暑解热的麻浆粉，看着何继筠吃完了，然后送他上路回营，临上马时又嘱咐道：

“明天中午，朕就等着听卿的捷报啊！”

何继筠果然不负君望。赶回去后，带着部队就投入了战斗。在阳曲县以北的山谷里，大败辽军，生擒辽武州刺史王彦符，斩首千余级。第二天中午，赵匡胤真的来到城北的高地上，纵目远眺，等待着何继筠派来报捷的使者。午时未尽，便见一骑快马从北方疾驰而来。从侍在皇帝身边的禁军将校立即迎上前去。来者便是何继筠的长子承睿，他带着辽将的首级按时赶来向皇上献捷。赵匡胤满心欢喜地奖赏了何承睿，并立即命人将首级送往城下，让北汉军民知道辽兵溃败的消息。自信有强大的后援，是支持北汉上下坚守不屈的重要心理因素。因此，契丹大军的败讯对他们的精神带来沉重的打击。

赵匡胤十分重视这一场胜仗，它体现了自己高明的指挥才能。“围城打援”，这本来是兵家常用的方略，而运用之妙，就因人而异了。特别成功的是自己对于地点和时间的准确估计以及调兵遣将的得法。如何有效地调动人的积极因素，这是一门艺术。不要小看了这一碗麻浆粉，麻浆粉的后面蕴含着最特殊的信托和荣誉。何继筠回营去不会不宣传，全营的将士一定觉得自己似乎也分享了一口皇上钦赐的“御食”，他们能不争先奋勇杀敌效忠吗？想到这里，赵匡胤不由自主地流露出一丝由衷的微笑。

然而，攻城的战事仍然进行得并不顺利。城北的拦水坝筑好了，赵匡胤亲自去视察了汾河水顺着新堤流向城下的情景。至此，太原全城已被围困在水中，城南的积水最深，水浸的时间也最长。可是，城依然是城，完整无恙地屹立着，外面的人进不去，里面的人当然也就不投降。而且，由于积水的隔阻，近距离的攻防战也停止了，连双方的弓弩手都不愿意毫无意义地消耗体力和箭矢。除了偶尔传来几声士卒们粗野的对骂，整个战场笼罩着一种沉闷的静谧，把人们的情绪推向极度的烦躁。

赵匡胤也控制不住自己了，他下令从城的东南角发起强攻。他亲自坐镇前线，指挥一批又一批的小船载着弓弩手们直扑城下，与城上的汉军对射，然后再组织云梯和其他攻城器具由较大的船载着送到城边。但是对方的弩箭密如雨点，而且又是居高临下，宋军小船上的弓弩手们不断被射倒，而且往往一人落水，小船猛失重心随之翻转，其他的人也一齐滚入水中。落水的军卒不被溺毙，必被射杀，一时间死伤甚众。弓弩手们不能在城下形成对射的阵地，则后继的攻城部队更贴不上去。看到这一情景，内外马步军都军头王廷义急红了眼，脱掉甲衣，光着膀子，跳上一只大船，叫道：

“老子就不信这个邪，不怕死的跟我来！”说着，他命人把指挥用的战鼓搬上船头，自己亲自擂鼓，令水手把船向城墙边划去。船还真是到达了城边，云梯也架好了。王廷义第一个上了云梯，向城头爬去，可是爬了不到三级，就被一支弩箭射中脑部，当即向后一仰，一个“倒栽葱”落入水中。军士们连忙将他捞救上船，划回本寨。赵匡胤深爱廷义之勇，走到他身旁，只见矢入其脑，虽未断气，奄奄一息也熬不过一天半天了，心头自是哀恻不已。

是不是继续强攻下去呢，他不禁有些犹豫起来。这时，只听见战鼓又擂响起来。赵匡胤抬头往那边看去，原来是殿前都指挥使都虞候石汉卿又站在王廷义刚才的位置上，擂动战鼓，把战船开向对面。这石汉卿平日最是机灵乖巧，甚得赵匡胤的喜欢。乾德元年的时候，他和史可珪二人设计陷害张琼，逼得张琼在狱中自杀。事后证明了张琼的无辜，石汉卿却在赵匡胤面前以一句诡辩之词而逃脱了惩罚。曾经有人不止一次向赵匡胤反映，说石汉卿是个奸佞小人，不可亲之信之。赵匡胤每每不置可否。他何尝不知道石汉卿的缺点毛病，但他觉得一个伟大的君主，应该具有既能驾驭“贤臣”又能驱策“小人”的本领。这就像孔夫子说的“有教无类”。何况“小人”有“小人”的作用，他们在君主身边有时能解决一些“贤臣”所不能解决的问题。在某种特定形势下，他们还能主动或被动地为主子承担一些很尴尬的责任——这就是“贤臣”们所不及之处了，因为“小人”反正是“小人”，不在乎声名上的得失，不像圣君贤臣那样背着沉重的荣誉包袱。从眼前石汉卿所表现出的过人勇气，就更证明他是个可用之才。人无完人，金无足赤。看一个部下终归要从大节着眼。对于一个军人来说，战场上的表现就是“大节”。赵匡胤在对石汉卿的勇敢表示赞赏的同时，决定来日要重重地表彰，也好消除一些人的偏见。

但是，石汉卿已经再没有受奖赏的缘分了。当他的船只靠近城墙时，城上射下一批火把。火把下还绑着一小袋助燃的油料。火把落在船上，油料四处溅溢，霎时便熊熊燃烧起来，船体本来就不大，火把又如此密集，不多一会，船上便是一片火海而无立足之地。有的军士身上溅着油料，衣甲盔帽尽成了可燃之物，只听见一片呼爹叫娘的哭喊之声。情急无奈，纷纷跳入水中，不会水的淹死，会水的则被弩箭射死，能够挣扎着逃回本寨的十不及一。石汉卿不会水，不敢往水里跳。心中后悔自己的冒失：也是平日和那王廷义相与甚厚，见他受伤的惨状，激起了一腔敌忾，今番休矣！就在此时，一支利箭，直贯他的前胸，他一个踉跄，“扑通”一声，倒入水中。周围并无人搭救，可怜他只胡乱扑腾了两下，便沉了下去。待到赵匡胤派人冒死将他打捞上来，已经溺毙多时了。

看看天色已晚，宋军只好收兵回营。当晚王廷义就死了。一连损失了两员大将，赵匡胤体验到一种从未有过的懊丧。他下诏赠廷义为建武节度使，汉卿为袁州防御使。他明知这样的封赠没有什么意义，但对于安慰亡灵、激励来者，也算是聊胜于无吧。强攻的办法也许不对头，但现在除了进攻又能有什么办法。也许是敌人在城南的防御力量特别强，不管怎样，明日再到西城那边去试试看。第二天，城西的赵赞部队发动了猛烈的攻势，但依然无功而返，只是因为水位较低，没有像城南这边淹死这么多军卒。看来这汪洋的水势竟成了自己的克星——没有克敌制胜，反而带来无谓的牺牲。

太原城里，这时确实已经陷入了十分危急的状态。围城已经达三个多月了，日日夜夜，不敢稍有懈怠，人员的疲惫不消说，军需给养也日渐匮乏。强敌久久不退，外援毫无消息，一种绝望的恐怖情绪在全城弥漫。唯其是恐怖，也就再没有人向往投降，宋军已经蒙受了这么多损失，降也罢，不降也罢，城破之日，看来都是难免屠城的下场。只有硬着头皮抵抗下去，拖到几时算几时。城里缺乏得力的指挥者，还是那位辽国使臣韩知范起了不小的作用。他熟知军事，颇有韬略，处事沉着，决策果断，在城中各处布置督查，夜以继日，尽心尽责。因为他的影响，军心民心稳定了许多。

郭无为却仍然只是想着要投降。他对于说服刘继元已经没有多少信心，那么自己继续滞留在这孤城里又还有什么意思呢？他决定出逃投奔宋营。怎样才能逃得出去呢？只有以带兵出击为名。

能拖上一支队伍去宋营，大小也算个见面礼嘛。当他把带兵出击的想法奏知刘继元时，刘继元毫无怀疑，配给他精兵一千人，还命令刘继业和郭守斌给他当副手。刘继元亲自到延夏门城楼相送，并站在那里等他们回来。天上下起了小雨，四周漆黑，五步以外便见不到人影。郭无为策马来到北桥时，便停下来和诸将联络。谁知道刘继业因为马腿受了伤，已先集合自己的部队，退回城里去了。而郭守斌则走迷了路，根本联系不上。郭无为此时踌躇无主。这么漆黑的夜，根本找不到宋军营寨的所在，偶然碰上宋军，难免一顿厮杀，自己在乱军中随时都可能遭杀身之祸。他想了想，为安全起见，又带着自己的千把人回到了城里。

郭无为请领兵出击，不能不令人感到蹊跷，莫名其妙地又退回来，更引起各种猜测和怀疑。联系起他这一段来的表现，刘继元身边一个管理情报工作的太监决定进行一番调查侦破。这个叫卫德辉的太监，经过一段时间的努力，终于从一名被捕的宋军间谍的供词里，落实了郭无为通敌的证据。他把全部材料整理后上报到刘继元那里，指证郭无为通敌谋逆，罪不可赦，建议刘继元杀之以激励军民斗志。刘继元接到报告，本来还无法决断，因为郭无为有拥立之功，而且位居首相，如此重臣，岂能擅杀，可是郭无为偏不识趣，仍然三天两头地缠着刘继元，要他投降。刘继元不由得上火，你要我皇帝不做，去做卢龙节度使，最终目的却是为了让你自己当安国节度使，口口声声说是受先帝的恩泽无以为报，心里却想的是如何去报与赵官家。那天，当郭无为又向他絮叨投降之事时，他忍不住大声呵斥道：

“你是急着要去当安国节度使吗？”话既已讲穿，也就不必再留余地了。刘继元命武士将郭无为当即推出殿外斩首示众。

太原城里的人心从此果然安定了许多。

## 一个草垛救了北汉君臣

转眼又是一个月的时间过去了。

开宝二年的闰五月，天气十分燥热。那天，长期被浸泡的太原南城墙终于坍塌了一块，形成一处缺口，城外的积水迅速涌进城内。

城墙穿口的消息像草原上的野火一样迅速传播开来，全城陷入一片惊慌失措之中。契丹国使韩知范匆匆赶到现场，只见刘继业等人正在组织堵口。秩序还是正常的，除了决口处围着一群指挥和操作的人员，士卒和百姓都排成长队，从远处把石头、木料、苇秆、装满土的口袋不断地传送过来。但由于城外的积水涌进来时带着一定的落差，虽然不到一丈宽的决口，水的冲力却很大，无论什么东西丢进去就被卷走了，根本站不住。所有的人都一筹莫展的时候，韩知范走上去说道：

“这样不行！必须先在堤外围一道人墙，减缓水势，堵口之物才能落地生根。”

在场的人都抬起头望望他，然后又一齐把目光转向了刘继业。很显然，大家都觉得韩知范说得有道理，但究竟该怎么办，得听刘继业的命令。刘继业心里也认可了韩知范的这条建议，但出于一种对契丹人的排斥心理，他迟迟不作表态。他原籍磁州，和契丹是世仇。北汉事辽为父，他心里一直不乐意，但迫于形势，又不得不接受这一事实。平时，他不愿意和任何契丹人打交道。这个韩知范来到之后，好几次慕他的勇名，对他表示好感和亲近之意，都被他冷冷地谢绝了。但通过这几个月来困守危城的经历，他觉得韩知范这个人还是不错的。办事的才能放开不说，最难得的是他的责任感，作为一个外国人，他比许多北汉人更关心北汉的安危，更忠诚地为保卫这座孤城献智出力。眼前这个主意就出得好，但自己却不能反应太热烈，这里涉及一个民族自尊心和荣誉感的问题，不能造成一种北汉人就是不如契丹人，这么点主意都想不出的客观印象。

刘继业还在沉吟，那水流冲开的决口却越撕越大。众人心中焦急，却都不敢作声。

“令公！”还是韩知范开口说，“形势紧迫，请你快快从麾下挑数十名精壮而识水性的士卒下水组成人墙，决口再扩大就更难堵住了。”

紧迫的口气里带着几分命令的味道。换在平日，刘继业早就发作了，但此刻他却只能隐忍。他懂得什么叫服从大局。第一排人墙队员很快地组织好了，一个挨着一个，肩并肩，手挽手，在决口的外面站成一个半圆。

赵匡胤从得知城墙已经决口的那一刻起，便一直站在南寨的前沿高地上，密切注视着对方的动静。宋军的将士都怀着紧张而喜悦的心情在等待着事态的发展，等待着长官发布新的作战命令。决口在一点点扩大，他们的兴奋和希望也在一点点膨胀。突然，发现对方的人墙下了水。一时议论纷纷，莫衷一是。赵匡胤心念稍一转动，便知道北汉人已经找到了堵口的正确方法。决不能让他们得逞。他赶紧亲自指挥弩弓手乘小船逼近对面，向人墙发起猛射。

果然，人墙在密集的弩矢攻击下坍塌了，组成人墙的士卒倒落在水中挣扎呼救。同时，城墙上也开始了对宋军的反击。在对射中，北汉军比小船上的宋军当然占有优势，一是居高临下，二是有雉堞为掩护。第二组人墙很快又下了水。赵匡胤想，这是拼意志拼力量的关键时刻，他下令派出更多的弓弩手到最前沿去，务必不能让北汉人堵口成功。双方的人一批一批地倒下，可谁也不会从既定的目标后撤半步。然而由于时间的推移，局面对北汉越来越不利。因为决口始终未能堵住，反而在不断地扩大。

奇迹真的在这一刻出现了。决口以内不远的地方，有一座北汉军队的草料场。去年秋天贮备的草料这时已又干又轻，而由于堆放时间长，草垛子的内部又被自身重力压得很紧密，轻易散不开。当草料场里突然涌进了几尺深的水时，一些草料垛竟然浮了起来。这些草垛在水面随风飘移，有些吸入了过多的水就地沉落地面，有的因分量不足在水上自行解体，可是有一堆半间屋子大的草垛，竟如鬼使神差般直往决口处漂来。这堆草不偏不倚，慢慢靠近了决口，最后被决口边的木料、石料挡住了去路，停了下来。刘继业赶紧命令兵卒从旁助力，把这个草料垛推向决口。草料垛很顺从地进了决口，水流却要把它推回来，但它被地面或旁边的什么东西挡住了，从此便稳稳当当地停留在决口中间，一动也不动。

不再需要什么人墙了，水的流量和流速都被这个草垛大大打了折扣，城里的军民只管放心施工修补城墙，也不必再担心宋军的弩箭了，什么样的箭矢能穿透草垛呢？不到两个时辰，这个给千万城中军民带来威胁和恐惧的漏洞就被严严实实地堵住了。当然，同时也堵住了曾经在城外千万宋军心头升起的希望和喜悦。

围城战已经进行四个多月了，好不容易出现的一个破城的机会却又毁在一垛干草上，赵匡胤心头的懊丧和焦虑日益加重。但北汉人这时的情绪却渐渐振奋起来，尽管条件越来越艰苦，他们却屡屡组织起困兽犹斗的反击战。一天，北汉兵从西长连城上出击。主要目的是焚烧停靠在长连城边的云梯等诸般攻城战具。宋军马上进行反击，残酷的肉搏战就在长连城上进行。出击的北汉兵很久没吃过饱饭，其中一部分是新编入兵伍的城中居民，本就是为了多分一份口粮而参军，这样的阵容如何是凶悍的饱食终日的北宋禁军的对手。在西长连城上的战斗实际上是一场屠杀。出击的士兵据算有上万之众，而后来能侥幸回到城内的不过千人。北汉人还曾打算奇袭赵匡胤的大本营。一个漆黑的午夜，大本营里突然听到栅外有人呼叫：

“快快开门，北汉主前来请降。”

赵匡胤闻报，惊喜之中马上命令宿卫人员披甲伫立于帐中，然后吩咐开启营门。八作使赵璲说：

“受降如受敌，难道可以半夜时分随便处置吗？问明白时再开营门不迟。”

赵璲带着几名军士登上了寨门的哨楼。因为天太黑，寨门旗杆上挂着的一串灯笼仅仅能照亮寨前一小块地方，稍远处便是黑乎乎的一片，影影绰绰能辨出一些人马，也弄不清多少，只听见一两声战马的喷鼻和兵器的碰撞。

“尔等是什么人？到此作甚？”赵璲问道。

“奉汉主之命前来请降，快快开门说话。”

“且报上你的官职、姓名。”赵璲不放心。

对方没有立即作答，过了一会才听到含含混混报了一个“铁骑都

虞候杨 ××”的名字。赵璲心想，夤夜来降，本已可疑，偏偏来使又是这么个不为人知的小角色，显然八成是诈。为了稳妥起见，赵璲又再一次问道：

“来者可持有尔国主签署的降表？”

又是一阵没有回答，只听见嘁嘁喳喳一番争议之后，才由那“都虞候杨 ××”开口道：

“自然有表文。开门后即将呈上。”

怎么只是惦记着“开门”？赵璲心中愈加怀疑，为了彻底戳穿对方的把戏，他便说：

“如此就请你们在原地下马，放下兵器，徒手步行到寨门前来，当立即开门放你们入内。”

对方又是一片沉默。接着“嗖”地一箭直往赵璲的面门射来。想必是觉得计划已经败露，沉不住气了。来箭正好射入赵璲身后的柱子里。无需多说了，寨里的宋军立即发射弩矢，随着一片马蹄声，顷刻间寨外的汉兵便逃散无踪。

赵璲这次表现得沉着慎重深得赵匡胤赞赏，因为他的大本营此时不过区区百十名军士。

皇帝的圣驾暴露在荒野之中这么长的时间，殿直诸班的亲军们感到是一种莫大的耻辱，纷纷请战。东西班都指挥使李怀众，首先请准带着部队强行攻城，结果和过去一样，部队被对方的弩箭压了回来，他自己在撤退时，被流矢所伤，差点丢了命。殿前都指挥使都虞候赵廷翰，带领诸班宿卫将士，叩见赵匡胤，请准许他们担任突击队，先行快速登城作决死战，为后续部队进攻创造条件。赵匡胤说：

“你们都是朕亲自训练的勇士，没有哪一个不是一以当百的好汉。训练你们是为了应付危及朕本人的紧急情况，而不是为了野战攻城去作前锋。你们和朕是生死休戚与共的。朕怎么能忍心把你们驱使到刀丛箭雨中去？怎么能忍心看着你们走向必死之地……”说着说着，赵匡胤被自己的话感动了，哽咽着说不下去。殿直诸班的将士都激动地哭成一片。

这年夏天雨水特别多，大军营帐所在地的草地上也积了水。军卒们患病的一天天增多，手足溃烂，又痒又痛，特别是该死的腹疾（肠炎、痢疾），反复感染，医官们简直无能为力。这时，契丹的北院大王乌珍率领一支劲卒，从马岭方面抄小道乘黑夜到达了太原的西北面，擂鼓举火，与城中守军遥相呼应，威胁宋军的后方。城里北汉军民也不时做出蠢蠢欲动的姿态。整个形势变得对宋军越来越不利，宋军的士气也一天天地低落下去。

太常博士李光赞上奏一道表文，其中言道：

> 陛下战无不胜，谋无不臧，四方恃险之邦，僭窃帝王之号者，昔与中国为邻，今与陛下为臣矣。蕞尔晋阳，岂须亲讨！重劳飞挽，取怨黔黎，得之未足为多，失之未足为辱。国家贵静，天道恶盈，所虑向来恃险之邦，闻是役也，竭府库之财，尽生民之力，忠心踊跃，各有窥觎。《传》曰：“邻之厚，君之薄也。”岂若回銮复都，屯兵上党？使夏取其麦，秋取其禾，既宽力役之征，便是荡平之策。唯陛下裁之。

这是一篇很精彩很得体的奏章。一开始，先夸耀赵匡胤的武功成就，一顶大帽子戴得他心情舒畅时，再陈说道理。道理有三重，其一是极言北汉之无足挂齿，虽有“够不着的酸葡萄”之嫌，但总归备下了一个退兵的心理台阶；其二是提出警告，天下并未完全安定，野心家们还“各有窥觎”；其三是撤军的正面建议。回守潞州（上党）一线，采取威慑政策，变被动为主动，河东之地便不平而平了。赵匡胤读了这篇表文很喜欢，因为他说中了自己的心事，而且说得极有道理、极有分寸。他把奏章拿给赵普看，征求赵普的意见。赵普也深表同感。于是要赵普把李光赞召来，亲自接见并加以慰勉。

紧接着，他把行营总部移往城东的罕山之南，开始正式做退兵的准备。这时有个叫薛化光的人提出了一个重要的建议，他说：

“伐木先去枝叶，后取根柢。今河东外有契丹之助，内有人户交赋输租，所以岁月之间攻其不下。臣建议有针对性地采取措施。首先是在太原北部石岭山及河北界西、山东静阳村、乐平镇、黄泽关、百井社，各建城寨，扼制契丹援军；其次是把北汉居民迁往西京、襄、邓、唐、汝各州，分给闲田，让他们耕种，从而断了北汉的供馈来源。这两手抓好了，不出几年，北汉自然平定。”

赵匡胤很欣赏他提的这两条，并对第二条立即组织实施。第一批，他从太原郊区迁走了万余农户到山东、河南等地，分给土地和粮食。第二批，又命使者十七人分致各路禁军，要他们押送北汉人民到镇、潞二州定居。

闰五月的最后几天，赵匡胤所率领的亲征大军陆续撤离太原南归。撤退基本上是有秩序的，赵匡胤十分强调这一点，因为他要向世人昭示：撤军是胜利者的班师，而绝不是失败者的溃退。此次对北汉的战争，最终的战略目标未能实现，这一受挫的结局是有目共睹的。但绝不能让人们由此得出失败的结论并对自己战无不胜的指挥天才产生怀疑。为了达到这一目的，撤军必须做到从容不迫、有条不紊。

赵匡胤定下了两条原则：一是所有北征大军的将士（包括伤病员）必须全部彻底地一个不漏地安全南撤；二是所有辎重军需，除马匹枪械及必需品外全数弃置当地。

这两条当然都有深刻的政治含义。人员全部南撤既表现自己的主动、从容，又显示自己的爱惜将士。当时太原城北有一百多名宋军陷入了敌人的反包围中，赵匡胤派出劲旅上千人硬是击退了北汉军队，把这百余人解救出来，让他们和大军同时南撤。全军上下无不感动。至于辎重，许多东西实在已是无法带走，因为一时之下上哪儿去组织那么多民夫呢，但是赵匡胤说，太原的百姓这段过得十分艰苦，他们终究有一天会成为朕的子民。这些算是我颁赐给他们的救济品吧。不管怎么个说法，当时宋军遗弃的军需粮约三十万斛，茶叶和绢匹也以万计。对于盆干碗净的北汉人民来说，总算可以靠它又支撑一段生活。

宋军撤走以后，刘继元要做的第一件事，当然是派人掘开拦河坝，放走城下的积水。水放得很快，当水退尽时，东、南、西、北四面的城墙陆续不断地发生坍塌。在南方湖垸区生活过的人对这事绝不会感到惊奇，洪水退时垮堤多见，而且堤被水泡浸的时间越长，这种可能性越大。但生活在黄土高原的北汉人却感到无比神秘，以为是皇天保佑。辽国使者韩知范看到这情形，感叹地说：

"宋人引水浸城，是只知其一，不知其二。如果先浸泡一段然后把水放干，太原城里现在就剩不下什么人了。看来真是天不亡汉。"

韩知范回到幽州，向辽主兀律汇报了此行情况。他认为，在如此危急的情况下，北汉面对着比自己强大若干倍的宋军，竟能够坚守孤城四个多月，直至宋军退去，这说明北汉之国祚未绝。今后一个时期，中原不会再向北汉用兵，辽国必须保持和北汉的同盟关系，使北汉成为辽国防范宋军的前哨。为此，他建议兀律继续给北汉提供有效的援助，并且把历年来扣留的北汉的人质全部遣返回国。兀律觉得这些建议符合本国利益，便一一照办。

赵匡胤在回汴梁的路上一直在思索着这次无功而返的亲征。难道真的是像人们传说的天不欲亡北汉吗？他不相信，但又得不出其他合理的结论。从此他把征服北汉的目标无限期地向后推，故北汉成为十国中最后被消灭的小朝廷。

## 帝王之术的探研和实践

车驾道经镇州，赵匡胤召见了久闻其名的老道士苏澄。那苏澄年逾八十，在镇州清虚观静修已五十余年，天下久知其名，却难得一见。因为这位老道多年不问俗世之事，无论什么应酬，一概谢绝。这次是天子亲临，不管怎样，也要奉召前来。进得行宫正厅，只见他不跪不拜，弯腰朝坐在正中的赵匡胤深深一揖，口称：

“皇帝陛下在上，方外之民苏澄奉召晋谒。”

既然口称方外之民，不跪不拜也在情理之中。两旁的臣下或许觉得此人狂妄无礼，赵匡胤本人却并不以为忤。他定睛打量了老道一番，只见他神清气朗，道骨仙风，须发皆白，长髯及胸，忙叫左右给他看坐，苏澄也不推辞，稽首为谢。分宾主坐定后，赵匡胤问道：

“朕在汴梁建了一所建隆观，一心想请有道之士前往主持，不知大师有意于此否？”

“京师，繁华扰攘之区，不是我安心修行之地。”苏澄回答十分简练，一口回绝了皇帝的邀请。

赵匡胤脸上微微一热，忙又转了一个话题：

“大师年逾八十，而容貌显得不过五十许人。不知有些什么养生妙术？可以教我吗？”

“臣之养生，不过是善养吾气而已。精其思而炼其气，便有养生之功；而帝王的养生，则要求大不相同。《老子》说：‘我无为而民自化，我无欲而民自正。’无为无欲，凝神于太和，昔日黄帝、唐尧享国的时间那么长，就是用此道。”

苏澄侃侃而谈，赵匡胤听得十分投入。特别是关于帝王养生的论述，他虽然并不完全同意，但总体上说还是有些道理的。赵匡胤想，君主的“有为”和“无为”是因时制宜的。西汉文、景的“无为”是为了休养生息，为武帝的大“有为”准备条件，“无为”还是为了“有为”。只是一味“无为”下去，“民自化”便会是一句空话。“化”。无非“教化”与“治化”，没有“治化”便不能行“教化”，君主不“有所为”，如何能实现政令统一的“治化”。“化”外之民不归于天朝的版、籍，还不始终是“化外之民”。所以对于人君来说，“有为”“无为”应该是不断交叉使用的两只手。至于人君“无欲而民自正”，这话也表述得不全面。“欲”有“大欲”“小欲”之分。人君一己的声色之欲、口腹之欲等，都是“小欲”，当然应当克制，这不仅仅是他的个人修养问题，而是作为万民父母，他对欲望的态度确实有垂范天下的作用。从这个意义上说，“我无欲而民自正”很对。所以朕本人一向律己很严。生活的朴素节俭，除了梁武帝，自问不会比其他任何一位皇帝做得差。但为人君者，除了这等“小欲”，还有一项“大欲”，即混一宇内，兼有四海的雄心。要求君主去掉这种“大欲”，是不现实的。而没有这种“大欲”的君主，事实上必是不称职的君主。

君主的这种“大欲”，难免要导致“有为”的冲动，所以又不能不加以控制和调节。赵匡胤联想起这次亲征太原所遇到的挫折，不禁有些怀疑自己是不是受“大欲”的驱动而“有为”之心太切，以致违背了天时地利与人和，最终印证了魏仁浦那句“欲速则不达”的预言。当初亲征，魏仁浦以右仆射之尊，也是随行之列。老头子长期置身军旅，自然吃不消，病倒在太原城下。派人送还汴京，在半道上就去世了。如果不是远征而又长期滞留于外，也许不会那么快死的。赵匡胤心头竟生出一丝歉意。

文班老臣的逐一凋谢，最为可惜。一员武将，往往经过三两年战场上的历练，便能崭露头角独当一面，而造就一名称职的文官，那就必须用多出几倍的时间。赵匡胤一直痛感朝中缺乏文学之士（连赵普、吕余庆、沈义伦等人也是文化修养不足）。他想过一些办法在民间搜求人才，但收效都不显著。还在乾德二年，他看到科举不景气的情况，曾下诏书：

> 先所置贤良方正能直言极谏、经学优深可为师法、详娴吏理达于教化等三科，并委州府解送吏部，试论三道，限三千字以上。而自曩及今未有应者，得非抱倜傥者耻肩于常调，怀谠直者难效于有司，必兴自朕躬乎？继今不限内外职官、前资见任、布衣黄衣，并许诣阁门进状，朕亲试焉。

从这份诏书里可以看出，他为延揽文治人才而制订的三个特科（贤良方正、经学优深、详娴吏理）竟无一人应举。他估计，因为标准定得高（三个方面要达到直言极谏、可为师法和达于教化的要求），非有超常学问和见识的人不敢应举，而达到了这一水平的人，自尊心就不会允许他们再接受州府及有司官吏的遴选。于是他特允他们直接到宫门向皇帝进自荐状，由他本人面试。用心可谓良苦了。

但此后几年通过各种科举而被发现的人才仍然很少。举子不来应试，是否出于其他方面的原因呢？唐末以来，簪缨世族经历了毁灭性的扫荡，而人文教化主要靠他们传承，把这些有文化的人都杀掉了，自然来应试求官的显见其少。当然中等以下人家也还有些读书人，但他们进京应试经济上会遇到一些困难。想到这一点，他在开宝二年又发了一道诏书：

> 昔西汉之求明经术者，令与计偕，县次续食，盖优贤之道也。国家岁开贡部，敷求俊乂，四方之士，无远弗届，而经途暇阻，资用或缺，朕甚愍焉！自今西川、山南、荆湖等道举人，往来给券。

话说得很明白，学习西汉经验，对知识分子实行特殊优待政策。远道举人赶考，国家负担其来往费用。"券"，想是一种证明文件，持券者，由各地驿馆（国营招待所）统一免费接待，规格标准虽不得其详，但对那些出身寒微的举子来说，这却是一项极有实际意义的福利待遇。在长途跋涉中不必再经受风餐露宿饥寒交困的艰难，也免除了被鸡毛小店里势利的店主们蔑视凌辱的尴尬。鼓励知识分子为当朝效命，赵匡胤在制定政策上可谓尽了主观努力。他一直有一个想法：最优秀的人才来自中下层知识分子。为了唤起他们仕进的积极性，他决心消除他们对科举公正性的怀疑。他在又一道诏书中说：

> 造士之选，匪树私恩；世禄之家，宜敦素业。如闻党与，颇容窃吹，文衡公器，岂宜私滥！自今举人，凡关食禄之家，委中

书复试。

凡仕宦之家的子弟，在科举中，要由中书省进行一次复试。这样当然大大减少了官员们通融关节徇私舞弊的可能。采取复试办法，“走后门”就行不通了，因为无法掩人耳目。

赵匡胤所有这些鼓励科举的政策，短期没有产生很明显的效果。这并非是政策不行，而是几十年的战争动乱，文章礼义已经被摧残殆尽。特别在中下层社会，受过完整系统教育的知识分子已是少而又少。民间宿儒声名素著的，赵匡胤还实行不经科举而特予拔擢的政策。酸枣县有个处士叫王昭素，笃学谨行，颇有令誉。赵匡胤听说了，便在便殿召见。王昭素这时已七十余岁。本已是宠辱不惊的年龄，更何况有极为深厚的学养。皇帝的召见也没有让他表现出兴奋和喜悦。赵匡胤问他：

“你为什么一直都没有出来做官呢？”

“臣没有做官的能力和才干。”王昭素淡然答道。

赵匡胤听说他精于《易》学，便令他给自己讲《乾卦》。王昭素不需要准备，甚至不需要思索便从“乾，元亨利贞”一节起讲。他对于《易经》可说烂熟于胸，引援证据，阐微释幽，头头是道，不仅赵匡胤，连身边的小黄门都听出了兴趣。

“元者，善之长也。亨者，嘉之会也。利者，义之和也。贞者，事之干也。君子体人足以长人，嘉会足以合礼，利物足以和义，贞固足以干事……礼九曰：‘潜龙勿用。’何谓也……不易乎世，不成乎名。遁世无闷，不见是而无闷。乐则行之，忧则违之，确乎其不可拔，潜龙也。”

“卿可谓潜龙乎？”赵匡胤忍不住要插嘴了。

“臣岂敢？潜龙谓龙德而隐，喻贤人之在下位。臣一介老儒，有何德行？更不足拟之于贤人。从无仕进之心，又有何上、下位可分？”王昭素不紧不慢地解释，接着又往下讲：

“九二曰：‘见龙在田，利见大人。’……九三曰：‘君子终日乾乾。’久惕若，厉无咎……君子进德修业，忠信，所以进德也。修辞立其诚，所以居业也……是故居上位而不骄，在下位而不忧，故乾乾因其时而惕……九四曰：‘或跃在渊，无咎。’何谓也？子曰：上、下无常，非为邪也，进退无恒，非离群也……九五曰：‘飞龙在天，利见大人。’……”讲到此处，王昭素忽又停下来对赵匡胤说：“此爻正当陛下今日之事。”

“请烦卿为朕讲个明白。”赵匡胤谦和地说。

“……同声相应，同气相求；水流湿，火就燥；云从龙，风从虎，圣人作而万物睹，本乎天者亲上，本乎地者亲下，则各从其类也。”王昭素稍作停顿，望了赵匡胤一眼，接着说：

“人以群分，其理亦如是。有从善如流，有怙恶不悛。善恶各从其类。古之君臣际会，犹是此理。明主择人而良臣择主。‘亲贤臣远小人’，以此告诫人君，实属多余。君正，其所进者必为贤臣；君不正，欲远小人其可得乎？故君主先正其身，先正其心。君心正，则四方贤俊闻风而至。群小遁迹，国事蒸蒸日上。”

赵匡胤觉得他确实讲得不错，便又问道：

“卿以为治世养身之要旨何在？”

“治世莫若爱民，养身莫若寡欲。”王昭素以简单的十二个字回答，实际上不过是“爱民、寡欲”四个字。

赵匡胤十分欣赏这个简明的结论，亲自写在屏风间，以便时时都能对自己起警惕的作用。王昭素这人不错，应该留在朝中。但是人各有志，无法相强，王昭素在京师住了个把月时间，却五六次提出来要回乡下去。赵匡胤心知留他不住，便只好授给一个国子博士头衔，听其致仕。实际上也就是退休后享受某某待遇的意思。王昭素在家里一直活到八十九岁才去世，如此长寿，除了深通养生之道，国子博士待遇大概也是起了重要的物质保证作用的。

“寡欲”，赵匡胤认为自己已做得无可挑剔。他并没有着意地克制“欲望”，其他许多帝王们热衷的东西，常使他产生本能的反感，他不理解他们为什么会纯粹为了满足一点感官刺激而不惜亡国送命。说到底，那些人并不是当君主的材料。大多数皇帝都是得之于血缘的侥幸，其中又有几个是像自己这样的天生圣明呢?

至于“爱民”，赵匡胤主观上也是常常有念于此的。即位以来，围绕着宽简刑法、减免税赋、奖励农耕、抚恤流亡这些题目，他已经下了无数道诏书，取得了很明显的效果。可是是否就做得尽善尽美了呢？这当然不好说。因为“爱民”没有十分准确的要求标准，其程度只能主要取决于感觉。正因为如此，赵匡胤经常反躬自问，在这点上做了些什么，还需要做些什么。

“爱民”的首要之义在哪里?赵匡胤幼年随老师读《曹刿论战》时便留下了很深刻的印象。曹刿认为，“衣食之分”只是“小惠”，而且不免“未遍”，而只有“小大之狱，虽不能察，必以情”，才是“忠之属也”，才“可以一战”。这就是说，狱政是测定政治清明程度的最重要的标准，民众主要根据这点来确定是否值得与国家共命运。赵匡胤认为这个论点很中肯，鉴之今古，一个国家，即使民众衣食不虞，而官吏横行、冤狱遍地，决不能保持长久。所以，有一次，他对侍御史冯柄发表了一段感慨很深的议论：

“朕每读《汉书》，对当时的吏治总是十分赞赏。特别是张释之、于定国的执法断狱公允准确令人叹服。他们为什么做得那么好，张释之自己的一段话就作了解释。当时，一个乡民惊了汉文帝的马，汉文帝派人逮捕了他，交给廷尉（大法官）张释之审理。张释之只判了那乡民罚款。文帝发怒了，认为判得太轻。张释之却坚持己见，并解释说：‘法者，天下公共也。今法如是，更重之，是法不信于民也。且方其时，上使使诛之则已。今已下廷尉。廷尉，天下之平也，壹倾，天下用法皆为之轻重，民安所措其手足。’有这样严格的法治思想，那就真可以做到天下无冤民，朕的愿望就是希望你们也能像他们一样。”

对于判刑在狱的人要给予人道待遇，赵匡胤即位以来就此进行过多次强调。屯兵太原城下的日子里，他看到军士们为酷暑所苦，联想到那些在缧绁之中的罪犯，恐怕更是苦不堪言。于是亲下诏书，要求各州府的长官要督促狱吏们每五日到狱中巡视一遍：检查卫生情况；清洗械具；给贫困的犯人发放食物；给生病的犯人治疗；轻罪短刑的即时开释……自这以后，他每年夏天都要发出一纸内容相近的诏书，申戒地方官员们重视狱情的改善。

赵匡胤是个好标榜仁政的人，也确实施过一些仁政，但他有时却表现得很凶残；他启用并提拔一些宽仁得众的官员，但他也委任并且欣赏某些极其狠毒的臣下；他极力鼓吹法律的神圣和司法的公正，可是自己又亲手制造过一些冤、假、错案。

他和历史上所有的“明君英主”一样，言行中充满矛盾。在用人方面，也能看出这一点。尽管他一再地赞扬臣下所表现的宽厚仁恕的作风，责罚某些残民害物的现象，但官员的选拔和迁升却又不一定贯彻这个思路。曹彬西征之功不可谓不大，而且又是所有入川将领中唯一的正面典型，宽仁廉洁，谨慎持重。赵匡胤在赏功时是充分了解这一切的，但并没有给曹彬以特别的重用。还有一个张令铎，是赵匡胤在后周禁军中的老同事，也是陈桥起事时拥戴有功的“义社十兄弟”之一，是当时颇为少见的坚毅和仁恕两种品质兼而有之的军事将领。赵匡胤自己曾经称赞他“从军三十余年，身经百战，多摧坚陷敌，然克捷之后，未尝妄杀一人。其仁恕堪为楷模”。开宝三年，张令铎病故，赵匡胤追赠他侍中的官衔，还一再地表示悼惜之意。可是张令铎从建隆二年“杯酒释兵权”以后，十来年间一直没有授予实权实职。虽然还挂着镇宁军节度使的名义，但此时的节度使已一天天沦为一种只领俸禄的虚衔，其作用还不如一个州、县知事。

相反的例子则更让人弄不清楚赵匡胤究竟执行的是什么用人标准。禁军中石汉卿这种人屡次迁升，藩镇中则更有王彦升那样以残忍毒辣著称的屠夫。王彦升在原州任防御使，对犯法的西戎（藏、羌等少数民族），根本不用刑名之法，就是在召集僚属饮宴时，把犯人押上来，他亲手撕下犯人的耳朵，放进口中生嚼，当下酒菜。犯人血流遍体，全身颤抖不敢动弹。当地被他吃掉耳朵的不下数百人。赵匡胤知道这件事却未做任何处理。西戎百姓被王彦升的残忍吓得不敢在边境生事。当初把王彦升调出禁军，就是因为他在陈桥兵变后擅杀韩通及其全家，令赵匡胤心中多有不忍。而此后他在辖区内惨无人道的行径，赵匡胤却一律容忍，听任他吃原州百姓的耳朵一吃就是五年。

他要求臣下执法公正，“小大之狱，虽不能察，必以情”。可是他自己不止一次地搞“逼、供、信”，酿成冤案，而且事后发觉了，还不愿意平反改正。前面提到过的张琼谋逆案，冯瓒、李美、李檝等人的受贿栽赃案，都是他亲手处理的涉及朝中大员的冤错案件，真相大白之后，他既不追究告发人的欺蒙之罪，更不检查自己的主观责任，最多只是优抚家属就算完事。

大概也是因为受到他这种态度的影响，报假案的小人便因时而起。征西蜀大军班师以后，赵匡胤派客省使丁德裕为西川都巡检使，与引进副使王珏和内班都知张屿同率兵经略蜀中。后来又派出一名西川兵马都监张延通。丁德裕是个专权自大又心地狭窄的人。他觉得张延通党同张屿、王珏，老是和自己对着干，心里十分恼火。后来回到汴梁，他就诬告张延通言语指斥皇帝及其他不法事，并说张屿、王珏俱是同党。赵匡胤亲自审讯，张延通御前对答仍是言辞不逊。本来就是以“攻击诬蔑罪”立的案，接受审查时态度还如此恶劣，真是不杀不足以平愤。于是当即判处死刑，即日弃市。张屿、王珏杖配沙门海岛。接着不到两个月，丁德裕又揭发原西川转运使李铉在醉后也有“攻击诬蔑”罪行。赵匡胤这次没有亲审，把案件交给御史台处理。李铉是个有心计的人，他知道丁德裕是个小人，在四川的时候，屡屡对自己提出一些个人无理要求，遭到拒绝，日后难免会挟嫌报复，必须防范在先。因此，他把丁德裕每次所求而被拒之事，一一上报御史台备案。这回御史台一审，当然就不难审出真相。全部案卷材料报到赵匡胤那里，赵匡胤心里也明白了丁德裕的鬼把戏，但自己既然已经成了被利用的工具，就只能先把糊涂装下去再说。他没有惩罚李铉，只以醉酒的过失，降级调动。至于丁德裕，没有给予任何追究。这不是因为丁德裕可爱到不能处罚的程度，而是因为他不能让自己圣明睿智的伟大形象由此受到损害。

判断是非的标准必须服从于维护权威的需要，这大概是以帝王为职业的人必然会产生的心理扭曲。

## 荒诞惨虐的南汉小朝廷

开宝三年（970 年）八月，南唐李煜遣使奉表，上报敦劝南汉主刘鋹向大宋称臣归款一事的结果，把赵匡胤又一次激怒了。他本来正想实行苏澄的建议，搞几年“无为之治”，与民休息，可此时，他又觉得像南汉这种“化外之地”，非以武力征服，绝无“自化”的可能，他被迫还是要做“有为”之君，“救此一方之民”。

事情还得从开宝元年说起，那年九月，潭州防御使潘美攻克了为南汉占据的湖南故地郴州，俘获了十来名南汉的内侍，献于京师。中原和南汉已经很久没有互通来往了。这批俘虏理所当然地引起了汴梁君臣的兴趣。赵匡胤亲自讯问这批阉人。其中有个叫余延业的，自称在南汉任扈驾弓官。赵匡胤一听，以为此人必有一身武艺，至少箭法过人，立即命左右取来弓箭，要余延业当场表演。谁知余延业双手接过弓箭后，用尽全身气力，连弓弦都拉不开。赵匡胤看到他的窘态，不禁发笑，问道：

“南粤的弓官都是像你这样的身手吗？”

“臣不才，在扈驾弓官中算是技艺平平者，只是臣等拉的弓不如大朝的弓硬。”

赵匡胤又笑起来，根本开不了弓，还说弓太硬，又还自称技艺平平，这南汉的武备也就不问可知了。他接着想了解一下内政方面的情况，随便提了些问题，但得到的回答令他大为吃惊。根据自己的思维习惯，他先问狱政方面的事。余延业给他介绍了烧煮剥剔、刀山剑树等刑罚，还有命罪人搏击虎象以为娱乐等闻所未闻的执法情况。再问到百姓的租税负担，余延业举出了邕州（今广西南宁）民众入城每次交一钱、琼州（今海南文昌）每斗米税五钱等例子，证明赋敛的繁重。那余延业是个乖巧人儿，见大宋皇帝对南汉政治的窳败听得很有兴趣，便仔细渲染国中民生的疾苦、帝王的骄奢，使赵匡胤君臣不禁骇然。

当时，赵匡胤便对左右说：“朕当救此一方民。”

正好道州刺史王继勋又上表说：“刘鋹昏暴，民被其毒，又数出寇边，请王师南伐。”但那正是将要对北汉用兵之际，南北同时用兵，显然不可取，于是，命南唐国主李煜致书南汉刘鋹，令其先将湖南的故地献来。刘鋹拒绝。事隔两年之后，李煜再次作书敦劝刘鋹，并派给事中龚慎仪为使。结果，刘鋹大发脾气，囚禁了龚慎仪，致答书给李煜，其中许多不逊之词。李煜把这封复信一并送到赵匡胤处，赵匡胤不能不下定征伐南汉的决心。只用一个月时间，便完成了有关的准备工作，下诏以潭州防御使潘美为贺州道行营兵马都部署，朗州团练使尹崇珂为副都部署，道州刺史王继勋为行营马军都监，又遣使发诸州兵马开赴贺州城下。统一两广的战争便正式开始了。

岭南成为一个独立王国已经整整六十年了。

唐朝乾符五年，黄巢攻破广州，后又转战北上湖、湘。广州牙将刘谦被表为封州刺史、贺江镇遏使，防御梧州、桂州以西之地。一年多时间，他就建立了一支兵万人、舰百艘的武装。乾宁元年，刘谦病死，大儿子刘隐被岭南节度使刘崇龟补为右都押衙兼贺水镇守使，后又表为封州刺史。随后刘崇龟就死了。朝廷派薛王李知柔为清海军节度使接管岭南。李知柔才走到湖南便不敢再往南走，因为广州牙将卢琚、谭弘现正作乱。刘隐表面和这两个人拉扯关系，趁他们不备，设伏兵、搞偷袭，先后擒斩二人，然后派军队把李知柔接到广州。知柔立即表请以刘隐为清海行军司马。数年间，颇有战功，当徐彦若奉旨来接替李知柔后，便表荐刘隐为节度副使，委以军政大权。不久，徐彦若去世，遗表荐刘隐权（代理）留后。

唐天祐元年，朝廷又派兵部尚书崔远来做清海军节度使，崔远只走到江陵就不敢继续南下了，他估计刘隐不会向他交出职位。这时，刘隐派使者入朝向梁王朱全忠（朱温）行贿，朱全忠便奏请以刘隐为清海军节度使。过了两年，朱温称帝了，因为刘隐曾多次上表劝进，于是以拥戴功，加封刘隐为检校太尉兼侍中。第二年，又有诏书以刘隐为清海、静海节度使，安南都护，封南平王，后改南海王。后梁乾化元年，刘隐病死，遗表请以其弟清海节度副使刘岩权知留后。

刘岩，后改名刘龑，是刘谦的庶子。长相凶狠、性格暴戾。他的母亲段氏是刘谦的外室，刘谦的妻子武氏听说小老婆在外面生了孩子，妒火中烧，便派人去把小孩取回家来，自己持宝剑候于门首，只等小孩一到便要一剑挥为两段，以泄心头之愤。谁知小孩取来时，她只看了一眼，便吓得连剑都掉在地下，定过神来时，连声说："此吾家之宝也。"马上决定自己收养，并派人把孩子的生母杀掉。由这段故事可以想见刘龑的长相是何等狰狞可怖。长大以后，果然也是勇力过人。由于他颇知军事，协助哥哥刘隐平定了岭南地区，并且在继承兄位之后，延请了许多中原文士作自己的幕宾，并陆续让这些人代替原来的武人充当各州刺史。

地位的稳固使刘龑不断被朝廷加封并袭爵南平王。当后梁在李存勖的打击下逐渐衰落时，刘龑以吴越王钱镠已被承认是国王，而自己仍是郡王，有欠公平为由，请朝廷加封为南越王并兼都统。梁末帝不答应。刘龑对僚属们说："当今中国纷乱，到底谁算是天子？我怎么能隔着万里的航程，去侍奉一个伪朝呢？"从此，他断绝了对中原的贡使关系，于第二年正式即皇帝位，国号大越，改元乾亨。建置百官，改立州县。又过了一年，改国号为汉，以炎汉刘氏之子孙自居。

李存勖建立后唐，刘龑曾遣使致书，称"大汉国王致书上大唐皇帝"，试探中朝的反应。使臣回来后说到李存勖骄淫之状，刘龑听了十分高兴，从此和中原断了来往。

偏居一隅，至高无上，使刘龑性格中固有的夸大狂倾向更为膨胀。每有岭北商贾来到南粤，他多半要亲自召见，向他们显示自己宫殿的豪华及宝藏的丰富，还要吹嘘自己本是秦中咸阳人士，蛮土为王，深以为耻。他称呼后唐天子为洛州刺史。确实，五代的皇帝没有一个在生活的奢侈和排场的讲究上能比得上他。如果不是地缘上的劣势，他真觉得有资格把那些皇上看成自己手下的刺史。

劣势往往又构成另一方面的优势。南汉被五岭隔绝于海陬，闽、唐、楚等邻国都无力对它构成安全上的威胁。他牢牢地占据着两广以及今之海南和越南北部的广大地区，享有着那里丰富的物产资源。这些为他的穷奢极欲提供了条件。刘龑的奢侈到了什么程度呢？他曾在内宫造了一座昭阳殿。大殿的柱子是玉石的，天花板贴金片，地面铺银砖，房檐屋角都包着白金。殿下一条水渠，里面浸满珍珠，用水晶和琥珀雕琢成日月形状，嵌在两边的玉柱上。所有的宫室里都用各种珍宝、翠羽装饰。还有一座南薰殿，柱子是镂空的，础石处设计的是燃香炉，点燃香料时，殿中充满香气却不见香烟。

刘龑不仅奢侈，他的残暴更是世所罕见。他最大的乐趣就是看用刑、看杀人。事实上，他总是把这两个节目串在一起——用酷刑最后致人死命。他亲自设计了汤镬、铁床等刑具，有灌鼻、割舌、肢解、割剔、炮炙、烹蒸等诸般刑法。把毒蛇数十条投进水中，然后把犯人也放进去，这叫“水狱”；或者把人在滚水里烫过以后，又放在太阳下晒，并向肌肤溃烂处撒进盐粒，犯人就这样慢慢烂死；有时候是铜锤铁锯一齐上，血肉交飞。犯人呼天抢地惨叫之声传遍殿中时，他便亲自到场观看，而那时他会兴奋地一边流口水一边发出“呀，呀”的叫唤声，并不自觉地像吃东西一样咀嚼起来。行刑的官员们要等他逐渐恢复常态以后，才敢把犯人带下去。中国历史上的几百名大小帝王中，有一批像刘龑这样的半人半兽的怪物，把这些家伙罗列在一起进行比较，刘龑虽不能算第一，但也可以名列前茅。

刘龑有十九个儿子。“血统论”虽然不科学，但有时还能解释某些现象。他的儿子里面没有什么好东西。大儿子、二儿子都死得早，第九个儿子弘操在攻交州（今越南河内）的海战中溺毙了。剩下的十六个儿子中，据说第五子弘昌较有才识。刘龑自己虽然恶劣不堪，但看别人却还是有些眼力的。当他患病自知不起的时候，召见右仆射王辚商议立储之计。他说：

“弘度（三子）、弘熙（四子），虽然为长，但都不足以担当君主的重任。只有弘昌像我，能干大事，我想立他为太子，可否？”

“此事唯陛下圣裁。”王辚不表示具体意见。

“奈何吾子孙不肖，后世就像老鼠钻进牛角，地方会越来越小。”到了这时候，他还要来一句俏皮的歇后语，但当他说完这句俏皮话时却伤心地抽泣起来，真所谓“鸟之将死，其鸣也哀”，哪怕是一只极凶恶的枭鸱之类的鸟。

“陛下放心，微臣便去准备立弘昌为太子的诏书就是。”王辚一边安慰着刘龑一边退出。

这时却进来了一个爱管闲事的腐儒崇文使萧益，刘龑对他谈了自己的想法，萧益说：

“立嫡以长，这是自古以来的制度，违背了就一定会引发动乱。若立少者，灾祸必然不可避免。陛下绝不可英明一世、糊涂一时。”

听到萧益这样绘声绘影的一说，刘龑不免有些动摇起来。废长立幼而导致祸乱的史实确实太多，不可不慎，于是把王麟拟好的成命又压下来了。最后，他未来得及作出任何决定就一命呜呼了。依成制，三子弘度（后改名刘玢）即南汉皇帝之位。

刘玢的坏，不次于乃父，但能力却不及甚远。他根本不理政事。父亲还未出殡，他就带着一班戏子饮酒作乐；在宫中命男女裸体相处以为乐；穿着孝服，与倡女夜晚出宫，出入民家，搞得不成体统。左右谁敢忤他的意，立即处死，因此根本没人出来谏阻。他的弟弟弘熙是个阴谋家，千方百计用种种声色之乐引诱他日益荒淫。弘度也很怀疑群弟会谋害自己，下令宦官把守宫门，入宫者一律严格检查，不得携械。但他自己酷爱摔跤，弘熙就命令指挥使陈道庠带领几个力士练就一番摔跤本领进宫为皇帝表演。看完表演，弘度已经大醉，力士们上去搀扶他，就势把他活活拉死。

刘玢（弘度）当了一年皇帝，继位的当然是弘熙（后改名刘晟）。一个弑兄称帝的人，怎么能够对下面的十几个弟弟放心呢？怎么办？杀！第一年，杀一个（弘杲）；第二年，杀两个（弘昌、弘泽）；第三年，杀一个（弘雅）；第五年，一次性处理，同批杀掉八个（弘弼、弘道、弘益、弘济、弘简、弘建、弘晞、弘照）。最后两个（弘邈、弘政），不知道为什么，过了七年之后才杀掉。总之，十四个弟弟，连同一个哥哥，被他杀的一个也不剩。兄弟杀完了，他大概便没有什么事可干，整天整夜酗酒寻欢，那时正值柴荣在淮南用兵节节胜利，臣下劝他早作防备，他说：

“中原之兵一时半时到不了，只要我活着时他不来就行了，我死了，哪里还管得着后世的事情。”既然这样想，当然更要及时行乐。及时行乐就是透支生命，活到三十八岁那年，他就追随他的兄弟们去了。比最后一个被他杀死的弟弟，他只多活了不到三年的时间。

历史常常不可思议，像刘晟这样的人当皇帝，南汉的国势居然还有所发展。在这以前，广西一带大半为楚国占据，因为长沙马氏兄弟自相残杀，国力衰颓，刘晟视为可乘之机，便拟定了攻楚的计划。开始，他派人使楚请求通婚，被楚王马希广拒绝。刘晟怒问复命的使臣：

“马公还有意经略岭南之地吗？”

“楚国兄弟内讧不已，怎么还有用兵岭南的能力呢？”使臣答复说。

听了使臣的话，刘晟得意忘形地说：

“就是嘛！马希广懦弱而又吝啬，楚国士卒忘战日久，这正是我进取的时机。”

刘晟的计划分两步进行。头年冬天，他派遣吴瑜、吴怀恩等将领率兵大败楚军于贺州，占据了贺州、昭州、全州等地。此时如果连续用兵，一定会迫使楚国做殊死抵抗，而且也怕给南唐造成出兵干涉的借口。于是他把军事行动停顿下来。一年多以后，楚国内乱进一步加剧，而南唐又借机大规模向楚国兴兵。刘晟意识到机会来了。他先给驻守在桂林的马希隐（楚王希广之弟）写了一封信："唐兵已经进占长沙，桂林也是志在必得的，汉、楚密邻，又是姻亲之国，看到你们的危险，怎能忍心不救呢？已发水陆大兵，日夜兼程赶来。"马希隐接到这封信不知该怎样回复，迟疑之间，吴怀恩的大军已来到桂林城下，希隐弃城而走。就这样，几乎是兵不血刃，就连续占有了桂、宜、连、梧、严、昭、柳、象诸州。此时，南汉才完全统治了岭南大地。为了阻遏南唐的势力，刘晟又派遣潘崇彻、谢贯等人，在湖南郴州大败唐将边镐率领的攻楚大军，占领郴州，随后又陆续取得了湖南的全、道、永诸州。

军事上的成功又进一步刺激了刘晟的享乐欲望。他修造了大小数十所宫殿，极尽奢华。他每日轮流临幸，宴饮作乐。宴会时，他一人独坐于殿上，侍宴的臣僚们列坐在殿之两侧结扎的彩亭里。余兴节目常常是把囚在笼中的野兽运到席间，两旁武士手持戈戟以待。然后打开囚笼把野兽放出来，刘晟首先开弓用箭射，武士们随即一拥而上将野兽杀死。宫里的游乐大都是这类惊险把戏。有一次，刘晟喝醉了，把一个甜瓜放在戏子尚玉楼的颈窝里，然后拔出剑来说要试试自己的剑法是否真有得心应手之妙，他一剑下去，连瓜带脑袋一齐砍落地下。第二天酒醒了，又命召尚玉楼侍宴，左右告诉他昨天的事，他叹息一声而已。

刘晟有五个儿子。他死那年，大儿子继兴（后改名刘鋹）才十六岁，便继承了皇位。军政大事一概委之于宦官龚澄枢、陈延寿及才人卢琼仙等，台省官员不过都是备员充数而已，机密要务根本无法参与。

用宦官和女人执政，这可算是南汉政治的一大特点。刘龑在位的时候就有一条原则；重用阉人。他的理由是，士人富贵，便多为子孙打算，不可能像宦者一样绝对地效忠皇上。从那时起，南汉的宦官人数一年比一年多，权力一年比一年大。

刘鋹即位以后，情况有增无已，小小南汉宫中竟有万多名太监。甚至一些有心仕进的人为了获得掌权的机会而把自己阉掉。宦官中当然也有少数能干而正直的人，如为刘晟开拓疆土作了巨大贡献的吴怀恩。他的战功，史论上的评价是“掠地攻城，势同拉朽，如熊如罴，斯云无忝”“当时善战者咸推之为首”。对刘晟的骄淫无度，他也曾屡次切谏。但是，这样的宦官真是凤毛麟角，绝大多数都是祸害国家的蠹贼，不学无术、性格变态，除了要阴谋、施诡计之外，别无所长。此辈取媚于君主的手段，常人无论如何难望其项背，阴险狡诈、残忍刻毒，也绝对超出一般的水平。

至于用女人执政，则是刘鋹别开生面的独创。卢琼仙、黄琼枝等，都位居侍中，和男官及非男非女的宦官一样，朝服冠带，参决政事。其下还有各级女官，名目、职事与男官也无不同。特别是卢琼仙，本是刘晟的宫女，刘鋹封她为才人，常在身边，大小政务都是由她裁决可否，然后再批示臣下，是实实在在的大总管、秘书长而兼设计师。女人在政治生活中起这种作用，可算中国历史上的一绝。

## 从广西顺流而下

南汉的儒臣对于宦官专政的局面当然深恶痛绝，但他们在朝中力量单薄，且其中相当一部分为了一己私利而投靠宦党，因而始终没有形成一股强大的对抗势力。刘鋹即位以后，以尚书左丞、参知政事钟允章为代表的儒臣们认为打击宦党的时机到了，积极地进行着攻击的准备，但他们对形势的估计失算了。

钟允章就是刘晟派往楚国去求通婚的那个使者，他回到南汉后详细提供了楚国内乱的情况，促使刘晟作出了攻楚的决定，结果使南汉的版图扩大了许多。刘晟认为钟允章居功至伟，赏赐甚丰。后又因他是岭南名儒，便派他担任刘鋹的老师。刘鋹登位后，身为帝师的钟允章，那份踌躇满志可以想见。而且这又是个性情戆直不懂得政治策略的人，在根本没有掌握胜算时，开口闭口请皇上诛杀乱法违命的宦官若干人，以正纲纪。刘鋹当然不会从命，而那些大小太监们对他却是恨不得食其肉寝其皮。他们不尚空谈，一下手就要把对手置于死地。那是在刘鋹去圜丘举行郊祀大典的前三日，钟允章带着礼官们登坛检查典礼准备情况。他站在中央指挥调度，神气十足，被内侍监、大太监许彦真看见了。许彦真认为这是诬指钟允章谋反而把他干掉的好时机，他故意大声对身旁的人说：

“钟允章在天子行礼的地方手舞足蹈，这不是想要谋反吗？”说着，他拔出剑就往坛上大步冲去。钟允章看见他气势汹汹的样子，毫无惧色，挺身迎上，指着许彦真放声骂道：

“许彦真，你这无耻竖阉，你想谋刺本官吗？我倒要看看你有没有此狗胆！”

许彦真看见钟允章逼近来，不禁有些害怕，兼之允章后面又跟过来几个人，有的还手执宝剑，许彦真心想自己如果贸然行事，后果难测，灵机一动，他率性转身就走，骑上一匹快马，赶回宫中，跪到刘鋹面前报告钟允章谋反。

“朕待允章甚厚，怎么可能有这种事？”刘鋹不相信许彦真的话，因为太不近情理。

“陛下不相信，可问龚澄枢和李任。我刚才不是跑得快，已被逆贼所杀。”

龚澄枢和李任都是太监，对钟允章的敌意与许彦真一样深，作证当然不成问题。“三人成虎”，何况是自己所宠信的人。于是刘鋹下令将钟允章下狱，案子交由宦官和礼部尚书薛用丕会同审理。薛用丕和钟允章本是旧交，此时他揣摩宦官们的用意是不把允章整死不会罢休，便告诉钟允章，要他做好死的思想准备。钟允章拉住薛用丕的手边哭边说：

“天啊！冤枉。老夫今日如俎上之鱼肉，将要分给仇家们烹煮着吃掉了。只恨两个儿子太小，不知道我的冤情，等他们长大了，请公转告他们。”这些话说的时间、地点和对象都很不适宜，当时就被许彦真听到了，他斥骂道：

“反贼，你还想要让儿子替你报仇吗？”他一不做、二不休，马上进宫报告刘鋹，说钟允章的两个儿子那天也到了圜丘祭坛上，口中还念念有词地祈祷着，分明也参与谋逆。刘鋹听了便下令把钟允章一族人全部捉来杀掉。

杀了钟允章，许彦真炙手可热，和龚澄枢俩人把持国政。日子一长，俩人为了争权起了矛盾。当时有人告发许彦真私通前朝李丽姬（宫中妃嫔），由龚澄枢负责调查处理，许彦真十分恐惧，便与养子商量，准备谋杀龚澄枢。但事情泄露了，龚澄枢把他定为谋逆大案，诛杀全族。

此时，朝政便全部落入龚澄枢、李任、陈延寿、卢琼仙等人手中。为了彻底控制刘鋹，他们从不知道什么地方找来一位女巫，名叫樊胡子，自言玉皇大帝常降附其身，因此她能知过去未来，善断吉凶祸福。刘鋹在宫中为她设下宝座，宝座周围张挂着华美的帐幄，陈列着稀世的珍宝，点着龙涎香，那位樊胡子头戴远游冠，身着紫霞裾，坐在帐中，代表玉皇大帝宣布敕旨，呼刘鋹为“太子皇帝”。她的灵验自有龚澄枢、陈延寿、卢琼仙等人反复作证，而她更是经常告诫刘鋹，说澄枢、延寿、琼仙等人都是上天差来辅佐“太子皇帝”的，不可以加以责罚。樊胡子把野蕈生于宫殿、野兽潜入禁闱，狐鸣鸮哭等类现象都说成是天降祥瑞，要百官朝贺。刘晟的次子刘璇兴，年龄渐长，对这伙牛鬼蛇神的所作所为深感不满，露于形色。他们决定要先发制人，不然这位桂王爷（璇兴）日后羽翼丰满了，事情不好办。一天，陈延寿问刘鋹：

“陛下知道先帝得位及传位陛下之内情吗？”

“大略听到过一些，卿何以问及此事？”刘鋹年幼，对父亲早年的事确实知之不详，但他隐约风闻内有不足与人道的情节。

“先帝有弟兄十九人，除去早殇者，尚有十六人。其中觊觎帝位者岂在少乎？若非先帝乾纲独断，先后诛杀，帝位焉能轮到他坐？又焉能今日再传之于陛下？”陈延寿说得十分露骨。刘鋹听了此话，沉吟不语：难道要我也尽杀诸弟吗？璇兴和自己是不大同调，但保兴（三弟）平日与我感情甚好，怎能加以诛杀？

“陛下！”陈延寿接着说“桂王广结党羽、睥睨朝政，曾公开指责陛下荒淫，并扬言说‘天下唯有德者居之’，又说‘无道昏君，诛之诛一夫耳’。”

早先已有太监告诉刘鋹璇兴说的这些话，他还派人调查过。是太师给诸王上课时，璇兴在谈自己读《孟子》的体会。刘鋹也读过《孟子》，他知道里面有“闻诛一夫纣，未闻弑其君也”这样的话，于是他也就没有追究。今天，陈延寿又提起此话。刘鋹觉得，不管璇兴你在什么场合出于什么意图说的，它总之已经造成了很坏的影响。你平日就不满意我的种种举措，是想取而代之做一代圣贤君主吗？他越想越可怕，越想越可恨，哼！我教你美梦做不成。于是他授意陈延寿，要他们寻找一个理由和机会，把璇兴杀掉。

要彻底控制朝政，这还不够。一定要把刘鋹引进一个声色之乐的无底洞里，让他永远没有时间没有精力更没有兴趣来过问政事。这点倒并不难，因为对刘鋹来说是正投所好。各种各样的物质享受中最令人耽溺而不能自拔的就是女色，而刘鋹正是一个罕见的好色之徒，并且是一个性心理变态者。他不仅具有不知疲倦的性欲，而且不停地追求着新的对象、新的刺激。他即位之后，接管了他父亲的后宫，又征选了大批民间美女，但这根本满足不了他那种怪诞的生理需要。宦官李任因时而起，将自己的两名养女献给刘鋹。这两名女子不仅容貌绝佳，而且经多年调教，精通各种取媚于人的手段，一开始便赢得了刘鋹的欢心，长者封为贵妃，幼者封为美人。李任因为献美有功，特进为骠骑上将军、内太师、六军观军容使、开府仪同三司，地位一时便在龚澄枢等以上。

因为刘鋹变态的性心理，李氏二女纵有千般姿色、万种风情，却也不能令他长期就此满足。善于揣摩上意的龚澄枢、陈延寿，知道必须给他提供更新、更强有力的刺激。他们从居住在广州的胡商（西亚地区的侨商）处购得了一名波斯美女，献与刘鋹。波斯女皮肤稍黑，体态丰满，形容娇艳，聪慧过人。这一对凑在一处，一拍即合，相见恨晚，而且有相得益彰之效。刘鋹对波斯女爱之入骨，赐名为“媚猪”（不知道何以会想出如此怪名，也许是波斯语词汇音意双谐的译称）。遇到这个女人，刘鋹渐有力不从心之感，好在不乏方士采炼各种药物供他使用，使他免于败颓之势。

刘鋹沉迷在纵欲和放荡中也昏天黑地地过了好几年，现实的存亡危机终于逼得他清醒起来。当初，他在李任等人鼓动下冒冒失失签发了致南唐李煜的复信之后，内心里其实是有些后悔的。凭良心说，李煜那封来信写得真不错，据说是南唐内史舍人、文章好手潘佑执笔，辞藻之华丽且不说，论说之雄辩令人心动。特别是当中有一段话给刘鋹留下深刻印象：

> 夫强则南面而王，弱则玉帛事大，屈伸在我，何常之有？违天不详，好争危事，……地莫险于剑阁而蜀亡矣，兵莫强于上党而李筠失守矣。窃意足下国中必有矜智好谋之臣，献尊主强国之策，以谓五岭之险非可遽前，坚壁清野，绝其粮道，依山阻水，射以强弩，彼虽百万之兵，安能成功？不幸而败，则轻舟浮

海，犹足自全，岂能以万乘之尊，而屈于人哉！此说士之常谈，可言而不可用，异时王师南伐，水陆并举，百道俱进，岂暇俱绝其粮道，尽保其壁垒？或用吴越舟师，自泉州航海，不数日至足下国都矣！人情恟悔，则舟中皆为敌国，忠义敢死之士，未易可见。虽有巨海，孰与足下俱行乎？

刘鋹自己也想到了难与宋师作正面对抗，称臣纳贡未始不是一条出路。但正如李煜信中所说，国中有李任、龚澄枢这类“矜智好谋之臣”，他们的议论也恰好就是来书中所估计的那样，一则极言粤地之险，宋师入寇时，所谓“辎重不并行，士卒不成列”，“依山阻水而射以强弩”，则必使宋师“进无所得，退无所归”；一则恃海上为最后出路之所在：“战而胜之，可成霸业，战而不胜，泛巨舟而浮沧海”，“终不为人下”。刘鋹最后还是觉得这两条对自己更有说服力，于是断然回绝了南唐的建议。

谁知道，赵匡胤这次真是下了决心，南征的大兵说到就到。回信还不到一个月时间，贺州刺史刘守忠就发来了告急文书。南汉国中君臣却并没有做出进行战争的准备。将领都被诛杀得所剩无几了，而城墙壕沟等，不是破败不堪，就是改建为游乐消闲的宫馆池沼，舰船兵器大多锈损。听到宋兵南来的消息，人心震动，不知所措。这时，除了宦官也没有什么人好派了，于是，刘鋹命龚澄枢去援贺州，李任去援韶州，还有一个卓有权威的宫媪梁鸾真的养子郭崇岳，被授予招讨使之职，到桂州去担任前敌总指挥。

驻在贺州的南汉官兵，听说龚澄枢受君命亲临前线，一个个满怀希望。贺州地僻民穷，常年戍守，没有多少油水。这回到了需要将士效命的重要关头，朝廷总少不得要厚加赍赏。久闻府库宝积如山，内太师难道不带上一两船前来犒军？谁知道刘鋹和当权众宦官，就是没有想起这件事。龚澄枢带来的只是一纸宣慰诏书，一堆鼓励将士誓死杀敌的空话。大失所望的南汉官兵哪个还有心抵抗，前方一触即溃，宋师迅速挺进到距贺州三十里的芳村。龚澄枢见此情况，坐不住了，交代刺史刘守忠，要他务必坚守城池，他自己则托词曰回朝搬请救兵，连夜带着随从乘轻舟逃回广州去了。

广州的小朝廷已经陷于混乱状态。刘鋹召集大臣们商议御敌之际，大臣们都主张起用潘崇彻。潘崇彻是刘龑时代的宿将，刘晟在位时，他攻占郴州及楚国其他地区，开疆扩土，功劳很大，后来接替吴怀恩任西北面都统。他和朝中的宦官们关系不好，被他们进谗诬陷，说他身边养着八百多名戏子，每天晚上要戏子们化好妆，陪着他唱戏、喝酒，通宵达旦，根本不理政事。刘鋹本就对潘崇彻心存疑虑，听到这些报告，便找到了发难的由头。他召还潘崇彻，罢去兵权，让他在家吃老米。潘崇彻心中当然有怨气，接到重新召他入朝的诏令，他以自己患眼病行动不便为由辞而不就。刘鋹发脾气了：

“难道我朝中除了潘崇彻，就再无人可用吗？伍彦柔就不懂用兵方略吗？伍彦柔，你为朕领兵往贺州解围，事成，朕必重赏。”

那伍彦柔是个善于纸上谈兵的角色，平日引经据典，议论风生，颇受刘鋹的赏识。只是他并未统领过大军作战，此时听到皇帝点了自己的将，心下忐忑，待要推辞，却又不敢，只得奉旨谢恩，带领援兵往贺州开去。

潘美得知伍彦柔率大队来解贺州之围，遂下令部队先后撤二十里，以骑兵三重埋伏于南乡两岸。伍彦柔的舟师一路溯水而上，追到南乡，已是深夜。他看到四周一片寂静，以为宋兵尚未发觉，便决定在拂晓时登岸发起攻击。

天色将明未明之际，南汉官兵舍舟登陆，伍彦柔本人踞坐于胡床上指挥。队伍尚未集结完毕，只听见周围呐喊声起，隐蔽处跃出无数宋军，如虎如罴般地杀将过来。伍彦柔心中只叫得一声苦，欲退回船上，河岸却又已为埋伏的宋军封锁。南汉官兵本无斗志，怎经得住宋军这一番砍杀，死的死，降的降 ，不大功夫便已折损了大半。伍彦柔带领少数精悍随从，冲出一条血路，往东南方向没命逃走。谁知走了不到两里之遥，兜头又被一支伏兵挡住去路。逃窜之众，如何还能久战？厮杀不数合，没有战死的，尽都做了俘虏，伍彦柔也在其中。

潘美擒住了伍彦柔，并不多问，立即枭首并将首级遍示贺州城各门的守军。但是城内汉军却并不出降。宋随军转运使王明向潘美建议，必须尽快攻克贺州，否则南汉方面后续援军赶到，攻城难度就大了。潘美和众将一时想不出什么攻城良策。王明带着自己的辎重部队，并就地征发了几千民夫，使用锄头、畚箕等工具，只用了大半日时间，就将城外的护城壕堑用土填平，让攻城部队直达城下。贺州城不大，城内守军力量也单薄，面对城下宋军的汹汹攻势，将士个个不寒而栗。坚持了半日，实在抵不住围城部队强大的弩阵和弹射过来的火把、石块，终于决定开门投降。

潘美得了贺州，便使人放空气，说大军即将顺流直下广州，刘鋹紧张害怕到不知所措，回过头又接受臣下的建议，向潘崇彻说好话，请他出山，并当即授以内太师、马步军都统等官衔，让他率兵五万，屯于贺江，以阻止潘美顺西江而下。

## 腐败之邦也有忠勇之士

然而，潘美并没有从贺江入西江直下广州，他决定先横向扩大战果。第一步，挥兵昭州。昭州（今广西平乐）在贺州西北面，是从贺州进入广西腹地的必经之路。城外有一开建砦，据险而筑，潘美出奇兵偷袭成功，斩获上千，守砦将领靳辉被擒。昭州刺史田行稠闻知开建砦已破，料难抵挡宋军，遂弃城而遁。听到昭州失陷的消息，桂州刺史李承珪也逃回了广州。昭、桂二州处在危急中时，曾向潘崇彻告急，但潘崇彻领着他的五万大军一动也不动。

潘美占领桂州（今桂林）以后，又回师向东，径取连州，南汉招讨使卢收率领部众退保清远，连州不战而下。战报传到广州，刘鋹说：

"昭、桂、连、贺，本来就属湖南所有，现在北师（宋军）复尽得其地，其愿已足矣，我知道，他们不会继续南下了。"

潘美可没有按刘鋹的逻辑行动。他兵不卸甲，从连州出发，直向韶州（今广东韶关）进击。这韶州是南粤的扃钥之地，一旦失守，顺北江而下，到广州可谓朝发而夕至。刘鋹不敢怠慢，忙派李承渥为都统，率大军十余万屯于韶州城外莲花峰下。这支部队是南汉武备的精华。其中包括南汉引为骄傲的独具一格的象军。大象都经过了严格的训练，其进退左右悉听御者指挥。每头象上有甲士七八人，皆执刀枪弓矢，置于阵前，无不所向披靡。

潘美苦苦思索着破象阵的办法。步兵的正面进攻，肯定有败无胜，根本无法抵抗大象的汹汹来势；用骑兵四面围攻也不行，象上人多，可以四面迎敌，且象兵居高临下，处处占着先机，马背上的骑士不是敌手。而且象这种庞然大物，其冲撞力更不是马可以抗衡的。想来想去，还是只有依靠强有力的弓弩阵，远距离攻击。但射人，还是射象呢？“射人先射马”，这是一般的规律，更何况象背上不像马背上只有一人，而是有七八人，箭矢无法造成根本性的杀伤效果，要而言之，射象才是正确的方法。但大象的身上也披着甲衣，只露出一双眼睛和一管长鼻。要在相当的距离外，瞄准象的眼睛和鼻子，又谈何容易。不过，别的作战思路是没有的，潘美决定着手组织强大的弩阵。

这是开宝三年（公元 964 年）的十二月，在中国北方，已是不宜于作战的严冬天气。而在岭南，却是不冷不热，正好厮杀。那日天气晴朗，略有北风，两军对垒于莲花峰以北的一片旷野之中。潘美把全军的强劲弓弩手集中布置在一线临敌。弩手分成前后两排，前排呈跪姿，后排成立姿，横向间距离不过一臂，这可以说是最密集的弓弩阵形。潘美在阵前亲巡，检查队形是否齐整，弓具是否完善，并不时鼓励将士：

“尔等都是一流的弓弩手，只要沉着冷静，射中象眼象鼻等处，亦非难事。休要看这象队煞是雄壮，只要象被射中，其行伍必乱。破南汉的主力之军就在今日一仗，望人人努力。”

辰牌将尽时分，只见李承渥阵中尘土飞扬，旌旗摇动。宋军将士料定是对手将要发起进攻，一个个手擎弩机，睁大了眼睛，凝望着敌方的动静。果然，只见南汉军营门大开，数十头大象披红挂彩全副武装地向阵地上冲来。每头象背左右各有一筐，每筐中约有二三名手执长戈的甲士，背上另有两人，一人向前，一人向后，亦各执利器。那象虽说笨重，跑得却也不慢，少顷，便已迫近了宋军阵地。大队步兵跟在象队后面，虽说快跑，却也拉开了一段距离。潘美见此情形，便立在马镫上高声叫道：

“弓弩手听令！预备，瞄准——”

眼看象队越来越近，象背上南汉士兵的詈骂之声已清晰可闻，慢慢连人的五官也已经可以辨认。潘美憋足气力大叫一声：

“放！”

霎时间只听得“嗖、嗖”之声，万箭齐发。第一轮箭过去，最前面便有几头象眼睛或鼻子被射中，痛得用后脚站起身来，又蹦又蹶，当即便有若干名带甲之士从象背上的筐子里被抛落地面。第二轮弩箭射出，又有好几头大象被射中，被射中的象颠颠蹦蹦地只会在原地乱转，再也无法循着原来的方向前进。

宋军看到强大的弩阵对付象兵果然有效，个个精神振奋，勇气倍增，箭越射越密，越射越准，又有好些头大象被射伤。前面的象受伤了，便挡住了后面的象，后面的象行动迟缓下来，便更易被射中。受伤的象越来越多，整个象阵因混乱而停顿下来。这时有一头受伤的象在原地乱转一气时，屁股上中了一箭，痛得它向着自己阵地的方向狂奔而去。原来跟在后面的步兵刚刚赶到，迎头撞上这头发狂似的象，纷纷向两边避让。站在高处指挥的潘美，看到这番景象，突然受到启发，大声命令道：

“各队传令，向受伤的象屁股上放箭！”

命令传下去，聪明点的弓弩手便已经领会了其中的意思。他们等着那些受了伤而转来转去的大象把屁股朝着阵前这一面时，便猛地一箭射去。一头头被射中的象都像刚才那头象一样朝着自己阵地方向狂奔。而那些没被射中的也莫名其妙地掉转头跟着跑。整个象队变成了一支临阵反戈锐不可当的劲旅铁骑，南汉的大队步兵被狂奔的象队冲得七零八落，又因闪避不及而互相践踏，死伤无数、溃不成军。潘美此时连忙传命马步军一齐掩杀过去，恰巧又值天刮北风，宋军跟在象队后面趁着风势，一路冲破了敌军营寨，冲垮了敌军行伍，最后冲进了韶州城，俘虏了南汉韶州刺史辛延渥和谏议大夫卿文远。至于李承渥，在阵前看到形势不对，早就带着几名亲信随从，跑回广州去了。

韶州失守的消息传到南汉朝廷，刘鋹问计于龚澄枢、李任、卢琼仙等人，尽皆面面相觑，无词以对。欲请樊胡子请示玉皇大帝，谁知那樊胡子竟闭关修炼，任何人一律免见，玉帝自然也无法降旨。朝中实在已派不出带兵之将。还是先朝的老宫媪梁鸾真在关键时候又一次站出来关心社稷安危。她没有别的建议，只是重申她的养子郭崇岳可资大用。郭崇岳平日除了会祈祷鬼神，没听说过会用兵。但刘鋹也许是被梁鸾真“举贤不避亲”的精神所感动，立即署命郭崇岳为招讨使，与大将植廷晓统军六万屯驻于马径。他们编竹木为栅，封锁各处山口，意图阻遏宋军于广州城外，因为马径已经是广州的郊区了。

潘美接着又攻占了英州（今广东英德）、雄州（广东南雄），一步步逼近兴王府（广州）。南汉西、北面都统潘崇彻终于带着他的五万士兵决定投降了。他知道南汉小朝廷气数已尽，灭亡是指日之间的事，自己纵有天大的本事也没法阻止这一天的到来。何况，自己也不值得为这样的朝廷殉葬。当初，为南汉国开疆扩土，出生入死，立下赫赫战功，可是刘鋹却无端见疑，听信谗言，罢去兵柄，让我蒙羞受辱。此番兵临城下，覆灭在即，却又想要我出来拯救危亡。赵姓天子统一中国已是必然之势，此时投降，或尚不失为保全之道，若再迁延，两军相接，身为败军之将则死路一条而已。潘崇彻打定了主意，便向潘美发来求降书。双方迅速达成了受降协议。潘美随即将情况上报赵匡胤，很快得到批复：赦去潘崇彻之罪，授为汝州别驾。

潘崇彻的投降，宣告了南汉境内除广州而外的全部军事力量的丧失殆尽。潘美的大军从英州继续南下，到达泷头。这时刘鋹遣使前来请求议和，并提出以宋师暂缓南下为条件。潘美听了觉得好笑。已经是山穷水尽之势，还想议和，真是痴人说梦。当即扣下来使及其随从，只放一人回广州告知刘鋹，除非彻底投降，其余无可商议。

潘美扣住来使，是因为泷头这地方山险水恶，湍急的北江从这里即将进入珠江平原，江面逼窄，弯道多、落差大，两边峭岭夹江对峙，潘美唯恐南汉设有伏兵，便命使者坐在船头充当人质，快速通过了山区最后一段航道。只用了一天时间，宋军便已经到达马径。潘美在双女山下安扎营寨，直对着郭崇岳的栅口。

潘美派出兵将到栅前挑战，那郭崇岳不加理会，只是坚壁自守。主帐中设下一个大大的神坛，郭崇岳每日跪坐在坛前，虔心祈祷九天司命真人差来天兵天将，杀退宋军，也好不负他养母梁鸾真的一番荐贤之意。

马径离广州不过百十里路程。此时此刻，刘鋹自然会想起事前安排的“战而不胜，泛巨舟而浮沧海”的计划。他命令宦官乐范准备了十多艘大船，装满了金银宝贝及淡水给养等物，随时待命。谁知他还没有来得及携带妃嫔登船，那乐范竟领着千余名卫兵把那支船队开出海去了。守既没有信心，逃又断了后路。刘鋹万般无计，遣左仆射萧漼带着降表到潘美军前请降。因为赵匡胤已经明确交代过，只要南汉投降，宋军便不许进城，以免又发生屠掠等行为，伤害广州百姓。潘美便一方面派人护送萧漼去汴梁面圣，一方面让萧漼的随从回广州向刘鋹宣谕赵匡胤的惜民之心，同时，下令宋军停止进攻动作，屯师于马径。

刘鋹既已请降，便差皇弟桢王刘保兴率文武官员出城迎接潘美等进驻广州。谁知招讨使郭崇岳极力谏阻，他口出狂言道：

“臣在马径筑栅设防，有金城汤池之效。宋军远来，一路夺我城池州郡，未曾遇着抵抗，已呈骄满之态。古人云‘满则溢’，‘骄兵必败’，宋师其可免乎？且臣昼夜祈祷，上苍已有昭示。昨日臣占问《袁天罡神数》，其辞曰：‘七十二战，战无不利，忽闻楚歌，一败涂地。’这岂不正是应在宋军身上？战战告捷，今日之战当是其一败涂地之时矣！”

刘鋹听了郭崇岳这番话，心下又不禁犹豫起来。他倒不是很相信郭崇岳的满腹韬略会创造出什么军事奇迹，而是对《袁天罡神数》中的几句卦词深感兴趣。“七十二战，战无不利”，这当然是指的如日中天的赵宋，“忽闻楚歌，一败涂地”，岭南许多地方，都是楚的故地，这当然就是说宋军出师岭南，必遭大败。他问李任、龚澄枢、卢琼仙等人，都说他的这一理解绝对正确。那梁鸾真更是在一旁添油加醋说：

“我儿崇岳素日谨事神仙，每有灵异，无不昭验。星相术士也都说他脑有奇骨，命中有异数，必是匡扶社稷的栋梁之材，不是国难君危之时，不能显其大用。”

既然周围有这样一批积极的主战派，刘鋹又决定继续进行抵抗。

他派弟弟保兴率领广州城内的所有可用之兵开赴前线，自己则守着波斯女“媚猪”在宫中静候捷报佳音。

在马径前线，统兵大将植廷晓不同意郭崇岳坚壁不出等待天兵天将杀敌的想法，他说：

“北军南来，乘席卷之势，其锋固不可当，其气亦犹未竭。我军虽尚有万众，但都是败创之余，伤痍未复，怠惫日增。不如驱策之往敌前，拼死一战，或有胜算，亦未可知，若迟迟不出，我竭彼盈，是坐以待毙矣！”

郭崇岳不置可否。第二天，植廷晓带着部队出了栅口，来到北江东岸，据水而阵，要郭崇岳殿后，保持从江边到栅寨的纵深防线，防止宋军从中间突破，实行对前军和寨栅的分割包围。潘美的大军从北江的上游和西岸渡水杀来。双方在东岸滩地上展开一场激战。植廷晓虽然勇猛，无奈南汉官兵俱无斗志，他一人纵有万夫之力也无法挽回败局。包围圈越缩越小，只听见潘美在阵前高声发令：

“休教放走了主将，擒住植廷晓者有重赏，本帅要在皇帝陛下处亲自保举。”

宋军将士在重赏的刺激下，越杀越勇，直往植廷晓处扑来。植廷晓知道今日万难幸免，而又不愿意被俘受辱，便只有横下一条心，拼力死战。只见他手中一管枪，上搠下挑，左刺右攒，一时间死在他手下的宋兵不下数十人。但这时，在他身边协同作战的汉兵已不过百数人之众，而宋军却像潮水般涌来，前仆后继，越杀越多。植廷晓渐渐觉体力不支，稍一懈怠，腿上便被一名宋军使“滚地刀法”砍了一刀。当他奋力将那名刀手刺死时，背后却又中了一枪。那名宋军猛地用力，将枪尖从植廷晓身上抽出，登时血流如注，尽湿甲衣。植廷晓还想奋力再战，奈何已是力不从心。顷间，全身便被创多处，终于倒在血泊中。军士们待上前捆绑时，他已经气绝身亡，只是睁大一双眼睛，望着南粤的天空，不曾瞑目。史书称赞他是南汉君臣中唯一的忠勇之臣，所谓“铁中之铮铮者”，植廷晓一死，战斗就算结束了。他所率的前军，除少数逃窜外，已全数覆没。郭崇岳看到前面的败况，料知天兵降临已是无望，连忙拨转马头，逃回栅内，紧闭栅门，再不出战。

潘美回营犒赏了将士，便与转运使王明商议破栅之法。潘美凝思半晌，对王明说：

“汉军之栅，均系竹木编成，最宜用火攻。”

“都帅所言极是，只待火起，乘乱进击，此实为万全之策。”王明表示赞同。

于是两人商定，立即准备数千火把，由军前身手矫捷的丁夫，每人手执两支，夜静时由山间小道潜行至栅前，一齐点火。弓弩手列阵为掩护，马步军准备发起冲锋，一举破栅。

第二天，王明便已将火把备好，栅前放火的丁夫也都挑选好了。晚上，天公又作美，刮起了北风。子初时分，各队分头行动。将近丑时，一声令下，果然便见栅前千炬齐发，火光通明。正是隆冬天气，编栅的竹木大都已干透，见火就着，加上北风一吹，真个是风助火，火助风，片刻间，寨栅便成火栅。南汉兵起初还想灭火，怎奈火势太猛，又遍栅皆燃，加上栅外的弓弩手将箭支雨点般射来，实是无从下手。不到半个时辰，寨栅已烧得变成炭栅。这里潘美的马步大军立即大举突击。南汉兵此时如何还有心作战，不是逃窜，便是被杀。在一片烟尘与火光中，少说也有数千人做了刀下之鬼。郭崇岳在乱军之中已被人杀死了，至死也没有见到他期待已久的天兵天将。只有桢王刘保兴还算灵巧乖觉，看着寨栅将成为灰烬，心知大势去矣，带了几名随从逃回广州城中。

龚承枢、李任与薛崇誉一伙宦党听到马径兵败，便到一处商议对策。龚承枢说：

“北军此来，就是图谋我国的珍宝。只有放一把火，留得一座空城，他久驻无益，必将退去。”

三人一齐同意，便命令手下纵火，所有府库、宫殿，一个晚上烧了个精光。

## 亡国君臣中物以类聚的一群小丑

龚澄枢、李任、薛崇誉等人行坚壁清野之计，火烧广州，比俄国库图佐夫元帅火烧莫斯科，早了八百五十年，场面之壮观想来也不会逊色。但是库图佐夫作为胜利者而流芳千古，而龚承枢等却始终受到后人的嘲骂，因为历史虽然每每给小丑提供跳梁的机会，到头来却总不会忘记还他们以本来的面目。

刘鋹这时候才有些后悔不该听郭崇岳的鬼话，什么“天兵天将”，什么“忽闻楚歌，一败涂地”，这回可真正是一败涂地了，不过不是别人，而是自己。袁天罡的话永远是正确的。……要是没有这最后一场惨败，等萧漼从汴梁回来，自己降也降得体面一些。不过，他又想起了从潘美营中回来的另一位请降使者——中书舍人卓惟休说的话，那是他奉命传达的出征前赵匡胤对潘美所作的原则指示：“彼能战则与之战，不能战则劝之守，不能守则谕之降，不能降则死，不能死则亡（逃），非此五者一概不得接受。”除了这五条，还有一条路，那就是和。赵匡胤这段指示意思很清楚，就是不许和，一定要把南汉并入自己的版图。

既然是在既不能战、又不能守的情况下还给予降这样一条出路，那么自己在能战的时候多战一次再降也不算添了很大的罪过吧。刘鋹想到这里，又觉得前途似乎仍有一线光明，赶紧又派人出城至宋营接洽自己亲自出城投降的具体事宜。第二天一早，刘鋹素衣白马，颈项上勒一条帛带，带领文武官员来到潘美大营所在地白田向宋军投降。潘美按照惯例释去其颈项上的帛带，然后一起进入广州城。入城之后，俘获南汉宗室及官员共九十七人，统通安置在龙德宫内。桢王保兴机灵得很，曾一度脱逃，藏匿在郊区民舍内，但不久就被举告，一并囚于宫内。有数百名太监官儿，华服盛装，求见潘美。大概是想请潘美替他们往汴梁求情，以便早日重操旧业。可是潘美不但不肯照办，反而说：

“就是这种坏家伙太多了。我奉圣命伐罪，正是为了收拾此辈！”于是一道命令，全部杀光。潘美随即露布文告，安抚百姓，同时向朝廷告捷。征伐南汉的战争至此结束。

此次南征应该说是自平定荆湘以来历次战争中战果最辉煌的。得州六十，得县二百四十，户十七万二百六十三。和灭蜀战争的战果相比较，土地面积有过之，而人口数量似不及。这里有两个原因，一是当时岭南许多地区开发程度不及西川，人烟稀少；一是岭南民俗多聚族而居。在籍册上的所谓一“户”，往往数世同堂，子孙多达数十人，是以户数偏少不一定意味着人丁也如此之少。

半个月后，告捷使者到达汴梁。群臣入朝祝贺。赵匡胤于乾元殿大宴群臣，并连续就岭南政务连续发出了几道诏书。主要内容有：

一、赦免岭南罪犯。所有原南汉辖区内各州县常赦所不能赦的罪一律宽赦。以缓解刘氏统治下的苛法酷刑给百姓带来的痛苦。

二、南汉原有各种无名赋敛统统蠲免，以减轻岭南百姓历年来的沉重负担。

三、岭南旧有买卖人口为奴婢并转手获利的陋习，其被买卖者一律放还本家。

四、南汉伪政有害于民者，悉行废止。（这一条虽然说得比较笼统、空泛，但可贵的是赵匡胤的这种态度，其用心值得肯定。）

五、南汉所署伪官一并仍旧。（这是为了有利于社会秩序和人心的安定。任何新政权都需要旧政人员维持一段过渡时期。）

六、命潭州防御使潘美、朗州团练使尹崇珂同知广州。由广州择命分知各州县的官员。

作出这一系列的举措之后，赵匡胤命令潘美派员护送刘鋹及其家属、宗室及文武官员赴汴梁。他要举行隆重的受降、献俘之礼。

刘鋹一行人离开广州北上，不数日到达郴州地界。骑田岭上驿站中，见一老者跪迎道侧，刘鋹依稀记得此人原在南汉朝中任职，因为力谏犯上，惹得他恼火，便把此人贬谪到郴州。他以为郴州是穷荒极北之地，便惊异地问道：

“你怎么在这里？御史台告诉我，郴州是流配犯官最偏远的州郡，怎么这么近？”

“陛下之国境到此地就是极边极远之处了，并非有万里之遥也。”那人缓缓答道。

刘鋹听出他话里隐隐含有讥讽的意味，不由得脸上发热，他是笑我昏庸以至于不识国境，还是笑我国小兵微不堪一击？唉！不管他笑什么？自己只有假作痴呆了，一介降王，难道还想作什么威福？

又行了好几日，过洞庭湖，来到江陵地界。夜宿于公安县的驿馆内。一个名叫庞师进的人由学士黄德昭陪着前来谒见。刘鋹问黄德昭：

“这是个什么人，为什么要见我？”

“他是南汉的臣民，来谒见故国君主。”

“怎么会有南汉的臣民来到此处的呢？”刘鋹懂事以来，南汉就和中原没有来往，自己居然还有臣民在此地出现，他不能不奇怪。

“陛下，当年高祖（刘龑）未称帝时，领中朝之藩封，岁岁朝贡。辎重等物都从荆州路过。为了转运方便，在此购置邸店，专司制造车乘接待使臣之职。这个庞师进就是那时候派来此处的——陛下不见他已须发皆白了吗？”

刘鋹听了半晌没作声，最后叹了口气说：

“我在位十四年，从没听说过这回事。今天才知道大朝境土的广袤和祖宗创业的艰难。”他说完低下头，随着滚下两行情不自禁的泪水，他轻轻抽泣起来，这种情感是他有生以来的第一次。

到了汴梁以后，刘鋹君臣被安置在玉津园居住。赵匡胤对于投降后又出现反复以及火烧广州一事十分气愤，他知道刘鋹是个没有头脑的小混球，这些事的背后肯定有人主使。他命令参知政事吕余庆彻底查清内幕。刘鋹说投降后的反复是郭崇岳拿的主意，而火烧广州完全是龚澄枢、李任、薛崇誉等人决定的，他毫不知情。刘鋹素称利口善辩，但他此时所说倒也是实情。

赵匡胤要吕余庆召集南汉的群臣继续审查，落实责任。当问到龚澄枢等人放火烧城究竟是谁作的决定时，他们都只是俯首而不作声。只见伪谏议大夫王珪冲到他们面前喝道：

“从前在广州，所有机要政务都是把持在你们手中，这火又是从内宫中烧起来的，你们不认罪，还想推过于何人？”说完他一口唾沫吐在龚澄枢脸上，顺手又给了李任一个嘴巴。

这一嘴巴出手迅疾，分量扎实，李任那张白白胖胖的脸立刻现出了红红的手指印，血从嘴角上流淌下来。想这龚澄枢和李任当日在广州时是何等的弄权窃柄，作威作福，可是如今身为俘虏，面对着周围南汉朝臣那一双双愤怒的眼睛，他们不敢发作，甚至不敢作声。龚澄枢用衣袖拭去王珪吐在自己脸上的痰涎，李任则听任齿血一滴滴从腮边跌落前襟。现在大家都是俘虏，谁还怕谁？自己如果还敢反击，说不定积怨很深的昔日同僚会一拥而上，至少一顿痛打在所难免。就这样，龚澄枢、李任、薛崇誉等人规规矩矩地引咎服罪。

五月里，赵匡胤在明德门正式举行献俘大典。顾名思义，献俘大典当然不同于乾德三年为孟昶举行的受降礼。不仅形式上有差别，就是气氛也相差很远。那时孟昶还享有对降国之君的礼遇，受到过晋王赵光义郊迎、陪同的高规格接待，而刘鋹眼下却是个待罪的战俘，准备接受审判。一大清早，他和他的群臣们一个个颈项上勒着帛带，由禁兵押送着，先献之于宋室的太庙、太社，祭告了祖宗天地之后，再押到明德门前，跪候宣读罪状并接受判决。约莫辰末巳初时刻，赵匡胤登上了明德门城楼，正式接受献俘。他望着跪在地上的刘鋹，白白胖胖，没有胡须，连眉毛似乎也很少。看他此刻那一脸傻乎乎的表情，谁能想到这家伙竟能干出那么多坏事。

责罪诏书（起诉书）是由摄刑部尚书卢多逊宣读的，历数了南汉种种虐民残众、对抗天朝的罪行，虽然是提纲挈领，也足足念了半个时辰有余。念完之后，由刘鋹致对（答）词。刘鋹说：

“臣年十六，即继父位，僭有伪号，龚澄枢等皆臣先父旧臣，每事，臣不得自由（做主），在国（南汉）时，臣是臣下，澄枢等是国主。”对毕，伏在地下待罪。话虽是短短几句，足见称他利口善辩并非过誉。年幼无知而当了国主，只能怪他的父亲死得早；国主没当好，罪不胜数，只能怪老臣们跋扈专权。总之，他似乎什么责任也没有，既不情愿僭称伪号，更不情愿残害百姓、对抗天朝，该怎么惩罚我这无辜而受过的可怜虫，由你们斟酌着办吧。说话时他还不时抬起那张永远长不大的娃娃脸，使人不能不对他产生几分信任与同情。

赵匡胤接着就命摄大理卿（最高法院院长）高继申押着龚澄枢、李任、薛崇誉等往千秋门外，验明正身，宣布判决，就地斩首。赵匡胤本人宣布释去刘鋹之罪（即免予刑事处分），其弟保兴以下官属等也一并赦罪。刘鋹被授为金紫光禄大夫，检校太保、右千牛卫大将军、员外置同正置（编外待遇比照在编），封恩赦侯。伪桢王保兴授右监门率府率，萧漼授为太子中允，卓惟休授太仆寺丞。其余降官也一一署为诸州上佐、县令、主簿等。刘鋹及其以下降官，视其品级赐予冠带、器币、鞍马等物。

赵匡胤对于平定南汉，内心总未能焕发出一种强烈的兴奋感。这就如一个职业的竞技者遇上一场与水平低劣的对手的比赛。面对刘鋹这种人，他觉得虽然可恨可气，但也可怜。这样的胜利似乎得来得太容易了，他隐约萌生了一种难以言喻的寂寞。他没有大肆奖赏功臣，只是将转运使王明提拔为秘书少监、领韶州刺史。因为在这次南征中，王明的任务完成得太漂亮了。岭道险绝，不通舟车，后勤给养及兵械辎重全是他组织丁夫背运过去的，保障了供给，真不容易。每攻下州郡，王明必先收其版籍图册、固守仓库，而且还能参与制定作战计划，这样的文臣是赵匡胤最欣赏的，必须重用。

刘鋹带着他一大帮家小在汴梁的新环境里安顿下来。这么多人靠他现在的俸禄是难以维持的。他从来没有想过一个人究竟要用多少钱才能养活这类问题，如果不是广州城破的时候许多人逃散不知下落，他带来汴梁的将远远不止眼下这么多人。他觉得应该把所有跟随自己的人都带在身边，除了樊胡子、卢琼仙、梁鸾真这些不敢来不愿来的以外。可是现在他却懂得了人多吃饭多、费用高、花销大的道理，恨不得能遣散一部分。但他们都来自岭南，关山遥隔，怎么遣散得了？赵匡胤似乎想到了他的难处，着人给他送来钱五万、米麦五十斛，说明是俸禄以外的恩赏。刘鋹真的感动了。虽然这点钱粮数目也不算大，但却是雪中送炭，自己作为一个负罪的俘虏还能要求些什么呢。他想表达一下自己的感激之情。离开广州的时候，在宫内库房的余烬里，宫人们翻开烫手的热灰，寻出了一批珍珠，装在小瓮里，共有四十多瓮。他决定用这些珍珠，亲手编制一件工艺品，献给赵匡胤，证明自己卑微而忠实的景仰之情。他想这会让赵匡胤感到高兴。

用了不到一个月的时间，他的作品就完成了，题名为《珠龙九五鞍》。那是用珍珠串成的一条张牙舞爪的龙，角牙俱现，片片鳞甲，惟妙惟肖，巧夺天工。刘鋹一生，毫无所长，只有这编珠制品，平日练习颇有心得，不仅手法纯熟，且构思巧妙。果然，这件《珠龙九五鞍》送呈赵匡胤，他观赏了半天，喜不自胜，又命内侍传示大内各宫。宫中妃嫔，看到这样精美贵重的工艺品，尽皆骇然，惊为天物。赵匡胤心想，这样贵重的礼品，不能让他白送，必须给以相当的回赠。他想刘鋹眼下最缺的就是钱，他着人给刘鋹送去了一百五十万钱。事后，赵匡胤经常对臣下说："刘鋹真是心灵手巧，而且性与习成。当初他如果能像制作珍珠工艺品一样处理国家政事，那南汉又何至于灭亡如此之速啊！"

一日，赵匡胤召集群臣在讲武池聚会。他自己乘着肩舆带着十余名随员提前到了那里，他要检查一下宴会的准备情况。大臣们都还没来，只有刘鋹出于一种他这种人特有的循规蹈矩的态度和不胜荣幸的心情早早赶到。他生性脸皮厚，从来不担心在各种热闹场合遭人鄙薄戏弄，相反，越是大场面他越是愿意出席，一则他觉得这是一种荣耀；另方面，也是出于一种狡狯的自保心理——他要竭尽可能让更多的人认识他的憨和傻，知道他的不明事理（胸无城府）和厚颜无耻（不图进取），从而放松他们的政治警觉，不再把他当回事。他知道，只有这样，他才能安全稳定地度过余生。

刘鋹由内侍报名后被引入大厅，只见那里除了赵匡胤及其随从外，没有别的人。当即他的心便猛地往下一沉。这是怎么回事呢？古人说："会无好会，宴无好宴。"今日之宴只召我一人，只怕是对我要有所处置吧。他心里一嘀咕，腿肚子便轻轻抖动起来。背上也觉得湿乎乎凉冰冰的。虽然他清楚地意识到此时害怕也没有用，只能相机行事了。

行过了君臣大礼，赵匡胤便招呼他坐下。刘鋹只把半个屁股放在座上，侧身注视着赵匡胤的表情。皇上的口气倒是十分平和，问了问他近来的生活状况，并且说还有些什么困难可尽量提出。刘鋹一一恭谨作答，又说了几句"感荷天恩，无以回报"之类的话。随后赵匡胤便命内侍赐酒。听说赐酒，刘鋹一下子怔住了，白胖的脸变得更白。当内侍把酒卮递给他时，他的手颤抖着几乎接不住而掉在地下。看到他突然神态如此紧张，赵匡胤疑惑地盯住他，不明所以。刘鋹在赵匡胤的凝视下，捧着酒卮双膝跪地，两行眼泪顺着胖胖的脸颊流下来，泣不成声地说：

"臣继承祖父基业，始得僭称伪号，违拒朝廷致劳动王师，南行征讨。臣之罪固当诛杀，陛下既待臣以不死，臣愿意做个大梁城的百姓，观太平之盛世，沐陛下之圣德。臣不敢饮此酒。"说完他就以额触地保持着跪姿。赵匡胤听他说出这样一番话，再看看他的真诚而又滑稽的表情，不禁笑出声来，接着便问刘鋹：

“你以为朕要用药酒毒死你吗？朕推赤心入人腹，怎么会暗计杀人呢？你多虑了。”说着，便命内侍取过刘鋹的酒，自己一口饮尽，另外又倒了一杯赐给刘鋹。刘鋹不禁满脸惭色，饮毕赐酒，又顿首拜谢。他的这点惭愧确是发自由衷，因为他想起了自己在广州做皇帝的时候，用毒酒害死过好多位他不喜欢但却又无法公开进行处置的臣下。他在赐酒拒而后饮这个短暂的过程中，多少感觉到了自己的卑微和渺小。当然，他这种人身上，一点这类感受并不会产生什么很久远很深刻的影响。终其一生，他始终是个小丑似的人物。有次赵光义在出征太原之前宴请群臣。席间，刘鋹说：“朝廷威灵远播，四方僭窃之主，今日尽在坐中，旦夕之间，太原一破，又来一个刘继元。臣请陛下授臣以降王长之职。”说得赵光义哈哈大笑，给了他许多赏赐。他的扮演小丑的本领使他一直受到赵匡胤和赵光义两兄弟的关照和优待，得保天年。

卷——陆

*Volume 6*

# 内政的整饬和建设

## 裁撤州县，禁止奢靡

征服了南汉，赵匡胤觉得真的该搞几年“无为之治”了。从建隆元年（960 年）到开宝四年（971 年），朝廷没有停止过用兵，这种情况必须改一改了。“养身莫若寡欲，治世莫若爱民”，王昭素的这两句话给他留下了深刻的印象。一个帝王老是在不停地作战，总不好说他很爱民。当然，自己处在天下纷扰、四分五裂的乱世，非用兵不能统一华夏、解民倒悬。但现在除了北汉太原那个岌岌可危的小朝廷，中华大地已基本上在自己的掌握之中。南唐和吴越虽然还保持着在领土范围内的自治，但都已经称臣纳贡，就算准备进行讨伐，一时间也找不出很充分的理由。

至于光复汉、唐故物，赵匡胤对此历来有自己的看法。他觉得，既然明知道“非我族类，其心必异”的道理，又何必要将不同的族群强制性地塞进同一个国家框架里，搞得矛盾重重，疲于应付。当年征服了后蜀，不少人就提出了向大理国（云南）继续进军的建议，可是赵匡胤用玉斧在地图上循着大渡河的流向划了一条线，并且说：“此河以外，非吾之所有也。”他的话就是结论，此后再也没有出现过向大渡河以西用兵的计划和行动。对于西北方向的吐蕃诸部和正北方向的辽国，赵匡胤一律采取以防范为主的绥靖战略，从未有过主动进击的想法。按当时国力对比而言，这些国家都不是宋王朝的对手。但赵匡胤知道，对这些地广人稀的异族，很难彻底把他们征服，征服了也很难治理。用兵的结果是使自己背上一个甩不脱的沉重包袱。所以，只要他们不来骚扰边境地区，这就要看作是胜利和成功。

有一次，在击退了辽兵的入寇之后，他对左右的人说：“我要用二十匹绢购买一颗契丹人头，契丹的精兵不过十万，那就是说，只要费二百万匹绢，契丹的军队就完了。”人头当然是买不尽的，但在赵匡胤这种指导思想下，那些年里，与其他民族接壤的边境上形势是比较平静的。

重要的是把国内的事情办好。怎样办好国内的事情呢？他有一系列的想法，如精简机构和人员、选拔良吏、高薪养廉、治理黄河、节约国用、减轻农民负担等等。在连年的战争停止下来以后，他把这些想法逐步推向实践。

分裂割据的小朝廷，必然存在着机构臃肿、吏员冗杂的现象。为了虚张声势，那些国君们往往是本着“麻雀虽小、肝胆俱全”的原则，除了中央机构要比照大朝一样不缺外，更到处乱设节镇，滥立州、县。南汉的情形尤其突出，赵匡胤下令韶州刺史王明协助知广州事潘美重新详查地理、清点户籍，裁并州县，先后废掉了十六个州、四十九个县。仅海南岛上，就撤掉了修、崖、振、万安四个州，统通隶属琼州管辖。

除了撤减行政单位，还必须裁抑行政官员。开宝三年七月，赵匡胤在一道诏书中说：

吏员猥多，难以求治；俸禄鲜薄，未可责廉。与其冗员而重费，不若省官而益俸。西川管内州、县官，宜以口数为率，差减其员，旧俸月增给五千，天下州县官宜依西川例省减员数。

按照人口的多少核定地方官员的编制数，用节约的开支来增加官员的俸禄，从而收到促进廉政建设和提高工作效率的结果，这在当时是一个很具独创精神的政见和举措。

赵匡胤出身军人，但他却始终不信任军人。他对于整顿政治有一个根本想法，就是把权力全部集中到儒臣手中。他曾经对赵普说过：

“五代方镇残虐，民受其祸。朕现在要选儒臣中之干练者一百人，分治重镇大藩。纵使这些人全是贪赃枉法之徒，为害也赶不上一个武臣。”

这句话反映了他对武臣的成见之深。当然，这个计划实施起来颇为不易。因为国土未靖，担当方面重任的封疆之臣不懂武备是不行的，尽管他一再地属意并重用那些兼通军事的儒臣，但这样的人毕竟还是太少，凑足一百谈何容易。

他对武人的猜忌心理，一方面是来自本人的亲身感受，一方面出于对历史经验教训的总结。他太了解这些人了，可以说，从五代的历史背景中走过来的军人，一般非贪即暴，非暴即贪，绝大多数贪而且暴。所以他对待他们往往也就是简单的两手策略：用利益去满足他们的贪欲；用强权去镇压他们的越轨。赵匡胤身边有个内侍，名叫李承进，官任左飞龙使，曾经侍奉过后唐庄宗李存勖，是宫里的老人了，熟悉历史掌故。有一次，赵匡胤问他：

“庄宗英武，天下共知。其以神勇而得国位，统一中原，但享国却不得长久，其故安在？”

“庄宗平日爱好狩猎，又特别姑息将士。每次出猎至近郊，禁兵军卒们就一定拦住马头，诉说儿郎辈寒冷，望与救济等等套话。庄宗往往总是按他们提出的要求给予满足。于是威令不行，而这都是恩赏太无规矩的缘故。军士们不珍惜恩赏，又如何肯效忠用命？”李承进说得很有道理，赵匡胤不禁拍着大腿叹息道：

“李存勖和朱梁隔着黄河整整打了二十年才得到天下，可是他却不懂得用军法约束将士，一味纵容他们贪得无厌的欲求。用这种方法来统御军队，真是形同儿戏！结果是徒有盖世的勇武，却不能免杀身之祸。朕今日抚养将士，固然也不吝惜爵赏——只要他们有功；但谁要是敢越轨犯法，那我就只有用剑来惩罚。”

就在这时，偏偏又发生了殿直亲军闹事上告的案件。事情的原委是这样的：

后蜀灭亡以后，赵匡胤从孟昶的亲军中选拔了百多名弓马精良的壮汉，补充到殿直亲军中，名为川班内殿直，官阶俸赏都给予优待，与亲军中其他各班直一视同仁。这一次赵匡胤参加郊礼（祭祀）完毕，循例赏赐亲军。因为当时任扈从之责的是御马直亲军，于是下令给他们每人增发五千钱。川班内殿直的众军士看到别人多得了赏钱，心中不服，于是邀集一起，到宫门击响登闻鼓，向皇帝陈情乞赏。赵匡胤被激怒了，他怎么能够容忍这种近似于要挟的行为呢？于是派遣黄门中使外出传谕：“给御马直的赏钱，是朕的恩加格外，这怎么可以循例攀比呢？”接着从那些击登闻鼓的军士中，选出四十名桀骜不驯者，就地斩讫，其余的一律发配许州。川班内殿直也就此宣布解散。

赵匡胤任用儒臣为方面大员确实也有不少成功的例子。故宰相范质的儿子范旻知邕州（今广西南宁），到任不久，就洞察了南汉统治时害民之政十余项，详报朝廷，请皇帝下诏免除。邕州民俗愚昧，滥祀鬼神，得了病也不敢治疗，只知道杀鸡宰猪，求神怪鬼魅赐福。范旻取缔了所有的野祀邪神，自己把俸钱拿出来，购买药物，亲自配制，给患病的民众服用。救活的人以千数计。后南汉时委任的知州邓存忠裹挟了二万土人作乱，围攻州城达七十余日。范旻率兵出城迎战，敌人的箭矢密如雨点。他一时间就胸前连中数箭。但他仍然奋力督战，直到邓存忠稍稍退去，他才收兵入城。因为伤得太重，他不能再出战，便坚守不出，并派人潜出城外往广州求救。先后派了十五批人才把信送到。潘美接到信报，派出援军，给邕州解了围。

范旻在邕州的治绩和在艰险的围城战中的英勇表现，传入朝中，阖朝文武，交口称赞范质教子有方，德荫后人；范旻克绍箕裘，国之干城。赵匡胤心里更是十分高兴：范质老头清廉一生，不徇私，不敛财，为国宣劳，勋绩卓著，最后还教出这么个好儿子，真是难得！一定要重加奖赏，以昭示国家体恤忠良奖掖勋裔的正道。赵匡胤下诏，着范旻晋京面圣，论功受赏。可是有司奏道，范旻伤势太重，不堪车马劳顿。赵匡胤不满地驳斥道：

"你们就是不想让范旻早日见朕、受朕的重赏！什么'不堪车马劳顿'！快派专人持诏南下，雇请丁夫，用肩舆把范旻抬回汴梁来。"中书省不敢怠慢，立即遵旨照办。于是范旻便一路坐着轿子回到了京师，一应开销全部由国库支出。

赵匡胤见到范旻，着实夸奖慰勉了一番。又说起他父亲范质的一些往事，希望他能像父亲一样地公忠报国。赵匡胤笑着对范旻说：

"你应该比你父亲更强，你父亲粹然一介儒生，不知军旅之事，而你却可以出阵杀敌。"他随即下诏，奖给范旻二百万钱。范旻伤愈后，授为镇州（成德军节度使治所，今石家庄）通判。后来因为范旻的健康已被箭伤造成永久性损害，便调回京师，迁库部员外郎、知淮南转运使等职。

像范旻这种文武兼备的干才，赵匡胤确实是只要有所发现，立即擢用。但在当时的社会条件下，这样的人才实在很少。这是他在位期间一直为之感到遗憾的事。

赵普曾经举荐过一名有武干的儒臣，叫辛仲甫，当时任知彭州事。赵匡胤便升任他为西川兵马都监，并亲自召见，面试箭法。当确认辛仲甫文武俱佳时，便对他说：

“你知道王明吗？朕已经用他为韶州刺史，他有经济才，又通晓军事，当不负朕望。你看来性情忠淳，倘若能奉公勤勉毫不懈怠，不日之间你也会独当方镇重任的。”

以太子洗马外调知蓬州并权知广安军的朱昂，也是儒臣而有武干的典型。当时渠州有个叫李仙的人，会些妖术，骗聚了万多乡民作乱，朱昂用计擒杀了李仙，对于受骗胁从的乡民一律宽释不问，蜀中之民赖以安定。

前面曾提到过的右赞善大夫出任永济县令的周渭，也是一个智勇兼备的角色。开宝年间，他在棣州任知州。当时棣州兵马都监傅廷翰是殿直亲军出身，被辽国收买，准备叛变，结果事机不密，被周渭先下手擒住，解送京师，被朝廷处斩。

赵匡胤重用文臣的战略设想，终其一生，并未得到充分的贯彻。那时候的国内外形势迫使他仍然必须把武臣放在更重要的位置。但赵匡胤的这个思路对此后宋王朝的政治产生了极为重要的影响，为宋真宗以后一大批杰出的文官政治家的产生准备了前提条件。

关心和解除百姓的疾苦，不能光靠地方行政官员。作为皇帝，他当然希望在每件事情上都能直接体现自己的爱民之心。四方民众，受苛政之害最烈，莫过于南汉。赵匡胤在开宝四年十月下了一道诏令，宣布岭南诸州在刘鋹统治时期的一切不合理负担（苛捐杂税、重赋烦徭）一律废除；民已为兵者，释去其民籍，不再承担任何赋税；流亡在外者，以优惠条件招集他们归于本土。第二年，又下诏废岭南道“媚川都”。

这“媚川都”是个什么东西呢？原来刘鋹当年为了满足自己奢靡生活的需要，在海门镇招募能采珠者二千五百人，建立了这么一个专门下海采珠的准军事组织，名为“媚川都”。凡下海采珠的人，下海前脚上要系上石头，腰间绑好缆绳，这样才能潜入深水而又不致失散。潜海深度常达五百尺，每年溺毙者不胜其数，减员之后再募新兵补充。刘鋹的宫殿里到处装饰着珍珠玳瑁，富丽堂皇，史无其匹。而这一切都是“媚川都”的士卒们用性命换来的。南汉宫殿被焚之后，潘美命人从灰烬中拾得部分珍宝。他自己在回汴梁述职时把这些珍宝献给了赵匡胤。赵匡胤一辈子还从来没见过这么些奇珍异宝，大开眼界之余，不免要询问它们的名称、价值和来历。潘美便向他详细述说了采集珍珠等海产品的辛苦和危险。听完潘美介绍的有关“媚川都”的情况，赵匡胤不胜感叹：

“穷奢极欲的生活无不是消耗的民脂民膏，偶有搜求过度犹有可说；而竟至于置军卒百姓的生命于不顾，毋乃太过。再耀眼夺目的珍珠，其价值难道竟超过人的性命吗？南汉这种国家不灭亡，那真是没有天理！”

随后，他派小黄门官把珍珠等物送给宰相们看，并且要他们速拟诏书，解散“媚川都”，停止采珠及在深海采集各种珍宝。他说：

“朕宁愿永远看不到珍珠，也不能让这种草菅人命摧残生灵的缺德事再继续下去了。”

开宝四年冬天，赵匡胤在合祭天地于南郊之后，又发布了一道大赦令，同时宣布蠲免开宝元年以前的逋租（逃租欠税）。大赦令宣布前一个月，他就向各州、道发出诏书，告诉当地官员并要他们告谕百姓，不要以为郊祀之后必有大赦而冒犯法律，凡在十月份以后犯强盗罪的，一律不在赦免范围之内。

当时有个任右补阙官职的梁周翰，是赵匡胤在后周军中时的故友梁彦温的儿子，年轻自负，仕进之心很切。他乘时上疏给皇帝，说道："陛下郊祀上帝，每有赦宥之恩。臣以为天下至大，其间难免有恩泽所不及之处，有诏令所未及之民，故宜将陛下恤民之心推而广之。方今赋入至多，加上诸多名目的捐税摊派以及历年来未间断的战地勤务，百姓的负担不能说不重。现西蜀、淮南、荆、潭、桂、广之地，皆已为王土，陛下如能因上述三方所得之利，减轻诸道租赋之入，那样，陛下的恩泽就为天下所均沾，而百姓也得到了休养生息的机会。"

赵匡胤看了他的表疏，觉得说得颇有道理，于是采纳他的建议，减免了部分租税，主要是对多年来在东征西讨南剿北伐中作出了巨大牺牲和贡献的中原百姓作出了一些补偿。

发现了一个人才，就应该及时重用。不过对于梁周翰，赵匡胤心里还有点拿不定主意。梁周翰的缺点是浮躁、峻刻。当年，他曾任锦绫院使。有个锦工偶有过失，被他施以杖刑。锦工不服，直接上诉于皇帝。赵匡胤把梁周翰叫来当面责问。意思是锦工都是具有特种技艺的工匠，不可以随意施加肉刑。谁知梁周翰倔得很，不肯认错，坚持说自己做得有理：

"臣身为锦绫院使，处罚失职的锦工，本是臣的职司所在。臣既未失职，也未越权。"

赵匡胤被激怒了。他一向讨厌臣下以强项令的形象出现，他觉得那无非是邀名沽誉，并且包藏着藐视君王的祸心。他当即驳斥道：

“管理锦工是你的职司，你可知道管理臣属是朕的职司。你既可随便打人，朕也可随便打你。来人——把梁周翰拖下殿去，杖四十！”梁周翰对那锦工施杖四十，赵匡胤此时要如数奉还给他。

梁周翰却并未表现出畏葸恐惧的神气，他没有向赵匡胤乞饶，只是自言自语般地说：

“臣负天下才名，受杖不雅。”

赵匡胤被他这种憨气逗得转怒为乐，随即便撤销了用刑的命令……这都是前年发生的事了。这次梁周翰的表疏确实写得不错，条分缕析，文采飞扬。赵匡胤想，这种人主持方面大计不一定合适，但应该充分发挥他文字方面的长才。提拔他当知制诰，接替那年老而又遭人鄙薄的陶谷吧。知制诰是掌管中央一切文字起草工作的官员，地位仅比宰相低一阶。不是文才特别出众的人是不能充任的。这对梁周翰来说，自然是破格的恩典。正好这时候天平节度使石守信入朝觐见。石守信和赵匡胤亲如兄弟，无话不谈，因而最先知道了赵匡胤的这一想法。而石守信和梁周翰的父亲梁彦温私交甚厚，于是便把这个讯息向他透露了少许。梁周翰沉不住气，马上上表谢恩。也许他的如意算盘是想早些弄出个既成事实，免得夜长梦多。但他这一手却让赵匡胤很不高兴，怎么能这样躁进呢？如此热衷官位，未必能做好官。真所谓“文人无行”，这个梁周翰有些地方很像陶谷。赵匡胤想到此处，摇了摇头，从此罢了提拔他的念头。

赵匡胤不是一个只会用精细的目光苛求臣下的人，他对自己亲属的要求也很严格。皇女永庆公主下嫁右卫将军、驸马都尉魏咸信（故相魏仁浦的儿子），回宫省亲时常穿着贴着绣面、铺着孔雀翠羽的襦裙。赵匡胤看见了，对公主说：

“你这件裙服给我吧，从今以后别再这样装饰自己了。”

“这能用得了多少翠羽呢？”公主笑着说，她知道父皇一定是觉得用翠羽做饰物太奢华了。

“不能这么说，”赵匡胤接着说道：“皇帝家人穿这个，宫闱戚里一定会竞相仿效。京城里翠羽价钱贵，逐利小民不惜伤生害命，辗转贩卖，风气流传越广，祸害也越来越重。你生长富贵之家，时时要念惜自己的福分，怎么可以带头造此恶孽之端呢？”一番话令公主惭愧地低下了头。

还有一次，公主进宫，侍坐于皇帝、皇后之侧。皇后很突然地对赵匡胤说：

“官家（陛下）做天子日久，怎不将肩舆用黄金装饰起来，乘坐出入也庄重些。”

“是啊！金舆才是皇帝的气派。”公主也附和道。

赵匡胤听了，先是一笑，然后解释：

“我以四海之富，不要说肩舆，就是宫殿全部用金银包裹起来，也不是办不到的事。但为天子者不过是为百姓守财耳，怎么可以妄用呢？古话说，‘惟以一人治天下，不以天下奉一人’，如果当皇帝的只追求自奉奢靡，百姓还会敬服你吗？而且他又何必要这样一个皇帝呢！”

平心而论，作为帝王，能这样认识君民之间的关系，很不容易，而且也极为少见。

## 治河的丰功和科举的规范化

宋代的黄河水患，虽然还没有后来明、清时期那么严重，但也已经成为令朝廷经常头痛的危害国计民生的大事。所谓“河务”，正式确立为一种特殊的、独立的政府职能。

开宝四年，黄河一年而二决。上半年决口在郑州，下半年决口在澶州。澶州的决口灾情十分严重，泛滥的河水往东汇入郓、濮二水，整个鲁西南地区沦为泽国，民田被毁无数，百姓流离失所。赵匡胤决心惩办两个地方官吏以稳定人心。他派出钦差查处澶州知州、左骁卫大将军杜审肇和澶州通判、司封郎中姚恕，治罪的理由是玩忽职守。钦差查处的结果是姚恕被弃市（斩首示众），投尸于河；杜审肇则被“免归私第”（即撤销一切职务、开除公职）。

知州是地方的长吏（主管官），而通判只是中央派驻地方的监察官员，两者责任孰轻孰重本来一目了然。但结果是通判被斩首而知州只受到罢官处分，这背后当然有别的原因。

姚恕在未去澶州之前本是开封府的判官，颇负干才之名。有一次，他去拜谒宰相赵普，正好赶上赵普在宴请客人，门官没有为他立即通报。姚恕认为这种无礼的态度是对自己人格的极大侮辱，当即怒不可遏起身离去。赵普得知以后马上派人追上姚恕并向他道歉。可是姚恕不愿听来人的解释，仍然气呼呼地走了，边走嘴里还嘟嘟囔囔地说："圣贤如周公，有一饭而三吐餔之德，你家相爷功高盖世，架子想是比圣人还大。"派来致歉的人回去之后，少不得绘声绘影添油加醋把姚恕的言语、神态在赵普面前大大夸张了一番。赵普本就不是一个气量很大的人，听了这些"小报告"，虽说一时也不好发作，但从此以后他对姚恕，一直耿耿于怀。后来，赵匡胤任命杜审肇为澶州知州，因为杜是武夫出身，便要为他选择一个文才较胜的通判。赵普当即提名姚恕，当时的想法无非就是把他从朝中逐出，眼不见心不烦的意思。可是姚恕却是个性格偏激的人，放了外任后不但不知收敛，反而还不时发出些对赵普不友善不尊重的言论，因为他知道了自己的外放是赵普提名。姚恕到澶州不到两年，就碰上了黄河决口钦命查处的祸事。办案的钦差知道姚恕和赵普的过节，不免希承宰相的风旨，最后竟给姚恕定了个死罪。

当然，和赵普的意气之争也并非姚恕获罪的唯一原因。当时通判和长吏争权之事屡有发生，已经成为国家政治运作中的通病。通判们的习惯心理往往是："我是监州，朝廷是派我来监督你等州官的。"于是举凡长吏的一切举措，都要受到通判们的诸多制约。这种情况早就反映到了赵匡胤那里。朝中当然有不少人主张抑制通判的权力，根据他们的要求，赵匡胤也下过"诸州通判无得怙权行私"的诏书，但情况没有根本好转，因为赵匡胤并未采取任何得力措施。在赵匡胤看来，如果过分抑制通判的权力，那就失去了委派通判的意义。他虽然并不想单方面地支持通判们的越权，但更不想支持长吏的专权，地方当局就是不能让大权集于一人，分权之后也不能让他们搞成铁板一块，产生一点矛盾才更有利于中央控制。这次杀掉姚恕赵匡胤何尝不知道处置过分，但他需要通过这一做法来引起官员们对河务的重视，同时也表示他并非偏袒通判而严责长吏。至于赵普从中有挟嫌的疑点，赵匡胤心里另外记了账。

开宝五年开春，赵匡胤下诏，沿河十七州各置河堤判官一员。河堤判官地位不低，汛情紧急时有临机处置之权，可是却没什么人愿意干。因为责任太重大，姚恕被扔进河里喂鱼的前车之鉴使人害怕。五月间，澶州又一次决口了。这回因为天气久雨不晴，河水既高，沟渠湖泊中积水也深，决口一开，灾情自然特重。赵匡胤派颍州团练使曹翰前去督办堵口事宜，当曹翰在便殿辞行时，赵匡胤对他说道：

“这些日子梅雨不止，本已成灾，又传来了大河决口的消息。朕一连好几晚，焚香祷告。若天意施行惩罚，就降祸在朕身上吧，不要让百姓受苦。”话说得很诚恳。尽管不少帝王都喜欢来这一手，什么“百姓无罪，罪在朕躬”云云，很难分清真假，但曹翰似乎确实感动了：

“昔日宋景公不过是一介诸侯，一发善言，灾星退避。今陛下以亿兆百姓为念，如此诚心祈祷，想必能够感动上天，不再为灾。”说着他又跪在地上向赵匡胤顿首叩拜。

曹翰出发后第三天，赵匡胤又对赵普说：

“淫雨仍然下个不停，朕日夜焦虑，是不是时政有什么阙失不当之处呢？”

“陛下临御以来，忧勤国事，凡有弊漏，必定及时纠正，听到好的建议，即行采纳，实在是无可挑剔。至于苦雨为灾，这大约是因为做臣子的失职了。”赵普的回答里显然含有阿谀奉承的意思，但却也不失真诚。赵匡胤不以其为谄，他觉得自己受之无愧，接着又说道：

"宫廷里幽闭着的宫女太多，昨日令黄门官清理后宫全部籍册，共三百八十余名。朕当即下了谕旨：愿归家者，自己提出申请。大概有百来名，统统给予厚赐遣散回家了。"

赵普和旁边的臣下赶忙一起称颂圣德。

就在这一天，大名府河决，于是，河南、河北诸州同时闹起了水灾。六月里，黄河在阳武县又决口，汴水也于宋州、郑州两处决口。赵匡胤发出诏书，要各州、县申报水患所造成的灾情，以便减免当年的租税。紧接着，他征调诸州的士兵及民工共五万多人，开始了声势浩大的堵决工程，仍然任命曹翰担任总指挥。

曹翰本来是郭威的老部下。在后周时，地位并不高，但很受郭威的宠信。郭威觉得此人勇猛果断，而且观察问题常有独到的眼光，是个可用之才，当年便将他派在柴荣帐下。柴荣任澶州留后，曹翰是他的牙将。后来柴荣调任开封府尹，曹翰仍然留在澶州。郭威病重期间，有一天，曹翰突然来见柴荣。

"未有召令，你何故前来？"柴荣觉得奇怪，便问他。曹翰神秘兮兮地屏退了左右，对柴荣说：

"大王您乃国家的储嗣（继承人），现今主上寝疾，大王不到宫中去侍奉汤药，怎么还在外府处理各种事务？"

柴荣立刻领悟了他话中的含义。皇帝病重的非常时期，皇储应该随时在左右侍候，以便应付一切可能出现的变故。柴荣当天就搬进宫内。郭威病情再度加剧以后，停止了有司衙门的日常政务的上奏，有大事，由柴荣代传代谕，代拆代行，最后很顺利地实现了政权交接。

从这件事上可以证明曹翰的心计确有过人之处。但作为一个五代时期在兵营里成长起来的军官，曹翰的贪婪、凶恶，较之王彦升、王全斌之流的人，也好不到哪里去，甚至犹有过之，只是当时还没有机会表现（几年之后，他就在攻陷江州（今九江）后亲自主持的屠城惨剧中证明了这一点）。仕宋以后，他并未受到足够的重视。十多年了，还是个颍州团练使，自然不免有寂寞颓唐之感。这次被赵匡胤委以河工重任，他认为是一个表现自己才干的好时机。他组织专家班子周密筹划，督促地方官吏积极施工。最为难得的是，当工程进度因为经费的短缺而受到影响的时候，他竟然拿出了自己从宦多年的积蓄——数万两白银去补贴工程开销。而且为了表示自己治河的诚意和决心，开工典礼上，他沉掉了最心爱的白战马，作为祭祀河神的供献。施工期间，他每天亲临工地检查督促。

曹翰这种克己奉公积极认真的态度保证了治河工程的顺利进展。没有太长时间，濮阴、阳武两处决口就先后堵塞修复。曹翰治河的成绩可说是他在史书上受到称赞的仅有的一项德政。通过这次治河，他确实开始得到赵匡胤的赏识，在此后的对南方的军事行动中，他被安排到第一线担当方面重任。

堵口完工后不久，赵匡胤向全国发下诏令："近者澶、濮等数州，连降大雨，洪水成灾。朕以河堤屡决，百姓困顿，翻阅古籍，详细研究河患源流。根据夏后氏之书所载，只言导河入海，随地势疏浚水流，从未闻高筑堤坝、强行堵截湍流之说。自从战国时期开始，各国谋其专利，堙塞故道，小以妨大，私而害公。九河之制遂毁，历代之患不断。凡官员及百姓，有素习河渠之书、深明疏导之策者，一概特许直接来京上书，朕当亲自披览。用其善策。"

诏书一下，果然就有东鲁隐逸之士名田告者，写了一部叫《纂禹元经》的书，凡十二篇。详述治水之道。赵匡胤听说之后，及时召见了他。那田告对答之间更是说得头头是道。赵匡胤很满意，准备授给官职。可是田告却以父亲年老为由固辞不就，赵匡胤只好让他回家。

黄河的事情，道理好说，做起来就难了。赵匡胤虽然为治理河患费了不少心思，思路正确，效果也很显著，但他却不可能真正解决好黄河危害的问题。他的疏浚引导的方针实现了黄河三年的相对宁静。三年之后，即开宝八年五六月间，河水又在濮州、顿丘两处决口。赵匡胤看到洪灾的可怕景象，失去了彻底治河的决心。

漕运当时也是关系到国计民生的大事。这年七月间，三司（掌管全国财经工作的部门，含盐铁、度支、户部三部，又称计省）上奏：京师仓储之粮只够供应到明年二月，请派遣各州屯田部队，组织民船，投入江、淮漕运，以确保军用民需。赵匡胤看到这份奏章，大怒，马上召见权判三司使楚昭辅（三司首长称三司使，又称计相，与参知政事、枢密使同级。时缺位，以楚昭辅管其事），严厉地责问他道：

“国家仓库里没有九年的储备粮，就称为不足。你早不计算清楚，现在仓库都快空了，你才提出来派遣屯兵、括率民船来保障运输。这是一时半时能解决的问题吗？我派你坐在那位置上有什么用？如果真的发生了粮荒，我一定要治你的罪以谢国人。”

楚昭辅原是赵匡胤的家臣，忠心不二。他知道所谓“治罪”，那就是要杀头，他对赵匡胤的了解太深了，他担心自己的身家性命会毁于一旦。怀着满腔恐惧，他跑到开封府去找皇弟赵光义，求皇弟在皇帝面前做些解释工作，给他一些时间，让他尽力补过。赵光义和他原来在柴荣帐下共事时过从甚密，陈桥兵变中俩人更是积极配合上蹿下跳的重要人物，当然答应给他帮忙。

楚昭辅走了以后，赵光义便派人对漕运迟滞的问题进行深入的调查研究。有个名叫陈从信的牙将，通过对楚、泗之间的实地考察，整理出一份解决漕运危机的较为系统的意见书，分析了问题产生的根源和今后的对策。首先，他指出漕运迟滞的主要原因：

一、船工及其家人乏食（口粮不够）。船工的口粮是由沿途州、县按日拨给的，数量和品质都没有保证，不在途时供应就停止了。于是船工们自然是走多远算多远、混一天算一天。

二、装卸的码头没有固定的搬运劳力，每每是在楚、泗间装船费去多少日，到京师卸船时又费去多少日，耽误不少时间。

根据上述原因，他提出针对性的解决办法：

一、凡漕运船只出发时即规定时日，一次性发给口粮，来往均照此办理，从而制约船只航行日程，提高运输效率。

二、装粮入船及卸粮进仓的码头所在地均设立专业搬运队伍，规定装卸时间，船只到达，即装即卸，压缩停靠时间。

陈从信实地验证，上两项措施可使每个航次缩短数十日时间。

旧制是八十日一个来回，一年三个来回，现减去虚耗之时日，每年可增加一个来回。陈从信还提出，三司提出的组织民船船队投入漕运，应考虑变通之策。不能搞“一刀切”。因为如果一概不准，则漕运的紧急状态一时难以缓解，粮荒不可避免；如果一概照准，则今年冬天京师薪炭（燃料）供应就会断绝。正确的办法是，募得民船，择其坚实的，参加粮运，旧损的，仍听任百姓运载燃料。这样才能公私兼顾，粮食、燃料两不误。同时他还指出，现在京师粮食紧张，官价仍定为每斗七千钱。商贾们见无利可图，便没有人贩运粮食来京师销售。富人有储备，也隐匿起来不肯粜出，于是粮食就出现黑市，价格不断上涨，而升斗小民就不免于饿馁了。因此，应适度放开粮食价格，以刺激商人贩运粮食的积极性。为了照顾城市贫民，可以由官仓供应部分平价口粮。

赵光义对陈从信的这番见解深以为然，第二天就一一向赵匡胤转奏。赵匡胤觉得陈从信是个人才，特别具有经济头脑，便把他调到三司协助楚昭辅处理漕运事务。由于采用了陈从信的建议，漕运阻滞的情况立即得到改善，楚昭辅也避免了一场临头的大祸。

对漕运的整顿使赵匡胤意识到全国转运司的工作制度和办法存在不少问题（转运使是经管地方财政、贡奉、运输、统计、审计、监察等事务的官员）。正好此时，有大理正（最高法院院长助理衔）、知归州事李符上书言事，指陈转运司制置不合理处若干条。赵匡胤很欣赏，便任命他为京西南面转运使。因为这时京西应上缴中央的钱粮常有亏欠，想让李符去狠抓一下。为了让李符能便宜行事，赵匡胤赐给他“李符到处，似朕亲行”八个大字，要他把字放大锈在旗子上，常随身后。这一手确实有效，地方官员对李符的工作绝对支持——谁敢对抗“天威”呢。李符果然没有辜负赵匡胤所望，他知转运使期间，共向朝廷提出改革建议一百多条，其中四十八条被赵匡胤即时采用。李符是一个有干才的能吏，就是过于躁进，文学与德操不足。他的缺点造成他晚境的悲惨，不过那已是很多年以后的事了。

整顿科举也是赵匡胤心头多年的夙愿。开宝五年春天，新科进士十一人，各科十七人。赵匡胤亲自一一召对（面试）于讲武殿，然后再下诏放榜。他决心把皇帝召对作为一项制度固定下来。开宝六年春天，新科进士十人、诸科二十八人由皇帝召对于讲武殿。进士武济川、《三传》（专研《左氏》《公羊》《谷梁》三传的科举名）刘睿资质劣陋，应对间语无伦次，答非所问。赵匡胤当场就罢黜了他们的功名。后来，听说权知贡举（主持考试的官员）翰林学士李昉和那个武济川是同乡，赵匡胤心里很不高兴。刚好进士徐士廉等击登闻鼓，状诉李昉徇私用情，考试取舍不公。赵匡胤向翰林学士卢多逊了解情况，卢多逊答道：“臣也很听到了一些这种议论。”于是，赵匡胤便命令贡院呈交未取录的举子姓名，共三百六十人，亲自召见，从其中选出一百九十五人和已取录的进士等诸科三十八人一起，各赐纸笔，再试诗赋。重新任命殿中侍御史李莹和左司员外郎侯陟等为考官。两天后，皇帝在讲武殿又亲自阅试，最后，取录进士二十六人（徐士廉也在其中），其余诸科:《五经》四人;《三礼》三十八人;《三传》二十六人；学究十八人；明法五人等等。又赐钱二十万为新科及第的举子们办庆贺宴会。至于李昉，降职为太常少卿，另一考官右赞善大夫杨可夫也受到处理。

两个月后，赵匡胤专门下了一道诏书，规定诸州考试官，应由主管官员从僚属中精选出有才学而又公正者充任。知贡举和考试官同阅试卷，同定试卷通否。不通的当即驳放，不得以任何理由给以照顾，使考试形同虚设。再次重申对于私人托情关照者，如有人告发，给告发者以奖励，奖励之大小视情节而定。被告发的举人勒令回乡，罚以重役，永远不得再入科场。

这道诏书对于抑制科举中的不良风气起了一些作用，但并未能从根本上解决问题。随着社会较长时期的安定，科举成为做官的唯一途径。有权有势人家的子弟必不可免地要大量走“开后门托人情”的路子。开宝八年，赵匡胤下诏要诸州选拔“孝悌力田、奇才异行或文武才干”、年二十至五十可以任职的，送往京师听用。如选拔不出，也据实汇报。第二年，各地选送来的达七百四十人之多，而在这七百四十人中，濮州一地就占了半数以上。“孝悌力田、奇才异行”的“文武才干”竟如此之多，赵匡胤对此不能不心存疑惑。他又命令李昉在礼部主持了一次考试。李昉接受了上次的教训，不敢放低标准。结果考试下来，连一个合格的也没有。

赵匡胤对这一情况感到失望、惊骇和愤怒。社会竟然如此人才匮乏，地方官员竟如此欺蒙朝廷。为了彻底弄清真相，他决定亲自召见这七百四十名各地举送的“文武才干”。一见面，更觉得没有几个瞧着顺眼的。大都是一些钝头钝脑的田舍翁和浮躁浅薄的纨绔子。这些人想必是给地方官吏做了些“打点”想来换个官儿当当。赵匡胤找几个稍具斯文气质的“举子”提了一些经史学业上的问题，不料大多数居然连题目也听不懂，即便是听懂了题目的，回答起来也是结结巴巴语无伦次。看来真是一个合格的也没有。滑稽的是，这些人眼看文考通不过，却还不死心（想必是舍不得花掉了的“打点”费），又自称素习武事。于是赵匡胤便同意他们复试骑射。结果，有的拉不开弓，有的从马上摔下来，狼狈不堪，笑话百出。赵匡胤看到这些人的丑态，又好气又好笑，故意说了一句：

“这等武功都只好送去营中当兵。”

这道圣谕吓得自称习武的“举子”纷纷跪下号泣求免，自承不配当官，只求皇上开恩别送去当兵。煞费苦心的“考举”以一场闹剧收场。

把这批“才干”通统打发回家，并处分了滥举徇私的地方官员。赵匡胤对“选贤”从此不能不有些灰心。但他随后就想到，举子们如此不堪的表现正反映了当时全社会的整体文化水准。唐僖宗时期的动乱，使承载着文化主流的士族集团，失去了财产、权力甚至生命，而五代以来相对稳定的环境下新兴的地主阶级，又还没有来得及成为承接社会文化的主流群体，可不就只剩下一些“钝头钝脑的田舍翁”和“浅薄浮躁的纨绔儿”吗。改变这种局面需要时间，新的知识分子群体需要时间成长，新的科举制度需要时间完善。

通过加强教育和完善科举等政策来扶持新兴中小地主阶级的知识分子群体——赵匡胤的这个思路在此后几十年间得到了贯彻，它至少导致了两个重要的后果：一是北宋成为中国文化的巅峰；一是北宋的文官政治堪称同时代最完美的典范。

## 赵普终于被赶出了权力中心

随着国家政治生活日益步入正轨，赵匡胤对赵普的依赖逐渐减少，而随着赵普个人缺点的发展和暴露，赵匡胤对赵普的信任更不断地冲淡。君相之间关系的疏离越来越明显。

赵普确实称得上是一代能相，不但精于吏治，而且也工于心计。他当然不会有意违忤或怠慢皇帝。相反，他很懂得如何巧妙地迎合皇帝的心意和引导皇帝的情绪。特别是在发生了赵玭和雷德骧告讦他的事情之后，他更是注意自己在皇帝面前的表现。应该说，某些方面，他做得不错，也取得了成效。

几年来，重大的军政事务，赵匡胤还是不断征询他的意见。从现象上看，赵普甚至依旧很能左右皇帝的意志。有时候，这是颇需要一点政治技巧的。有一次，赵匡胤大宴群臣，天公不作美，骤然下起雨来，而且久下不止，坐在庭中奏乐的乐官们都跑到廊下躲雨，狼狈不堪。赵匡胤的怒火已慢慢从心底燃烧到了面部，随侍左右的人都十分恐惧，不知道皇帝会在什么时候、什么人和什么事情上发作，而一旦发作，碰上的人倒的霉决不会小。这时只见赵普说道：

“外面的百姓正盼着雨哩！雨能给我们的宴会带来什么损害？不过淋湿了供帐和乐衣罢了。而百姓此时得了雨，会欢喜地唱歌跳舞，这应该说是一场‘及时雨’，请陛下命乐官等就在雨中演奏，以示庆贺之意。”

赵匡胤听后转怒为乐，甚至哈哈地笑出声来。这场宴会得以圆满结束。

而同样是下雨，如久雨成灾，赵匡胤则担心是时政有失，以致皇天不佑，赵普却能很适时地称颂皇帝“忧勤恤众，有弊必去，有善必行”，“苦雨为灾，乃是臣等失职”，一番话，令赵匡胤十分受用。

但所有这些，并不能阻遏赵普失宠的势头不断发展。这里有两个主要的原因，一是这个人性格深沉傲岸、好专权而又多忌刻，跟朝臣的关系紧张，树敌不少；二是他在两个较重大问题上处理不当，引起了赵匡胤的直接猜疑。

赵匡胤自负是和汉高、光武、唐太宗可以并列的明君。既然是“明君”，当然就要具有洞察一切的能力，最不能容忍的就是臣僚在私下里做小动作。小动作中最犯忌的一为结党，一为营私。当年权三司使赵玭和屯田员外郎雷德骧告发赵普的主要内容就是以权营私，虽然由于他们选择了不恰当的时间和不恰当的方式，结果不仅没有达到搞倒赵普的目的，自己反而受到罢黜的处分，但这并不等于揭发的事实没有给赵匡胤留下印象——他记得很清楚。

开宝四年冬天，江南国（南唐）主李煜以白银五万两作为送给大朝宰相赵普的礼物。赵普当即向赵匡胤汇报，请示如何处置，赵匡胤说：

“这个礼不能不受，但要光明正大地作书答谢，对送礼的使者也稍稍给些赏赐就行了。”

“数目太大，臣不敢收受。且其国主有侍奉大朝的诚意，向陛下多多贡献才是正理。以厚礼致重臣，这做法有贿买之嫌。”赵普力辞。

“哎，你只看其一不念其二。卿为大国宰相，大国有大国之体，不可自为削弱。所谓‘夫大国，难测也’，如果一个大朝宰相，在区区五万两银子面前畏葸优柔，会被对方藐视的。”

赵普收下了银子，心里还是有些忐忑不安。后来江南国使者郑王李从善入朝觐见赵匡胤。赵匡胤除了按常规给予赏赐外，又私下里送给他白银五万两——和赵普所受一样，一两不多，一两不少。江南国君臣被赵匡胤这一举措震动了。他们可以从中产生许多许多联想：臣事君以忠，君待臣以信，君臣何等亲切无间；受之以理，还之以礼，不动声色，气度何等恢宏博大。他们从内心深处对赵匡胤生出敬畏。

赵普知道皇帝赏赐了五万两银子给南唐使臣，但他却没有主动把自己收受的五万两呈缴国库，也没有提出充作其他公用。总之再也不吭一声，就当没有发生过这件事一样。这不能不说是失策。虽然赵匡胤也再未就此表示任何意见，但赵普的贪吝之心不是昭然若揭无须再作任何证明了吗。紧接着就发生了一件事。

一天，赵匡胤因事外出，回宫时突然想起去赵普家看看。十多年来，他始终保持着这个习惯，事先不打招呼，说上哪就上哪。他认为这是了解下情的很重要的手段。赵普家里，他去得尤多，当然近些年来已不如从前那么勤、那么密。这天，正好吴越王钱俶派人给赵普送来书信及礼物——海中特产十瓶。东西还在厅里放着，赵匡胤的车驾已到门外。赵普赶紧出门迎接，没有来得及收拾起那十瓶海产。赵匡胤进厅一眼就看见了那十只包扎得十分精致的瓶子，不由好奇地问那些是什么东西。赵普不敢隐瞒，便如实奏闻。赵匡胤听说是钱俶送来的海中特产，更激发起无穷兴趣，大声说道：

“海产之物，定是十分可口的海鲜，快快打开，你我君臣好就此佳肴喝上几杯！”他已经很久没有和赵普在家庭气氛中喝过酒了。但是谁也不知道他此时所表现的兴奋究竟是出于海鲜所诱发的食欲还是出于要弄明白究竟的心情。

赵普启开了瓶盖，一看之下，顿时愕然，原来里面装满了一颗颗的瓜子金（熔成瓜子般大小的金块）。赵匡胤没有作声，一瓶一瓶地打开，仿佛非要找出海鲜来解馋不可。结果十瓶都是金子，一瓶海鲜也没有。赵匡胤轻轻叹一口气，摇了摇头，似乎是在惋惜竟然全不是海鲜。

赵普惶恐之至，“扑通”一声跪倒，顿首解释：

“臣确实还没来得及看他的信。如果知道是这么回事，臣一定会奏闻陛下并把东西退回去的。”说着，额上的汗从瘦削的脸膛上那些深深的皱纹里溢出来，滴向地下。

赵匡胤却只是笑笑，一面搀他起来一面说：

“你就收下吧！没什么害处的。钱俶他以为国家的大事都是由你一介书生说了算呢！”

这最后一句话语重心长，既表明了自己的态度，又给赵普敲响了警钟。赵普是个聪明人，不会不明白这一切。

在君主眼中，臣下的行为像“营私”一样可恶甚至比“营私”更可恶的是“结党”。赵普为相多年，朝中和外放的官员中阿附他的人当然不少，在这个问题上本来是最应该警惕注意的。可是他却偏偏表现了不应有的麻木和随便。不止一次，明明知道别人是有意的逢迎，他却坦然接受。

这还不算，他竟然糊涂到和枢密使李崇矩结成儿女亲家。李崇矩是后汉时史弘肇的亲吏，郭威即位后念及史弘肇的旧谊，开始重用崇矩于柴荣帐下。由于他为人纯厚端正，入宋以后，擢任为三司使，赵普拜相后，他接替赵普为枢密使。枢密使是枢密院（总参谋部）的长官，不仅掌握所有军务机要，而且行使军队的指挥调动权。宰相和枢密使就是国家政权和军权的最高执行官员，这两个人结成一种超出友谊之上的血缘亲情，能够让最高统治者的皇帝放心和满意吗？赵匡胤对他们的行为很不高兴，但他没有说，只是采取了一个很能反映他内心活动的具体步骤。按过去的规矩，宰相和枢密使在等候皇帝于长春殿召见的时候，同待在一间休息室。从这时起，赵匡胤下令将其分开，或不在同一处，或安排不同时。偏巧李崇矩命里又犯小人：他门下有个叫郑伸的食客，跟着他十多年了，只因为人阴险刻薄，李崇矩待他渐渐冷淡。郑伸日久生恨，上书告李崇矩接受太原人席羲叟黄金，私托翰林学士扈蒙徇情让席某京考时得登甲科，他还引出一个军器库使刘审琼为证人。赵匡胤阅状后大发雷霆，马上召刘审琼诘问。刘审琼坚持不肯作诬告之证。但赵匡胤并未就此释去怀疑。案情虽无结论，过了几天，一纸诏书，罢李崇矩为镇国军节度使，皇帝不再继续追究，李崇矩也无法自辩其冤，只有郑伸得了个同进士出身，授为酸枣县主簿。

李崇矩的被罢离去对于赵普应该是一个强烈的警告信号。但这是一个公开的信号，当赵普接收到它的时候，他的政敌们也收到了，而且可能对信号的内涵有着比他更深切的理解。他们将要发起猛烈的进攻了，而赵普想改变这一切现状已经为时太晚计无从出。

有两个人在倒赵之役中起了关键性的作用，一个是雷德骧之子雷有邻，一个是翰林学士、中书舍人卢多逊。

当年雷德骧反赵不成，被贬为商州司户参军。他不甘心，仍然书写各种揭发赵普的材料，四处寄发。商州知事奚屿，想乘机向赵普讨好献媚，便定雷德骧为文讪谤朝廷之罪，当即逮捕雷德骧，还给上了刑械，然后整理出书面材料上报朝廷。这回赵匡胤却没有治雷德骧的罪，只是削去功名徙往灵武。雷德骧的儿子雷有邻，知道迫害父亲的这一幕虽然是奚屿炮制的，但幕后的主凶其实还是赵普。他下定决心继承父亲的倒赵事业，不分日夜搜集、整理资料，正面的、侧面的、直接的、间接的，只要是涉及赵普及其身边人违法犯罪问题的蛛丝马迹，他都不放过。“皇天不负有心人”，他终于找到了一发重型炮弹。虽然这发炮弹并不是直接的瞄准了赵普本人，但它的杀伤效果却足以造成赵普政治权力的崩坍。雷有邻把这发炮弹及时地发射出去了，果然，从这时开始了赵普政治生涯的大转折。

雷有邻揭发的是一起重大的行贿受贿案。行贿人分别是秘书丞王洞、宗正丞赵孚、代理上蔡主簿刘伟以及刘伟的哥哥刘侁，受贿人则是赵普的堂后官胡赞、李可度。行贿的原因和情节各有不同。刘伟是伪造摄牒（委任状）而被授官；刘侁是讨个科举及第；赵孚是假称有病拒赴西川上任而被改授京官；王洞则尚未如以上三人一样达到目的因而原因不明。所有的贿金由胡赞、李可度二人收受，行贿人提出的要求也是由他们二人负责承办落实。这些事情不经赵普点头是办不成的，而且没有赵普的长期有力的庇护，胡、李二人也绝对没有这种胆量。

准备好了有关的证据和材料之后，雷有邻采取了击登闻鼓直接向皇帝告发的办法。他要尽可能地扩大影响，彻底暴露赵普的不法行为于天下，使赵普和阿附赵普的人来不及做任何手脚。由于案情的严重，而且牵连又如此之广，赵匡胤当即命令御史台查处。在对上述犯官的犯罪事实调查审讯核实以后，赵匡胤知道解决赵普问题的时机即将成熟。他首先采取了如下几个步骤：

第一，他下诏命参知政事吕余庆和薛居正与赵普同堂议政，轮流押班知印（即每人一天轮掌宰相大印的使用权）。这项分权措施表面不起眼，但对赵普在政治上的打击，远远超过它本身所能包含的范围和分量。

第二，立即惩处贿赂案的全部犯官。伪造摄牒任官的刘伟判处斩首示众；赵孚、王洞、刘侁等被决杖除名（受棒刑后开除公职）；胡赞、李可度除名之外还要籍没全部家产——受贿者不但无利可图还要蚀去老本，这才有可能收到以儆效尤的效果。

第三，奖励检举揭发有功的人员。先是任命雷有邻为秘书省正字，发给奖金。随后又给除名人雷德骧平反，恢复名誉，恢复公职。重新任命雷德骧任秘书丞，分判御史台三院事。

御史台是中央监察机关，它的“三院”即所谓台院、殿院和察院，分别隶属于侍御史、殿中侍御史和监察御史，纠劾查处百官违纪之事，权力很大。把平反后的雷德骧放在这样一个重要位置上，当然不是出于安抚和补偿的用意，而是表明了真正的信任、器重以及对他原来在反赵普斗争中所持立场的肯定和支持。

至于赵普的另一个对头卢多逊，情况就不同了。他比赵普更工于心计，而且博通经史、聪明强记、文辞敏洽，就是品行差点儿。

仅从一件小事可以看出卢多逊好用谋略之一斑：赵匡胤好读书，每每差人到国史馆借书看。卢多逊当时是翰林学士、知制诰，他命令管理书籍的官员及时向自己汇报，皇帝最近又借了些什么书，然后当晚他就苦读通宵，把皇帝借的那本书及相关的材料弄个烂熟。因为皇上召见应对的时候，总不免提起所读的书，并发出某些问题，卢多逊不慌不忙，说它个滔滔不绝，头头是道，每每使赵匡胤十分满意，同僚们也无不佩服他的渊博和多闻。

卢多逊善于文辞，曾长期任过知制诰（负责文件起草）。他看不起赵普的文采不足，更忍受不了他的专横和狭隘。后来他任翰林侍读学士，接近皇帝的机会多了，便经常见缝插针，在赵匡胤面前攻击赵普的短处。有些攻击是很得力的，他说赵普用空隙地私自与菜农的蔬菜园子交换，好扩大自己的住宅地基；又说赵普经营宾馆旅店与百姓争利……这类事情都是令赵匡胤十分恼火的。他想你身为宰相，俸禄高，恩赏馈赠更不少，难道还嫌不够，还要贪得无厌？难怪人家揭发的尽是你营私敛财的事。南唐送来的五万两银子、吴越送来的十瓶金子，不都让你收下来了吗。当年赵玭告发你纵容家人违法经营木材生意看来都是言之有据的。

为了彻底查实，赵匡胤单独找李昉谈了一次。李昉曾经被陶谷诬告而受过贬谪的处分，赵普的举荐是他被起复的有力因素。此时他不能做落井下石的事，那样太不仗义了，但他也不敢替赵普辩解，因为他承担不起那份责任。审时度势，他知道今日赵普之败是许多矛盾长期酝酿发展的必然结果，无可回避。因此他在回答皇帝提出的问题时只能说：

“臣的职务就是管理文秘书诏。赵普的所作所为，臣实在是不得而知。”

赵匡胤听了他这种含糊其辞的话，默然半晌，事实上也不需要他再作什么肯定的表示。反正处理赵普只不过是一个时间安排上的问题了。

过了不到两个月，诏书下来了。赵普被罢去相位，贬授为河阳三城节度使。虽然对所有的朝臣们来说，这本是情理之中的事，但诏书的公布还是产生了轰动性的效果。权倾一时、炙手可热的“大宰相”终于倒台了，不能不在全国大小官员心里引起种种反应。有的额手弹冠，庆贺自己去掉了拦路石；有的懊恼沮丧，痛惜自己失去了保护伞；有的超然物外似的慨叹着“盈则亏、满则溢”的哲理；有的以无法掩饰的快意重复着“多行不义必自毙”的格言。

不过人们都觉得皇帝在处理这件事时确实够宽大的，赵普依旧兼有着检校太尉、同平章事的虚衔，从表面上说，宰相在保留衔头的情况下外放节镇，倒不算太难看。类似的例子前朝也有。当然，赵普此时的出守藩镇又有所不同：第一，这河阳三城节度使的管区只辖五个县，小得可怜，治所在怀州（今河南沁阳），偏僻穷困也是数一数二的；第二，由于赵匡胤早年根据赵普的建议，夺去了节度使统管地方军政的大权，一切都由州知事和通判说了算，而他们又是直接对中央负责，于是，节度使纯粹成为一种待遇，除了食一份相应的俸禄外简直可说是徒具其名。

赵普接过诏书并谢了恩以后，回到自己的视事阁（办公室）中，浑身便觉得瘫痪了一般，使不出一点劲。他知道有人攻击自己，也知道赵匡胤对自己有许多不满。但他还是没有想到真的会罢掉相位。从当年在滁州城外清流山下相识至今，他追随赵匡胤近二十年了。出谋献策，指麾擘画，他可谓殚精竭虑而不遗余力。赵匡胤对他的信赖和尊重确实也是自古以来君臣间所罕见。但事情怎么会发展到今日之局面呢？当然，主要是因为自己的政敌在不停顿地进行攻击。

这时，他眼前浮起了朝臣们那一张张表情各异的脸：卢多逊是尽力地掩饰快意的笑，不时还露出一份做作的矜持夙愿已偿，障碍既除，从今而后，舍我其谁的志得意满；雷有邻则是一脸的端庄肃穆，仿佛他就是人间正气的化身，天道不爽，报应昭彰，是非公道水落石出，他雷有邻无愧于俯仰。至于其他的人大多是幸灾乐祸，只有一个吕余庆，带着一种同情和惋惜望着自己，令人难以察觉地摇了摇头。他听说，皇上在召集大臣们议论此事时，多数人都是落井下石、对已有的材料添油加醋，主张严办，只有参知政事吕余庆提出了一些辩解之词，并且说“赵普，开国元勋，积功至大，纵有舛错，当恩开法外”等等。他想，也许陛下是听了这番话才对我进行这种有克制的惩罚。吕余庆，是个好人啊！

然而，其他那些朝臣为什么都这样忌恨我赵普呢？多年来，自己虽然接受过一些明知道是逢迎谄媚的“好意”，难辞“徇私”之咎，但自己却从未蓄意陷害或排挤过别人。即使如姚恕的死和雷德骧的受罚也并非我自己有意促成。可是他们却都巴不得我倒霉，这到底是为什么？赵普坐在桌前冥思苦想着，眼光下意识地转向桌前的一只大瓦壶。望着这只大瓦壶，他似乎意识到了某些他百思不解的东西。多年来，朝中或者外镇的表疏奏章，凡属他不想看不想办的，便丢入壶中，装满一壶，检出来付之一炬。他记不清楚已经烧掉了多少壶，而这些对于上表的人而言，却都是宝贵的心血，心血被一把火烧掉，一点反响也没有，将心比心，那是什么感受。赵普觉得找到了自己成为众矢之的的原因所在。

## 偿还对柴荣的心债

赵普不甘心于就此从权力中心退出。他是个对生活始终抱定积极进取态度的人，他可以劝别人去享受山水田园、闲云野鹤的淡泊逍遥之乐，他自己可永远不会去追求这种快乐。在他心目中人生的最高境界就是治国安邦、经世济民、鞅掌王事、死而后已。离开了这一切，对他而言，世界便如死一般寂寞。他无法容忍解除权力之后的无所事事，他决心不惜一切代价重返政坛，为此，他向赵匡胤递上了一份自诉状，除了一般性的申辩，其中有这样几句话：

> ……外人谓臣轻议皇弟开封尹（赵光义），皇弟忠孝全德，岂有间然！知昭宪皇太后大渐（病危）之际，臣实预闻顾命，知臣者君，愿赐昭鉴。

这段话，从表面看，意思是说：别人说我讲了皇弟的坏话，但皇弟忠孝兼备，没有坏话让人说，而且我当年是亲自参与了杜太后临终遗嘱全过程的（意即知道赵光义已被指定为皇储，我怎会做那种傻事呢），您是最了解我的，希望陛下能表示一下对此事的明确看法。

但是赵普在这几句话里寄寓了更深的用意。一方面，以遥远的往事来挑动赵匡胤的念旧之情。当年杜太后眼中的“赵书记”是亲如家人的。赵弘殷周显德三年由淮上扶病北归的时候和赵普确实亲逾叔侄，连皇上本人即位以后也还一直称赵普夫人为嫂，这种特殊的关系并不是一般大臣所能具有的。另一方面，这里隐含着一种挑战甚至是要挟。

杜太后临终顾命立下的金匮之盟，是赵普手书的。这是一个连赵光义本人都不知道的绝密，也是赵匡胤多年来的一块心病。赵普本人历来不太赞成这种兄终弟及的安排，也曾不止一次地向赵匡胤作出这方面的暗示。但是，赵匡胤的态度始终暧昧不明。这里面的原因也很复杂。从心底里说，他对于母亲指定光义为皇储的做法以及那套极其牵强的“立长君”的理论，十分抵触。但他是一个孝子，不忍在母亲临终时拂她的意，让她带着遗憾和痛苦离开人世。

母亲死后，这个问题经常给他带来困扰。隐瞒或者篡改太后遗嘱并非难事，赵普会帮他把这一切处理得天衣无缝。但赵匡胤不想那样做，因为第一，那将使他无颜在四时祭享家庙时面对母亲的亡灵，发怒的母亲将不会再保佑自己；第二，皇弟光义确实是个难得的人才，不仅仪容风度，俨然人杰，聪明好学更为常人所不及。尤为难得的是沈毅果敢、多谋善断；性情慈俭，不好声色之乐，这些都是领袖人物最需要的品质。无怪乎母亲偏爱，自己对这个兄弟也是最为欣赏；第三，自己的长子德昭，是个内向型的人，寡言少语，性情偏狭，虽然也并不缺乏勇敢和谋略，但却不具备人君的远略和度量。全面衡量起来，许多方面确实不及他的二叔。

由于上面这种本能的心态和对现实的思考之间的矛盾冲突，在立储问题上，他一直拿不出明朗的态度。乾德二年，德昭出阁（皇子迁出内宫，开府授官）。按历代的制度，皇子出阁即封王。当时，赵匡胤不想因此而造成人们对立储问题的错觉，使日后陷于被动，便以德昭年幼，尚需历练，官爵宜由渐而进为理由，把封王的事搁置下来。内心当然希望自己的儿子在实际锻炼中增长才干，走向成熟。这么多年过去了，德昭当然有进步，但他叔父光义的进步却更为明显。于是德昭也就一直没有封王。大臣们也渐渐看出个中有些外人不得其详的内幕，但皇上春秋正富，又从无三病两痛，谁好对立储这样的大事去妄加评议呢。

现在，赵普以隐晦而又咄咄逼人的口气摆出了这个问题，赵匡胤确实受到了震动。正如赵普所盘算的，表文使赵匡胤想起了二十年来赵普和自己关系的前前后后，心中有过一闪念的怜惜之情。但赵普在太后顾命这件事上所作的强烈暗示，使赵匡胤感到恼火。他暗想，你赵普的受贬只能归罪于自己的贪婪和专擅，完全咎由自取。如果诚恳认罪，请求宽大，不久之后自然会重新起复。而你喋喋不休却只是一味替自己辩解，甚至还提出什么“预闻顾命”之类明显带要挟意味的话题，究竟是什么用意？难道你还想借此离间我们兄弟叔侄之间的关系吗？真是岂有此理。但赵匡胤知道此时此事不便发作，只好暂时给他一个不予理睬。他亲自把赵普的表文重新封好，藏入金匮（金属保险箱）——他不想让别人知道。

不久，他下令作出了一些新的人事安排。封皇弟、开封尹赵光义为晋王，另一个皇弟赵光美由山南西道节度使改为永兴节度使兼侍中，皇子德昭由贵州（今广西贵县）防御使改山南西道节度使、同平章事、吏部侍郎，参知政事薛居正为门下侍郎、枢密副使，翰林学士卢多逊升任参知政事，左骁卫大将军楚昭辅为枢密副使。晋王光义班（朝议排名秩序）在宰相之上。

在赵普暗示立储机密是操在他手中的重要政治资本之后，赵匡胤随即给赵光义封王，这当然是一个反应性的姿态。他认为，不管情愿不情愿，我已经按太后遗嘱的要求走出了第一步，不但光义封王，连光美、德昭的位置序列也都照杜太后的心意安排。也就是说，我随时可走向第二步、第三步，让遗嘱的机密公开化。既然我有了这样一个态度，你赵普手中的那张牌便再没有任何威慑意义了。

就在这个月（开宝六年九月）里，举行了周恭帝柴宗训的葬礼。柴宗训是三月间在房州病死的，不过刚刚二十岁出头。他的死给赵匡胤心头蒙上了一层阴影。丧事安排得比较隆重，皇帝素服发哀，辍视朝（停止办公）十日，加柴宗训以恭帝的谥号，还下令将遗体运回，葬于柴荣的陵墓——庄陵之侧，号为顺陵。经过半年营建，陵墓完工，又举行了盛大的安葬典礼。即使做完了这一切，赵匡胤心头的阴影仍旧挥之不去。他总想，还要做些什么，还能做什么呢。

“得天下于孤儿寡妇之手”，历代有好些位开国雄主为这一评说而蒙羞。赵匡胤本人实在是不愿意戴上这顶为人所不齿的帽子。但这又是无法改变的事实。他所景仰的两汉、李唐都是通过推翻暴政而取得政权，而他自己的宝座却是出于一个不谙世事的幼童的“禅让”，难道是才不如人？他不承认这一点，只能说是命不如人，是冥冥中主宰一切的上天没有提供给自己同样的机会。而令他苦恼的还有另外一重因素，即他和柴荣特别亲密的关系。柴荣和他之间的友谊以及柴荣对他的特殊信赖，人所尽知，他自己也铭记终生，无法忘怀。他倒并不在乎别人评价他“无情无义”，凡夫俗子的评价对于他来说不值一哂，但是自己良心上的重负却是一个无法排除的障碍。他欠了柴荣一笔永远也还不清的债务，而且，这债没办法清偿，除非把帝位再交出来，可是那行得通吗？不仅宗室和臣僚们不会同意，天下百姓也不会乐意，那样做只会给极少数的野心家带来机会，他们将重新把国家带进无休止的分裂和战乱。

“吾虽不欲为天子，其奈苍生何？”赵匡胤每每想到这里，便会发出这样的感叹。以至于对自己产生一丝怜惜之心：为了拯救万民，我付出了多大的代价啊！习惯于把自己当成民众“救星”的人，常常会怀有这种自我怜惜的感觉。那是真诚的，因为他就是这样认识自己和社会的关系。当然，他的思想深处还具有另外一面：“救星”，不是人人都能胜任的，更不是人人都有这种福分。福分就是天命，自己不能违背天命，所以欠柴荣的情分是永远也没办法清偿的。

但他总要做点什么，好让自己的良心平静下来。他想到了一个办法，虽然不过是聊胜于无，但总算具有点实际意义。他秘密地镌刻了一块石碑，高七八尺，宽四尺余，立于太庙寝殿的夹室里。碑名“誓碑”，用金黄色帐幔遮蔽着，夹室的门常年紧锁，他亲自下令，自此以后春秋庙祭及新天子即位，参拜列祖列宗以后，礼官奏请皇帝恭读誓词。这年秋天祭太庙时，他自己第一次开始实行此项制度。走到夹室前，再拜而后登阶，身边只留下一名不识字的小黄门官，其余随从一律不得靠近。由这名黄门官验过门钥封识之后再开锁入内，焚香、点烛、揭开帐幔，然后迅速退至阶下，不敢仰视。赵匡胤走到碑前，再拜行礼，然后跪在碑前默诵誓词。默诵完毕，又行拜礼而后退出。参加庙祭的群臣和随从，谁也不知道誓词的内容。这个庙祭时拜诵誓碑的制度从此一直沿袭下去，直到北宋的灭亡。金兵攻占汴梁以后，洗劫太庙，人们才看到这块碑上的誓词，一共三条：

一、柴氏子孙，有罪不得处以刑罚，纵然犯谋逆大罪，只可于狱中赐其自尽，不得在市曹刑戮，亦不得连坐支属。

二、不得杀士大夫及上书言事人。

三、子孙有违此誓者，天必殛之。

赵匡胤立了这块誓碑、定了这个制度以后，心情平静了许多。采用这种神秘的方式，一是出于不愿意张扬此事，二是为了对后世子孙能具有一种特殊的约束力。赵匡胤这项独出心裁的创造，确实让柴荣的后世子孙得益不少，使他们享受到一种并非法定的特权。

赵普庇护下属贪赃枉法的案件定谳之后，赵匡胤深深体会到，对官员的评价和使用，不能轻易听信旁人的意见，哪怕是自己极为亲信的人。在官场上待久了的人，大多不免因为种种利害的纠葛而卷入派别或个人的纷争，因为斗争的需要，常常不惜否定一个好人，肯定一个坏人。为人君者，要做出正确的判断，一是要多建立几条不同的情报渠道，尽可能全面准确地掌握第一手资料；二是关键时候，要相信自己的直观感觉，乾纲独断，不能耳朵根子软，听任旁边人用语言左右自己的意志。

当时，又发生了两起这样的事：

殿前军校史珪，机灵乖觉，一向深得赵匡胤宠信。当年，史珪和石汉卿一起逼死了功臣张琼，也没有受到应有的责罚。石汉卿太原城下战死，史珪更受器重。常由赵匡胤密派到各地调查地方官吏的表现。他好几次的调查报告，由御史台按验查实，都准确无误，使赵匡胤对他更加宠信，把他提升为马军都军头，领毅州刺史。史珪自恃皇帝亲信，渐渐地忘乎所以肆作威福起来。时德州刺史郭贵奉调知邢州事，朝廷以国子监丞梁梦升知德州。郭贵的族人亲吏在德州干些作奸犯科、敛财谋利的勾当，梁梦升不讲情面，一一绳之以法。郭贵和史珪是老朋友，便派亲信到京师，请史珪设法弄走梁梦升。史珪把事情记在纸上，准备在方便的时候向皇帝进言。有一天，正好赵匡胤单独召见他时主动提到了这个话题，赵匡胤满意地说道：

“近来朝廷和地方的任官，似乎都很称职。”

史珪一看机会来了，马上接口说道：

“现在的文臣，也不一定都是好官。”说着便从怀里掏出那张纸呈给赵匡胤，一面补充说“就像这个梁梦升权知德州，滥施威福，藐视并欺凌刺史郭贵，逼得郭贵差点寻死。”

梁梦升的表现赵匡胤早已有所耳闻，郭贵的所作所为也有人向他反映过。宫中有几个黄门官是德州籍人，他们的族里乡党受了郭贵的欺压盘剥不服气，在宫里找到了通天的路子。赵匡胤此时听史珪这么说，联想起他平日和郭贵的关系，立即明白是怎么回事，冷着脸说：

“这一定是刺史不法勾当干得太多，梦升敢和他对着干，真清强（清廉、强介）吏也。”说着他拿着史珪递给他的那份“黑材料”，交付给身边一位黄门官，要这位黄门中使立即向中书省传达他的口谕：“着即以梁梦升为赞善大夫。”

黄门官刚走，赵匡胤又派人把他追回来。因为他观察到史珪脸上颇为满意的表情，马上意识到，对于郭贵、史珪来说，你怎么称赞梁梦升，给他升官，这都不要紧，只要把他弄走就行了。如果就这样让你们称心如意，还能算圣明天子吗？黄门官回来以后，他修改了自己的谕旨：“着即以梁梦升为左赞善大夫，仍知德州。”

史珪看到皇帝这一连串的反应和脸上冷冰冰的表情，不敢再多说一句话。

太监们揭发了郭贵，但绝不等于他们的话就都可以相信。虽然，赵匡胤鉴于唐朝的历史教训，对宦官的约束一直十分严格，一般不允许他们参与政事，有敢于与外臣勾结怙权谋利者，一经发现，严惩不贷。但赵匡胤为了多掌握下情，有时又必须依靠宦官做自己的耳目。所以太监们的褒贬常常也关系到官吏的命运。左库藏使田仁朗，掌管着国家的钱、物储备，不买宦官的账（大约四时八节的“意思”不够周到）。宦官们便轮番说他的坏话，越说越厉害，终于激怒了赵匡胤，命人把田仁朗召来当面诘问。田仁朗奉命前来，刚到殿门，便被命令剥去冠带。还没问话，就先剥去冠带——取消官员的身份，等于就已经被视为人犯了，这情形不能说不严重。可是田仁朗神色不变，在皇帝面前没有表现丝毫负罪的惊惶，他从容不迫地辩解道：

“臣当年任凤州路壕寨都监，为破蜀的大军伐木治道。如有敛财营私的念头，那是多好的机会。木材东出中原，有十倍之利。可是臣秋毫无所犯，陛下您是知道的。今日臣在禁城中主管财物，众目睽睽，臣岂复为奸利以自污名节？”他侃侃道来，理直而气壮。

赵匡胤凝视着田仁朗脸上不屈不挠的表情，稍加思索，怒气渐渐化解了。直观感觉告诉他，宦官们所进之言未必如实，事情还需做进一步了解。既然刚才已经弄出那么大的声势，不如暂时先停了他的官，就算对他的指控全无根据，也只好等一个适当的机会再平反起用。

经查实，田仁朗确实没有营私贪贿之类问题。过了八天以后，赵匡胤重新任命他为榷易使（主管贸易的官员），赵匡胤也没有追查那些诬告的宦官——如果这样做，就会阻塞言路。他认为，要鼓励“打小报告”。“小报告”的信息不能要求绝对准确，而鉴别其真实可信的程度，正是对君主聪明睿智的一种检验。一个“明君”“英主”，情报的来源应该尽可能地多，而自己却绝不应该被任何一种情报牵着鼻子走。

从开宝四年征服南汉到现在，三年过去了。在这三年里，赵匡胤把精力全部投放在修明政治方面，成绩是显著的、具体的。开宝六年，他为了彻底整顿吏治、严肃风纪，对所有京师各衙门官员共七百余人进行了一次大甄别、大清理，最后勒令其中四百余名不称职的归田务农。同时他又对全国各地的司法机构做了一次大换班式的调整。原来各州府都是任命军中牙校担任马步都虞候及判官，这些人不懂法律，往往乱审乱判。受冤者到刑部或大理寺上诉，又是调卷，又是复审，极其麻烦。为了改变这种地方执法机关的混乱状态，赵匡胤下诏，将原有马步都虞候、判官一并罢去，改马步院为司寇院，任命进士、《九经》《五经》诸科及第的和选举的“文武干才”中条件相当的担任司户参军。司户参军在基层是集公、检、法三权于一身的。这批新官员极大地改善了地方的法治情况。

三年的停止用兵，使生产得到了恢复和发展，国家的财富随之也有了相当程度的积累。所谓“静极思动”，赵匡胤不久又想从“无为”而转向“有为”了。当然，事实上，国家统一的任务尚未最后完成。至于征伐的目标，谁都能猜得到是南唐（江南国）。赵匡胤几次诏谕李煜来汴梁朝见，但李煜每次不惜卑辞厚币，遣使周旋，可就是不肯亲自来。就凭这一点，征伐的理由便已具备。

# 卷——柒

*Volume 7*

# 奇葩的国度

## 南唐始终是最大的对手

其实，讨伐南唐并不需要什么理由。江南必须统一——这一句话就是全部理由，就像大迦图在罗马元老院的名言——“迦太基必须消灭”。

南唐作为一个独立政权，从它的前身吴国太祖杨行密占据扬州算起，前后达八十余年，是唐末以后形成的众多割据政权中历时最长、版图最大、国力最强的一个。相当长时期内，它是南方诸国中的“老大”，也是和五代各朝争夺天下的主要对手。双方在淮海地区进行过无数次战争，直至后周显德年间，南唐才在柴荣的军事压力下退保江南。这是一个在历史上有特殊意义的割据政权，由于它的存在，阻止了五代时期中国北方惨烈的战祸向南方伸延。尽管当时南方也有战乱、也有暴君，但对比起北方来，却是一个比较稳定、安宁而有利于经济发展的社会环境。封建帝国的大一统并非永远绝对地有益于民生的幸福和社会的发展。当朝政腐败、动乱频仍、酷吏横行、军阀混战的时代，某些割据政权往往使局部地区民众较少受到戕害，经济和文化从而得以保全和进步。南唐政权正是一个极好的证明，因为就是从此时开始，中国南方的人口超过了北方，经济和文化的重心也转移到了长江流域。当时，南方的繁荣富庶和北方的萧条贫困形成鲜明对照，而建立在这一基础上的文化艺术的发展北方更远不及南方。赵匡胤的统一大业中最关键性最重要的一幕就是对南唐的征伐。在揭开这一幕之前，让我们先简要地回顾一下南唐的历史。

南唐开国君主（烈祖皇帝）李昪，原名徐知诰，是吴国大丞相徐温的养子。徐温把持了吴国军政大权达三十年之久，徐知诰日后得以禅代的方式从吴睿帝手中接过帝位建立南唐，不能不说是有赖于徐温所开创的基础，就好像三国时曹丕的帝位是得之于并未称帝的曹操。

徐温也是一代枭雄，出身地痞，唐末大乱时，以贩私盐为业。这是一个把脑袋别在裤腰带上的营生，所以后来干脆跟杨行密一起当了土匪。杨行密的土匪部队以三十六人起家，滚雪球般越滚越大，官军奈何他不得。于是淮南节度使高骈报请朝廷，任命他为庐州刺史，匪便摇身一变为官。那时的唐朝已名存实亡。盘踞各地的武装互相攻伐，也弄不清谁是官、谁是匪。杨行密的手下尽是骁勇雄暴之徒。战胜了毕师铎、秦彦、秦宗权等几支军阀部队，占据了扬州，他自称淮南留后。稍后，擒杀淮南节度使孙儒，杨行密正式被任命为淮南节度使。在对不肯听命的淮南各州郡实行武力征服后，唐朝廷又加封他为检校太傅、同平章事、弘农郡王。这时他逐步已占有了整个淮南、江东诸州之地，并继续向皖南、赣东、赣南等地区不断扩充势力。由于唐朝廷当时已在朱温的控制之下，而已晋封为吴王的杨行密的武装力量常进入到鲁南、豫南一带，直接威胁到中原王畿之区。因而此后相当长一个阶段，杨行密的主要对手就是朱温，打来打去，一直打到他死。

徐温是在杨行密死后才有机会出头的。他利用自己担任侍卫亲军右牙指挥使的身份，在册立行密之子杨渥的过程中发挥了重要作用，从而一步步爬向了权力的顶峰。杨渥是个很不成才的东西，不具备他父亲笼络将士的度量和手段，偏偏野心又很大。刚开始，凭借父亲的余威，取得了江西诸州，便忘乎所以，为所欲为。徐温和左牙指挥使陈颢谏阻他，他竟发脾气说："汝等谓我不才，何不杀我而自为之？"人主随口说出这种话，臣下能不害怕吗？

于是，徐温、陈颢便密谋兵变。开始是以兵谏的形式翦除了杨渥周围的亲信，把权力集中到自己手中。但杨渥并不甘心，仍然伺机反扑。这时吴国的军队在湘东、鄂中一带接连打了几个败仗，陈颢、徐温趁国中空虚、人心浮动，派人进宫刺死了杨渥。杨渥一死，陈颢想自立，徐温使了点小计挫败了他的图谋。最后，立杨渥之弟隆演为淮南留后，袭吴王爵。陈颢当然不能再容忍徐温，想把他调往润州去任浙江观察使，不料徐温先下手为强，派了三十名高手直入牙堂（亲军指挥部），斩陈颢及其亲信数人。然后公布陈颢弑君之罪。其实，当时刺杀杨渥，徐温就留了一个心眼，他故意对陈颢说：

"左、右牙兵一齐出动，指挥难以统一，行动配合不当就会贻误大事，不如独用我右牙之兵。"他知道陈颢不会同意他这个建议，让右牙兵去完成这件大事，事成之后，我陈颖往哪里摆？

"那不行！"陈颢斩钉截铁地拒绝了。

"那么就独用你左牙兵好了。"徐温表现得十分通情达理。似乎绝不想与他"争功"。

陈颢同意了。现在徐温打出诛杀弑君贼臣的旗帜，追查乱党左牙将士，没有人知道徐温原本就是这一阴谋的策划者之一。

陈颢一死，徐温被杨隆演任命为左、右牙都指挥使，军府之事决于他一人了。徐温虽然目不识丁，却具有一定的政治才能，听人诵读公文或讼状后，能及时口谕批复，且都能切中情理。为人智诈残狠，但善于驾驭部下，能得人心。杨隆演执政的十年中，吴国的国力在不断增强，其实这都是徐温的业绩，杨隆演不过是一个傀儡。杨隆演在病死前一年，正式即吴国王位，拜徐温为大元帅、都督中外诸军事、守太尉、兼中书令；晋爵东海郡王。

徐温有六个儿子：知训、知询、知诲、知谏、知证、知谔。徐知诰是他的养子。当年杨行密攻濠州时，在开元寺内见到老和尚收养的一个六岁孤儿，相貌奇特，方头大脸，上身长而下身短，有心收为义子，但因为他的几个儿子都不齿于和孤儿结为兄弟，杨行密就对徐温说：

“这个孩子状貌异于常人，日后可能大有作为，我看杨渥兄弟不能容他，你就收他为义子吧。”

就这样，这个孩子就被起名徐知诰，排行第二。他能记得自己亲生父亲姓李，死于乱兵之中。徐温的妻子刚好也姓李，因此待他如同己出。有一次，知诰跟着徐温外出，调皮惹祸，让徐温恼火了，拿棍子揍了一顿并赶他走。等到徐温办完事回家，只见知诰拜迎于门口。徐温料想不到他还会回来，吃惊地问道：

“你怎么跑回这儿来啦？”

“做儿子的，离开父母能上哪儿去？父亲发怒就往母亲处跑，这是人之常情。”知诰那时才七八岁，几句话说得又真挚又流畅，不由人不感动。徐温从此就像亲生的一样宠爱他。

十来岁时，徐温看出他的干练勤勉，就让他管理家务。这么一大家人，事情是非常繁杂的。虽然下面有专人具体分工，但知诰是总其成者。他根据食邑采地上的缴纳、官府的俸给、国主的恩赏等总收入，每个月都列出开支和存留的详细计划。凡四时祭享、宴请宾客、日常膳饮他都能一一安排妥帖。家中大小人等寒热衣着及日用银两等均由他制定高下等级，而且竟没有一个人讲闲话。当吴太祖杨行密听说他的这般能耐时，赞叹说："知诰是人中之杰，诸将子弟中没有一人能赶得上他。"

年龄稍长，徐知诰随父入军中从事。以战功由指挥使很快就晋升为升州（今南京）刺史，开始独当一面。由于他注意褒奖廉洁、课督农桑、搜求遗书、推重文化，治绩引人注目。再加上他节俭自励、轻财好施、招延宾客、无所系吝，因而在他周围逐渐聚集了一个强有力的幕僚和亲信班底，后之两朝权相宋齐丘亦在其中。

升州本是富庶之地，徐知诰在此营建城池，制度宏丽。徐温到此巡视时，极感满意，觉得比他自己兼任的镇海节度使的治所润州要强得多，于是决定将节镇迁来升州，而升任知诰为检校太保、润州团练使。徐知诰经营升州（即后来的金陵）已非一日，舍不得离开，但父命难违，自己退而求其次，请改派往宣州，徐温也不同意，因而心下极为苦恼。宋齐丘劝他道："今使君胸中有大志，而忽得京口（润州治所）此为天赐吉兆，殆不可失也。三郎（知诰的义兄知训）骄纵，老臣宿将，不甘听命，其败在朝夕之间。而润州去广陵（扬州，吴国都城），一水之隔，所谓一夕而可以定大事。岂可舍此利而求入宣城山中，去面对岁月的无聊！"一语打动了徐知诰，他跳起来，抓住宋齐丘的手说："说得好！没有你我真想不到这一层。"当天晚上，他就匆匆上路去润州就任。

徐温的儿子虽多，但才干却都不及知诰。长子知训本是徐温指望的接班人，任内外马步军都使、同平章事，权倾一时，却是个十足的流氓无赖。不但时常诟辱大臣，而且凌侮国主隆演，毫无君臣礼度。

他喜欢和戏子们鬼混，常常自己扮演将军达官，强令隆演扮演苍头老仆跟在他身后。酒席筵前，使性骂人，连吴王隆演也捎在一起骂，隆演愧耻涕泣，人不敢劝。有一次知训召徐知诰赴宴，知诰到得稍迟，他开口就骂："你这小叫化子，不想吃酒，想吃剑是吗？"他甚至曾设伏兵准备干掉徐知诰，幸亏四弟知谏暗示知诰先逃才得免于难。像徐知训这种人，当然是难得有善终的，即俗话说的"打死（的可能）多于病死"。果然不多久，杨氏老臣朱谨忍无可忍，设计将他诓入府中，乱刀砍死。因为隆演懦弱，不敢就势铲除徐氏，朱谨只好随即自杀。

徐知诰听说知训被杀，忙从京口领兵过江，制止了可能扩大的动乱。徐温便委托他代行知训执政之职。随后，徐温从金陵入朝扬州。本来准备大行诛戮，替儿子报仇，可是知诰事先引他到了知训府中。在一间暗室里，他看到墙上画着自己被五花大绑，画面上几个儿子也都在受刑，只有知训着衮袍冕旒（天子服饰）居中而坐。图上的人物都署有名字。徐温一见之下，气得大骂："狗东西死得太迟了！"这时，知诰再历陈知训平日的罪恶。徐温也就不再想在这件事上做文章了。不久，徐温自还金陵。扬州朝中一应军国事务都由知诰做主。知诰一反长兄的所作所为，事隆演极尽君臣之礼，与士大夫接触也极谦恭，御众以宽、约身以俭、求贤才、纳规谏、除奸猾、杜请托（杜绝"走后门"），一时内外士民归心，宿将悍夫也无不悦服。

吴武义二年春，杨隆演病危。大丞相徐温自金陵入朝。处在这种关键时候，知诰是个有心眼的人。他首先密奏隆演："徐温虽是臣父，忠孝素闻。但节镇入朝觐见，从来没有自带兵仗进京的先例，请陛下知谕臣父毋以为始。"这种公忠谋国先君而后父的态度真可谓光明正大，可昭日月。其实那时杨隆演已病得糊里糊涂，对徐知诰所奏无可无不可——无论谁进京，带多少人马，对他来说都无关紧要了。担心徐温拥兵入城的其实是徐知诰。他在向杨隆演启奏之后，随即又出城去接徐温，并对父亲说：

“主上病危，人心浮动，大人此时入朝，自然朝野瞩目。为了不给小人以制造流言之口实，请大人尽去所带从兵入城。至于城中防卫，孩儿已妥善安排，大人尽可放心。”

徐温此时确实也考虑到自己应该避嫌。儿子想得这般周到，真让他放心。他接受了知诰的建议，将从兵尽屯于城外。

杨隆演眼看不行了，当务之急自然是择立嗣君。大丞相责无旁贷，召集诸大臣共商立嗣大计。会议在偏殿里进行。徐温居中而坐，旁边是徐知诰。当时气氛很紧张，“司马昭之心”固然“路人皆知”，可是由什么人、用什么方式来捅破这层窗户纸呢？弄不好，这种场合是很容易招祸的。最后，门下侍郎严可求试探着说：

“昔日汉昭烈帝临终时对诸葛武侯言道：‘嗣子不才，君宜自取。’此千古至理之言也。”

徐温听了，看看身边的知诰。知诰向他凑过身子，低声说道：

“严可求知识渊博，但其言未必诚恳，不过是顺大人之意，或故作试探。”

徐温也觉眼下并非成熟时机，便正色道：

“吾若有意取之，岂待今日？当年陈颢作乱，嗣王幼弱，政在吾手，取之易如反掌。然太祖大渐时，垂泣以后事托我，怎忍负之？即使杨氏无后，有女亦当立之，有敢妄言者，斩！”

他这番表演之后，谁还会再说什么。于是议定，迎杨行密幼子丹阳公杨溥为吴王。

徐温何尝有哪一天不梦想登上君主的宝座。但他在这个问题上思路竟时时受到徐知诰的牵制而不自知。比如有一次，徐温过生日，徐知诰知道他平日好穿白袍，便新制一件作为贺礼献上。当时座间有个宾客向徐温谄媚说：

“白袍不如黄袍好。”这明明是在暗示徐温该及早登基称帝。知诰听见，马上给予斥责。回转身来，又向徐温进行解释：

“父亲忠孝之德，朝野所仰佩。一旦让这种谄佞之说传了出去，岂不是大损夙望吗？愿父亲不要被这种言辞所迷惑。”

徐温不得不点头称是。他心里一直有个想法，先怂恿杨溥称帝，然后做下一篇文章，反正军国大权全在手中，事情办起来容易得很。而徐知诰不愿意徐温称帝，动机其实很简单。即因为自己不是嫡子，徐温即位继承权必归属其他兄弟所有。那时自己的处境将远比目前的状况被动。现在，老三知询就千方百计想取代自己执政的地位，并串通了严可求、徐玠这类人向父亲谏言。好在徐温不肯，总是对几个儿子说：“你们都不如老二。”而徐知诰在尽孝道方面也特别认真。徐温入朝觐见，就宿在知诰府中。当晚初更时从睡梦中醒来，看见知诰侍守床前，命他去休息，半夜再醒来，又发现知诰仍在床前守候，便说：“你自有政事，不应当如此而废公务。”知诰乃退下，等到下半夜醒来时，只见床前侍立一女子，原来是知诰的夫人。徐温遣走了儿媳，心头不胜感慨，第二天便对诸子说：“大事就落在二哥肩上了，你们都要好好听他的话。”

不久，徐温病死。他死后不到一个月，杨溥便即了皇帝位。这当然是出自徐知诰的安排。正如他当初阻止父亲代吴称帝一样，全是为了自己的日后作打算。这时知询在金陵，是诸道副都统、兼侍中。知诰在扬州，都督中外诸军事，爵豫章公，两兄弟的争权斗争加剧了。知询召知诰到金陵来为父除丧，知诰的回答是皇帝不许去。知询继承了父亲镇海、宁国两节度使的全部实力，占据上游，骄恣无度。吴越王钱镠赠送的金鞍玉勒及其他器物，上面都有龙凤花纹，知询竟敢自己享用而不以为嫌。以为下扬州除知诰如举手之易。知诰掌握着朝廷军政大权，加上有另外几个弟弟的支持，实在已经操有胜算。他通过老三知诲和老四知谏出面活动，终于让知询来到了扬州。知诰当朝臣的面疏发知询的罪状，知询不服罪，反问徐知诰：

“先王（徐温）之丧，你为人子者而不亲临，孝道何存？其罪至大，你怎么反敢告我有罪？”

知诰胸有成竹，毫不慌乱，从容答道：

“早就闻知你有意在我奔丧时借故杀我，但我亦不惧。惟迫于君命，无法前往。以公忘私，父亲当不怪我。你为人臣而乘銮舆（天子出行的仪仗），非反而何？”知诰的论据当然更为有力，更主要的是朝内君臣、徐氏诸弟尽站在他一边，徐知询势孤力薄，即便有理也无从说。对他的处理倒算从宽，留在朝中，领镇海军节度使名义。两年之后，弟弟知谏在洪州（今南昌）镇南节度使任上病死，由知询出镇洪州，封为东海郡王，丢掉了父亲遗下的基地、班底和权柄，知询从此颓靡不振，三年后便病死在洪州。

知询垮了，徐知诰先以幼弟知谔为金陵尹。这个徐知谔是个花花公子型的人物，除去吃喝玩乐，最好搜集奇珍异宝，不理政事。徐知诰得知后经常给予申斥。旁边有人进言道：“忠武王（徐温）最爱知锷，而以大事传于公。假如知谔是个得力干才，于公有何利？”知诰听了这话，从此对知谔更好，调为润州团练使，任他嬉游终日。像父亲一样，知诰兼任镇海、宁国诸军节度使、驻镇金陵而总揽朝政。命儿子景通留在江都（扬州）辅佐王政。随后，吴睿帝又加徐知诰为尚父、大丞相、太师、天下兵马大元帅，进封齐王。并诏许齐王府设百官，以金陵为西都。就这样，一步步地，徐知诰掏空了吴国的政权，扬州的杨溥只剩一个皇帝的虚名。

当然，虚名最终也要弄到手。在最后的条件成熟之前，他一连数次拒绝了大臣们的劝进受禅之请。杨溥有个哥哥杨濛，是杨行密诸子中唯一有些才干的。徐温专政时，他就发出过“我国家竟为他人所有乎！”的感叹。徐温对他也就存了忌恨之心，久久地外放于边远之地，知诰准备受禅，便先告杨濛一个私造兵器的罪名，削去王爵，幽禁于和州。杨濛不甘心束手待毙，杀了守卫的将领，亡命到庐州，最后被擒送金陵，徐知诰下令在半路上就把他杀了。杨溥听说杨濛被杀，心想自己如果再不主动让位，只恐性命难保，于是立即下诏禅位于齐王徐知诰，并遣使奉上金绶。这回知诰不再推辞，派他的右丞相徐玠来扬州见杨溥，表文自称“受禅老臣诰”，给杨溥加尊号曰“高尚思玄崇古让皇帝”，禅让本是“崇古”，皇位都让了，还不“高尚”吗？这名号真是贴切之至。

## 徐之诰变成了李昪

徐知诰受禅后，仍以齐为国号。到第三年春天，他才决定接受宋齐丘等人一再提出的建议，恢复李姓，以李唐后裔自居，改国号为唐。这件事看似简单，实行起来却还必须费一番脑筋去设计。因为他对自己的家世一无所知。首先要为自己取个名字。开始想取名昂，有司说犯唐文宗的讳；又想取名晃，但这是朱温后来用过的名字；再更为坦，御史奏道："坦字从旦，犯睿宗讳。"最后，想出个昪字，没人用过，就叫李昪。认谁为祖先呢？李昪根本弄不清楚李唐的世系，便由文臣替他编了一套家谱。以太宗子吴王恪为祖，因为吴王恪之孙祎有功，祎之子岘当过宰相，便说李岘五世而至李荣，就是李昪的父亲。李荣的父亲李志，志父超，曾任过什么什么官职等等，总之，从李岘以下，姓名、履历全是瞎编出来的。当时李昪还提出问题，说是唐朝三百年天下，我的家世算来只有十代，是不是太少了点？官员们答曰，三十年一代，陛下生于僖宗文德元年，至今已五十年，扣除下来，不可谓少了。

虽然复姓改名，但李昪并不忘徐氏的恩泽。他下诏定二脾合享礼，即李、徐两家先人共享祭祀于大庙。有臣下建言道：

“义祖（徐温）不过诸侯之位，不宜与高祖、太宗（李渊、李世民）同享，请于太庙正殿之后别建一庙以祀之。”其实说这话也是为了讨好李昪。

“吾自幼托身义祖，非义祖我安能有今日中兴之业？”李昪不同意，坚持要二姓同享庙祭。

徐姓弟兄中只剩下老五知证和老六知谔，李昪分别封二人为韩王、梁王，视同宗室。自己尚健在的四个儿子，景通、景遂、景达、景惕，也封了王。宗室后妃分封完毕，又赏赐百官将士，大赦境内。普通老百姓，三年种桑三千株者，赐帛五十疋，垦田八十亩者，赐钱二万，一概五年不收租税。群臣请求给他上尊号，他辞而不受。州郡地方奏闻符瑞（吉兆）十数件，他说：“谴告在天，聪明自民，符瑞何为哉！”

李昪皇帝只当了七年，但如连同在吴国执政的时间算在一起，他管理国家有二十来年之久。他出身寒微，知民疾苦，一直注意招募流亡，奖励农耕，减轻徭赋，节约国用。他自己更是生性节俭，经常穿蒲草织成的鞋，夏天用青葛布作帐子，左右宫婢不过数人而已，且都是老丑不嫁者。后宫服饰极为朴素简陋。他即位以后，一直没有另修宫殿，就在原来的齐王府加鸱尾（皇宫屋脊的饰物）、设栏杆而已。宫中甚至舍不得点蜡烛，而用乌桕籽油照明。他知道百姓最害怕最厌恶的就是战争。在位期间，兵不妄动。有一年吴越国大火，宋齐丘曾向他建议，说越人屡有背叛我的行为，今遭此灾，实天弃之，我师晨出，暮可践其庭，愿勿失良机。但李昪却不愿意乘人之危、利人之灾。他说：“横生屠戮，朕心不忍，且救灾睦邻，治世正道，朕之后世子孙可托于天，不可恃以力。”他不但不出兵，还派人送去许多金帛慰问灾情。不仅对吴越，其他邻国也相安无事，特别是远在北方的契丹和朝鲜半岛上的高丽、新罗等国都一直和他保持了良好的关系。

李昪好服方士丹药，因为朱砂是炼丹的主要原料，经常过量服用，最终令他死于慢性汞中毒。死前李昪把太子李璟（景通）叫到床前，叮嘱他道：

“德昌宫内储备兵械及金帛七百余万，汝守此成业，宜善求邻国，以保社稷。”说话间他已经喘息不停，面色紫胀。李璟流着泪说：

“父皇不必急着说话，且先静养，上天垂佑，不久即当康复……”说着他以掌轻揉李昪的胸口。李昪轻轻推开儿子的手，喘匀了气，接着说；

“千万不可蹈隋炀帝的覆辙，奢靡逸乐，肆意用兵，自取亡覆。如果能记住我的话，你就是孝子，百姓也就会称你为贤君……”他又说不下去了，稍息片刻，再问李璟：

“上次朝议时，冯延巳等言及兴王之业，当先从吴越、闽、楚三国入手。我详述了自己的看法，你记住了我当时说的话吗？”

李璟点点头。其实他不大关心这些事，当时虽然在旁边听着，心里却在琢磨自己刚填的一阕新词。李昪见他光点头不出声，便不大高兴，这可是今后的大政方针呀！不能掉以轻心。

“那你把我说过的意思复述给我听听。”

幸亏李璟聪明过人，那天虽不在意，父亲的主要观点却还听进去了，见父亲考他，便答道：

“父皇说，古来王霸之业，大局定于中原。很多英雄，看不到这一点，故不能成大事。当年刘裕北伐，乘累捷之威，而不得据守中原，留弱子代镇，最后狼狈东归。后来李密劝杨玄感入关，说得头头是道，可是他自己称王以后，也没有决心西进，结果一败涂地。近之徐敬业起江、淮之兵，锋锐不可当，不懂得顺应民心直趋河、洛，反而游兵南渡，图谋割据，故其败在必然。至于吴越、楚、闽三国，父皇以为杭州钱氏父子，素奉中国为大朝，卒然犯之，其名不正，而中原亦必来救援。闽土险瘠，对其用兵，无半年不能下。而其地多乱，既下之后，防不胜防。只有马氏在湖南，恣为不法，我军自江西出，下之甚易。但正如孟子所谓'齐人伐燕，恐动四邻之兵'。我得尺寸之地，享天下之恶名，殊为不值。故与诸国，当互为贸易，结友邻之盟约，人自为守，各不相犯。我国存此三国而不灭，用以外作屏障也。日后国内殷足，兵精甲利，如天有启我之意，使中原突生变故，便可起而图天下大事。"

李璟记性好，表达能力也强，一番流畅的论述使李昪深为满意。此时，他突然觉得全身一阵痉挛，气喘加剧，从脚底开始，慢慢发冷而失去知觉。他一把抓住李璟的手说：

"吾听信方士之言，服金石丹砂，欲求延年，反以速死，你要切切记住这个教训……"说着他把李璟的手指放在自己齿间，用力咬住，直至出血，然后又松开口嘱咐了一句：

"他日北方终当有事，切切勿忘吾言。"

他舍不得离开自己辛苦经营几十年创下的一片基业，但他知道自然法则已是无法抗拒，只能把全部希望寄托在儿子身上。他来不及说更多的话了，无尽的留恋、叮嘱和祝福全包含在他刚才用力咬下的这一口里了。

李昪很快就断了气，南唐的"三千里地山河"从此就要由李璟掌管了。如果命运可以选择的话，李璟他不会主动争取当皇帝的。就是处在被动情况下，他也好几次地推辞避让，不是他父亲禅代前那种装模作样的辞让，而是真心实意由衷的辞让。他们父子不是同一类型的人。李昪封齐王的时候，就要立李璟为王太子，被他坚辞推掉了。后来，李昪当了皇帝，在开元四年，又要立他为皇太子，他仍不肯受，并说：

“前代以嫡庶不明，故常早建王储，表示名分已定之意，免生觊觎之心。我们弟兄五人，禀承圣教，极为亲爱，建储之礼殊可不必。”

当时李昪还下诏说：“守廉退之风，师忠贞之节，有子如此，予复何忧！”从内心更加器重这个长子，立储之意越加不可动摇。李昪死了十多天，李璟还不肯即位，哭着要让给弟弟。最后是奉化节度使周宗和侍中徐玠在李昪灵前强行给他衣衮加冕，并说：“大行皇帝付殿下以神器之重，殿下固守小节，而不遵先旨，非孝道也。”

李璟这才就了帝位，不过还是定了一个兄弟传国的制度。大弟景迁已经去世，他下诏以二弟景遂为齐王、诸道兵马元帅、太尉、中书令，居东宫。东宫是太子住的地方，不久他就立景遂为皇太弟。三弟景达为燕王、副元帅，第二王位继承人的意思。自己的长子弘冀封南昌王，为江都尹、东都（扬州）留守。李璟这几兄弟的关系确实不错，因为其中没有一个是野心家式的人物，当然也没有一个具有父亲李昪那种才略。不过如果当初立景遂或景达为嗣的话，南唐的情况可能会稍好一些。而历史常常就爱开这种玩笑，选中的恰恰是最不适宜待在这个位置上的人。

李璟其实人很聪明，文采、修养都很出众，也懂得爱民勤政、纳谏从善的道理，但他当了十九年皇帝，却是朝内朋党纷争、四邻战事不止、屡遭败绩、备受屈辱的十九年。他不是荒淫而残暴的君主，不过留给历史的全是失败和无奈的纪录。他长得漂亮而有风度，所谓“音容闲雅，眉目若画”。从湖南来的使者回去时说：“东朝（南唐）大家（皇帝），神采清畅，虽南岳真君亦不如也。”他勤读好学，多才多艺，诗赋冠于当时，文学史上也留给了他一席之地。他生性谦恭，礼贤下士，“接待群臣如布衣之交”。下朝后与臣下在小殿宴集，他着便服出席，事前还要先遣内侍给臣下致歉说：“不太舒服，不着冠冕，就戴个布头巾，可以吗？”确实是一个文质彬彬的谦谦君子。

谦谦君子怎么能够当好皇帝呢？中国封建社会的知识分子习惯于被驾驭和被驱使，主上不能临之以威，不把他当奴才，他就要“翘尾巴”，怠慢张狂的丑态就都上来了。李璟在东宫做太子时，身边的那些所谓“文学之士”、侍从之臣，长期跟着他赋诗饮酒，混在一起，随便惯了。待李璟登大位以后，他们纠集成一个集团，窃秉朝政、危害国家、自恃帝宠、肆无忌惮。颇有文名的冯延巳、冯延鲁，加上陈觉、魏岑、查文徽，和后蜀的欧阳炯、鹿虔扆等。

人一样也被人称为“五鬼”。鬼者，鬼蜮心肠、鬼蜮伎俩之谓也。文人之无行者必好干政，而干政则必为鬼蜮，异时异地，都是一个道理。这“五鬼”，附和宋齐丘为一党，轻藐国君，排斥异己，净出馊主意、坏点子，误了不少大事。

宋齐丘是个野心家，好学、有才，但操行很差。当初李昪还未受禅称帝时，对他十分倚重。徐温一死，李昪出镇金陵，李璟接替父亲在扬州辅政。李昪便把宋齐丘留在儿子身边为他出谋划策。从这时候起，以宋齐丘为首的宗派集团就开始形成。这个人修养差而又锋芒外露，使李昪慢慢对他从怀疑到疏远，最后竟差一点翻脸。当李昪禅代已是大势所趋的时候，自己故意做出谦让的姿态，这本是人人心照不宣的事，可是宋齐丘却装傻。在周宗最先提出传禅之议时，宋齐丘竟说什么“周宗有失人臣之大节，请斩之以谢天下”，弄得李昪心里很不痛快。宋齐丘这样做，当然不是因为忠于吴睿帝，而是妒忌周宗抢了先，这劝进的头功只应该属于他宋某人。他受命辅佐景通（即李璟），但一有机会便老是称颂楚王景迁的才干（那时景迁尚未死），并把自己的党羽陈觉派去任景迁的亲吏。而政事方面有点什么差错，他便想方设法推到景通的头上。他为什么这样做？因为他观察到李昪最爱景迁，将来得国必传位于爱子。而景迁性格又柔和，容易控制，自己那时作为襄佐有功的元老，自然享有无上的权威。宋齐丘这个图谋被细心的李昪察觉了，对他更有了不好的看法。

李昪当了皇帝以后，宋齐丘为了讨好求媚，提了两条建议。一是迁让皇（已逊位的吴睿帝杨溥）于润州，去让皇之号，降为公侯，以绝人望。实际上这就是建议杀掉杨氏后人，免除任何复辟的危险。杨溥及其族人后来先后被杀的惨剧便是由此开始；二是退掉李昪之女与吴太子杨琏之婚姻，还说什么“非独妇人有‘七出’，夫有罪亦可出。”这种荒谬的理论不能不引起人们的哄笑。接着他又上书，说自己空有宰相之位而不得过问国政，是因为主上被宵小谗言所惑。这一下子触怒了李昪，免去了他所有的职务，回家里“白衣待罪”。

后来，李昪的怒气慢慢化解了，念及旧日的情分，又恢复了他丞相同平章事之职。不久，他在审理自己的亲吏盗窃国库一案，徇私情免了犯官的死罪。这事被李昪知道了，责成有司改判死刑。宋齐丘觉得面上无光，便称病求罢官，李昪照准。他更感到脸上过不去，率性病倒不再入朝。李昪派儿子寿王景遂上门慰问，并答应让他回故乡去当节度使，他这才又恢复上朝。李昪召他宴饮，意在用感情来消除他的怨戾之气。谁知他的怨气竟无法消解，他也不想压抑，就在酒筵之间发泄出来：

“陛下能中兴唐室，臣之力也，奈何竟忘之？”这是何等赤裸裸的挑衅。李昇有点忍无可忍了：

“卿来朕处时，不过是一游说之客，今日已位列三公，应该也够了吧！”

宋齐丘并不适可而止，反而爆出更激烈的言词：

“臣是一游说之客，而陛下不也只是一名偏裨军校出身吗？”说完这话，还不无得意饮干了一大杯。

“你还对别人说我长着鸟喙似的嘴巴，像越王勾践，可以共患难而不能共安乐，是吗？”

“是的，臣是说了此话。”宋齐丘不但坦白承认，而且嗓门还越来越大。

宴会不欢而散。李昪再一次容忍了他。第二天给他下手诏说，“朕性偏急，子嵩（宋齐丘）所知。少相亲，老相怨，可乎？”仍任命他为镇南军节度使。因为治所洪州是他的故乡，临行又赠以锦袍，亲自给他穿上，并且说：“语云‘富贵而不归故里，如衣锦夜行’，今卿可以衣锦而昼行了。”

李璟即位，再拜宋齐丘为相。不久又因附结朋党攻诘大臣，被罢为镇海军节度使。宋齐丘自己觉得抬不起头，请求归隐九华山。后来，他在朝中的党羽多方活动，李璟又同意重新召他为相。复位以后，更热衷于集结朋党，认识不认识的，只要是来投靠自己，他一概接纳。而对于不愿苟同自己的正派人士，他千方百计排斥打击。李璟接受他的举荐，派陈觉去取闽地。陈觉无勇无谋，大败而归，损失兵卒上万、辎重无数，论军法当死罪，宋齐丘、冯延巳出力援救，仅只贬官了事，过了一年又复起任事。

宋齐丘及其一党的所作所为激起了另外一派官僚的愤怒和对抗。为首的是中书侍郎韩熙载（一幅《韩熙载夜宴图》使他名垂千古），还有孙晟、常梦锡、萧俨、江文蔚诸人。陈觉败归，韩熙载就力主判死刑以偿其罪，结果他自己被宋齐丘以酗酒闹事的罪名贬为和州参军。韩熙载这一派的人，总还抛不开“君子朋而不党”的观念，关系比较松散。而宋齐丘、陈觉、冯延巳等人凭恃着和李璟的特殊历史渊源，互为奥援，无所不用其极。于是，这两派在朝中处势的优劣也就不问可知了。

与冯延巳同时为相的左仆射孙晟，正直不阿，他看不起冯延巳的为人，常常骂冯是“金杯玉碗而盛狗屎”。有一次，朝堂议事已毕，冯延巳忽然挑衅，以十分藐视的口气问孙晟：

“阁下有什么本事而能任当朝大吏？”冯延巳自负文才出众，说话咄咄逼人，毫不顾及礼貌，他以为孙晟会羞愧而语塞，孙晟却愤然答道：

“我一介书生，论文笔辞藻，十不及君；诙谐饮酒，百不及君；谄佞险诈，则投胎换世再经几次轮回也不及君。只是先帝当年把你放在陛下身边，是希望你劝善规益，不是要你给陛下当声色犬马之友！我是没有什么本事，不过，你的那些本事，只会使国家一天天走向败亡而最终不可收拾。”

一番话侃切而且犀利，当时还真是令冯延巳无词以对。不过最后，孙晟还是在冯延巳排挤下被罢去了相位。随后，便发生了淮南战争。柴荣的大军节节进逼，特别是在赵匡胤滁州大捷生擒皇甫晖以后，南唐朝野震动。李璟派孙晟为使，与周师议和。孙晟临出发前，特地对冯延巳说：“你是当朝宰相，议和本应该你去。可是我却不能推辞圣命，因为那样对不起先帝的知遇之恩。”他又对副使、礼部尚书王崇质说：“我此去，必不免于难，不过我总不负永陵（李昇之墓）一抔土。”

果然，孙晟此去便没有再回来。柴荣遣返副使王崇质而把他留在汴梁。开始待他很客气，后来因为淮上战争失利，再加上李璟又派人去策反李重进等原因，柴荣生气了，大骂南唐表里不一、反复无常，一道命令，将孙晟及其随员二百多人一并处死。临刑时，孙晟十分从容镇定，对着东南方向拜别了李昪的亡灵和南唐社稷，向后周的君臣证实了南朝也有他这样的忠直之士。

李璟听到他的死讯，虽然也表现得很悲哀。但悲哀之余，却没有认真想一想，为什么自己总是宁愿亲近宵小而不能给这些正直的臣下以施展忠心和才干的机会。

## 一步一退的李璟君臣

正是因为淮南战争，最终带来了宋齐丘一伙彻底败亡的结局。

战争刚开始时，李璟就召宋齐丘入朝，并加授为太师，要他共赴国难。宋齐丘不懂军事，无运筹指挥之能倒也罢了，可他偏偏还要乱出主意。周师第一次南下时，他说："周人未测虚实，不敢轻进，待春水一发，粮运不便，彼师老食匮，自然退去，那时再议和盟，我方便是立于不败之地了。目前只需以各州之兵着偏裨将校率领守住城池便可保无虞。"结果，周师摧枯拉朽，还未等到"发春水"，江北便占去一半有余，损失无数。第二年，因寿州久围不下，暑雨不止，粮草不济，周师弃淮南所占之地北归，有人提出扼守险地邀击周师，可以奏效。宋齐丘却说击之结怨益深，不如行个方便让他们回去。于是周兵从容集结于正阳，寿州之围便终于未能解，为周兵的再次南下准备了一条通道。

宋齐丘的坏事远不止此。他举荐同党李征古、陈觉为枢密副使，掌握兵权。这两个人都是李璟在东宫时的从吏出身，专横放肆，达到极点。淮南兵败之初，李璟想起国事艰危，悲从中来，不觉泣下，李征古突然走上前气势汹汹地说：“陛下你哭什么，因饮酒过量了，还是奶妈来迟了？”对皇帝居然敢这样说话，目无君上到了何种程度。李璟的脸色也变了，但还是没有发作。而李征古傲然自得，丝毫没有失言失礼的惶恐。这还不算，他们指使司天监的人说唐师屡败是天文变异之故，奏请李璟暂时避位以祈禳灾祸。李璟并不是傻子，对这种事情还是有警惕性的，故意装出诚恳的样子说：

“我倒是很愿意避位禳灾，可是朝中政事付托给谁呢？”

陈觉和李征古以为李璟是出自真诚，因为他们一直习惯于蒙骗他而且每每得手，此时便毫不迟疑地和盘托出自己的计划。陈觉说：

“天命如此，那就最好交给宋齐公（齐丘）摄政，陛下天天住在深宫中念佛修行，臣等时时都会来宫中侍奉，君臣在一起谈释、老，悠闲自在，待国事安定后，再归政于陛下也不晚。”

只有南唐这种朝廷才会听见诸如此类匪夷所思的奏议。李璟居然也未驳斥，只是用一阵嬉笑把这个建议否决了。当然，他毕竟是皇帝，这种事不能不留给他很深的印象。事后，他曾经对人说：“宋齐丘何尝有能力挑得起这副担子，他们不过是想早点投降，向柴荣献上一功而已。”不过他因当时迫于国难当头，一概隐忍不发。

柴荣以赵匡胤为前敌指挥的第二次南征一开始，南唐就进入了全面抗战的总动员，兵力不可谓少，但派出的将领却大都是贻人笑柄的酒囊饭袋。当时南唐的兵马都元帅是齐王李景达，陈觉是监军使，这样的安排本来就不伦不类。韩熙载曾经上表说：“出师，大事也，必先正名。信莫过于亲王，重莫过于元帅，安用监军使哉？”韩熙载曾经入使汴梁，回来之后，他多次向李璟介绍后周君臣的情况，他强调说：“赵点检（匡胤）顾视之间，气度恢宏，非常人也，深不可测”。

现在用陈觉之流去和赵匡胤周旋，只能是“肉包子打狗”，其结果不问可知。

刘仁赡坚守寿州已经一年多，成为后周进军路上绕不开又拔不掉的障碍，是柴荣眼中之钉，肉中之刺。如果援应得力，解了寿州之围，这对于南唐，无论在战略战术上还是在鼓舞士气民心上，都具有十分重要的意义，可以说，整个战争形势都有可能为之改观。然而派去的援军主将，一个朱元，一个边镐，各有原因，同失其职。朱元，指挥作战还是有两下子的，也打了几次小胜仗。可是，他一方面在两军阵前被赵匡胤的风度和韬略所慑服，产生了自卑感；另一方面他又受到陈觉的忌刻，屡屡被陈觉中伤，说他作战不力、阴谋叛变，甚至要把他召回夺去兵权。朱元被逼得走投无路，把心一横，“大丈夫何处不能富贵”，索性改换门庭，向周军投降。边镐，则是徒有将名的草包一个。头两年他奉命去经营湖南，结果先败于南汉的潘崇彻，丢了郴州、道州、全州等地；接着又败于潭州刺史刘言，把趁马氏兄弟内乱之机弄到手的湖南全境丢个精光。他笃信佛教，行军队伍中也抬着全套佛事，随时参拜。刚到潭州时，正逢湖南遭饥荒，他从江西运去不少粮食，赈济灾民，说是替佛行善。潭州人便称他为“边菩萨”。后来一败涂地，狼狈东逃。很讲现实的潭州人便不称他为“边菩萨”，而改叫“边和尚”了。这个“边和尚”救寿州，寸功未建，全军覆灭，自己也落得个当俘虏的下场。

寿州城破之后，战事转移到东线。而当时派到前线统率大军的濠、泗、楚、海都应援使陈承诏是个修渠筑坝的水利人才，他又如何能抵挡住赵匡胤麾下这一支胜似洪水的罴虎之师。一场硬仗也没有打，陈承诏便落荒而逃，逃也逃不掉，索性坐在地上乖乖地被赵匡胤亲自俘获。总之，除了楚州的张彦卿和郑昭业血战到底之外，南唐的将领大抵除了投降便只有当俘虏，而造成这种局面的根本原因当然还在李璟身上。

仗是打不下去了，还担心周兵过江，于是赶紧又议和。这回派陈觉为使。他倒爽快，全不计较和约的苛刻与屈辱，一一照允。并准备好了详尽的割地划界图，使柴荣颇为高兴。已经把国家弄到这步田地，陈觉这伙人并无半点自责的意思，相反还在继续热衷于干排斥异己的勾当。门下侍郎、同平章事严续素来不肯附和宋齐丘一党，屡遭罢斥，而迫于公论，又每被召还。宋齐丘等因为没能彻底拔掉这颗钉子而遗憾。这次陈觉从汴梁回来，便凭空捏造了一段话，说是柴荣命他传达给李璟：

“听说江南拒我大朝之命的主要出谋划策之人是宰相严续，应该杀掉他，表示向我致歉。”

李璟知道陈觉等人和严续有矛盾，不免怀疑这种说法的可信程度，于是便手书表文命人送往汴梁。表文中对抗命一事作了解释，主动承担了责任，并说这不关严续的事。柴荣看到表文大吃一惊说道：

“严续能主张拒命，这是忠臣应有的表现。朕为天下主，怎么会教别人杀戮忠臣呢？”

使臣回到金陵，真相大白。这回李璟找到了收拾宋齐丘一党的突破口。他决心采取行动了。他虽然早已忍无可忍，但只有到了此刻，当他和后周长达四年的战争终于以媾和而结束，行动才成为可能。一日之间，连下数诏，每一道诏书都有李璟因为余怒未尽而追加的惩处措施，一步比一步严厉。

首先是彻底揭露宋齐丘一伙的罪恶。诏书中历数了他们狼狈为奸的劣迹，里面有“恶莫大于无君，罪莫深于卖国”这样的句子。宣布了罪状，先做出罢官的处置。不到两个时辰，后至的诏书便是放逐令，宋齐丘又回青阳山，不过这次是被押解回去；陈觉徙置饶州。这道诏书下了才一个时辰，追加的诏书又到了，宋齐丘被幽囚；陈觉、李征古二人被赐死。

幽囚在青阳的宋齐丘，过的可不是人的日子。堂堂当朝的宰相，被禁闭在破败的土屋里，让狱卒尽情凌辱。特别是每餐都要从墙洞里接饭吃而且还不让吃饱。一个月后，被屈辱和饥饿折磨得顶不住了的宋齐丘自缢而死。

其余重要党羽，魏岑已先期病死，查文徽则在此之前因出师福建失利而被徙置宣州，而他由于中毒变哑，后期也为恶较少，总算得终天年。至于冯氏兄弟，冯延鲁此时正担负着重要的外交使命，往返于金陵和汴梁之间，发挥着十分重要的作用。冯延巳在此前已经因为与周朝议和而罢去相位，只保留了太子少傅的职衔，再进一步处置他，李璟就觉得于心不忍了。

李璟和冯延巳的关系还具有另一种不同的性质。一个皇帝，如果爱文学，通常总要豢养几个同调的知己。这倒不是为了便于互相切磋，而是因为他的作品需要具有专业水平的人给予理解和赞赏，作为皇帝对能得到这些是很看重的。满朝文武大臣天天称颂你“天纵英明、圣文神武”，可那有什么意思？谁知道其中有几分是发自真诚，这种空洞而夸大的谀辞远远不如对自己作品的一句简单然而有见地的称赞那么令人振奋、沁人心脾。因为前者天天耳目应接不暇，而后者却往往极难一遇。冯延巳就正是这样一个填补空白的角色。要让皇上因为你的评价而感到高兴，你必须具有比皇上更高的水平（尽管谁都不会挑明这一点）。冯延巳在诗词方面的造诣确实在李璟之上。李璟每每读了冯延巳的新作，总是从内心里赞叹不已，但同时又总会泛起一股文人特有的酸溜溜的感觉。在这两种情绪的引导下，他有时便以一种特殊的方式来找岔子，很难说清楚其意究竟是褒是贬。比如有一次在内殿赐宴时，李璟一本正经地问冯延巳：

“‘风乍起，吹皱一池春水’，这关你什么事？”

这时正值冯延巳新填的词“谒金门”被人争相传唱，“风乍起，吹皱一池春水”，便是此阕开首的句子。冯延巳是何等聪明之人，自然能体会李璟此时发问的心情，赶紧答道：

“那怎么能比得上陛下的‘细雨梦回鸡塞远，小楼吹彻玉笙寒’之高妙绝伦呢？”

李璟笑了，虽然他明知冯延巳的话里有讨好献媚的意思，但他还是觉得很舒服，仿佛一双纤手正好搔着了自己的痒处。这样的马屁不是每个人都能拍得出来，而且换一个人，即使是同样的拍法，也不可能取得这样的效果。

所以，冯延巳这号人，李璟是不会给予严厉处罚的。可惜他福分已尽，或者说君臣的缘分已尽，宋建隆元年夏天，冯延巳就病死了。冯延巳一死，李璟果然便有种难以言喻的寂寞感。此后何尝没有人赞扬自己的那首“山花子”，甚至说其中“细雨梦回鸡塞远，小楼吹彻玉笙寒”是千古绝唱，可是这些人的评价就是无法唤起自己的兴奋。他总觉得，除了冯延巳，没有谁能真正领会诗句里所蕴含的深远的意境和细腻的感情。从此，他竟然失去了填词的兴致。

不幸的事常常是接踵而来。在冯延巳死前半年，李璟刚经历了连续丧失亲人的打击，弟弟晋王景遂和长子太子弘冀在两个月之内相继暴死，而在他们的死亡后面被掩盖着的悲剧背景，李璟本人一直到死都不知道。

景遂是李昪的第三个儿子，老二景迁早死，他就排行第二。根据李璟当初定下的兄弟传国的规矩，他被立为皇太弟，作为王位继承人，他在东宫生活了十三年之久。景遂对政治不感兴趣，只爱作文赋诗，终日和一般奔走于门下的文人墨客流连诗酒。他勉强地接受了皇太弟的身份，还特地为自己另取一字，叫退身，含《老子》所谓“功成名遂身退”之意。李璟的长子弘冀渐渐长大了，性格果敢刚毅，好习武事。年纪很轻就要求去前线锻炼，说是“生在动乱的时代，没有道理追求安逸，愿意效用军前以死报国”。在与吴越钱氏的战争中，当机立断，用人有方，战功昭显。因太弟景遂仍屡请归藩（辞去太弟而就藩王），另一个弟弟景达又连遭败绩，李璟便去太弟而改立弘冀为太子。弘冀不能容忍李璟周围那批人目无君长恣意妄为的状况，便不客气地进行惩治。自然，那批人也就竞相在李璟面前说他的坏话。说他“暴戾凶狠，没有王者风范”，“凌虐臣下，有失人君之礼”等等。弘冀原来在吴越前线就有过屠杀俘虏的纪录，曾经令李璟十分不悦。眼前臣下的这些奏闻更令他感到儿子如此下去，日后定成暴君。于是有一天，他怒不可遏时，便操起身边打马球的球棍把弘冀揍了一顿，并且说：“我就要把景遂召回来。”他说的也许是气话，但弘冀可是认真对待了，他当然不甘心再把王储的位子让给叔父。和所有贪恋权力的人一样，他把心狠手辣奉为唯一的信条。他精心打听到景遂在南昌误杀了都押衙袁从范的儿子，袁从范心怀怨恨，于是派人与袁从范联络，许以厚报，并送去毒药一瓶，要他相机行事。那天，李景遂打马球口渴，袁从范正好随侍在侧，便把毒药调入饮料中，呈给景遂。口渴的人，辨不出什么滋味，而且饮进的量也特大，不多时便一命呜呼。李璟身边的人只奏闻是暴病而亡。景遂刚死，弘冀就病倒了。大概是因为毒杀了叔父，精神上压力太大，所谓良心的审判无可逃避，白天也活见鬼，老看见景遂在自己宫中出没，最后竟发展为狂躁型精神分裂症而死去。

建隆元年冬，赵匡胤平定李重进叛乱时，率领大军来到扬州。冯延鲁奉李璟之命过江劳军，赵匡胤对冯延鲁所发出的大军过江的威胁，虽然作为一个玩笑遮掩过去了，但惊弓之鸟的南唐君臣却不能不胆战心惊。国都金陵与宋师不过一江之隔，真所谓鼙鼓之声相闻，叫人如何能不怕。李璟决定迁都至南都洪州（今南昌），同时立第六子吴王从嘉（后改名煜）为太子，留守金陵。随驾西迁的旌麾仪仗、护卫六军、百司衙门浩浩荡荡绵延千余里。处在这种困难方殷的时刻，李璟还没忘记讲排场。先是大宴群臣于当涂，接着是带着从臣上庐山，遍览胜景，逗留了十余日。一来到南都，便觉得宫室狭小、园林简陋，诸多不便。庞大的官僚集团简直连安顿下来都感到困难，群臣不免思归。李璟开始后悔自己当初的决定过于仓卒，每天退朝之后，就凭栏遥望金陵方向，郁郁不乐。他本想与群臣商议再迁回去，可是又不大好开口。就在这种苦闷彷徨中，他病倒了。病一开始，他就预感到自己再无康复的希望，不再进食，每天就靠喝甘蔗浆维持生命。他三月（建隆二年）到南都，六月间就在这里死去，留下一道遗命，葬在南都西山，累土数尺为坟即可，并说："违吾言，非忠臣孝子。"李煜（从嘉）不忍心按父亲的遗命办，他把国都迁回金陵，同时把李璟的遗体运回金陵，并且立即向汴梁宋廷告哀，请求追复死者的帝号。这件事，赵匡胤还是很富人情味地批准了。于是，李璟才总算得了个明道崇德文宣孝皇帝的谥号，庙号元宗。墓地也被准许称为顺陵。

李璟这个人，没有什么很坏的毛病，也没有什么昭著的罪恶。史书上称他"慈仁恭俭、礼贤爱民、裕然有人君之度"。可是他二十年的皇帝当得实在窝囊，丧师、割地：削号、赔款，被敌国欺凌、受权臣侮弄……总之忍受了做皇帝的人极难忍受的种种不幸。为什么会如此？无非两条：一是他确实不是当皇帝的材料，如果仅当文人，他会十分出色；二是他的运气太差，既没有得力的助手，又遇上了柴荣、赵匡胤这样雄才大略的强敌。

## 李煜比父亲有过之而无不及

李煜和他的父亲是同一个类型的人，只是把他父亲的特点向更极端的方向延伸和表现而已。简言之，作为一个诗人，他比他的父亲更出色，而作为一个皇帝，他比他的父亲更糟糕。

李璟之所以择立李煜为太子，完全是因为李弘冀死后，李煜已经排行第一。李煜以下的几个弟弟，从善、从镒、从谦、从度、从信，个个都是和他一样爱好舞文弄墨，所谓文采有余、武备不足。与其违背立长立嫡的古制去选一个也许还不如他的人，当然不如按常规办事名正言顺。因为兄弟都性情温和，没有什么权欲野心，故而彼此关系甚为融洽。李煜一辈子没有经受过唯恐“祸起萧墙”的精神压力。这是他的一大幸运。他另有一大幸运就是因为赵匡胤的总体战略规划中把南唐排在较后，使他得以在赵匡胤征伐荆南、湖南、巴蜀、北汉、南汉的过程中享受了十多年太平光景。

李煜“为人仁惠”，正是这一点，决定了他只能是一个懦君、一个昏君。他深知如何处理和赵宋朝廷的关系是决定自己政权生死存亡的关键，而他在这个问题上奉行的原则就是“卑躬折节忍辱偷安”八个字。刚一登位，他就命冯延鲁向赵匡胤呈上表文，披露自己事奉大朝的一片赤诚，其中有这样一段话：

> 臣本于诸子，实愧非才，自出胶庠，心疏利禄。被父兄之荫育，乐日月以优游，思近巢许之余尘，远慕夷齐之高义……徒以伯仲继没，次第推迁，先世谓臣克习义方，既长且嫡，俾司国事，遂易年华……陛下显膺帝箓，弥笃睿情，方誓子孙，仰酬临照。则臣向于脱屣，亦匪邀名，既嗣宗材，敢忘负荷。唯坚臣节，上奉天朝。若曰稍易初心，辄萌异志，岂独不遵于祖祢，实当受谴于神明……

这些外交文字中说出的是他心中的大实话。他为什么继位以及他本人历来对这件事的态度都是如实奉告。后面对赵匡胤所表示的臣服的忠心也并无虚假，他唯一的希望就是赵匡胤能够让他安安静静地守住江南一隅，陪着他的女人奏乐跳舞、饮酒吟诗。当然，小算盘也还是有的，不能放弃自己君主的特权和内政的自主。而为了这一点，有时就要搞点小动作，耍点两面派。登基之后，循例实行大赦。大赦是君主才具有的权力。按礼仪，天子的大赦令应该放在一只特制的金鸡的口中，由黄门中使从金鸡口中取出再交由宰臣宣谕天下。李煜这次当然还是照老规矩办。可是金鸡是天子特有的象征物，既削去帝号，再用此物就是僭越。赵匡胤听说了这件事很生气，便提出责问。李煜恐慌之余，就命自己派出的进奏使陆昭符善言解释。陆昭符到了汴梁，面对赵匡胤那张充满怒气的紫脸，不敢隐瞒，也不敢辩解，情急生智，脱口而出：“那不是金鸡，只是一只怪鸟。”赵匡胤听了不禁哈哈大笑起来，一是笑对方的怯懦，二是笑陆昭符的狡脍。一笑之下，此事也就不再追问。从此涉及这类事情，李煜便多了个心眼。比如宫殿屋脊上装饰的鸱吻，也是天子特有的象征物，每逢宋使来到金陵，就尽行取下，等到宋使一走，又把它重新装上。再如平日在朝，自己照旧服衮袍，而接见宋使，自己就换上紫袍，以示人臣之礼。所有这些，李璟当年在同意削去帝号时并未规定，李煜为了表示自己恪守臣道，主动自觉地做到了。此外，岁时贡奉、丧吊庆贺等礼数极尽周到。每当赵匡胤出师时，必有犒军之献，得胜时，不忘贺捷之礼。甚至秉承赵匡胤的意旨，一而再地修书遣使，劝说南粤刘铁臣服赵宋。如此小心翼翼，他还担心别人在赵匡胤面前说自己的坏话。为了防患未然，他认为对汴梁朝中的大臣，自己要广结善缘，不怕花钱（比如一次送给赵普五万两白银）。至于朝外，他只顾忌吴越钱氏一向奉大朝正朔，恐不能见容于自己，于是他先上表赵匡胤备案，表中说：

……然所虑者，吴越国邻于敝土，近似深雠，犹恐辄向封疆，或生纷扰。臣即自严部曲，终不先有侵渔，免结衅嫌，挠干旒扆。仍虑巧肆如簧之舌，仰成投杼之疑，曲搆异端，潜行诡道。愿迥鉴烛，显谕是非，庶使远臣，得安危恳……

赵匡胤在答诏中表示理解，并劝他不必担心。李煜的所有这些表现，确实使赵匡胤找不到对他进行征伐的理由。这也是他把南唐问题的最后解决一再地往日程表的后面推移的一个重要原因。

然而，表面的融洽，当然也绝不意味着双方建立了一种开诚布公推心置腹的关系，对于赵匡胤来说，江南总是一股必须克服的异己力量，只是等待合适的时间和条件。而在李煜方面，他也深深知道宋师南下只是一个时间问题，而他所求者不过是拖得一时算一时，只要自己委曲求全，或者能拖过自己这一代也未可知。李煜的这种指导思想又如何能够振军经武、富民强国。十多年间，他毫无振作有为的打算，白白让许多机会从自己身边溜走。

开宝三年（970 年）冬天，正是赵匡胤征讨南汉刘鋹的关键时刻。南唐南都留守林仁肇向李煜呈上一份密表，表中说，“（宋）淮南诸州，戍守的士卒不过千人。宋朝前年灭蜀，今年又取岭南，往返数千里之遥，必然师旅疲敝。请陛下借给臣数万兵士，从寿春北渡长江，直取正阳。依靠怀念故国（南唐）的当地人民，可以恢复江北全境。彼纵派兵来援，臣据淮河对垒而御之，信可阻其于国门之外。臣起兵之日，陛下便以臣举兵外叛而报闻宋朝。事成功，国家享其利，事败则诛杀臣全家，以表明陛下对宋并无二心。”

林仁肇这个建议不一定能成功，但也未尝不可一试，最难得的是他有这种个人承担后果的效忠国家之心。然而像李煜这种懦君，又怎么敢实行这样的进取性的战略方针呢。

还有一个沿江巡检，叫卢绛，精于水战。他当时训练了一支水师，多次在海门偷袭吴越兵，缴获了舰船数百艘。他曾经面奏李煜说：

“吴越，我之仇解也。将来它必然会充当北朝的向导，和宋军构成犄角之势向我进攻。不如在他们准备联手之前，我们先灭掉吴越。”

灭掉吴越，李煜何尝不想。卢绛的分析是有道理的，计划也是吸引人的，李煜踌躇了一会儿，最后还是带着迟疑做出了否决：

“大朝附庸，安敢加兵？”他认为吴越多年来尊奉北朝，他害怕此举会激怒赵匡胤。

“陛下，臣有一计。”卢绛却不怕，提出了更具体的建议，“请允许臣去宣、歙二州（今皖南宣城、歙县一带）诈称叛乱，陛下声言讨伐，并且请吴越出兵相助。待吴越兵一到，便给予抗击，臣蹑其后而直入杭州，其国必亡。”

李煜还是害怕，拒绝采用卢绛所献之计。

赵匡胤平了南汉以后，形势变化了，南唐已经递升为赵匡胤统一大略中的头号目标。这时李煜派弟弟郑王李从善入贡汴梁，本来是想探听宋朝的虚实，结果却被赵匡胤留下不让回来。赵匡胤对李从善十分客气，授为泰宁节度使，赐第京师居住，不时召见，多有赠赏。从善是李煜的同母弟，俩人感情很好。从善被留使李煜震惊，他似乎也想到自己最不愿意看见的事情已经在步步逼近，因而开始奉行一种更积极的两手策略：

一方面，继续搞低姿态外交。遣使朝贡，格外勤谨，并且一再自贬国格。开宝四年冬，唐国主改称江南国主，印玺也改为江南国主印，并请求罢“诏书不名”（即要求赵匡胤下诏时直呼自己的名字）。“诏书不名”是某些大臣都可以享受的特权，而李煜却主动提出放弃。开宝五年春，又下令降低各种礼仪制度的规格：告谕臣民不再称“诏”，而称“教”；中书、门下省改称左、右内史府；尚书省为司会府；御史台为司宪府；翰林院为修文馆；枢密院为光政院；大理寺为详刑院；子弟封王者一律降为国公；殿阙顶上的鸱吻除去不再复设等；另一方面，他也以较隐蔽的方式修缮甲兵、整顿防务，事不可免时，他不愿意束手就擒。

李煜也知道自己的两手策略实际上并无多大作用。第一，无论你姿态多低，人家该下手的时候还是照样下手，不会留情；第二，加强防卫能力要达到足以和宋军抗衡的程度，几乎是不可能的。总之，两个方面同时着手努力其实只是尽人事而已。他的思路从来也没有沿着积极的、振作的方向做过任何探索。只是觉得敌人太强大、太可怕，甘心接受屈辱，而绝不会想到自己尚有那么广大的土地、众多的人口，还有人心可用、民心可用。南唐的臣民并不愿意接受北朝的统治。像林仁肇、卢绛这样的将领不说，百姓中关心国运的也大有人在。就在前一阵子，一批从巴蜀归来的商人报告说，他们顺流而下途经青草湖时，发现宋军征集荆南数千工匠，正在打造战舰。已完工和未完工的共有千余艘，拥塞在湖湾里，如果能派遣一支部队，伺机放火，定能将其全部焚毁。这些商人还表示他们愿意充当向导。这种建议对于懦怯成性的李煜，简直听起来都觉得害怕。

赵匡胤对南唐的动向是始终严密注视的。他不急于动手，因为他需要最充分的准备，战略上的，战术上的，从人力、物力的积蓄到对敌情的了解、计划的制订，有许多事情有待完成。他听说了林仁肇的忠勇过人，断定此人必是日后自己实施进攻方案时的重大障碍，他决定要想法在战争开始之前解决这个棘手问题。

他之所以把林仁肇看得如此危险，有点历史渊源。当年随柴荣在淮上作战时，赵匡胤便已和林仁肇打过交道。那是在正阳浮桥的争夺战中，林仁肇率领一千余名敢死队员，带着木柴干草，乘着南风引火，想烧掉这座阻断了南唐水上援军的浮桥。周军由驸马都尉张永德率领，和南唐敢死队员展开了一场激烈的殊死战。只见那林仁肇左冲右突，十分骁勇。不料顷刻间风势陡变，北风使火势反向南唐方面扑来。烧桥的计划看来已无法完成，仁肇便下令撤退，宋师鼓噪着乘势追击。那时林仁肇带着少数精骑殿后，挡住追兵，且战且退。张永德素来精于箭法，看到林仁肇的表现，心知他是南军的主将，便张弓搭箭瞄准他不停地射去。但那林仁肇确实好生了得，手持一杆铁枪，箭来一支便格开一支，竟无有一支箭能到得他身旁。张永德一生经过无数激战，从未见过如此镇定敏捷之才，不由得十分吃惊，便传令道：“敌方有勇者，不可太逼近。”最后眼看着林仁肇带着余部回归本寨去了。事后，张永德不止一次向赵匡胤谈起过对此人的深刻印象。赵匡胤从俘虏的口中了解到那人名叫林仁肇。

赵匡胤终于想出了一条除去林仁肇的反间之计。此计简单，姑且一试。一天，他派人召请名为泰宁节度使，实则自己手中人质的李从善来便殿议事。从善奉命赶到后，发现赵匡胤并没有什么新鲜话题，只是问问江南的风土民情、君臣身世之类，他一一恭谨作答。忽然，赵匡胤对他说：

“传闻唐朝建有凌烟阁，绘有开国功臣多人之像，不知你可曾听说过此事？”

“臣略知一二。此固人主系念功臣之情，圣眷优隆，意在激励来者。”李从善答道。

“朕日后也要建一座凌烟阁。——自然要等到山河一统四方宁静之时，朕现已替许多功臣绘有画像，就藏在殿旁的小阁中，画工都极为精细、传神，你可有意去欣赏一番？”

赵匡胤邀他去，这是很给面子的事，李从善怎么能拒绝。于是，便做出很高兴的样子随在赵匡胤身后进入了旁边那座画像陈列室。

室内果然悬挂着许多像，像下面大都写有名字及官职等，赵匡胤不厌其烦地向李从善讲解他们的业绩。看到最后面的一幅像，下面没有署名，但容貌却十分眼熟。正狐疑间，只见赵匡胤神色甚不自然，盯着他问道：

“卿可识得此人是谁吗？”

他这一问，李从善猛然想起来了，这不是我国的林仁肇吗？他的像怎么会挂在此处？李从善不知该怎样回答赵匡胤，只听见赵匡胤又说：

“你可是觉得此人和谁相像？”口气很严肃。

“他好像我国大臣林仁肇。”李从善不敢不答了。

“是的，他就是林仁肇。”赵匡胤做出一副豁出去的表情，说：“既然你已认出，我也就不再瞒你，好在你我今日也是君臣，不必相瞒。林仁肇是我国有功之臣，他是一定要进凌烟阁的。”

李从善不敢细问，只能带着一肚子疑问唯唯而应。这时，赵匡胤又补充一句：

“我已经为他准备好了府第，不久该用得着了。”

李从善回到家里，联想起许多往事，越来越觉得林仁肇确有许多可疑之处。于是他让回江南去的信使给兄长李煜捎去了一份材料，其中详尽汇报了他的发现以及他对这件事的分析和看法，请李煜做出裁断和处理。

李煜在政治上本来就是个糊涂蛋，碰到这种情况，他久久不知该如何处理。林仁肇叛国在他看来已是毫无疑问的事实，有人证，有物证。人证就是赵匡胤，物证就是那幅画像。那么剩下的问题该给予什么惩处。既然是叛国罪臣，不能不严惩，死有余辜。

但是公开宣布他的罪状，那岂不是向宋廷启衅吗。就算用别的名义治罪，也不免要开罪宋廷，因为赵匡胤已经公开了林仁肇的身份。隐忍不发，那就等于听任林仁肇到时候把江南大好河山献与赵宋。李煜冥思苦想，最后还是采取了通常懦夫们使用的手段，派人下药毒死了林仁肇。

人死了，事情就不免张扬开来。枢密使陈乔一向对林仁肇极为器重，曾对人说，“有林仁肇领兵在外，我陈乔在朝内主掌机务，我们的国土固小，敌人想进犯亦不容易得手。”此时听到仁肇的死讯，他长叹道：

“事势如此，而杀忠臣，吾不知死所矣！”

李煜很快也察觉到自己亲手制造了一起冤案。林仁肇的一名侍者在被人告发后承认，自己受到宋人的贿买，从府中盗窃了一幅林仁肇的画像给对方。就是这么一点微小的契因，造成了林仁肇的冤死。由于自己的愚庸，毁掉了这样一位国家栋梁、干城重寄，李煜很难过，觉得简直和当年曹操杀蔡瑁、张允一样糊涂，不，比曹操更糊涂，付出的代价也更大。最遗憾的是杀人的错误是无法纠正的，何况他也不能公开认错，就像当年曹操一样，只能“打落门牙和血吞”。

开宝六年初夏，赵匡胤派翰林学士卢多逊出使江南，名义是祝贺李煜的生辰。卢多逊的政治手腕一向出众，此行又带有许多赏赐之物，并有皇帝给予的“便宜行事”的特权，当然更有如鱼得水、挥洒自如之妙。江南君臣无不为他的博学多闻、辩才无碍所倾服，何况他又那样友善和大方，因此和他交往，既是一种荣幸，也是一种实惠。卢多逊想了解江南的任何方面的细微情况，都会有人为他提供满意的答复。到了要回去的时候了，李煜再一次地接见他，不胜依依之情，馈赠之余，又问道：

“学士此行尚有未尽之事否？”

“尚有一事需求国主给予方便。”卢多逊马上抓住机会开口：

“朝廷重新修订天下地舆图志，史馆独缺江东诸州的资料。南北隔绝已数十年，搜求甚为不易。望国主能将各州图籍赐我一套，携归朝廷，其功非小。”不知道他是在指谁“其功非小”——是李煜还是他自己。

“此事不难办到。”李煜十分爽快，当即下令修文馆尽快缮写了一套完整的舆图资料送给卢多逊。于是，江南十九州的地形地貌、道路里程、兵营要塞、城乡户口等等，卢多逊全部得以掌握。回到汴梁，向赵匡胤呈上图籍，并且详尽汇报了江南国中政治的腐败、武备的空虚、君臣的昏懦，赵匡胤听了十分高兴，夸奖卢多逊“善用谋略、不负朕望”，心中也定下主意，今后要进一步重用这位“能臣”。

## 各逞文采的南唐君臣

江南内史舍人潘佑是个书生气十足而又性格偏激的人。本来论他的学业文章，朝野无不推崇备至，李煜本人又酷好文学，对他自然格外恩宠有加，常与他切磋诗文，并每每呼之为“潘卿”，亲近程度不难想见。可是“潘卿”却不愿意扮演诗酒之友这类角色，他心头老是涌起以天下为己任的冲动，不时地指斥时政、攻讦朝臣，搞得周围关系十分紧张。因此，尽管李煜十分赏识他的文采与博学，却始终没有把他放在有实权的岗位。

越是没有实权，人就越容易偏激。他本来是一个酷爱老庄之说的人，曾经写过一篇名为《赠别》的文章，其中论得失、物我的道理颇为精辟。他说，“得之者时也，失之者顺也”，“时”，是指机遇，偶然性；“顺”，是指规律，必然性。因此，“我无奈物何，物亦无奈我何”，“天下之事，如奔车之历蚁蛭，值之非得也，去之非失也”，“始则无物，终复何有？……强分彼我，彼谓我为彼，我亦谓彼为彼，彼自谓为我，我亦自谓为我，终不知孰为彼邪，孰为我邪。……

循欲嗜利，系心于物，局促若辕下驹，安得如列御寇、庄周者，焚天下之辕，释天下之驹，浩浩乎复归于无物欤？”这是何等旷达，超脱的人生观。可惜像中国许多知识分子一样，潘佑也是生活在思想与实践脱节的矛盾之中。或者说，他的政治实践又受另一套观念的支配，那就是“经世致用”“修、齐、治、平”的儒家学说。从开宝五年开始，他连续七次上疏，一次比一次言辞激烈，并且说，既不能采纳他的建议，就把他放归田庐好了。李煜这时便命他专修国史，而罢去其他一切官职。

潘佑并不是济世之才，他的某些建议实在不具备可行性。比如他提出，“富国之本，在厚农桑”，因此该恢复古代的井田制，以抑制土地兼并之势，凡买贫者之田的，一律勒令归还；他还仿古制提出为耕牛造籍册，按籍规定垦荒任务，扩大桑田面积。这些想法看似合乎道理，但执行起来却会造成不少混乱。他推荐自己的好友卫尉卿李平主持司农寺。李平曾经当过道士，和潘佑有许多共同语言，但却根本没有行政才能，偏偏还急于事功。他看出李煜颇为向往远古之治，于是不遗余力地推行潘佑的那套主张。任何建立在空想基础上的改良社会的方案，都经受不起社会本身发展规律的检验，如果用行政力量强制推行，就必然不同程度地造成扰民害民的效果。李平的做法激起了越来越强的民怨，朝中多有弹劾奏议。李煜看到这情况不禁产生悔意，于是又下一道命令全部废止。潘佑看到自己的宏伟方略不能见用，十分激愤，此后便接二连三地上书，从国势的日益衰颓说起，进而指责当权者徒具其位而无所作为，把所有的大臣将相骂了一个遍，最后还是举荐李平，建议让李平主持司会府（尚书省）的工作。这样的表疏当然更会激起朝臣的公愤，李煜只好把它留中不报，即不予理睬。

潘佑看到自己的表疏全无反响，益加愤不可遏，过了几天，又炮制了一篇更激烈的疏文。他似乎已失去理智了，文中有几句这样的话：

> 三军可夺帅也，匹夫不可夺志也。臣乃者继上表章，凡数万言；词穷理尽，忠邪洞分。陛下力蔽奸邪，曲容谄伪，遂使家国愔愔，如日将暮。古有桀、纣、孙皓者，破国亡家，孽自己作，尚为千古所笑。今陛下取则奸回，败乱国家，是陛下为君，不及桀、纣、孙皓远矣。臣不能与奸臣杂处，事亡国之主。陛下必以臣为罪，则请赐诛戮以谢中外。

李煜毕竟是个皇帝，让臣下这样痛斥，如何能够容忍。他把表文递给在身边的光政副使（枢密副使）张洎过目，并征求他的意见：

“朕待潘佑可谓不薄，他何以要把矛头针对朕，把朕责骂到如此不堪的地步呢？”

张洎是江南著名的才子，原来和潘佑同在中书省任事，私交甚厚，后来路数不同，日渐疏远，最后实际上已成政敌。潘佑在致张洎的信中借用《论语》中曾子的话说：“堂堂乎张也，难与并为仁矣。”极尽嘲骂之意，张洎此时当然也不会放过攻击他的机会：

“潘佑狂悖无礼，目无君父。平日疏狂褊狭，无非沽名钓誉。朝中大臣，多有疵议。陛下以天地为心，屡屡包容。彼不知悛改，竟致于不顾君臣之大伦，辱骂圣上，是罪无可逭矣！”

“以素来情形推测，潘佑当不致如此。想是受了李平的蛊惑和挑唆而出此下策。”李煜的话里还有替他开脱的意思。他始终认为潘佑人才难得，不忍对他采取极端的处置。

“他二人其实是沆瀣一气。臣听人说，二人府中颇有淫祀鬼神之事，这哪里是圣人门下所该有的行为？不予惩戒，则圣人之教何存，君臣之礼安在！效尤者将由此而生轻慢之心，朝廷纲纪如何维系？”

张洎这一番话使李煜受到了震动，他也认为确实应该给予惩戒。

李煜首先下令将李平捕囚于大理寺狱中，接着又下令逮捕潘佑。潘佑听到消息便自杀了，他不愿到狱中接受凌辱。李平随后也在狱中自杀。这时，李煜心中难免有些怜惜，他对左右说：“我之诛潘佑，实在是不得已。”于是他赦免了潘佑的家属，并给予一定的抚恤。而对于张洎，他却更加信任了，授为清辉殿学士。清辉殿，就在御苑中，授这样一个职位，就是好让他时时不离自己左右。张洎和太子太傅徐辽、太子太保徐游（二人均系徐温之孙）一起，在殿侧的澄心堂内设置工作机构，组成决策班子，宣敕谕旨、主持大政，使政府的中书省和枢密院形同虚设，失去作用。

江南池州（今安徽贵池）有个儒生，名叫樊若水，有才识，多见闻，可是运气不佳，举进士不及第。他不死心，又多次上书言事，皆如石沉大海，毫无消息。他终于对自己在南唐求仕进这条路完全绝望。可是，他并不甘心终老山林，“此地不留爷，自有留爷处”——他把眼光转向了如日之升的北朝。

自己要投奔北朝，总得有晋见之礼。什么是他的晋见之礼呢？

樊若水分析了形势，估计到宋平南汉之后，一定会以南唐为下一个进攻目标。而对于宋军来说，天堑长江是一个不易克服的障碍，如果自己能够在这方面有刍荛之献，那无疑就是大功一件。樊若水想，对于不习水战的宋军，最理想的进攻方法就是在江面上架设浮桥。但是自古以来还没有听说过在长江水面架设浮桥的先例。没有做过的事并不一定就做不成，他决定向宋廷提出造浮桥渡江的建议。

为了证明自己的建议切实可行，必须先通过实地调查，准备扎实的第一手资料。他先扮作渔人，在采石矶附近的江面上活动。在熟悉了周围的环境之后，他开始试着测量江面的宽度。这是一项十分艰难的工作，他先准备了数百丈细小而又结实的丝绳，把丝绳的一端系在南岸，然后乘一叶小舟载着丝绳，自己操桨以最快的速度向对岸划去，丝绳一路放下，到岸后便有了第一个数据。可是因为江流很急，所测得的距离是一个夹角很大的斜边。横过了千余米的江水，丝绳是无法操纵的，不可能拉直，甚至也不可能收回。下一次的测量又必须重做准备。

樊若水连着做了几十次从南到北或从北到南的测量。因为选择的下水点不同，测得的结果有些差异，但大体上还是比较接近的。问题在于测得的都是斜线距离，但浮桥不可能斜着架，它必须是一条直线，而只有得出直线距离，才能据此制订浮桥的施工计划，准备所需的材料。但是怎样才能得出直线距离呢？

冥思苦想了许多天，樊若水终于找到了一个科学的办法。他在南岸先用眼睛找准北岸的一个目标物——一棵树，然后自己选择和那棵目标树呈直线的地方系好丝绳，便驾起小舟往对岸划去，划到对岸，果然是在目标树下游相当远的地方。此时，他心中有底了，很认真地测量了上岸点到目标树之间的距离，带着两个边长的数据兴奋地回家去了。

回到家里，他在桌上摊开一张图纸，先将目标树和下水点之间假定为一条可以任意延长的虚线，然后把目标树和上岸点之间以及上岸点和下水点之间两个已知的距离用同样的比例加以缩小，按缩小的尺寸在图纸上标出上岸点之后，以上岸点为基准，缩小了的斜线距离就会在虚线上找出下水点的位置。这时虚线上的两点之间所构成的直线，就是图上的江面宽度。把这条直线按同样的倍数扩大，也就得出了江面的实际宽度。找出了正确的办法之后，他又反复进行了几次实验，选择了几个不同的点，删除了水流、地形等因素所带来的影响，他终于得出自己感到满意的数据。

樊若水喜滋滋地带着他的“成果”向汴梁出发了。那时，赵匡胤规定了一种制度，士民百姓怀有奇才异技者，准其诣阙言事（直接向皇帝汇报）。樊若水自称来献取江南之策，自然受到有司重视，很快便被赵匡胤亲自召见。

赵匡胤听樊若水详细介绍了在长江上架设浮桥的设想以及他为此所进行的实地测算，既兴奋又感动。兴奋的是这一计划确实胆大，够气魄，前无古人，成功之后对于大军的南进有极重要的作用；感动的是这樊若水真是个有心人，不惮辛劳，不辞艰险，准备了这么多有用的数据，一心报效朝廷。这大概也是上天有意的安排，助我完成统一神州的大业。

既然是有用的人才，那就该立即重用。赵匡胤在第一次召见樊若水之后，立即诏令翰林院测试樊若水的学业（这大概只是一种形式，走走过场的意思），那樊秀才本是个读书人，在考场中也是历练过的，当然不至出乖现丑。翰林院的诸公更懂得希承圣意，备言樊若水诗文俱佳，才堪大用。于是，随即由皇帝赐进士及第，并授为舒州团练推官。对于从未入仕的“秀才”而言，这无疑是破格的重用。

樊若水诣阙谢恩，赵匡胤对他说道：

“卿自即日起可以筹办架设浮桥之事了。”

“陛下，臣还有一个不情之请……”樊若水期期艾艾，似乎有些难于启齿。赵匡胤此时却正在兴头上，十分豪爽大度地说道：

“卿还有什么要求，只管说出来就是。”

“臣的老母和妻儿均在江南，天长日久，恐为李煜所害，臣想尽早将他们接来江北。”

“此事易为耳！”赵匡胤轻松地挥一挥手说。他随即命知制诰卢多逊拟诏发给李煜，上称“江南士人樊若水，已在朝廷受职，望着即将其亲属等护送来江北”云云。为了突出这件事的紧急，诏书以“六百里加急”形式发往金陵。

李煜接到诏书，哪敢怠慢？忙不迭地命专人立即遵照执行。至于樊若水是个什么人，为什么在北朝授官，怎么去的，江南君臣中没有人知道，甚至也没有人想要知道。李煜觉得，自己的士民去北朝做官，未始不是好事。某种情况下，他们或许还会站在维护故国利益的立场，说上几句有用的话。

樊若水解除了后顾之忧，自然抖擞全副精神，积极地主持制定在江上建浮桥的计划。赵匡胤对此事也抓得很紧，不但亲自过问计划的细节，并且直接介入工程的筹备。为了让樊若水能独当其任便宜行事，赵匡胤又提拔他为赞善大夫，并按照他的计划，派人往荆州、朗州等地督造黄黑龙船数千艘、粗大竹缆数千丈。竹缆由大舰装载东运而下。浮桥就是用竹缆将龙船连接而成。每条船都用铁环将竹缆固定，竹缆上再铺设桥板。考虑到大军通过时人马辎重的重量和江流的湍急，平行固定的竹缆达十余根之多，桥板也是采用的上好木料。

长江宽至数百丈，浮桥的架设前无古人，不能不预为试验，以策稳妥。试验在荆江段的石牌口进行，施工场面的壮观自然造成了轰动。完工以后，又立即撤除，所有材料、船只统统转往下游。即使是三尺童子，这时也已不难猜测架设浮桥的意义。可是当消息传到金陵，李煜正是诗兴大发的时候，他只问了张洎一句：

“闻人言，宋军在江上为浮梁，可有此事？”

“有历史记载以来，没有出现过长江上架设浮梁（桥）的事。”张洎比他更漫不经心。

“我也这么想，这只不过是儿戏罢了。”李煜放心地说，张洎的话冲掉了他心头的些许疑惑。

这些日子里，李煜比以往更思念自己被扣留在汴梁的弟弟郑王李从善。从善离开亲人出使宋朝已两年多了。李煜不止一次地遣使上表，请求赵匡胤放回从善，每次都被拒绝。赵匡胤待从善并不薄，授给了节度使的高位，连从善的掌书记江直木都任命为司门员外部、兖州通判，其他僚佐一一推恩授职。可是既然不肯放他回来，待遇再好，不过是一介人质而已。这两年来，从善的妻子不知向李煜哭诉过多少回，但他又能有什么法子。现在他一看见从善妃进宫，马上起身避开。他想不通，不知道赵匡胤为什么还要对自己放心不过。一切可以放弃的全放弃了，一切该奉献的全奉献了，得到的回报却不是谅解和宽容，相反是进一步的煎迫。派去的使臣进贡的财物简直不可胜数，而派来的使臣却每每只带来一些充满威胁的暗示。最近，宋阁门使梁迥又在提出“邀请”：

“天子今冬行柴燎之礼（大型祭祀活动），国主可有兴趣前去助祭？”

弟弟还没放回来，又想让我自己送上门去当亡国之虏，这不是太欺负人了吗？但李煜并不敢表示任何不满，只是唯唯连声不作正面答复。

李煜怀着对弟弟从善的深切思念，写下了一篇著名的文章——《却登高文》。他抖擞全部才情，堆词砌藻，好一篇汉赋体古文，简直是直追司马相如，不让杨雄、班固。虽然不改雕琢的积习，但却蕴含着真实的感情。读着自己的文章，他常常感动得不能自已，他左右的人甚至也可以背诵了。

……左右进而言曰："维芳时之令月，可藉野以登高。矧上林之伺幸，而秋光之待褒乎？"余告之曰："昔时之壮也，情槃乐恣，欢赏忘劳，捐心志于金石，泥花月于诗骚。轻五陵之得侣，陋三秦之选曹。量珠聘伎，纫采维艘。被墙宇以耗帛，论丘山而委糟。岂知忘长夜之靡靡，累大德于滔滔。怆家艰之如毁，萦离绪之郁陶。陟彼冈兮企余足，望复关兮睇于目。原有鸰兮相从飞，嗟予季兮不来归。空苍苍兮风凄凄，心踯躅兮泪连洏。无一欢之可作，有万绪以缠悲。於戏噫嘻，尔之告我，曾非所宜。"

从这段文字的前一部分看，李煜似乎对自己昔日的奢华有所悔悟，但他从来没有把这点认识见诸行动，所以说，文人笔下的漂亮文章是不能当真的。但是从"陟彼冈兮企余足"那句开始，往下的部分，感情倒确实很真挚，把"嗟余季（弟）兮不来归"的悲哀表现得形象而又深切。

开宝七年（974年）的秋天来了，看到天空从北往南飞的雁群，又勾起李煜对弟弟的深切思念。当然，在沉重的情绪里也包含着对祖国危急形势的担忧，包含着对未来的恐惧和无奈。他无力改变这种现实，他只能把这些情绪集中起来通过形象思维转化为诗——除了写诗，他再无别的本领可以唤起自尊和自信。此时北雁南飞，他想起去年南雁北飞的时候，他为怀念李从善而填下的一首词——《清平乐》：

别来春半，触目愁肠断。砌下落梅如雪乱，拂了一身还满。

雁来音信无凭，路遥归梦难成，离恨恰如春草，更行更远还生。

对于填词一道，李煜有种目无余子的自我感觉。他认为古体诗在六朝、近体诗在唐末都已经走到了尽头，正在开始的是一个属于词的时代。而在这个时代里，我李煜就是一面引导方向的旗帜。虽然填词已经有了二百年历史，但除了自己以外，还并没有产生过具有划时代意义的大手笔。唐末以来，著名的词作者如韦庄、王建、温庭筠、牛希济、欧阳炯、冯延巳，甚至包括自己的父亲在内，可传之作均不过是一二残章断句而已。真正堪称继往开来的词坛领袖者，除我之外，岂有他人？就以这首《清平乐》而言，无论是意境的悠远、画面的绮丽、情感的真挚、声调的和谐，便无人可及。比如这“砌下落梅如雪乱，拂了一身还满”，虽然夸张得无理，却有趣、生动、形象而独出心裁、别开生面。至于“离恨恰如春草，更行更远还生”，不独句式新颖、联想奇妙，更兼意蕴幽远，余味无穷，必成为文学史上经典名句而无疑。

李煜不像他的父亲，总是渴望从冯延巳这类人那里听到赞扬来充实和强化自信，他不需要任何人的谀辞，因为他觉得在这个领域里，他自己就是最高的、最清醒的裁判。

## 才貌冠绝古今的周娥皇姐妹

一个把自己放逐在远离人群的顶峰状态里的人，他的精神世界必然是寂寞的。诗人如此，皇帝亦如此，何况李煜一身而兼二任。

李煜何尝不想从他的臣下那里得到理解和支持，但他无法实现自己的希望。因为作为一个皇帝，他不能承认任何人具有和他平等的人格的尊严；而作为一个诗人，他又根本不相信有任何人具有他那样的艺术感觉和表现能力。总之，无论从哪方面，旁人都处在另一个更低的水平线上，真诚的理解和支持又如何会产生呢？有时候，他以诗人的宽容接纳了某些个别的心灵进入自己精神的殿堂，但往往一瞬间，他又回到了皇帝的角色，对方也立即转化成为一个称职的或不合格的官员，进一步的沟通马上变得不可能了。和潘佑之间的关系就是比较典型的例证。他欣赏潘佑的文才，但不能容忍他政治上的狂妄和荒谬。至于张泊，李煜对他的宠信完全是基于一种现实的需要。他觉得张泊有一个冷静和细致的头脑，能够代替自己去思考和决定某些令人心烦的问题。

还有两个既让他欣赏又令他惋惜的臣子：一个是韩熙载；一个是

徐铉。徐铉的聪明才智虽然出众，但却是纵横家类型的人，折冲樽俎的舌辩本领朝中第一，治世牧民也是一把好手，精神世界方面却与自己相距甚远，两人间的关系终究只能是君臣而已。至于韩熙载，情况便不同了。李煜觉得他身上有一种和自己很接近的东西，那是一种气质，不过韩熙载表现得似乎更趋于极端。而遗憾的是对于一个政坛人物，这种表现构成他事业发展的严重障碍。

韩熙载是个颇具魏晋风度的人，不但多才多艺，博闻健谈，而且风流倜傥，不拘细行。作为他个人的鲜明特点，就是把享乐当作人生的一大目标。名画《韩熙载夜宴图》正好描绘了他生活的这一重要侧面。他精于书画，大约是触类旁通，在服装设计方面也深有造诣，可以说是表现了当时的最高水平。他设计的新式服装往往很快就成为流行的时尚。哪怕是一顶帽子，他也可以用许多心思转化出种种花样。他设计过一种轻型纱帽，美观、轻便，制帽业定名为“韩君轻格”，一时之间坊间争相效仿。

《韩熙载夜宴图》的画面上，有许多女人环伺在他身旁。画家顾闳中在这里使用的还是艺术的概括，韩熙载占有女人的情况远不止此。除掉自己的妻妾和女仆丫鬟之外，光是妓女他就蓄养了数十名之多。这些妓女并不都是他的性伴侣，有不少只司歌舞乐伶之事。而韩熙载却又是一个很富自由主义色彩的人，尊重人权、主张开放。这些妓女们被准许自由出入，并可以和韩熙载门下的从事、清客，甚至男仆交往，保持性关系。这种事难免不传到社会的各个角落，舆论的反应自然是不问可知。但韩熙载是根本不在乎舆论的人，有时候，他还故意向舆论挑战。比如说，他可以穿得褴褛不堪，肩上背个破筐，领着自己的门生打着念“数来宝”的竹板，扮作乞丐，到金陵各大妓院去行乞要饭，然后让鸨母、妓女、嫖客、行人和自己一起哈哈一笑。

他觉得这种快乐是人生的真谛。

他的人生观里是否还存在另外一个侧面呢？很难说。据他自己对左右的人表示，这似乎是一种“佯狂”。为什么选择“佯狂”的生活态度呢？他当时作出的解释是：

“我这样夸张地作践自己，只是为了躲避当宰相。我老了，不能千古为人之笑柄。”

这话的意思是宁愿装傻，不愿拜相。装傻博笑于一时，拜相则将贻笑于千古。这种说法似乎不够真诚，就像某些人标榜的“大隐隐于朝，中隐隐于市，小隐隐于野”一样，明显有蒙人的意思。既然已经“入朝”“入市 ", 又还摇晃“隐”的旗帜干什么？无非是不想隐或不能隐，说一说，好让自己的心理平衡并且取得别人的谅解。韩熙载视拜相为畏途，那又何必入仕，而且恋栈至死。所以，所谓“自污以避相”的说法不过是一面幌子。这类人扮演的其实是他们自己，他们既不堪“庙廊重寄”，也做不成“名山事业”。

当然，韩熙载回避相位可能还受另一种思想支配，即他认定江南小朝廷必然短命，与其去承担“亡国宰相”的沉重历史责任，还不如早作打算明哲保身。他曾经受命出使汴梁。那时柴荣还在世，赵匡胤任殿前都点检。从这两个人身上，他感到了一种强者所特有的引力。这是他在南唐根本无法体验到的一种只可意会而不能言传的感觉。他预感到南唐面对这样的强者，迟早要成为别人囊中之物。他回到江南后备言了赵匡胤的英杰过人，果然不久便发生了周禅宋代的事件。说他“藉自污以隐于朝”，还有一个反证。李煜一度迫于舆论而罢了他的官，谪授太子右庶子，让他去南昌就事。这时韩熙载把蓄养的妓女全部遣散。李煜听说后十分高兴，便又决定让他留下来任秘书监，随即改授兵部尚书。正准备任命他为宰相的时候，韩熙载把遣散的妓女再次召集回来，李煜只好摇摇头，不胜惋惜地说：“我也没什么办法了。”

开宝三年的秋天，久病不愈的韩熙载死了。自知不起时，他上了一道表给李煜，其中说：

“无横草之功，有滔天之过。老妻伏枕以呻吟，稚子环床而坐泣……”

临死前的几句话，都要说得那么夸张、那么雕琢。真可谓积习难改、死而后已。他死了以后，李煜叹息着说：

“我始终没有能用熙载做宰相，这真是一件遗憾的事。”为了弥补这个遗憾，他赠韩熙载右仆射、同平章事，让他能顶着宰相的名义到另一个世界去。到了给韩熙载办后事，人们才发现他是多么善于及时行乐。生前奢侈无度的他竟然没留下丝毫遗产，以至于出葬用的棺椁衣衾，全部是由李煜赐给的。

韩熙载死后，李煜失去了在精神世界里相距最近的人，从此陷入了更深的寂寞。历史上，这类人有个共同的特点，那就是把女人视为生活的全部向往和追求。当然，对于“诗人”，女人更是灵感的来源。由于他们在作品中常常把爱情表现得那样强烈、美好、真诚而又高尚，人们以为他们最懂得尊重和珍爱女人。对爱情必然具有最好的领悟能力和专一精神。但这其实确是极大的误解。他们眼中的女人，并不是和自己具有平等人格的伴侣，而只是满足自己心理和生理占有欲望的工具和对象。他们在某一时间阶段，可能热恋上某一个女人，但绝不可能把这种恋情持续长久。因为，在他们看来，世界上一切可爱的女性都应该是为他们而准备的。由于所有美好的爱情都必须以忠贞为前提，他们于是制造出一种所谓“好色而不好淫”的泛爱论，而泛爱论的原则却只能由他们这一类具有特殊禀赋的人才能享用。对于群氓，泛爱论就只能是淫乱。但“好色而不淫”的泛爱论者对女性的占有形式和群氓并无差别，只是制造了更多由遗弃带来的悲剧、惨剧而已。

李煜十九岁那年和司徒周宗的女儿娥皇结婚。周宗是拥立李昪的功臣，李璟则更因他长期受宋齐丘一党排挤而给予特殊礼遇。儿女亲家便是这样结下的。周宗五十多岁时，继室先后为他生下两个女儿，大女儿嫁给李煜不久，周宗就以七十余岁的高龄而病故了。

周娥皇生得国色天香，且聪明伶俐，不惟琴棋书画样样精通，最难得的是深谙音律。能作曲、能演奏、能唱、能舞。李璟迁都南昌时，李煜留守金陵，因为无所忌惮而心情特别舒畅。在一个雪夜里，饮宴作乐之余，娥皇多喝了几杯，举杯邀请李煜起舞以尽兴。李煜答道：

“汝能在席间创作新舞曲，我就随曲起舞。”

“妾便遵命就是。”娥皇微微一笑，当即命宫人铺开笺纸，她边哼边写，略无滞沮，不一会一首新舞曲就谱好了，就是所谓《邀醉舞破》。还有一首当时流传甚广的《恨来迟破》，也是娥皇所作。唐玄宗时的著名舞曲《霓裳羽衣》，安史之乱后，便已失传。娥皇从一个老乐工处，得到一卷残谱，她自己加工补缀，并亲自用琵琶演奏，于是名曲又得以复传于世。

周娥皇不仅富有音乐天才，而且还是服装和发型设计方面的巧匠。她首创的高髻纤裳及首翘鬓朵两种装束，在金陵城中成为贵妇们竞相模仿的首选。这样一个聪明、美丽而又极有艺术天赋的女人，嫁给李煜这种皇帝而兼诗人的角色，那自然是合适不过的天作之合。因为女人姿色和才智很难两全，而男人富贵和情趣更少双具。俩人的感情，不消说，是如鱼得水，美满融洽。李煜跟着娥皇一起也迷上了音乐，天天沉浸在“宫商角徵羽、上尺工凡五六乙”里面，连朝廷正事也耽误了。监察御史张宪上书切谏，李煜赐给他帛三十匹，作为奖励，表彰他忠于职守、敢于进言，但是自己仍然照常忙于谱曲填词。

两面兼顾，这是李煜独特的风格。

李煜即位以后，娥皇被册立为国后。开始了两人感情生活中最美好的一段光阴。不过这个过程维持的不算太久。周后在册立的第三年就病倒了，那年她才二十八岁，致病的原因很复杂，但不能不说和李煜的用情不专有关。

周后的悲剧在于，她认为自己既然具有绝世的容貌和才情，那么李煜对自己的爱情必然天长地久、生死不渝，因为他不可能遇上更符合他品味要求的女人。但她错了，她没有想到李煜的爱情观里远比一般人更强烈地反映着男性中心社会的色彩，因为他既是一个皇帝（像路易十四），又是一个诗人（像拜伦），路易十四和拜伦也具有很高的艺术品位，但在男女感情方面，都是毫无廉耻、信义可言的“摧花辣手”。

周后对李煜的怀疑是从一件诗稿上开始的——她偶然地在李煜的书房内发现了它，洒金的花笺上写着一阕新词《一斛珠》：

晓妆初过，沈檀轻注些儿个，向人微露丁香颗。一曲清歌，暂引樱桃破。

罗袖裛残殷色可，杯深旋被香醪涴。绣床斜凭娇无那，烂嚼红绒，笑向檀郎唾。

这分明是直截了当地写一个女人在调情时的媚态。描述得如此质朴、如此生动，只能是切身的感受，而绝不可能是臆想的幻境。周后对于李煜的艺术风格还是有所了解的。自然率真，直抒感受，不修饰，不涂抹，这就是李煜的特点，也正是其他人所不及的地方。她想起前不久他作的两首已经流传在外的词，也是写歌舞、写饮宴、写美人，但其中却并无主观的感情活动，只是对于环境和氛围的客观记述。这两首词，周后都能背下来。一首是《浣溪沙》：

红日已高三丈透，金炉次第添香兽，红锦地衣随步皱。
佳人舞点金钗溜，酒恶时拈花蕊嗅，别殿遥闻箫鼓奏。

还有一首是《玉楼春》：

晚妆初了明肌雪，春殿嫔娥鱼贯列。笙箫吹断水云间，重按霓裳歌遍彻。

临春谁更飘香屑，醉拍阑干情味切，归时休放烛光红，待踏马蹄清夜月。

这两首词里所描写的生活场景，都是周后所熟悉的。唯独那首《一斛珠》，令周后感到陌生，感到疑惑，感到妒火中烧、不能自已。问题是词中描写的那个人究竟是谁？她仔细地在记忆中搜索一切疑点，然后让自己视野中的一切可疑对象逐个对号入座，通过分析和推论，去判断和确认那个“烂嚼红绒”的妖精。

她第一个个想起的是保仪（女官名）黄氏，这个女人仪态容貌堪称绝世，顾盼频笑，无处不美。她是“边和尚”（边镐）在湖南作战时，从马希萼帐下一名殉职的军官家里收养的一个小女孩。边镐让这个孤女受到了良好的教育，等她长大更发现了她惊人的美丽，便把她送入宫中，选为保仪。黄氏在边镐身边学得一手好书法，模仿钟（繇）、王（羲之）字体惟妙惟肖。李煜见了也赞不绝口，当时周后心头便掠过一丝妒意。后来李煜要黄氏专门掌管宫中书籍，黄氏也得其所哉，甚为惬意。她不善歌舞，也不喜欢参与这类活动。周后心想，黄保仪很美，但是缺少女人的魅力。李煜虽然看重她，但从不迷恋她，平日里每月能临幸黄氏宫中一两次就很不错了，很难想象他们之间会出现那首《一斛珠》里所描写的画面，黄氏扮不出“笑唾檀郎”的媚态。

排除了黄保仪，周后下一个想到的是嫔御流珠。流珠聪慧，识音律，能记谱，弹得一手好琵琶。周后所作《邀醉舞》《恨来迟》二破都是由流珠担任主奏。李煜后来创作的《念家山破》也是由她第一个演奏。但是流珠并非绝色，而且她嗓音不好，平日素不喜唱，和词里所写的“一曲清歌，暂引樱桃破”对不上号。

周后接着又想到了乔氏、秋水、窅娘等几位宫人。这几位平日虽较多与李煜接近，但都不像《一斛珠》中写到的那个尤物。乔氏笃信佛教，李煜和她在一处多半是谈禅说释，或抄写经卷，她根本没有“绣床斜凭娇无那”那种风韵。至于秋水，不过是因为身上有股异香，在园中行走时，群蝶追随，扑之不去，引起李煜的好奇心便对她多所关注。而窅娘者，只具有舞蹈这一个强项。她自幼用帛裹足，使足背上弓，状如新月。李煜为她特制了一座六尺高的金莲，上面用宝带璎珞装饰得十分美丽，窅娘在金莲中翩翩起舞，回旋起伏有凌波之态……然而仅此而已。秋水和窅娘出身低微，不要说学问，连识字也不多，她们缺乏李煜所需要的那种情趣。

那么，那个“向人微露丁香颗”的女人究竟是谁呢？周后调动大脑里储存的所有资讯，通过分析、综合和推理，始终未能得出准确的结论。她就是没有想到一个人——她自己的胞妹，一个经常进宫活跃在她身边的光艳照人的女孩。

卷——捌

*Volume 8*

# 诗人王国的覆灭

## 诗人皇帝误国害民

猜疑的痛苦使周后变得憔悴、衰弱而最后终于病倒。她不能向任何人透露自己的苦恼，也无法去进一步查证自己的怀疑。积以时日，心理的病便诱发了生理的甚至病理的症状。肺结核或另一种慢性病正慢慢销蚀着她的健康。

因为姐姐的病，周宗的小女儿进宫的次数更多了，停留的时间也更长了。这也是很自然的事，她年纪很小就失去了父母，姐姐是唯一的亲人，姊妹感情特别深厚。姐姐叫娥皇，妹妹不可能叫女英吧！史籍中没有记载她的名字，只称之为小周后，本书中姑且称之，虽然不合情理，因为此时她并未册立为后。小周后自幼常在宫中行走，不知不觉到了十五六岁，出落为一个世间罕见的美女。好色之如李煜，怎么会放过她？而正当豆蔻年华情窦初开的少女当然也很难抵御这位皇帝兼诗人的攻势。三下两下，便解除武装以身相许了。鉴于小姨子和姐夫的尴尬身份，同时又有惮于周后的正面干预，于是俩人间只能保持一种或明或暗的关系。其实，所谓“暗”，也就是瞒住周后一人的耳目而已。然而，俗话说，“世上没有不透风的墙”，从宫人们的片言只语中，从一个暧昧的暗示或一道迷离的眼光中，周后终于意识到危险正酝酿在自己身边，但让她确认这一推测的又是李煜的一首新词。那是一个乐女从宫外传抄给她的，并且说这首词在各青楼歌榭已经广为流传，被人们称赞为天下艳词之首，国主更被推崇为古今第一风流天子。那词是一首《菩萨蛮》：

花明月暗笼轻雾，今宵好向郎边去。刬袜步香阶，手提金缕鞋。画堂南畔见，一向偎人颤。奴为出来难，教郎恣意怜。

这首词一直到底是白描手法，没有转借，没有引喻，赤裸裸的就是一幅男女偷情的图画，就是贩夫走卒、引车卖浆者流也不难理解。周后看了，稍加思索，便得出几点结论：第一，从风格上辨认，这是李煜的作品，既毫无雕琢，又生动细致；第二，这绝对是表现李煜本人在现场的体验，只有亲身的感受才会如此真实而热烈；第三，描写的对象既非宫女妃嫔中的任何一个（宫中人不需要采用这种偷情方式），也不是宫外的民间女子（他们不可能有这种机会）。唯一可以对号入座的便是常在宫中而又没有公开情侣身份的人，那除了自己那位可以“一顾倾人城，再顾倾人国”的妹妹，还能有谁。而且词中所描绘的正是一位涉世不深的少女形象，久经风月的妇人是不会“刬袜步香阶，手提金缕鞋”去会情郎的，也不会在情郎的怀中“一向偎人颤”。

事情已经清楚了，而涉及的却是自己的妹妹，怎么办？周后稍加权衡便认定，任何不冷静的处理方法，受到伤害的只能是自己两姐妹。她唯一能做的就是以严肃的口气正告妹妹，女孩儿家长大了，不宜久在宫中出入，人言可畏，不可不慎。

打发走了妹妹，周后的心仍然未能平静下来。因为是幼妹（小周后比姐姐要小十二三岁），一向怀着一种母亲般感情的她，不可能产生妒忌的敌视。在心头涌动的只能是愤懑。一是为李煜的薄幸无赖，二是为自己的愚蠢痴情。男人也许都是这样，而既往她却一直误以为李煜这颗多情种子只有在自己的土壤里才会生根开花。造物无情，对待女子是多么的不公正啊！

周后的病日渐沉重了。李煜一方面心里很着急，朝暮探视，进食、用药等都亲自安排照拂；另一方面却又不肯收敛他好色贪淫的积习，竟偷偷地把小周后接进宫来，安置在别殿，瞒着周后干些无耻勾当。小周后听说姐姐病情危重，心里着实惦念。每每要宫人在周后昏睡过去时通知她，她便赶过来看姐姐一眼。有一天，她又到姐姐床前探视，恰恰这时周后醒过来了，隔着帐幔模模糊糊看见床前一个人影，好似小妹身影，情急之下，掀开帐幔，小周后已是躲避不及。周后吃惊地问妹妹：

“你是何日进宫来的？”声音颤抖而喑哑。

十几岁的女孩子哪来经验应付这种突发性事变，来不及编谎，也不敢说谎，仓卒答道：

“我已经来了好些天了。”说完之后又发觉自己漏了嘴，但却已经没有办法补救。她看到姐姐瞪大着眼睛望着自己，眼光里满是失望和怨愤，配着那极度憔悴的苍白瘦削的脸庞，不由得恐惧和悲哀同时从心里满溢出来，禁不住叫了一声：“姐姐！”眼泪夺眶而出。

周后没有搭理她，转身向里而卧。从此时起，她没有再转过背来。不再用药、不再进食，也不再说话。李煜闻讯赶来，说了一大堆解释和安慰的话，但她却毫无回应。她是对李煜绝望了，当自己病得快要死的时候，这个曾与自己海誓山盟订来生之约的男人竟然如此迫不及待地把自己的妹妹弄进宫来苟且偷欢，这是何等的无耻和卑劣！全无心肝，全无人性，诗写得再好又如何？心灵远比一个不通文墨的山野村夫黑暗十倍，肮脏百倍……这个多才多艺又多情的女人带着这份永久的愤恨离开了人世。

周后死后，李煜的第一件大事是展其所长，写下一篇长达数千言的诔文。辞藻之华丽、想象之丰富、感情之充沛，甚至音韵之铿锵，都是第一流的。其中用了一十五个“呜呼哀哉”，每个“呜呼哀哉”之下是一段长短不一的抒情。最后用一个“呜呼哀哉”结尾，自称是“鳏夫煜”。文章做完，镌刻成碑以后，“鳏夫煜”便和小周后明目张胆地同居了。只能同居，是因为小周后这时还没有达到结婚的年龄。当然，也有几分是为了减轻良心上的负担。他知道自己愧对周后的亡魂，而且也不想招致太多的议论。

三年多以后，李煜才正式册立周后的妹妹为皇后，并举行了正式的婚礼。婚礼的形式，费了儒臣们不少心思。开始是指定太常博士陈致雍考证古今沿革，制定婚礼草案。后来还觉得不放心，又让学识最渊博的翰林学士徐铉和知制诰潘佑参与考订。这两个角色都是自恃才高之人，素来不很融洽，这时搞在一起，少不得又是各持己见互不服气。首先引起争论的问题是奏不奏乐、奏什么乐。

“古时的婚礼不用乐。”徐铉首先发表意见，便引出了一堆古训为根据。

“此事今古不相沿袭者久矣。今之庶民婚嫁尚且鼓乐喧天，岂有天子大婚而不用乐！”潘佑的驳斥比较合乎情理。于是决定要组织最盛大的乐队以活跃气氛。这里徐铉又提出：

“按古制，房中乐不能用钟鼓。”——这种大型乐队当然要用钟、鼓，徐铉明明是不肯认输的意思。

“学士此言差矣！毛诗三百，蒙童犹知，岂不闻‘窈窕淑女，钟鼓乐之’乎？”潘佑又占了上风，不惟举出了最广为人知的诗句为证，而且乘势把号称渊博的翰林学士奚落了一番。

接着又为帝后互拜行礼的问题争执起来。徐铉引用《后魏书》上的记载，然后说：

“后先拜而后起，帝后拜而先起，此为古之常制。夫妇之礼，人伦之本，皇帝亦不能有异于庶民，应该向皇后答拜。”

“不可答拜。”潘佑又提出异议：“天子贵为人君，其婚礼岂可同于庶民？‘只为一人治天下’，天下之至尊，故称孤而道寡，岂可向人行跪拜之礼！”潘佑振振有词。

但徐铉却不肯再退让。于是围绕着皇帝回不回拜的问题，久议不决。李煜派文安郡公徐游来作出裁决，徐游的观点多半倾向潘佑。最后还是定下来，照潘佑的意见办。

到了成礼的那一天，迎亲队伍的盛大、阔绰真是闻所未闻，光乐队大约便有数百人之众。一切仿古，队伍前面照说该有一只白雁，口衔婚书，递于女方父母。因一时没有白雁，便弄来一只大白鹅代替。鹅身披着文绣，打扮得十分富丽堂皇。这样的迎娶队伍，金陵的百姓从未有幸见过，拥挤在街头看热闹的人超过十万。有些人为了抢占有利地形好看得更清楚，便爬上屋顶，屋顶上人太多，竟发生了滚落地下摔死的惨剧，这也算是皇上大婚的一点“余兴”。

李煜再婚后的三四年间，是他一生中最愉快也最风光的一段岁月。因为赵匡胤在攻伐北汉之后接着又开始了进取南粤的战争，宋与江南保持了稳定的和平共处关系。强大的外部压力得到缓解，李煜就不遗余力地投入了骄奢淫逸的纵情享乐。他的奢侈与刘鋹又有所不同。因为是诗人，他最注意营造美的环境和气氛。宫中的墙壁全部用销金红罗遮蔽，几乎没有一点裸露在外。固定这些销金红罗的是白金钉加玳瑁的牙，墙上的隔眼刷上绿钿，并用朱绡屏障起来。到了春天百花盛开的时候，更是别出心裁穷极讲究。宫中所有的梁栋、窗壁、柱拱、阶砌，都用竹木等材料扎成一个外罩，上面排列着小孔，孔内便插满各色鲜花，于是，整座宫殿成了一个五彩缤纷的花的世界。李煜为这一景观取了个名字，叫“锦洞天”。谁能算得清楚，这“锦洞天”要用去多少鲜花、要花费多少人工和财力。每到七月初七，他就要用百余匹红白绫罗，把宫殿装饰成月宫天河的景致，七夕一过，全部散与内外闲杂人等。李煜的内殿——柔仪殿中所陈设的用具，诸如香炉、花瓶、唾壶等等，都是极精美的工艺品，镶金嵌玉、璀璨夺目。仅是香炉就有数十种式样，各有名目，什么把子莲、三云凤、折腰狮子、玉太古、容华鼎等。总之，李煜后宫的一切已经达到了当时人类物质条件和审美情趣的极限。

如此豪华的大环境，他还嫌不够，李煜为自己和小周后俩人又设计了一个更富丽而又幽静的小天地。那地方极狭小，一座亭阁而已。布置得精美又更胜于宫中其他去处。李煜大半时间就和小周后消磨其间。当然，在这里，他也冥想出若干首古今传诵的诗词。那些诗词，有些就是他本人生活的真实写照，有些却和他周围的环境相去十万八千里，而最脍炙人口的诗词却往往属于后一部分。如十分著名的《渔父》：

一

浪花有意千重雪，桃李无言一队春。一壶酒，一竿身，世上如侬有几人。

二

一擢春风一叶舟，一纶茧缕一轻钩。花满渚，酒满瓯，万顷波中得自由。

这类作品的画面和意境和李煜何尝有半点什么关系。足见文人之文并不见得就是他精神世界的真实反映。“艺术源于生活”的结论在逻辑上也不完全是一个直线的推理过程。

人，是复杂的。从一方面看，李煜的放荡不羁还有更令人咋舌的内容。比如，对奢靡淫逸的宫廷生活他并不满足，竟还要微服私行到青楼妓院去寻求刺激。找足了乐子，乘着酒兴在墙上写诗，落款处的跋识是：

浅斟低唱，偎红倚翠大师，鸳鸯寺主，传风流教法于秦淮河上。

第二天，妓院的老鸨就叫人把墙上的“御书”拓下来，一张就贴在门口当广告，再用一张去宫门“讨赏”。有司不得不从府库中拿一大笔钱才算把“版权”买回来，免得国主继续沦为笑柄。

李煜从小笃信佛教，好生戒杀是他的信条。毒杀林仁肇，逼死潘佑，他心里都难受了好些天，除了厚赐亲属，隆重封赠亡灵，还连做七七四十九场罗天大醮。一般臣民犯罪当死，他常常特赦减刑。因司法部门力争而不得不杀时，他总是流着眼泪才批准。因为爱读书，装满了一脑子食古不化的“王道”与“仁政”思想。潘佑当年搞的那套“井田制”实施方案，开始是受到他支持的，因为合他的口味。而其余臣下的政治观点，他一概认为是“霸道杂说”。但他又不得不承认，“霸道”才实用，才具可操作性，自己向往的那一套行不通。每当面对这种知与行的矛盾，他就很苦恼。一次，当群臣的议论又和他相左时，他叹息道：

“周公和孔子，离开我们都太远了。我的这条道路已经被历史的杂草遮没，谁能够让它重新变得光洁明亮呢？谁又能够理解我呢？”

他甚至把自己的见解用文字记载下来，累计达数十万字。他自嘲似的对左右人说：

“我写下来的都是些无用的空话、废话，也许在几百、几千年后，会有人能够理解我。”

从这个侧面看，李煜似乎又是一个很有忧国忧民之心的君主，只是太偏重于理想主义和人道主义，因而在现实生活中缺乏治世济民的招数而沦于失败。然而，即使是这样，他也是一个毫无用处的“懦君”。何况，这点人道色彩太薄，根本遮掩不住他作为“淫昏之君”的另一面。

到了开宝四年（971 年）冬天，李煜的“黄金时代”结束了。天堂般的好岁月一步步离他而去，屈辱和恐惧成了生活乐章里的基调。他以自己的尊严和财富为代价想缓和日益临近的毁灭危机，但拖到开宝七年（974 年）的冬天，终于意识到混不下去了。赵匡胤的閤门使梁迥刚回汴梁，知制诰李穆作为国信使又来到了金陵。带来的诏书内容与梁迥没什么不同，说是“朕将以仲冬有事圜丘，思与卿同阅牺牲”。表面的意思好像是要邀李煜去参加祭祀大典，“同阅牺牲（祭品）”，可是傻瓜也能看出来，就是要逼着李煜彻底投降，交出政权。李穆发出的威胁很露骨，宋朝的南征大军克日就要启程。如能及时奉诏前往汴梁，个人富贵不惟可保，江南百姓也免遭涂炭；如拒不奉诏，身家、百姓、宗庙、社稷，只怕就会毁于一旦。

李煜害怕极了，心想不如还是入朝的好。反正打是打不赢的，老老实实投降，或许还较为有利。他命内侍传召光政使（枢密使）陈乔和光政副使（枢密副使）张洎，准备向他们交代，自己北上以后，由他们主持朝政。万一自己不能再回金陵，请他们辅佐自己的独子仲寓即位。其实，他知道这些都是废话。北上要是回不来，还谈得上什么再立新主？便是立了，一个小孩子又岂能逃脱赵匡胤的魔掌？自己当了十多年君主了，尚且如此一筹莫展。赵匡胤这样的一代枭雄，不吞并我南唐是不会罢休的。

李煜此时不禁又想起自己早夭的次子仲宣，那是一个何等聪明出众的孩子啊！仲寓比他大一岁，但气度心智都不如他。记得仲宣四岁那年就能一字不差地背诵《孝经》。在朝堂上和朝臣们揖让行礼端庄大方，有若成人。可是就在那年因受了惊吓而引发癫痫，竟死去了。仲宣的早夭实际也是周后一病不起的重要原因。现在只剩下一个仲寓。唉，说到底怨自己命运不济，生不逢时，接过祖父、父亲好不容易留下的这份基业，却碰上了赵匡胤这样一个大野心家、阴谋家……

陈乔和张洎奉命来到，没想到他俩刚听到李煜开了个头，便立即一致反对李煜的决定。

“臣和陛下一同受元宗（李璟）顾命，”陈乔首先开口：“元宗皇帝委以宗社大计，臣敢不竭忠效命！陛下如果去汴梁，必被留下，国家将不复为己有，那时再后悔就太迟了，就算自杀，又有何面目见先帝于地下？”

“陈使相说得极是。”张洎接过陈乔的话，说：“陛下一身而系天下社稷之安危，万万不可轻动。若去汴梁，置安危于不顾，宗庙、社稷、千百万江南百姓之身家性命，其责在谁？”

“我江南尚有三千里江山，数百万军民，文臣武将中也有不少愿意尽忠死节之士，宋朝若是一意孤行，胜负尚是未定之数。”陈乔忠直刚介，说的并非徒托空言的大话。

“何况我国尚有长江之险可倚。谅那宋军难以飞渡，旷日持久，彼军粮不济，不败也要退兵，国主不必过于担心。”张洎又作一番补充。

两人的话说得李煜一身燥热犹豫起来。自己怎么愿意去汴梁？只是因为害怕而定下的保全大计。我还有这么多土地、人民，怎么能够一封诏命就自己送上门去任人宰割？千秋之下，本人的颜面何在，先辈的荣誉何存？他立即召见李穆，对他说：“请转告皇帝，煜身体不适，不能远行。”他见李穆又想说什么，知道无非仍是恫吓的话，便不想再听了，率性堵住他的口说：“煜一向恭谨事奉大朝，不过就是希望大朝施保全之恩，若不然，则有死而已！”

话说到这份上，李穆也就不再吭声了。

## 曹彬率师，势如破竹

赵匡胤估计到李煜必然不肯奉诏前来汴梁，或者说，他正希望李煜不要奉诏觐见，因为只有这样，他才师出有名。

在刚刚征服南汉刘鋹以后，赵匡胤曾经想过挟新胜之威，通过各种和平的施压，迫使李煜放弃自己的政权。但后来他发觉，这个想法不可能实现。一贯追求骄奢淫逸的李煜绝不会放弃自己无所忌惮的特权。因此，除了使用军事手段，没有别的办法让李煜下台。而李煜不下台，江南就不可能统一到朝廷的直接管理之下。这两三年来，赵匡胤在积极进行军事准备的同时，不断地邀请李煜北上。每次江南使臣回国时，他都要郑重地嘱托，要他们劝李煜到汴梁来。自己遣使去江南时，更是在诏书中明白无误地发出这类指令。他还让李从善给哥哥写过几次劝驾的信件。而李煜也果然如他所料，没有做出过一次正面的回应。

李穆是赵匡胤计划派出的最后一名使者，因为，此时他的进攻准备已经完成。他甚至没有等李穆的回报，便已经选配好了南征大军的将领人选。部队也开始往荆南一带集结。他认定这一仗非打不可，李穆带去的是最后通牒，而带回来的李煜拒不奉诏的态度就正是自己借以发布进军命令的口实。

第一梯队由颍州团练使曹翰带领，先期出发。赵匡胤对曹翰在治理黄河中的表现很满意，有意成全他在南征中立功。五天后，第二梯队随后出发，由宣徽南院使曹彬、侍卫马军都虞候李汉琼、判四方馆事田钦做统领。第三梯队由山南东道节度使潘美、侍卫步军都虞候刘遇和东上閤门使梁迥率领，同日进兵荆南。

诸将出兵之前，赵匡胤在讲武殿赐宴，为他们饯行。席间，他向将领们说起用兵的原委：

“李煜在江南多行不义，暴殄天物，奢靡淫乱，残杀忠良，百姓不堪其虐，北望王师，如大旱之望云霓。”赵匡胤说到此处，停顿下来。他自己感到这些话太空洞，虽然都是言之有据的，尽管在座的人都知道这方面的情况，可由他本人口里说出来，总显得有点不是味道，而且也确实多余，他把话锋一转——

“朕多次召他入朝，意在劝恶规善，让他略知悔改，也好让江南百姓少受荼毒。可是他一再拒命，此次竟对李穆说要以死相拼。”

曹翰这时在一旁接过赵匡胤的话头说：

“正是。前日探报说，李煜近日对左右人扬言‘他日宋师来讨，孤要亲着戎装，督促士卒，背城一战，以存社稷。如果战而不胜，孤就和家属一起自焚殉国，决不做他国之鬼’”

“哈哈……”赵匡胤听了大笑起来，“这是无赖穷措大的牛皮。徒有其口，必无其志。他李煜能有这份壮心，那东吴的孙皓、陈朝的后主陈叔宝也都不会当别人的俘虏了。哈哈……”

酒席筵前的诸将领也一齐放声笑起来。当气氛活跃到一定程度时，赵匡胤正色道：

“此次进兵江南，朕有几句话要向卿等交代。”

众将见赵匡胤神色严肃，俱都凝神屏息、正襟危坐，料想他必会作出重要指示。

“前者王全斌平蜀时，多所杀戮，特别是屠诛降卒，颇失人心。朕至今想起来，还叹恨不已。此次我对卿等最大的希望就是切勿暴掠生民。务须时时记住，江南亦中国也，江南之臣民亦即朕之子民，要代朕广立恩信，令他们自愿归顺。不须急攻强攻，进城以后，更不许妄行杀掠。城中如有作困兽之斗者，只需除暴以安良，不可大肆株连。李煜一家，要切意保护。”

说到这里，他稍作停顿，然后提高音量（为了让所有在座的听得更清楚），对曹彬说道：

“南方的事，就一概委托给卿了。”说着从身边拿过匣剑，授与曹彬，“此剑便是朕对你的授权，用兵之时，副将以下，有不听命者，卿便可先斩而后奏。”

一下子席间的空气仿佛凝结了，几乎听得见众将领心跳的声音。谁也没有估计到赵匡胤会授予曹彬这么大的特权。“副将以下，准卿先斩后奏”，那就意味着所有参加南征的人都要在曹彬面前谨慎从事。潘美连脸色都变了。他此时已是一方节帅，今后却要在曹彬的矮檐下做人，那滋味不问可知。但在座的将帅们都明白，赵匡胤之所以做出这样的决定，一是为了统一事权，二是曹彬性格仁厚，在征蜀战争中的表现有口皆碑，确实只有他最能体察圣意。而且，将帅们扪心自问，无论是论资历或者论才干，自己毕竟也无法和曹彬相比，与其换上他们中的任何一个因不能胜任而误事，显然还不如承认曹彬有理由获得皇上宣布的地位和特权。

赵匡胤逐个地审视着座中将帅们脸上的表情，发现大家对于曹彬被授予在前线“先斩后奏”的特权，虽然有些震惊，但并无愤愤不平的表现。曹彬本人也没有任何特殊的反应，如平时一样的神色端庄正襟危坐。赵匡胤感到自己这个决定是做对了。他早就想到，既然不能御驾亲征，前线就必须委托一个能理解自己全部作战意图的人负责指挥，现在，没有比曹彬更合适的人选了。

随后，赵匡胤正式宣布，任命曹彬为升州（即金陵）西南面行营马、步军、战棹都部署。这是集中各军种协同作战指挥权的职务。进军江南，除了依靠马、步军的优势兵力，战棹（水师）有着举足轻重的作用。要突出曹彬的权威，则各种事权当然必须高度统一。潘美为都监。一般情况下都监就是副手，但这次因为曹彬被赋予了特殊的权柄，都监的地位和作用较以往降低了。曹翰为先锋都指挥使。曹翰任前军，曹彬居中，潘美殿后。其余诸将分隶于前、中、后三军。

出师第一仗由行营马军兼战棹左厢都指挥使李汉琼指挥。他率部自蕲阳过江，硖口寨一仗，斩获南唐守寨主将以下官兵数千人，缴获楼船数百艘。首战大获全胜的消息大大鼓舞了士气。大军随即沿江顺流而下，直达池州（今安徽贵池）。江南的军队对宋师来犯毫无思想准备，沿江一带的屯戍要塞，看到江上的宋军，只道是朝廷按例遣出的巡兵，还着人带着肥牛美酒前来犒劳。池州的守将呙彦也是在宋师已经兵临城下的时候，才知道战争真的开始了。他估量自己的实力，绝对不是对手，与其毫无希望地抵抗，不如率性弃城而走，保留些实力异时异地或许还有用处。这个呙彦倒还并不是个无用的懦夫，后来他用事实证明了这一点，在金陵城破时，他率部坚持巷战力竭至死。

呙彦撤走之后，曹彬大军兵不血刃便进了池州。兵贵神速，他在池州毫不耽搁，接着便向铜陵进发。铜陵的守军倒是没有把曹彬的部队当友军进行慰劳。打了一仗，但力量相差悬殊，结果八百余人被生擒，战舰也损失了一百余艘。过了铜陵，前面就是芜湖、江南雄远军（治所在安徽当涂）节度判官魏羽投降，于是宋军先拔芜湖，再克当涂，来到了采石矶下。

这时，便用得着樊若水的浮桥了。曹彬决定以采石矶为正面南下的补给和指挥中心。浮桥本是根据采石江面的宽度设计的，费时不到三天就完工了。曹彬命令潘美率领步军之大部从采石浮桥上过江，辎重火炮如履平地。李煜等听到战况报告，派出了镇海节度使、同平章事郑彦华率水师万余，都虞候杜真率步兵万人，水陆并进，直扑采石矶。临出师时，李煜亲自给他们送行，并嘱咐说："水陆两军一定要互为表里，密切配合，孤等候你们的捷报。"

谁料这郑彦华早已丧失斗志，他率领的船队鸣鼓呐喊，溯江而上，看看已到浮桥附近，被潘美的五千名弓弩手一顿猛射，便偃旗息鼓，倒桨而退。此时杜真的步兵刚刚赶到，在南岸和潘美的部众展开厮杀。郑彦华既不登陆支援，又不从水上配合，在江面观望了许久，眼见杜真的步兵支撑不住了，他便率性命水师向金陵退去。潘美部众本就人多势大，占了上风以后，更是越杀越勇，不多时便将杜真所部冲得七零八落，三成折损了两成，所余残部向南逃窜。马步军都部署杨收、兵马都监孙震俱被生擒。宋军当场缴获战马数百匹，查验战马身上烙下的印记，发现全是历年来朝廷赐赠的马匹。江南的马军精锐尽在于此，其不为武备可见一斑。

郑彦华的败信刚刚传到，东边又报来了吴越兵进犯常州、润州的消息。原来，赵匡胤在发兵南征的同时，便向吴越王钱俶发出诏书，命钱俶任升州东南面行营招抚制置使，要他出兵从东面发起对南唐的进攻。吴越和南唐本是世仇，而吴越从钱俶祖父钱镠时代起，一向事奉北朝十分恭谨。梁、唐、晋、汉、周历朝都曾册封钱氏为王，并加兵马元帅之衔。赵匡胤也按旧例办事。既然是朝廷的天下兵马大元帅，朝廷下令出兵，自是责无旁贷。李煜闻讯，派人给钱俶送去一封信，其中说，“今日无我，明日岂有君？一旦宋天子易地赏功，王亦大梁一布衣耳！”这话倒是不错，钱俶的前途，换个场景来设想，做个开封百姓（大梁布衣）恐怕还是乐观的估计。但此刻钱俶对这种话又怎么听得进去，就算听得进去，又能如何？他总不能把自己的命运绑在李煜这只眼看要沉没的破船上。钱俶叫人把李煜的来信转呈给赵匡胤，以示自己的忠心不二，同时更积极地投入了对金陵东面的常州、润州、宜兴等地的进攻。

东、西、北三面受敌，采石矶大败之后，江上无险可据，李煜只好把自己的防务范围缩小到金陵四周地区。他把军事指挥权交给皇甫继勋，机要政务一概由陈乔、张洎负责。自己则待在深宫里，听取任内殿传诏之事的徐元瑀向他汇报，并传达他的谕命。

徐元瑀也许是不想破坏了国主作诗的雅兴，一般的警报军情，常常屏置一边，根本不予转奏。但这时金陵城中兵力已感空虚，而唯一的办法就是在南部各州县征募兵员。徐元瑀不得已奏请李煜向境内各地发出文告，征兵征粮。

南唐的兵制很特别。最初，李昪实行按户籍财产征兵的办法。每户年收入二千钱以上者出一卒，称为义军；分立户籍者又出一卒，号新拟生军；新置产业者亦出一卒，号为新拟军；客户有三丁者出一卒，号为团军，后改称拔山军。按这个方法，所能集中的兵员终归有限。于是，到了准备抗击宋师的时候，便陆续出笼了一些新名目。比如，江南素有竞渡的民俗。每年端午，由官府阅试，发给优胜者彩帛、银盒等奖品。参赛的桨手都记名造册。此刻征兵，把名册所列之丁一律收入兵籍，充当水师，号为凌波军。此外，民间庸奴赘婿（上门女婿）一律编成一军，号义勇军；土豪以私财招聚无赖亡命之徒，号自在军；境内招募的散兵乡勇，号排门军；民间自发组织的保卫乡里的队伍，号白甲军等，共有十余种之多。以这些兵员的素质，即使组成部队，其战斗力怎么能与宋师抗衡。而且各州县到了此时，也是树倒猢狲散的光景了，哪里还能招集到什么兵员前来送死。

宋师在继续向金陵城下逼近。曹彬的水军连续败江南水军于白鹭洲和新林港，攻占溧水。溧水的抵抗算是十分顽强的，守将都统李雄和他的七个儿子都在这一战中阵亡。如此忠勇壮烈的事迹，李煜根本不知道。当然，就算他知道了，又能如何呢？曹彬的前线指挥部已经移到了秦淮河畔。秦淮河在金陵城南，水道直通城内。因为从长江上进攻殊为不易，这秦淮河一线便成了攻防双方的重点所在。江南水陆两军约数万人结寨列阵、扼河而守。潘美亲自在战场督阵，只见步军齐集在岸边，徘徊巡逻，等候载渡的船只。他是个急性人，当即从高处向将士们进行简短的阵前动员：

"将士们，我军从汴梁南下，一路攻无不克，战无不胜。眼前这区区的一衣带水，难道能够阻挡我们的前进吗？本帅今日便要亲自试一试，没有船，看到底能不能涉水而渡。"说罢，他就策马跃入水中，直扑对岸。岸上的将校们看见潘美下了水，立即纷纷也纵马入河，连未骑马的步军，只要会游水的，也踊跃下水泅渡。一时间，秦淮河上万头攒动，窄狭的水面几乎为之塞流。江南的守军眼见这等场面，自是心惊胆战，但事到临头，怕亦无用，只好硬着头皮拼死抵抗。这时宋马军都指挥使李汉琼从江面上把大舰引入秦淮河，舰上装满芦苇，顺风纵火，向江南军的水寨发起猛攻。水寨俱是木建，大火一烧，无处可逃，守卒们不是烧死，便是溺毙。秦淮河防失守，战争便直接在金陵城下进行了。

战场上的厮杀呐喊、金鼓齐鸣之声终于也传进皇宫里来了。虽然还隐隐约约不太清楚，但终归是打断了李煜的诗兴。他刚刚又填了一首新词，还差三句没有扫尾，词牌是《临江仙》：

樱桃落尽春归去，蝶翻金粉双飞，子规啼月小楼西。画帘珠箔，惆怅卷金泥。

门巷寂寥人去后，望残烟草低迷。

后面的结尾他怎么也想不出合适的句子了。这时是开宝八年（975 年）的暮春时节。城外的战事正在紧张地进行。他住在深宫里，全然感受不到近在咫尺的天天都在死人、流血的景象，耳朵里听见的居然是“子规啼月小楼西”，眼前浮现的居然是“门巷寂寥人去后，望残烟草低迷”。这是造物主手下一个何等精心的杰作啊！

诗是被这场该死的战争搅扰得没法作下去了，不如且到城外去看看战场上的情况。李煜带了随从，出了宫门往城南走去。到了城边，才知道南门外已经出不去了。于是走上城楼，只见城外布满了宋军的营寨，列栅为阵，旌旗遍野，好一派威严肃杀的景象。李煜看得心惊肉跳，便问跟在身旁的徐元楀：

“宋军已在城下扎营，为何不报与朕知？”

“臣亦未得到皇甫继勋的奏报。”徐元楀往皇甫继勋身上一推，全不说他自己隐匿了多少警报表章。不过，皇甫继勋确实也久无奏闻。

李煜发怒了，立即召见皇甫继勋，问他为什么隐匿军情不报。皇甫继勋答道：

“北军强劲，无人能敌，臣即使日日报闻，也是徒令宫庙震惊，陛下想必亦没有什么办法可以退敌。”他轻描淡写，好像全不在意的神情，李煜却被他气得发昏，把桌子一拍：

“混账东西！照你这么说，宋军攻入城来，你也只有任他杀掠。你这样的人还配领兵，卖君误国，罪不可恕！”言毕即命左右把皇甫继勋绑了，送司宪府（御史台）下狱定谳。司宪府根据战时执法从快、从严的原则，当即判了个死刑立即执行，还没有押赴刑场，在半路上就被守城军士截住，你一刀我一刀，顷刻间割得七零八碎。可怜皇甫继勋竟做了凌迟之鬼。

众军士如此痛恨皇甫继勋，自然事出有因，皇甫继勋就是当年被赵匡胤俘获的滁州守将皇甫晖的儿子，自小贪生怕死，好财爱色。滁州战役时，他是父亲帐下的偏将。当父亲和赵匡胤力战时，他看到赵匡胤神勇无比，料知父亲必败，就想从阵中逃走。皇甫晖看见儿子如此没出息，气不过，操起刀向他砍过来。谁知他身手倒还敏捷，躲开了。既然父亲已经翻脸，不必再多话了，他索性纵马逃离了战场。父亲则伤重被俘，后来因拒绝治疗而死去。皇甫继勋逃回以后，以死难遗孤的身份，一再擢升，任神卫统军都指挥使，敛财殖产，厚自奉养。他的府第园林在金陵城中首屈一指。蓄养的倡优女伎，较韩熙载犹有过之。战事来了，朝中已无老将，而他是将门之后，于是拜为大将军，统管金陵防务。他早就想清楚了，对自己最有利的前景是江南赶快投降。什么时候李煜作了投降的决定，自己的富贵也就有了保障。因此，只要听到败的消息，他就满脸春风、喜不自胜，还要说：

“我早就知道是打不赢的。”或者再补上一句：

“北军那么骁勇，谁能抗得住他们！”

偏裨将校中有人组织敢死队准备出城偷袭宋军，向皇甫继勋请命，结果是被他抽一顿鞭子还要关禁闭。军中将士怎么能够不对这个存心背叛的败类恨之入骨呢？

## 既为父子，安得两处吃饭？

处决了皇甫继勋，军事指挥权收归澄心堂直接行使，实际上也就是归张洎等人掌握。当务之急是召集援军。可用的援军只剩下神卫军都虞候朱令赟率领的十万部队。朱令赟部驻在湖口（今江西湖口），他在接到驰援金陵的命令之后，召集将领们商议，大家都说，趁此长江进入夏汛期，赶紧张帆东下。可是朱令赟有顾虑，他说：

"我们现在向金陵进发，敌军必然会占据我们的后方，我们如果一战而胜，那还好说；如果败了，没有退路，粮道也断了，怎么办？"

"那就修书召南都留守柴克贞，让他代镇湖口。"将士救金陵心切，提出了可行的建议。

朱令赟同意了。从南都（南昌）到江州（九江），沿赣江而下，顺风顺水，不足两日行程。但那柴克贞只是以病为由迁延不行。朱令赟不交代好湖口的防务，也不敢东下。金陵方面接二连三地发来促行的军令，可是朱令赟不予理睬——不能顾前不顾后，何况"将在外君命有所不受”。

吴越在东面的攻势也在不断加强。开始是传来权知常州事禹万诚献城投降的消息，接着宋师及吴越兵共围润州（镇江），润州留后、侍卫都虞候刘澄也开门请降。润州一失，东面之敌趁势长驱金陵城下，金陵成为孤城一座。

刘澄的降敌，李煜是很痛心的。当初，李煜意识到扬州京口是要害之地，特地选拔了自己的亲信刘澄为润州留后。临行之时，李煜对他一再叮咛，并且说：

“卿本不应该离孤远行，孤也舍不得让卿离去。但是守卫京口的重任必须依靠你担当。”

“陛下放心，臣此去肝脑涂地，誓报国恩，惟愿陛下善自珍摄万金之躯，陛下的健康即江南百万子民的幸福。”刘澄边说边哭。

回到家里，刘澄把所有的金银积蓄统统装在车上跟他一起出发，并对人说：

“这些都是历年来国主的恩赏，今当全部散与将士，以期共图勋业。”说得诚恳而又慷慨激昂。李煜听到别人奏闻此话，十分欣喜，觉得这个人算是用准了。

刘澄到了润州，不久吴越国的军队也赶到了。有人建议说吴越兵营垒未成，应及时出兵掩杀。刘澄不肯。随后李煜又派凌波都虞候卢绛率领八千水师前来支援。这时刘澄已经暗中在洽谈投降条件，见了卢绛，不紧不慢地说：

“探报言都城受围日久，人心涣散。倘若都城守不住了，这润州守住又有什么意思。”

卢绛也知道这座城是守不住了，陷落是迟早间的事，于是率部突围而去。卢绛一走，刘澄便率将吏们打开城门迎接宋军入内。

刘澄是自己一手提拔起来的人，居然也会这样无耻的背叛，李煜真是惶惑得不知所以了。有人提出刘澄的家属都在金陵城内，应该连坐其罪。可是李煜却认为，刘澄早蓄降心，根本就不顾他的妻儿老母了，现在追究他的家属，除了多死几条人命，又有什么意思呢？算了，要走的已走了，何必还惩罚没走的。可是光政使陈乔不同意，他说：

“人臣受人主重寄，封疆守土，面临强敌，不能守则当死以报国。居然开门迎敌，此岂可容？”他下令将刘澄家属统统处死，并且不时提醒李煜：

“时事虽然紧迫艰难，但人臣之节不可放弛。”

这时李煜的二弟郑王李从善从汴梁回到了金陵，他是在战争开始之前奉命往宋朝贡奉求和的。带去了绢帛二十万匹、白金二十万斤，可是人还没到，战事已经开始，他便也就滞留在大梁了。赵匡胤对他待遇很优厚，这次命他回金陵劝说李煜归降。同时，为了配合这次劝降，赵匡胤命令曹彬暂时停止进攻。

李煜确实是准备投降算了。明知打不赢了，还坚持打什么呢？但陈乔、张洎却都不同意。

“自古无不亡之国，投降也不可能得到保全，只不过自取其辱而已，臣请决一死战。”陈乔是个性情刚直的人，说出话来也是硬邦邦的。

“陛下，臣日前求得真君符命——”张洎说话比陈乔和缓圆滑，先引出符命之说，激起李煜的兴趣，他知道李煜相信这一套。看到李煜瞪着眼睛看着自己，无疑是在等待下文，便接着说：

“符命有言：‘玄象无变，金汤之固，未易取也。’北军停止进攻，想是军粮不济。退兵是旦夕之间的事。真要有什么不测的事，臣当先死以报主。唯此时不可操切言投降之事。”

听他俩这样一说，李煜又打消了出降的念头，但心里仍被恐惧和忧虑搅得乱糟糟的。张洎便劝他且回后宫静养，听听和尚们讲经，或者请学士们说《易》。自从诗词写不下去，向佛经和《易经》中寻求慰藉便成了李煜主要的精神寄托。他一向笃信佛教，平生给寺庙僧侣的封赠赏赐不计其数，所度僧尼以万计（即花钱为善男信女买度牒）。但很多次他发现某些“高僧”在表演“佛法”时，使用一些江湖戏法，因而对佛法的兴趣慢慢淡了。特别是乾德三年，赵匡胤给他送来一名年轻僧人，容仪俊美，能言善辩且精通佛学。李煜一见之下，深为倾倒，称他为“一佛出世”，民间则呼为“小长老”。这个“小长老”多年来把李煜和小周后迷得不轻，两口子常常也是一身僧装，跟着他念经礼佛，日夜跪拜，连膝盖上都起了茧子。心不可谓不诚，但菩萨却不见给他什么庇佑，国事一天不如一天。这回宋兵来攻，李煜问计于“小长老”，“小长老”说：“臣当以佛力退之。”他跑上城楼，大呼佛号。一些僧众也跟着他，在城楼上一边念佛一边来回走，引得城外宋军哗笑不止。就在这天晚上，“小长老”失踪了，难道“一佛出世”变了“二佛升天”？不久探报传来消息，“小长老”已经到了宋营，与曹彬等细商破城之计后，由人护送回汴梁去了。李煜这时才觉得，此人根本就是赵匡胤派来的细作，在任务已经完成、眼看就要穿帮之前，逃回宋朝复命去了。

从此，李煜以更大的兴致投入研习《易经》。《易经》虽然玄妙，但就卦论卦，不像和尚们施法时那样夹杂着许多欺骗。张洎见他好《易》，特地给他举荐了已经致仕在家的前国子博士周惟简。这些日子正在给李煜讲《否》卦。周惟简口才好、学问也好，深入浅出，而且富幽默感，李煜听得倒也很感兴趣。特别是对于“九五，休否。大人吉……”和“上九，倾否，先否后喜”那两段爻辞的阐发，最让李煜受用。

“……阳刚中正以居尊位，能休时之否。……故此爻之占，大人遇之则吉。……陛下！”周唯简惟恐李煜不能完全理会，又进一步阐释道：“天下之至阳至刚至中至正者，帝王也。帝位之尊，无可伦比。故陛下占得此爻则吉，时势虽否，亦必为所休，……‘倾否，先否后喜’，此谓以阳刚居于否极，能倾时之否者也。故其占为先否后喜。陛下今日，处困危之中，可谓否极矣，依爻辞之义，必能倾时之否也，故宋师不可畏。陛下之命，天命也，必获其福。陛下以不变应万变，俗话说，‘船到桥头自然直’……”

周惟简雅中有俗，搭配得恰到好处。然而爻辞之类可以冲淡忧惧，却不能斥退宋军。几天、十几天过去了，宋军不但未退，相反又开始了对金陵城防的攻击。这回张洎也不敢再说什么“宋军退兵就在旦夕”一类话了。

君臣商议，决定再派使者往汴梁求和。派谁去呢？使者首先必须要相当高的地位，其次必须是知权达变的干才，当然，更重要的是对国家必须忠贞不贰。在朝臣中选来选去，唯有修文馆学士承旨徐铉堪当此任。徐铉在江南是与韩熙载齐名的才子，世称韩、徐，文章吏治，均属一流。四十年来，他历事李昪、李璟、李煜三世，老成谋国，忠心可鉴。无论哪一方面，他都是最合适的人选。确定了正使，还必须为他配一名副手。李煜此时正对周惟简印象极好，便想给他一个表现的机会，任命他为给事中，充当去宋廷的副使，徐铉原是修文（翰林）学士、吏部尚书，此时也被授为左仆射，参知左、右内史事。

把使臣赴汴梁之事通知了曹彬，他答应遣人护送。军情紧迫，须立即启程。李煜和朝臣们一起为徐铉他们送行，气氛极为伤感。李煜想起正在催促朱令赟的部队前来增援，便对徐铉说：

“卿既前去求和，孤当止上江兵东下之举。”

“臣此行未必有济，社稷所赖，唯朱令赟之援兵，绝不可止其来援。”徐铉劝阻李煜的天真打算，他深知多一分实力，谈判便多一分筹码。

“既然是去求和，又招兵备战，岂不是没有诚意。而卿的处境则更是危险。”——李煜之迂腐无用从这几句话也就可以想见。

“此去虎狼之地，臣早已不存侥幸之想，请陛下从此置臣于度外。”徐铉虽然没有慷慨激昂的表情，但话说的确有几分悲壮。李煜不禁抽泣流泪，自己亲笔写好了十多页求和要点，交给徐铉，又命周惟简遇便就好生哀求赵匡胤，批准自己避位养病，停止军事进攻。

徐铉的口辩之才在宋廷也是早有传闻的。宋朝朝臣们知道他此次衔命北来，无疑是想逞舌辩之功来保全自己势如危卵的国家。考虑到他的博学善辩，没有人愿意出来承担接待他的任务。当然，实际上这里还有一个双方的位置问题必须考虑进去。徐铉不顾危险出使汴梁，自然已是孤注一掷、破罐破摔的心态，什么话都会讲得出口，而作为朝廷的代表，应对稍不得体，就难免出乖弄丑，甚至狼狈不堪。既然人同此心，便有好几位大臣奏报赵匡胤，说对待此人需有所准备，不让他逞口舌之能。赵匡胤也早已风闻徐铉的本事，此时胸有成竹，微微笑道：

“你们都退朝吧，朕自会择一接待之臣。”

少顷，黄门中使就传谕殿前司，命从殿前侍卫中择十个不识字者，把名字呈报上来。赵匡胤拿起这份名单，也不细看，提笔就点中其中一人，并且对廷上的众臣言道：

“就是此人，可以任接待徐铉之事。”

众臣都惊住了。可是谁也不敢再多嘴问个究竟。中书省遵旨行事，便要被点中的那名侍卫准备出发执行任务。那名侍卫吓慌了，不知道是怎么回事。但是君命所差，身不由己，他只好硬着头皮领命去接待江南名臣徐相爷。好在在殿前值勤多年，大场面见得多，所谓“没吃过猪肉，看见过猪走路”，模仿一副官员派头还是不成问题的。宾主在江边会见后的首次宴会上，徐铉就被弄糊涂了。他看到宋廷的接待官员魁梧英武、官派十足，料想不是等闲人物，于是便鼓动如簧之舌，把平生学业和连日来的准备，恨不得全部施展出来，真所谓词锋如云，奔涌不绝。旁边的人都不胜惊愕。可是这位殿前侍卫根本不知如何对答，只是嗯嗯啊啊地应付。徐铉摸不着对方的深浅，仍旧向着他滔滔讲个不停。第二天、第三天，还是这么个状况，始终听不到接待官员表示任何意见。等来到汴梁在馆驿中安顿下来以后，徐铉已经因为倦怠而终于沉默下来。

赵匡胤在便殿接见徐铉。一看见徐铉那一本正经的故作矜持，赵匡胤就想发笑。那名冒充大员的侍卫已经向他汇报了这几天的情况。这些读书人总是自以为高明，被人当小丑耍了都不知道，真是又可笑又可怜。赵匡胤使劲忍住了笑意，和他应酬了两句客套话，正待主动点入正题，谁知徐铉却还抢了先：

“江南李煜无罪，陛下师出无名。”他仰着头朝着赵匡胤大声说道。两句话简洁而明朗。

赵匡胤一点也不为他的唐突直率而生气，相反召他升上陛阶，立在自己的近处，要他申述自己的论据——何以为“师出无名”？

“李煜如地，陛下如天；李煜如子，陛下如父。天乃能盖地，父乃能庇子——”说到此处，徐铉看到赵匡胤脸上掠过一丝微笑，以为是自己的比喻使赵匡胤高兴，心中窃喜，稍一停顿，又接着说，“李煜向朝廷缴纳贡赋二十余年，从无怠慢。彼以小事大，如子之事父，未有过失，陛下何以要讨伐……”

赵匡胤没有作声，徐铉更觉得是自己的说辞已经奏效，便又重三复四、旁征博引地说了一大堆，意思还是一个，李煜尽子臣之道，毫无过失，伐之无理。赵匡胤见他说得已有几分倦意，便打断他，用极平和的声调说道：

“朕且问你一句，既为父子，安得两处吃饭？”

一句话就把徐铉的口堵住了，他实在想不出该如何回答。这时副使周惟简呈上了李煜要进奏的条目，无非也是一些条件和要求，赵匡胤浏览了一下，不知道是不太明白李煜那过分典雅的文辞，还是有意装糊涂，他对周惟简说：

“你家国主说的这些事情，朕都不清楚。”

赵匡胤不同意缓兵，徐铉此行可说一无所获。不过他很满意赵匡胤的气度，对待他们十分优厚，一如战前，甚至胜于战前，最后又派人一路护送他们回到金陵。

李煜此时已经毫无主张，听张洎的意见，又给汴梁贡奉五万两白银、五万匹绢，请求缓兵。张洎又说，再拖几日，事情或会有转机，听说朱令赟的大军已经沿江东下直奔采石矶来了。

## 卧榻之侧，岂容他人鼾睡？

朱令赟的十二万大军真的从湖口出发了。他反复盘算后觉得，不能再拥兵不动。金陵危在旦夕，城破国亡，自己怎么办？部属和国人的责骂事小，本人的身家性命、富贵前程都将不堪设想，就连投降也失去了正当的名分——不再是敌国之军，而成了亡余之寇。再说，自己养精蓄锐多年，十多万水陆大军也未必就会输给宋军。战争的事情，偶然因素很多，胜负难以预料……总之，和曹彬这一仗是非打不可的，既然如此，不能再拖，拖下去就太晚了。

朱令赟的战斗准备是比较充分的。他征用大批木料，扎成巨筏，长百余丈，载兵士粮秣，马匹辎重于其上，如同陆上平地一般，毫无风浪颠簸之感。另有舰船数百艘，最大的舰只可容千人，简直是现代万吨级巡洋舰的兵力。每条舰上都装载着大量的火油和芦苇类易燃物，他的战术意图是用火攻，先烧断采石矶的浮桥，然后直下金陵，在控制了城西的江面以后，从南北两线登陆，打破宋师的合围之势。

时令已是初冬，江水涸小，巨舰运行甚感不便。朱令赟大军出师数日，犹未抵达采石矶，而曹彬派往汴梁汇报的军使却已经带着赵匡胤亲自制定的作战方案回到了行营指挥部。

赵匡胤对于长江上这场不可避免的决战十分重视。朱令赟这支部队是南唐军事力量的最后的精华，解决了它，江南就再也拿不出什么本钱来进行抵抗了。然而解决它也并非易事：一是它号称十五万之众；二是它平日训练有素；三是它拥有超过宋军战棹总数的水师；四是它挟有顺流而下的地理优势。赵匡胤想，根据敌我双方的兵力和其他条件的对比，要打好这一仗，必须确立以下几个作战原则：

第一，要设奇兵，布疑阵，切不可暴露自己水师力量的相对弱小。先在气势上动摇对方的自信，使它不敢贸然轻进；

第二，敌军顺江而下，又自恃水师强大，江上决战无可回避。要充分发挥我军战棹的战斗主力作用，步军也要从陆上积极配合；

第三，水面作战，战场必须安排在采石矶浮桥上游的皖口，离桥不太远，也不很近。因为敌方肯定以毁桥为重要战略目标，而我方务必不惜一切代价确保浮桥安全。太远，我军战线过长，力量分散；太近，浮桥易受攻击；

第四，敌方舰大，我方舰小。在水战中以小打大，一定要对敌舰实行逐个分割、包围歼灭的战术；

第五，敌方虽占据上游，但我方处在北面，冬季朔风，使我处于上风位置，应充分利用这一优势发起近距离火攻。

赵匡胤的作战方案就是上述这些原则的具体实施步骤。这一场决战，水师是主力。必须委派一名得力的指挥。赵匡胤决定任命王明担任行营战棹都部署。王明的才干深得赵匡胤的赞赏。当年征伐南粤时，他任转运使，不但在极艰难的条件下确保了全军的后勤补给，而且还主动协同主帅潘美指挥作战，屡建功勋，特别是栅口大捷中表现十分突出。这次命他率领水师，想必不会辜负朝廷的信任和期望。

曹彬遵照赵匡胤的作战方案和王明在一起进行了周密的筹划。随后，王明就亲赴采石矶前线为贯彻落实这一方案作出具体部署。王明知道自己责任的重大以及皇上对自己圣眷的优隆，丝毫不敢怠慢。而由于他确实具有过人的组织才能，不过一两日间，他便已经做好了一切准备，只待那朱令赟大军的到来。

江南上江兵的舰队，阵容确实壮观，前面是上百艘艨艟巨舰开路，船头旌旄密布，随风飘举，上面都绣着数尺见方的“朱”字。当中一艘特大舰只，桅上升起一面“帅”字大纛，那便是朱令赟所在的旗舰。舰队后面是运兵的巨型木筏，再后面是补给船和后卫舰队。整个队伍足足拖了十余里路长。当年王濬擒孙皓、杨坚灭陈叔宝只怕也没有这样威风凛凛、杀气腾腾。船行到了皖口，遭遇了宋军水师挡住去路。双方接战不久，宋军船只便向下游退去。朱令赟亲自擂鼓，下令乘势追击。追不多远，只见前面远处的江面上，帆樯林立，估计约摸有千余只船舰，密密排列。朱令赟心想，刚才宋军水师的速败莫非是诱敌之计。未摸清对方主力舰队的虚实之前，不能贸然进兵。于是下令停止追击，部队就地靠岸停泊。到了夜半时分，忽听得周围战鼓齐鸣，中军来报，说是宋兵水陆两路进攻。朱令赟登上舰桥，只见江面约有数百宋军船舰，火炬通明，现出帅旗，上面是斗大的一个“王”字，他知道这是战棹都部署王明指挥的舰队。岸上同时出现无数步兵，也是人手一炬，帅旗上现出一个“刘”字，必是步军都指挥使刘遇的队伍。朱令赟想，要抢得战场主动，就不能分兵作战。他下令先用“火油机”攻击陆上之敌。击溃陆上之敌后，自己就再无后顾之忧，那时收拾正面的宋军水师就不难了。因为宋军水师舰只体型小，实力不足畏。

“火油机”是个什么东西呢？原来，朱令赟既已拟定了火攻为主要战术手段，便根据攻城器械“抛石机”的原理打造了一种人力抛掷工具。因为利用了滑轮和杠杆等原理，集数人之力能将十余斤重的物体抛掷到数十米外。命名为“火油机”。“火油机”抛掷的便是淋透了火油的芦苇把子，点燃即射出，纵火效果极佳。

朱令赟下令向刘遇的步军发射“火油机”，果然很快刘遇军卒便向纵深方向退去。朱令赟派出部分兵力登岸，扼守河岸，不容刘遇步兵再靠近河岸从后面攻击舰队。然后，朱令赟让舰队掉转头来和王明的水师决战。朱令赟的船大，在江中行动很不灵活，在岸边水浅处，更是时有搁浅。王明的船小，行驶方便，调动自如。双方对垒互射，宋军反占了主动。朱令赟下令使用“火油机”。朱令赟此时发起火攻，可说是犯了致命的战术错误。长江在这一带的流向是由南而北，冬季一般都是刮北风。因而处在下游的宋军便处于上风，而处在上游的江南军便居于下风，逆风向而发起火攻，其后果不问可知。而偏巧此时北风越刮越大，“火油机”的火油弹为风所阻，够不着宋军，而宋军的火把箭却能趁风势射到江南军舰上来，许多淋透火油的芦苇捆尚未射出便在自己船上燃烧起来。

船上火起，秩序随之大乱。朱令赟想组织军士们救火，可是由于事前没有进行过这方面的训练，各舰的军官发不出准确的命令，士卒们也不知道命令该如何执行。结果是军官们在舰桥上乱喊乱叫，士卒们在甲板上乱跑乱跳。有的船因为火势猛烈，将士们已经纷纷弃船跳入江中。这正是冬天，试问跳入水中的又有几人能有生存的希望呢？宋军看到江南军一片混乱的情况，知道对方再无法进行有效的防御和反击，于是不断逼近，用弓弩对付斗志丧失殆尽的江南军。更多的人负伤了，倒下了，落水了。和宋军的呐喊声交织在一起的是江南战船燃烧的“哔剥”声、江南将士被箭射或被火烧的呼痛声，以及他们投入或者落入水中的“扑通”声。

火势越燃越猛，火光把夜空照得通红透亮。扼守在岸边的士兵看到这番景象，哪里还有斗志，于是，刘遇的步兵又乘势反扑回来，一顿砍杀，数千江南兵不多时便所剩无几。一部分跳入水中，想回到船上的木筏上去。但在宋军的攻击下，未着火的船已经不多，而且也都纷纷掉转船头向上游逃走，木筏则根本无法动，只能听任火势蔓延。筏上的士兵在火与箭的攻击下除了跳水别无去处。可是跳水之后又往何处去，岸上全是宋军的步兵。于是便只好在水中无目的地挣扎或漂流，直到力尽或冻僵而沉入水底。那景象真是惨不忍睹。

朱令赟目睹着周围的这一切，整个脑子里已经是一团乱麻，毫无头绪。他不知道该做什么，也不打算再做什么。这时，只见几艘宋军舰只向他的旗舰这边靠过来，只听见那上边有人喊：

“曹公有令，只教活捉了朱令赟！”

“休要让朱令赟逃跑了，活捉住大家都有赏。”

朱令赟的旗舰其实也已起火，只是因为船大，火势一时尚在局部而未危及全舰。舰上的将士看到宋军围上来了，便架起“火油机”作最后的抵抗，然而宋军船多人多，“火油机”尚未射到对方，一阵箭雨过来，自己的人已倒下一大片。随着一支支火箭射上甲板，这艘最大的舰船多处起火。朱令赟望着这条他亲自督造的大船，凶猛的火势已经无法控制，心头阵阵发紧。这可以说是天下最宏大最壮观的船了，连甲板下面一起算，共有十层，千余名士兵在船上并不显拥挤。此刻它要烧毁、要沉没了。他望着一点一点在逼近的宋舰，心想难道自己真的让他们活捉去请功领赏吗？不！自己已经愧对了烈祖皇帝（李昪）的赏识与栽培，不能再去接受当俘虏的耻辱了。他下定了死的决心，向一处猛烈燃烧着的舱房走去。这时在船舷处已响起了双方士兵格杀的声音，他快步纵身投入一片熊熊的火焰……

战斗很快就结束了，江南上江兵全军覆没。朱令赟的副手战棹都虞候王晖被生俘。其下被俘将士数以万计，缴获的兵械达数万件。江南方面唯一可以寄以希望的最后一支力量被摧毁了。而这一场战斗的作战方案却是赵匡胤本人在千里之外的汴梁制定的。他估计到了朱令赟的第一动作就是发起火攻，意图烧断浮桥。因此，保桥是己方的头号任务。为了保住桥，必须要把敌方的舰队拦截在远离浮桥的江面。为此，他设下疑兵之计，要曹彬他们准备许多长木沿着浮桥竖立起来，伪装成千百条战舰桅樯林立的景象。然后以小股舰队与敌方接战又迅速败走，做出诱敌的姿态。他预计到这样必能将朱令赟的部队阻遏在皖口一带。这一步计划完满实现了。其次，他决定进行夜袭，以小船打大船，乘北风之利，以火攻对火攻，步军在江岸配合，最后实现全歼朱令赟部的目标。这第二步也按他的设想完成了。

朱令赟丧师殉难的消息传入金陵，江南朝廷上下陷入一片绝望和恐惧。张洎也想不出什么鼓舞人心的招数了，最后，决定派徐铉和周惟简再次到汴梁去请求赵匡胤缓兵。这次徐铉不可能再像上次出发前那样自信和自负了，他甚至已经有几分心虚和胆怯，但为人臣者，到了这时候，只能忠君报国而不计其他。

赵匡胤仍然在便殿召见他们。徐铉一开始控制着自己的情绪，说了些歌功颂德的话，称赞赵匡胤“仁民爱物”“德被四方”，然后再转入正题，他着重解释李煜未能奉命入朝的问题：

“李煜久慕陛下威仪，早就渴望有机会朝觐，一睹圣颜。遗憾的是他一直身患痼疾，实在无法成行，绝对没有抗拒诏命的意思。又怕勉强扶病而来，万一有个好歹，负了陛下深仁厚泽的爱臣之心。故命臣前来解释一二，请求陛下缓兵，以保全江南一国百姓。”

徐铉讲了很多，无非都是说李煜事奉大朝恭谨顺从、始终如一，并无可指责之处，恳请赵匡胤罢南征之兵。赵匡胤对徐铉时隔不久又跑来啰唆本就不满意，觉得他不识相。你纵有三寸不烂之舌又怎么样，道理说多了只会使人讨厌，而且这种事情又有多少道理好说呢？上一次，见到这位名满江南自矜而迂腐的老书生，多少有些新奇感，这一次却只是让人烦心了。赵匡胤随意驳斥了徐铉几句，说李煜屡拒诏命，又扩军备战，心怀不轨；且既求缓师，又调上江之兵增援，尤属狡诈等等。总之是李煜包藏祸心，罪无可恕，所以，作为“天下之主”的他要“躬行天讨”，以“解民倒悬”。

赵匡胤这些都是所谓“场面上的话”，应付应付的意思。谁料徐铉却来了精神，他以为赵匡胤想和他辩理，这就好办了。于是他越说越起劲，声调也越来越激昂。他习惯于欣赏自己的辩才无碍，而且自我感觉越好，语言表达就越流畅，他以为这一回又是胜券在握了……

“够了，不要再讲了！”赵匡胤一声严厉的呵斥把他唤回到现实世界——他只是一个乞求缓兵的使者，而并非辩论场中的选手。当徐铉在呵斥声中停顿下来时，赵匡胤接着说：

“告诉你吧，江南没有罪，李煜也没有罪。但天下是一家，卧榻之侧，岂容他人鼾睡乎！”

话说到底了。什么罪啊，理啊，全部是废话。徐铉也意识到了自己的迂腐可笑，惶恐地低下头，然后又斜着眼睛瞟赵匡胤，只见他满脸怒容，一只手按在佩剑的剑柄上。徐铉觉得腿肚子有点不听使唤，在不住地轻轻抽搐。好在赵匡胤并不继续对他发作，而是向着自己身后的周惟简提出了质问：

“朕听闻你本已致仕在家，为何又要入朝做官？既然熟知《易》

理，怎的又如此贪恋世俗富贵？在本国狂言惑主还嫌不足，三番两次来朕处游说，你就不怕朕发怒吗？”

赵匡胤这后两句话其实也针对着徐铉，不过是稍微给他留点脸面，便只向着周惟简说。周惟简被吓得不轻，早也跪倒在地，战战兢兢用不连贯的句子为自己进行辩解：

“臣本是山野之人，早……已无心仕进……是李煜……强迫臣来见陛下……陛下，臣素闻终南山多灵药，日后愿在…山中栖隐。”

赵匡胤看到他这副可怜模样，觉得兴趣索然，不想再为难他，便随口答道：

“好，朕便在终南山赐你一块归隐之地。”

他像上次一样，仍然给了他们丰厚的赏赐，并打发他们即日回金陵去复命。

这时，围城之战已进入最后阶段。赵匡胤亲自遥控着整个战局。将领们的大小置措随时都由军使驰奏朝廷。进攻部队列成三座大寨由东、南、北三面围城，西面是江，战棹都部署王明率舰队封锁水面。兵力部署图送到汴梁，赵匡胤看过后，指着北寨一带对使者说：

“此处要挖深沟以自固，江南军队必在夜间由此路发动突袭。回去马上告诉曹彬，要他们加速施工，不然的话，一定会吃敌人的亏。”

当即他命人赐使者酒饭，又叫来枢密使楚昭辅，命他起草诏书。使者吃完饭立即上马动身。曹彬接到命令后，召集将领，传达圣命，并亲自督促丁夫挖沟。两天时间，北寨前便有了一条又深又宽的堑壕。就在第三天晚上，江南兵果然出动五千余人进袭北寨，每人手里一支火炬，鼓噪而进。曹彬放他们来到壕前，然后从容不迫地发起进攻，慌乱间，江南兵卒多数落入壕中，不是被杀，就是被俘，五千余人一个也没能回得去。清点战场时，俘虏中佩有符印的将领就有十多人。

金陵的形势一天比一天危急。自春上被围到眼下，十个月的时间过去了。城中储粮已将殆尽，一斗米卖到一万钱。樵采之路已断，燃料也匮乏。又冷又饿的居民每天都数以百计地死去。许多人患了腿肿病，往往是正走在路上，突然双脚一软，倒在地上便再也起不来。遍街的尸体，枕藉交错，无人掩埋，幸好是寒冬，总算没有因腐烂而造成瘟疫的传播。

曹彬总想给李煜一个机会，让他自己投降。因为他害怕城池被强行攻破后，约束不住军队，出现大肆杀掠的局面。那是会惹起赵匡胤生气的，而自己出征前也专门就此作出过承诺。他屡次派人进城告知李煜："城早晚间必破，应该早点做出打算！"李煜开始答应他，让自己的儿子清源郡公李仲寓入朝，可是又迟迟不见兑现。曹彬派人去催，并且告诉他，"郎君（仲寓）不需去远的地方，只要到了我的寨中，我立即命令四面罢攻。"李煜却始终下不得决心，只是推延敷衍，说什么"仲寓行装还没准备好"。曹彬又派人告诉他，"再迟下去，可就什么都来不及了。"

看到李煜仍然不肯做出投降的决定，曹彬还真是伤脑筋了。不要说士兵入城杀掠可虑，就是出现当年广州城南汉宦官火烧府库这类事件，那后果也是够可怕的。自己带领诸将历尽艰危辛苦，如果只换来一个有残缺的胜利，那就太不值得了。最后的总攻击绝不能再拖延下去。就在那之前，曹彬突然称病不能视事。趁诸将都到他帐中来慰问的时候，曹彬从床上坐起对大家说：

"各位将军，我的病不是药石所能治愈。只要诸公今日与我共立一信誓：破城之日不妄杀一人——则彬之病即不治而愈矣！"

在座的僚属都多少被他的精神感动了，当即焚香起誓。第二天，曹彬就说病好了，立即和诸将一起着手发起总攻的最后准备工作。

## 《临将仙》曲终人散

当曹彬即将发起总攻的时候，李煜在干些什么呢？他也知道最后的时刻在一点点迫近。他想，恐惧、忧虑都没有什么意义了，自己能够做的是，无论如何要让结局显得从容不迫些，表现出自己的特点来。前些日子，他又举行了一次科举，当然是最后一次了。他命令户部员外郎伍乔主持其事。伍乔认可的试卷再呈交他亲自过目，最后圈定了孙确等三十五人进士及第。新科进士全都是金陵的官员和大户子弟，外州外县的自然一个也没有。谢恩宴上气氛是惨点儿，但还是中规中矩、有条不紊。他的赏赐甚至丰厚甚于往昔，不过就是授官有点滑稽。吏部把新科进士都放到外州外县。谁心里都知道这纯粹是毫无意义的空头支票。可是吏部尚书一本正经地宣读，新科进士也一本正经地谢恩。李煜实在忍受不住这种讽刺喜剧般的场面，他匆匆地提前退席了。

回到宫里，百无聊赖，他又想把前些日子没有完成的那阕《临江仙》续个结尾。想了好久，仍旧不得要领，不是意境欠佳，就是画面平庸，或者词句浅俗。难道自己江山社稷不保，便连诗才也散失了吗？早几天，徐铉向他谈起赵匡胤也做过诗，他吃了一惊，天下尽知赵匡胤一介武夫出身，何曾听说过他做诗！徐铉说，他自己也是在赵匡胤召见时才知道的。当时，徐铉向赵匡胤夸赞李煜的多才多艺，特别是精于诗词。赵匡胤便要他背诵几首听听。徐铉当即背了最为人熟知的《清平乐》（别来春半……离恨恰如春草，更行更远还生）和《玉楼春》（晚妆初了明肌雪……归时休放烛花红，待踏马蹄清夜月）两首。赵匡胤听罢哈哈大笑说，“第一首拟寒士之语，第二首纨绔儿自夸，吾不道也。”接着他又对徐铉说，年轻时自己也做过诗，有一次登华山观日出，即景得七绝一首：

欲出未出光辣挞，千山万山如火发，
须臾走到中天来，赶却残星赶却月。

徐铉听罢，不得不叹服赵匡胤诗中雄伟的气魄……李煜听到赵匡胤对自己两首词的评价，心中不由一惊，话虽不入耳，却颇有些见地。后来又听到赵匡胤的《日出》，开始不禁想笑，太粗俗，太浅露，这哪里算诗。可是稍一品味，自己便笑不出来。这固然不算好诗，但却是博大胸襟的自然抒发，绝非一般人能作得出。“赶却残星赶却月”，自己也即将要成为被他赶走的一颗“残星”，万般天注定，半点不由人……多想也无益，还是把那首《临江仙》续完吧。这里，他仿佛从赵匡胤那里受到了激励，很快就得出了三句自己比较满意的结尾。他赶紧取一张洒金花笺，把整首《临江仙》笔录下来：

樱桃落尽春归去，蝶翻金粉双飞，子规啼月小楼西。玉钩罗幕，惆怅暮烟垂。

门巷寂寥人去后，望残烟草低迷。炉香闲袅凤凰儿。空持罗带，回首恨依依。

当他写完将笔轻轻放下时，只听见宫门传来一迭连声地呼喊：“宋军杀进城来了，宋军杀进城来了……”

他两腿登时一软，跌坐在椅上。那个等了很久的时刻终于来到了。他站不起来，也说不出话，就这样痴痴地坐着，直到内侍进来向他报告外面发生的事情。第一个消息是令人欣慰的，宋军已经包围封锁了整个禁城，且告谕所有军民，曹帅有令，有擅闯宫门者，立斩无赦。不必担心乱兵骚扰了，李煜松了一口气。

宋军发起总攻后，没费多少气力，金陵城防就全面被攻破。在城内，更没有发生激烈的巷战。当然，局部的抵抗是有的，也很惨烈。将军呙彦、马诚信率领数百名壮士，誓死不降，拼命抵抗，直至力竭身死而无一人就擒。这位呙彦就是头年在池州弃城而走的守将，不知此番何以如此英勇，想必是决心一死报国。勤政殿学士钟蒨，听说城破，穿戴整齐如上朝一般，端坐在大厅内，乱兵一到，满门就死，不肯逃走。

逃，往哪儿逃呢？大臣和家属都带着细软逃入宫中。陈乔和张洎——李煜的两根主心骨这时候也已经躲进宫里。他们俩早就相约，一旦城破就一同自杀。此时陈乔死志已定，而张洎却另有打算而未明说。当下俩人一起去见李煜。陈乔神情沉重但仍不失其果敢刚直，说道：

“臣有负陛下，请陛下下诏赐臣死。臣情愿受刀斧之刑，中朝（宋廷）方面如以抗命等罪名诘责陛下时，便可以臣为罪魁祸首而作出解释——臣之死亦可稍为主上分忧。”

李煜望着他，有气无力地摇摇头说：

“我朝气数已尽，纵令卿死，又有何益？”

“陛下不忍杀臣，但臣久掌兵枢，今兵败国变，臣尚有何面目见天下百姓？”陈乔说着说着，流下两行清泪，惭愧、伤感，为自己的无能、为君国的不幸、为天意的不可挽回。

“卿等且退，看宋军下一步如何动作吧！”李煜这时实在也没有心情再来劝慰别人。

陈乔和张洎回到澄心堂。陈乔说：

“到了我们实践诺言的时候了，开始吧！”就解下身上系着的丝绦，登上书案，把丝绦悬挂到梁上，然后看了张洎一眼。只见张洎也慢条斯理地解下丝绦，正在搬动椅子，似乎是要在椅子上停一脚再上书案，陈乔是个急性人，而且死意已决，于是便朝张洎招呼一声道：

“张大人，我先行一步了。”言毕，身体向前一倾，两足离开书案，人便悬吊在空中了。

张洎心里一哆嗦，本能地转过了脸。少顷，窒息中呻吟的声音静止了。陈乔的身体也停下了任何本能的挣扎，张洎知道陈乔已经死去，他轻轻地从书案上爬下来，又转身进宫去见李煜。

李煜见到张洎，什么也没有说，似乎对他的去而复还早在意料之中。张洎沉住气说：

“臣与陈使相同领枢务，国亡本当同死以报君国。适才陈使相已自尽身亡，臣本已投项入缳，又念及主上还在，明日中朝责抗命之罪，谁能为陛下申说其事呢？故而臣不敢死，臣尚有未完之使命，非他人所能代者。”

李煜依然是不置可否地望着张洎。他不能称赞张洎这番自白，因为他知道这是鬼话；他也不想责备他为何不与陈乔同死，因为死了又有什么用？何况自己不是也宁受辱而不敢死吗？这时，从宫外传来断断续续许多人号哭的声音，十分凄惨。是乱兵在追杀逃难的民众吗？不像，因为哭声很集中，且持续着，像发自一群固定在某个范围内的人。李煜要内侍设法打听一下，不一会儿，内侍来报，说是与宋军同时进城的吴越兵正在不远处的升元寺纵火行凶。升元寺内的藏经阁高近十丈，金陵城中士大夫及豪民富商的女眷有数百人躲在阁中避难。吴越兵在阁下摇动火把扬言要把他们全数烧死，吓得阁上的难民哭喊连天。吴越兵又命阁中之人自造籍册送出，由他们核定每个人的赎命钱。由于要价太高，阁中难民将身边细软全数交出也凑不够数，都恳求减额。阁下兵丁便又嚷着要放火，阁中继之一番哭喊、骚乱……

李煜听到内侍这番报告，心里真不是滋味。这些任人欺凌宰割的都是自己的子民啊！身为他们的君主，难道不应该对他们的悲惨命运承担责任吗？可是，自己又能有什么办法，眼下还不知道自己会遭遇些什么可怕的事……就在此时，内侍来报："宋军曹、潘二帅已到宫门，请国主准备迎候。"李煜看着张洎，张洎说：

"仓促之间，臣已起草了一份降表，便请陛下率臣等肉袒迎拜二帅于庭中。"

"肉袒迎拜"，就是光着膀子跪在地上表示欢迎，当然，这不是欢迎，而是请罪。

以司空、知左右内史事殷崇义为首的四十五名大臣都光着膀子排成数列，跪在和他们一样光着膀子的李煜的身后。首先是见潘美，李煜带着臣下们一同行拜礼，潘美施礼作答。接着是见曹彬，李煜一伙又下拜如前，可是曹彬却根本没有回礼的表示，只是叫人传谕说：

"彬甲胄在身，拜不敢答。"

曹彬是个很讲究章法的人。自己是主帅，此刻就代表着朝廷，代表着赵匡胤本人，当然不可以对投降一方施答礼。潘美答拜是表示对降方人格的尊重，是礼貌；自己不答拜是表明双方的现实位置，是原则。

曹彬接过了李煜的降表，环顾四周，只见宫殿墙下都摆着一堆堆的干柴。难道这个昏庸不堪的君主竟还想引火自焚吗？他不禁露出一丝别人难以察觉的微笑，真是装腔作势，自欺欺人。不过亡国之君的滋味也够惨的，他觉得自己有责任劝慰李煜几句，以体现天朝的盛德。

“既已降服，则同是天朝臣民，不必心存芥蒂。皇帝陛下素来仁德为怀，此番入觐，必然恩开法外。本帅出师之日，天子曾一再交代，一定要注意保护你全家老小。”曹彬说道。

“圣恩浩荡，李煜感激不尽。请元帅代致皇帝，煜以戴罪之身，从今而后，当竭诚效命。”

曹彬心想，真是笑话，俘虏配说什么竭诚效命，而且你这种一无用处的废物，又能效什么命？不过他表面上没露出半点藐视的表情，相反以极其关切的态度告诉李煜说：

“归朝以后，俸赐就有定数了，比不得你以前的日子。你一大家子人，准备行装得放宽些打算，日后用钱的地方甚多，眼下能带便多带些，等到有司来清点以后，就不会准你再动，那时想拿也拿不着了。”说得极富人情味。

李煜感激地点头称是。曹彬又挑选了一千名精兵守于宫外，并重申了无他本人手令决不准人擅入的规定。然后他就命李煜回后宫去打点财物行装。梁迥、田钦祚在一旁提醒，是否派人随身监视李煜，怕万一发生什么不测的事难得承担责任。曹彬笑着对他们解释道：

"这种人能有什么不测之事发生？如有不测之念者，安能受此投降之辱？"

第二天，曹彬和潘美在自己的前敌指挥部——旗舰上召见李煜（名义上是请他喝茶）。登舰的大跳板宽近两尺，船舷距水面高不过七八尺，用一名水军在前面引着李煜，可是他走了不到一半却怎么也迈不开步了。船上和岸上的人都忍不住笑起来。曹彬连忙又派了两个人，每人各站一块跳板（两块跳板本为一上一下之用），从左右两边，把李煜整个架空起来，抬上了船。李煜满脸羞愧。曹彬善意地笑着问李煜：

"人皆谓'北人善马，南人善舟'，李郎畏水如此，行舟而遇风浪又当如何？"曹彬比李煜大六七岁，又久历沙场，显得苍老，四十五六岁的人看上去像五十多岁。而李煜一向养尊处优，驻容有术，根本不像个快四十岁的人。曹彬唤他为"李郎"，似乎是脱口而出，十分自然。而李煜，甚至做出欣然接受的样子，旁观者则因为俩人直观印象年龄差距甚大而觉得各得其宜。

其实，曹彬对此是仔细思量过一番的，对一个投降的俘虏，不能过于客气，在称呼上要让他有卑屈感；但又不能太粗暴，要考虑他毕竟曾经是一个皇帝。称"李郎"甚好，自己居高临下，对方又不难堪，表面上似乎仅仅反映了年龄差距而已。李煜是诗人，精细而敏感，有生第一次被人呼为"李郎"，心里能平静吗？但"此一时，彼一时"，"人在矮檐下，怎敢不低头"，此刻他只有强装笑脸回答曹彬提出的问题：

"煜自幼生长在深宫，从未远涉江海之险，失仪之处，让曹令公及诸公见笑了。"

曹彬、潘美和其他诸将都笑起来。所谓"饮茶"只是形式，实际上是向本营将士做一次展览。双方无话可谈，也不便多谈。少顷，曹彬说：

“李郎办装已齐备否？需不需要什么帮助？”

“承令公关照，煜已准备停当。”

“如此，明晨便在此集会，同赴京师。”曹彬说罢又命中军调拨五百名健卒帮李煜搬运行李登船。这时潘美侧过头低声问曹彬道：

“怎么还打算放他回宫？他知道明天就要去汴梁，今晚一时想不通，寻了短见怎么办？”

“他不是个寻短见的人。”曹彬笑着说：“一块跳板都不敢过，可见他怕死到了极点。既然说明是去汴梁，他就知道生命没有危险了，怎么会寻死？”他说话的声音不大不小，为的就是让李煜听见。

李煜此时已无心蓄财，金银等散赐给近臣数颇不少。中书舍人张佖得黄金二百两，自以为罪臣不当受禄，便面见曹彬，交出金子，请曹彬转奏其事。曹彬把金子交给国库，也没有上报。这是他的厚道之处，他想，报上去，赵匡胤可能对张佖产生好印象，可是对李煜、对江南其他大臣可就大为不利了，他了解皇上这个人。李煜散金，用意不过是尽最后的君臣之谊，这些当官的今后的日子不可能再一如往昔的宽裕了，能得就让他们得点吧。

曹彬本人，可真称得上廉洁清正，就要班师了，可他的船舱里，装的除了江南的图籍、部分自己喜欢的书和换洗衣服之外，再无别的东西。不好利禄，名位也能淡然处之，有眼光，有度量。在城破时，潘美就对他说：

“出师前，陛下曾许诺，‘等平了李煜，就以卿为使相’，回到汴梁，令公可以伫候佳音了。”

“不能这么说，这一次出师，仗陛下的天威，列祖列宗的庇佑，将士们的勇敢，才得以告捷。我有什么功？哪能得到使相极品之位！”曹彬的回答是过谦了，但似乎又很诚恳。曹、潘俩人私交甚好，潘当然不会认为曹在故作姿态，便说：

“你这话是什么意思？”

曹彬望望他，然后用特别平静的口气回答道：

“因为北方的太原还没有平定。”

这话是很深刻的。潘美当然能够领会。它所喻示的政治哲学中，既有君主的技巧，更有臣下的悲哀。

第二天，下着雨，李煜带着族人、近臣及眷属等启程了。北风夹着冻雨，砭人肌骨，不少人低声地啜泣着。全副武装的宋军密密麻麻站在街道两旁、码头上下，一直到船舱内外。整个船队将近有船千艘之多，等到全部就绪，出发已是晌午时分了。

李煜坐在临窗的舱位，望着自己生活了三十多年的金陵城，一点一点地退去，越来越远，越来越模糊。想起今生今世再也不能回到此地，不禁悲从中来，泪如雨下。他又想作诗了，不大功夫，果然让他诌成一首《七律》：

> 江南江北旧家乡，三十年来梦一场。
> 吴苑宫闱今冷落，广陵台殿已荒凉。
> 云笼远岫愁千片，雨打归舟泪万行。
> 兄弟四人三百口，不堪闲坐细思量。

诗写得不怎么样，但总算是有感而发，“不堪闲坐细思量”，思量什么呢？最主要的还是不知道赵匡胤究竟会怎样发落自己。

## 抒发胜利者的喜悦

和成都、广州比较起来，金陵被围的时间最长，而受到的损失却最小，特别是富民、官吏之家，极少遭到杀掠骚扰的事。这不能不说是曹彬的一大贡献。当然，他是在执行赵匡胤亲自布置的指导思想，那就是把流血抢掳等惯见的战争暴行约制到最小限度，但他是具体负责实施这一禁暴指示的人，军纪是通过他的严格和以身作则而得以维系的。他的禁暴措施不仅使江南的士民受益，赵匡胤的国库也因此而增加了许多进项。灭江南国，得州十九、军三、县一百零八，论地域并不比西蜀、南粤大，可是收入却超过两者之和还多。赵匡胤心里是很高兴的。可是表面上他却流着眼泪说：

“天下割据，民受其祸。攻城之际，必有横死于刀枪之下者，实在是可哀可叹。”他随即下诏拨粮十万石赈济金陵城中的饥民。同时他还颁发了对江南州县的特赦令，赦免所有通常赦令所不赦的罪犯。

冬天水浅，舟行十分不便。虽然赵匡胤早就有所准备，命沿途河道筑坝蓄水，以保证船队的通过，但还是费了个把月时间，浩浩荡荡的船队才终于到达了汴梁城下。这时已经是开宝九年（976 年）的正月了。

曹彬命翰林副使郭守文草拟了一份平江南露布（公告），呈给赵匡胤审阅。露布写道：

> 升州（金陵）打营擒李煜露布曰：曹彬等于十一月一十七日齐驱战士，直取孤城，奸臣无漏于网中，李煜生擒于麾下。千里之氛霾顿息，万家之生聚寻安。其在城官吏、僧道、军人、百姓等，久在偏方，困于虐政，喜逢荡定，皆遂舒苏，望天朝而无不涕涟，乐皇化而惟皆鼓舞。有以见穹旻助顺，海岳知归，当圣明临御之期，是文轨混同之日。卷甲而兵锋永戢，垂衣而帝祚无穷。臣等俱乏将材，谬司戎律，遥禀一人之睿略，幸成九伐之微劳。其江南国主李煜并伪署臣僚已下若干人，既就生擒，合将献捷。

这篇文字是献俘仪式上用的。虽然，文字简练而且实在，并很得体地归功于皇上“一人睿略”，歌颂了“皇化”“圣明”和“帝祚无穷”，但赵匡胤还是命令有司不要公布。理由是“江南国常奉正朔，非南粤之刘鋹可比”。因而也不举行上次平南汉时的献俘礼。不露布天下，赵匡胤还有另外一层意思，即不让曹彬过分凸显他的个人作用。尽管曹彬很注意韬光养晦，并未着力宣传自己，但露布一出，客观上还是会起到替曹彬造舆论的作用。在便殿召见曹彬、潘美的时候，赵匡胤就曾想让曹彬了解自己的意思，我赵某不是一个寡恩的君王，但我必须掌握一定的分寸。为了国家的需要，我还应该留下一个让你继续攀登的空间。他对曹彬说：

“本来对卿说过，只要从江南班师，便授卿为使相——”说到这里，赵匡胤停下来，看着曹彬。只见他脸上毫无表情，一点异常的反应也没有，自己的心情反而有些不安起来。“只是当前国家尚未最后统一，太原刘继元困守一隅，犹不肯臣服。卿且再耐心等待一时，北方之事一了，‘归马南山之阳，放牛桃林之野’……”赵匡胤理不直辞不顺，自己也觉得话有点跑题。他停下来，一抬眼，正好看见潘美在偷偷地望着曹彬微笑。他心里不高兴，问潘美道：

“卿何故发笑？朕所言有失吗？”

“陛下，臣所以笑，是为曹帅有未卜先知之明。”潘美不敢隐瞒，或者也不想隐瞒，接着便和盘托出了他和曹彬俩人在船舱里谈话的内容。赵匡胤听潘美说出原委，开始不免有点儿尴尬，少顷便开心地笑起来。从他越来越响亮的笑声里反映出这笑的真诚。君臣之间本来只能心照而不便言明的那点心事，此刻已全部挑明。就像隔窗相望的两个人，一刹那间窗户纸捅破了，彼此突然暴露在对方的视线下，尴尬和无奈会转化成一种坦诚的笑。

赵匡胤的笑里多少还有些自嘲的意味，像一个被指出了破绽的变戏法的人，总会习惯地用笑来冲淡自己失手的窘态。潘美也陪着皇帝呵呵地笑着，他历来在赵匡胤面前都是比较随便的，这是在后周的军营里养成的习惯了。曹彬却没有笑，不知道是笑不出来还是本来就不会笑，仍然是一脸的严肃，等待着赵匡胤发出其他的指示。

赵匡胤不笑了，开始宣布他的奖励措施。他赐给曹彬五十万钱。曹彬拜谢而退。回到家里，看到满屋子摆着皇上赐的钱，曹彬对着身边的人自我解嘲地说道：

“人生何必做使相，好官亦不过多得钱嘛！”

一月以后，赵匡胤还是兑现了自己当初的诺言——戏法既然被识破，再玩下去也就没有意思了。他授曹彬为枢密使、领忠武军节度使，枢密使而领节度，曹彬是第一人。潘美则授为宣徽北院使，领山南东道节度使如故，节度而领宣徽，潘美也是首例。其余诸将，如李汉琼、刘遇、田钦祚、梁迥等，都晋升官爵不一。只有一个曹翰还在围攻江州未曾班师。

江州（今江西九江）保卫战是江南战争中最为惨烈的一幕。金陵城陷落以后，曹彬命李煜以手书令各州县统统投降。江州刺史谢彦宾准备按手书从事。江州指挥使胡则召集部下说：

“我等世受李氏之恩，绝不可负。都城受围已久，此手书真伪不可辨。刺史不忠，欲降宋以保富贵。尔等愿随我死战以尽忠义乎？”

“愿与将军同生死。”军校们一齐答道。

于是，胡则带领部属冲进刺史官署，杀了谢彦宾。众人公推胡则为刺史，号令肃然，江州军民无人敢不听从。胡则当年曾在刘仁赡手下为将。刘仁赡守寿州孤城达三年之久，胡则是到了最后阶段才离开，对于守城的战术方略等自然颇有心得。加之江州襟带江湖，背负庐山，城高路险，主将有设防之韬略，上下有抗敌的勇气，曹翰带领的宋军围攻了半年之久，竟不能下。屡次派出使者招降，均被胡则严词拒绝。曹翰的士卒死伤甚众，而赵匡胤切责的诏书又不断发来，弄得他十分狼狈。就在这时候，胡则病倒了，不能起床指挥战事，人心开始浮动。一个缒城外逃的军校向曹翰报告了城防的机密，指出西南方因地势险要，守备力量薄弱。就在此人的向导下，曹翰终于破城而入。但是江州军民仍然坚持巷战，不肯投降。数日后才被彻底镇压下去。躺在病床上的胡则，被曹翰腰斩。曹翰又下令将城墙拆矮了七尺，使江州从此不能守险。攻破了江州的宋军大肆抢掠，百姓上诉于宋廷任命的江州知州张霁。张霁按律诛杀了不法军士，曹翰大怒，于是率性下令屠城。数万百姓做了宋兵刀下之鬼，尸体投入江中使水流为之阻塞。反过来曹翰还告了张霁一个擅杀之罪，朝廷随即将张霁调任饶州知州。江州官府民间的金帛被曹翰用十余只大舰载往汴梁。他把庐山东林寺内的铁罗汉取来放置船上，名为押纲罗汉。回到京师，赵匡胤论功迁升他为桂州观察使、判颍州事。

为什么赵匡胤对滥杀无度的曹翰反而给予奖赏呢？是为了他抢回来的那价值亿万的财富吗？当然不是。或者他自己的禁暴令只是虚伪的做作？肯定也不是。那么是他对于五代时期军人出身的人所持的一种特殊的宽容，就像他曾经多次表现过的那样？这或许有之，但也不是唯一的原因。因为同是旧军人出身的王全斌在平蜀班师后由于滥杀而受了处分。最合理的解释只有一个，那就是在他看来，曹翰的行为有一定的合理性。所谓合理性就是对于那些顽固对抗王师的人，应该给予有力的惩罚，以儆效尤。虽然他不便于公开号召，但臣下这样做了，他也绝不会多加指责。军队就是军队，不能一概反对他们的报复欲望，因为这是维持敌忾心理的重要因素。

平定江南的献俘仪式是比较简单一些。赵匡胤认为，江南并非敌国，一向奉朝廷正朔（使用宋朝年号，实际上就是承认汴梁的中央政府地位），不同于西蜀、南粤。于是，只让李煜君臣等四十余人白衣纱帽至明德楼下待罪，然后赵匡胤登上明德门城楼，由黄门中使代为宣读诏书。释江南君臣之罪，并分列给予赏赐。这篇诏书的特点是对江南战争的“定性”问题提出了不见于一般赦罪诏书的说辞。诏书里这样说：

> 上天之德，本于好生；为君之心，贵乎含垢。江南伪主李煜，聚兵峻垒，包蓄日彰，劳锐旅以徂征，傅孤城而问罪。洎闻危迫，屡示招携，何迷途之不悛，果覆亡之自掇。昔者唐尧克宅，非无丹浦之师，夏禹泣辜，不赦防风之罪。朕以道在包荒，

恩推恶杀，在昔骡车出蜀，青盖辞吴，彼皆闰位之降君，不预中朝之正朔，乃颁爵命，方列公侯。尔实为外臣，戾我恩德，比禅与皓，又非其伦，特升拱极之班，赐以列侯之号，式优待遇，尽舍尤违。可光禄大夫、检校太傅、右千牛卫上将军，仍封违命侯。

赵匡胤在诏书中强调你李煜只是个有负朝廷恩德的外臣，加以讨伐，是如尧之对丹朱，禹之对防风，本不可以像蜀之刘禅、吴之孙皓一样享受优待，现给予你封赐实在是格外开恩，你可不能再不悛改。

听诏已毕，赵匡胤又在便殿召见江南君臣。对李煜讲了几句帮助他消除紧张和恐惧心理的话。意思是今后份在君臣，当共致太平等等。李煜唯唯称是。赵匡胤见他仍然十分拘谨，便换了个最能引起对方兴奋的话题：

“闻卿在国中好作诗，且常有佳句，是吗？”

李煜没想到赵匡胤会提起诗，此时再不正面回答则会显得无礼，他只好恂恂然说：

“臣虽有此爱好，但都是涂鸦戏作，在陛下面前，不敢自夸有何佳句。”

“你且将自认为最得意的一联念与朕听听。”

李煜这可有点为难了。徐铉向赵匡胤读过自己的诗，他不是说“寒士气”，就是说“纨绔气”，现在又要我念一联最得意之句，谁知道他又是如何评价呢？想了许久，读了《咏扇》诗中的一联：

揖让月在手，动摇风满怀。

他想这两句诗总扣不上什么“寒士”“纨绔”之类的帽子。文思优美、健康，气象也还宏大。赵匡胤品味了一会儿，笑着问李煜道：

“满怀之风该是多少呢？”

这个问题乍听之下似乎有点无理取闹，又像一句玩笑话。但李煜却从中悟出很深的含义，并为之感到惶恐。他俯下头神色羞赧地答道：

“荒诞不经之处，让陛下见笑了。”

“满怀之风”确实是个敏感的命题。是什么“风”呢？如果是宋玉所说的“此大王之雄风也”，那么“风满怀”便有些睥睨宇内、囊括八荒的味道了。无怪乎赵匡胤要问一句“满怀之风是多少”。李煜后悔不该念这么一联自以为气象宏大的句子。如果从自己写得最多的风花雪月中选出两句来，最多让赵匡胤又嘲弄一番，却绝不会引起他的猜疑和警觉。

赵匡胤倒是不为已甚，带着很轻松的表情对周围的大臣们称赞李煜说：

“好一个翰林学士啊！当国王真难为他了。”

他赏赐给李煜冠带、器币、鞍勒、马匹等物，安置了宽敞、豪华的府第，并诰封小周后为郑国夫人。所有这一切，使李煜那颗忐忑不安的心终于渐渐地宁静下来。

对江南的大臣，赵匡胤也逐个地接见、赏赐，并说上一两句勖勉的话。只有对于徐铉和张洎俩人，态度特别的严厉。徐铉算是老熟人了，但这回的见面却处在完全不同的位置，因而性质也根本变了。赵匡胤板着脸责问他：

“你两次出使中朝，逞口舌之能。朕命你回去好生劝说汝主早日归朝，免致生灵涂炭，你为何一再辜负朕的好意，不向汝主建言？战火一起，地方糜烂，尔得辞其罪乎？”

旁边的人都替徐铉捏了一把汗，可是他却表现得很镇静，用缓慢的语调清晰地回答：

“臣为江南大臣，世受国恩。国既灭，罪固当死，其他的事就不必再问了。”

赵匡胤看到他强硬的态度，不觉稍稍一愣，随即嘉许地点点头，用感叹的口气对他说：

“真是个忠臣，今后对我要像对李氏一样啊！”

至于张洎，情况比徐铉就复杂多了。赵匡胤显然也久闻张洎的才名，未尝不有延揽之心。当年陆昭符奉命到汴梁朝贡，赵匡胤就曾对他说：

“尔国中弄权者结喉小儿张洎，为什么不来入使？你此次回去，可以传我的口谕，要他来一趟，朕要看看他是个甚等人物。”

这话带点威胁口吻，但实际上赵匡胤还真是想让张洎来，所以威胁中带着调侃。张洎如果真的来了，便让他感受一下“真命天子”的人格魅力，或许能心悦诚服地为我所用。可是陆昭符和张洎素来有过节，赵匡胤的口信他不敢不捎，可是捎回去以后，张洎一定会告他一个挟大朝之威陷害重臣的罪名，元宗皇帝（李璟）时陈觉陷害严续就是可以援引的先例。陆昭符为这个口信盘算了很久，最后率性请求赵匡胤把自己留下来——他不想回江南去惹火烧身。

赵匡胤发现张洎此后的表现越来越恶劣。李煜要奉诏入汴梁，他阻止；李煜准备投降，他反对。总之，他和陈乔俩人把持国政，处处和赵匡胤的战略部署对着干。赵匡胤曾经想过，把这厮抓到了汴梁，要杀掉以泄心头之愤。

张洎见到赵匡胤，却没有半点恐惧不安的表情。赵匡胤心想，这厮也许在故作镇静，朕要让你领教一下，什么叫天子之威！

“张洎！”赵匡胤一声怒喝。旁边的人都吓了一跳，但张洎却并未产生特别的反应。赵匡胤瞪大眼睛责问道：

“汝在江南把持国政多年，窃据兵柄，对抗王师。又屡屡阻止李煜归顺朝廷，逼朕用兵，使江南百姓蒙受战乱之苦。汝之罪实不可赦。”说着，赵匡胤从案上拿起一封帛书——就是围城之时张洎所起草的召上江兵救援金陵的诏书，喝问道，“这可是你的手笔？罪证俱在，你有何话说？”

张洎瞟了那份帛书一眼，神色自若地答道：

“当危急之际，只想怎样拖延时日，什么办法都会使用的。臣所作帛书多不胜数，此件不过是其中之一耳！”他的语调平静得令人回味。

赵匡胤没有想到张洎还居然表现出这样一种大无畏的气度，惊奇之余，又萌发出赏识之心。此人毕竟有些特点，才气胆略都在常人之上。且授一官，看他日后的表现。张洎就这样躲过了临头大难，并得到了太子中允的官职。

赵匡胤又看到了那个善讲《周易》的周惟简，却只字不提去终南山采药隐居的事了。无非是贪恋世俗富贵，想继续在朝为官，赵匡胤从心底鄙薄这种人，口里尽是些骗人的鬼话。不过他总算对《周易》有些心得，就赏他一个《周易》博士吧。

# 卷——玖

*Volume 9*

# 开辟一个新时代

## 还有一个待解决的吴越问题

平定了江南，群臣上表，请为皇帝加尊号曰一统太平。可是赵匡胤不同意，他说：

“燕、云之地未复，太原刘氏未平，这能够称得上一统太平吗？加此尊号岂不贻笑青史。”

群臣商议了许久，既然陛下不接受“一统太平”四字，那就换一个尊号吧。选来选去，定了“立极居尊”四字，报上去，同意了，于是赵匡胤帝号的全称就成了：

应天广运圣文神武立极居尊皇帝

其实，在赵匡胤心中，除了河北、山西两地还有待收归版图外，还有个吴越问题并未彻底解决。在这次平定江南的战争中，吴越王钱俶表现不错，很卖力，而且也确实发挥了重要的助攻作用。但这样也为吴越的完全统一于中朝带来了新的障碍。你总不能毫无理由地突然对一个甘心情愿效犬马之劳的小伙计发起攻击，这样自己在道义上会陷入无法解脱的被动。看来这事还得多费一番周折。

因此，金陵刚克服，赵匡胤就召见了吴越国派来的进奏使任知果，要他向钱俶传达自己的口信：

“元帅（钱俶被宋封为天下兵马大元帅）此次平定金陵有大功。从江南班师以后，希望能来汴梁与朕见上一面，以慰朕多年想念之意。很快就回去，朕决不久留。朕三次执青币以见上帝（在神前盟誓），决不会自食其言的。”

任知果把口信带到了。吴越丞相崔仁冀说：

“皇帝英武，天下无敌，天下事发展态势可以想见，保族全民，是唯一的上策啊！”

钱俶也认为这话说得对，他决定遵照赵匡胤的口谕到汴梁朝觐，并且约请以二月份长春节（赵匡胤生日）为期。这事情拖不得，钱俶想，反正总是要见的。当初李煜不就是不想见吗？结果变成了俘虏还是要见。迟见又不如早见，趁着自己在打金陵时有点功劳，想必他还不至马上翻脸不认人。

吴越是十国中始终和中朝保持着特殊关系的国家，也是唯一没有在本土范围内遭受过兵燹战祸的国家。这对于苏南和杭、嘉、湖地区的经济和社会发展作用至关重要，从宋朝开始，这里一直是中国最繁盛、最发达的地区。就这点而言，钱氏王朝可谓功不可没。

钱俶的祖父钱镠，杭州乡下无赖出身，贩私盐兼为盗匪。有武艺，又骁勇过人。黄巢大军入浙时，被募为乡兵。有一次他带领二十名劲卒，埋伏草莽中，奇袭得手，又布疑阵，竟然使黄巢部队绕临安而过。由此他声名大振，拥数千之众，被唐王朝委为都知兵马使，又兼侍御史。那时天下大乱，他翦灭了浙东观察使刘汉宏，自己则由右千牛卫将军迁升右武卫将军再升为检校尚书，这些都是虚衔。由于他实际上已控制了杭州地区，照规矩，他便成了权知杭州军州事，兼杭州管内都指挥使。他的这段创业经历颇富传奇色彩，由于他小名叫钱婆留，浙江一带流传不少钱婆留如何发迹的故事。

钱镠逐个地消灭自己的对手，扩大自己的地盘。唐末时，谁有多大地盘，谁就有多大的官爵，钱镠终于成为镇海、镇东军节度使、两浙安抚使、检校太尉、兼中书令、上柱国、彭城郡王，后又封为越王。吴越一方从此在他的统治之下。朱温称帝建立后梁，进封钱镠为吴越王。钱镠内心对朱梁的篡立是不满的，而对唐昭宗的知遇拔擢之恩却深为感激。但分析形势权衡利害之后，他拒绝了下属起兵讨梁的建议。朱温当然也积极笼络他，又加授他扬州大都督、淮南四面招讨制置使。这个任命显然也是为了挑起他和杨行密的矛盾冲突。

钱镠建国是在李存勖称帝那一年。吴越国王的名义本是梁末帝册封的，但册封两个月后，梁就亡国了。后唐承认了吴越国的既成事实，授封一如后梁，并赐给他玉册、金印等天子才能使用的物事。当时，西川王氏（前蜀）、扬州杨氏、南粤刘氏、福建王氏都已先后称帝。这几家都曾极力敦劝钱镠也建帝号，送的送龙袍，送的送玉玺，钱镠一概谢绝不受，并笑对左右说：

“这几个小子自己坐在炉炭之中，不知其危，还想把我也拉上去凑数。”

钱镠活了八十一岁，戎马一生，节俭一生，帐子破了都舍不得换新的。除夕之夜家宴，乐者鼓琴数曲，就命令停止，说“别人听见了以为我为长夜之饮”。史称他“志气雄杰、机谋深远”。夜间睡眠极少，号“不睡龙”。喜与人议论史实、时政，也爱读诗赋，有时还写几句诗、画个墨竹之类，但一直把这些看成消遣，决不影响正事。人家曾向他转述李频的两句诗：

只将五字句，用破一生心。

他听了大不以为然，发出一声感叹：

“一颗心什么地方不好用，破在诗句里，可惜啊！”

临死的时候，他对大臣们说：

“我的病治不好了，几个儿子都是愚懦之辈，不足以任后事。我死了，公等自择吧！”“自择”，是自择新主，还是自择出路呢？他不说。在场的人都感动得流下泪来，一齐说：

“两镇令公（钱锡的第七子传瓘，时任镇海、镇东两军节度使）仁孝有功，谁不爱戴！”

听到臣下的表态，钱镠才拿出启用印玺的钥匙交给自己早已选定的继承人传瓘，对他说：

“他们都同意辅佐你了。”接着又说“子子孙孙要好好事奉中朝，勿以易姓废事大之礼。”

这就是他最后的政治遗嘱——不管中朝皇帝换了姓什么的，都要听命于他，搞好关系。

钱传瓘志量和见识都很出众，从小习军旅之事，又崇尚儒学，有勇略，能宽以待人。在钱镠择立世子时，几个兄弟都一致公推他“功高德茂”，“最宜委副”，他的仁厚明恕之风极受人称赞，有不少这方面的表现，传为佳话。如出师在外，宿营于野地，蚊虫很多，左右要为他设帷帐，他不许，并说：“三军皆在此，我独何避？”又如钱镠死前，拿出几条玉带赐给诸子，要他先选，他当即选了一根最窄小的。钱镠看了高兴地说：“有你这么个儿子，我可以瞑目了。”

钱传瓘在位十年，谨遵父亲遗训，和中朝保持着良好关系。后唐时册封他为吴越王、天下兵马元帅，后晋时仍旧维持这一封诰。五十五岁那年，他因病死去，传位给第六子弘佐。

钱弘佐即位时，还只有十三岁。但却表现了少见的成熟。处事果断而不动声色，勤政明察，人不敢欺。十九岁那年，闽国内乱，介入还是不介入，吴越国中有两种意见。大多数将领不愿与支持内乱另一方的南唐开战，钱弘佐却果断地说："唇亡齿寒，《春秋》明义。我为天下兵马元帅，却不能为邻邦解难，那还有什么用！诸将食国家之禄，怎么能不肯为我出力？再有异议者，斩！"他派出三万部队，进据福州，先胜一仗，后福州为南唐兵所围，情况危急，他又派兵从海上增援，最后，内外夹击，大破南唐军，唐相冯延鲁只身逃窜，差点丢了性命。从此吴越的领土扩大到了闽东北一带。

钱弘佐二十岁就死了，传位于其弟弘倧。弘倧只干了四个月，被骄横作乱的内牙统军使胡进思囚禁，假传他的谕旨，传位给弟弟弘俶。弘俶后来去掉了"弘"字，就是钱俶。弘倧则安置在东府，日夜游宴享乐，活到了四十四岁。这场政变是不是钱俶操纵的，没有证据。但他没有惩罚为首的胡进思，又没有交还政权给兄长，其中也就大有暧昧之处。不过他对逊位的弘倧照顾得还算不错。胡进思曾数次想干掉弘倧以除后患，派的杀手都被钱俶布置的保卫人员击毙了。跟胡进思勾结的内牙指挥使何承训这时又回过头来奏请诛杀叛臣胡进思，钱俶恨他的反复无常，先下令杀了他。胡进思据说是心怀忧惧，不到一个月也死了。政变之事从此不再提起。

这时是后汉的乾祐年间，钱俶又接受了刘承佑的册封。刘承佑死后，郭威开国，不到两个月就发出了册封钱俶的诏书。柴荣征淮南，钱俶曾出兵在东面配合，进攻常州、宣州、江阴等地。因为周唐达成了划江而治的协议，吴越的军队无功而返。赵匡胤登位以后，遵照前朝的规矩，也册封钱俶为吴越国王、天下兵马大元帅。双方关系较过去更为紧密。

钱俶贯彻他祖父的“事大主义”路线可以说最为尽心尽力。对中央朝廷，他始终把握着两大原则：一是恭顺，二是大方。恭顺，就是要礼仪周到，服从命令。四时八节以及朝廷的一应庆典，他从不会疏忽朝贺的表章。本国的重大事况也一定及时上报。周攻淮南、宋伐金陵，要他出兵，他一一遵命。至于大方，则无非是舍得“出血”。遣使朝贺，空着手可不行，送少了也不行，每次都是白金数以万两计，绫、绢数以万计。光献给皇上还不够，左右亲信权贵都要因人定数，分别打点。而朝廷所赐往往就是“御袍两袭”，“名马百匹”这类象征性的玩意和一堆空洞的头衔。但头衔也是有限的，并非取之不竭。吴越国王，兵马大元帅，镇海镇东等军节度使，两浙观察使兼盐铁制置发运营田等使，开府仪同三司，检校太师（太傅），中书令，杭州、越州大都督，上柱国……只要想得出安得上的，都封完了。作为补充手段，便只有加赐名号，什么“保邦宣化忠正翊戴”、“匡圣广运同德保定”。最后，到赵匡胤这儿，给加成了十二个字，叫做“承家保国宣德守道忠贞恭顺功臣”。这种封号加得太长也不合适，而天子却每次都要有所表示，可以不断地封赠的东西只有一样，那就是食邑。每次加封食邑一二千户（后面还说明实封几百户），今年封了明年封，有时一年之中封几次。本来就是割据一方的国王，他治下的数十万户都是自己的食邑，这样的封赠不仅没有意义，而且很具讽刺意味，可是封赠和被封赠者都把它做得煞有介事。

开宝七年（974 年）秋天，赵匡胤给钱俶发来诏书，要他出兵共讨李煜。诏书中写道：

禁卫出京，云台选将，克期攻取，直抵升州。卿任重统戎，心专荡寇。早者会披奏章，具述事宜，今验奸凶，果符陈情。开兹讨伐，必罄忠勤。

十月里，钱俶亲率五万大军从杭州出师。赵匡胤派客省使丁德裕带了一千步兵到吴越营中任监军。派监军这种做法本已令人不快，何况派的又是丁德裕这号刻薄阴狠的人。在吴越的将领中有人发出了怨言，但钱俶把臣下的不满压下去了。他知道赵匡胤是在考验自己，而这一次自己的表现又直接关系到吴越的前途。还在前年春天，出使汴梁朝贡的掌书记黄彝简就带回了赵匡胤的口谕：

“回去告诉你家元帅，江南倔强不朝，朕将对其进行讨伐。请元帅训练甲兵，助我一臂之力，千万不要被别人‘唇亡齿寒’之言所迷惑。”

钱俶当时就仔细思考了这一段话。谁不知道“江南倔强不朝”这话太勉强，无非是“欲加之罪，何患无辞”。但惟其是勉强，便也可以领会为一种警告。这些年来，赵匡胤一直在讨伐异己，现在只剩下太原刘氏、金陵李氏和自己了。但是几家情况各有不同，只要自己能坚持既往的“事大”方针，吴越的某种程度的独立就有可能维持到最后阶段，也许能以一种最有利的方式解决问题。赵匡胤提出要“助一臂之力”，就是要看看我的表现，怕我被“唇亡齿寒”的话迷惑。其实还并没有人提出这种观点。赵匡胤把“合纵”的工作做到前面了。钱俶家传的信条就是大朝是不可以对抗的。中国混乱的时候，南方割据一时尚不难办到，但要想问鼎中原统一天下则永无可能。钱俶决定，自己的态度只能是“过河卒子，拼命向前”。“唇亡”固然“齿寒”，但到“唇”不得不“亡”的时候，“齿”又能有什么办法。

吴越的军队进展很顺利，宜兴、江阴、常州都被拿下来了。这时，李煜来信给钱俶，说：“今日无我，明日岂有君？”果然提出了唇亡齿寒的理论。但钱俶早已把这个问题想清楚了。“今日”伐君，则明日、后日或还有我，“今日”不伐君，则“今日”我当与君偕亡。孰当孰不当？一目了然的事，不必虑而后知。钱俶把李煜的信送呈给赵匡胤，以示自己为王前驱的决心。

打下常州以后，赵匡胤便令丁德裕权知常州，吴越的军队继续向润州进发。总算跟丁德裕这个讨厌鬼分开了。不过话又说回来，丁德裕过去的纪录虽然不好，但这次随吴越军行动却并没有什么太坏的表现，此后的好些年里，他也没有向赵匡胤兄弟说过钱俶的坏话。

为了表彰克复常州的功绩，赵匡胤下诏给钱俶加食邑六千户、实封九百户。这次是庆功，故而封赠的户数特多。这样的空头支票一共开出多少了，朝廷恐怕从来没有统计过。

金陵攻陷以后，钱俶上表称贺，并且根据进奏使任知果带来的口谕，主动请求入朝觐见。十二月间，宋廷论功行赏。这次没有加封食邑了，来了点实在的东西，金器、银器、御衣、盔甲、金鞍玉勒、御酒、宝马等物。诏书里还同意钱俶入朝的请求，时间是第二年二月的长春节——赵匡胤的五十寿诞，“男做进、女做满”，他满四十九岁了。

## 钱俶的事大之道

对于钱俶的入朝，赵匡胤是十分重视的。他认为，一个割据政权究竟应该判定为敌国还是藩属，最重要的标志不是看它是否奉朝廷正朔，而是看它的首领是否遵命朝觐。唐末，许多藩镇并未建元开国，可就是从不入朝。那样的藩镇实际上已是敌国。当然，即使是入朝觐见十分恭顺，藩镇的割据也是一种必须铲除的现象；但那样矛盾的性质就有所不同，而解决矛盾的方法当然也随之变化。人们常常使用“羁縻”这个词。赵匡胤认为朝觐是说明这种关系的要义所在。人来了，才真正是接受“羁縻”了，否则你用什么手段去“羁縻”它嘛。最后只能使用武力，那就成了征服，无所谓“羁縻”了。就以李煜来说，不能说他不恭顺，可就是不肯入朝觐见，不肯入觐必然是心怀鬼胎，心怀鬼胎就必须坚决镇压。当初他如果应诏来京，朕是绝对不会扣留或加害的。江南问题也就可能采用别的方式来解决，当然，时间会拖得较长，但要根治强藩割据这个拖了近百年的政治痼疾，本不是一朝一夕的事。现在，他“自作孽，不可活”。虽然朝廷为用兵而付出了相当的人力、财力，但事情处理得迅速、彻底，免除了以后拖泥带水的麻烦。以钱俶一贯的表现来看，和李煜大有不同，这次江南战争更是出力不少，而且又“自动”请求入朝觐见。对于他的到来，一定要给予最隆重的接待、最丰厚的赏赐，以此证明我赵匡胤不仅不是一个穷兵黩武一味好战的霸主，而且是一个赏功罚过是非分明的圣君。

为了接待好钱俶，赵匡胤做了充分的准备工作。严冬里，派遣供奉官张福贵组织丁夫开浚了自瓜洲口至润州江口的一段古河道，保证钱俶的大船队能顺利进入运河北上。此外，专门整修了礼贤宅（国宾馆）。赵匡胤本人甚至亲自去检查了房屋的装修、设施以及各种生活用品的储备状况，这可以说是“旷古未有”的恩典。

钱俶带领着夫人、世子、郡主及一大批随行的官员浩浩荡荡从杭州出发。这是一支很壮观的队伍，光是装载礼品、贡品的大船就多达二十余艘。路上费了近一个月的时间。过江以后，宋廷就派引进使翟守素迎候，并代表赵匡胤赐汤药表示慰问。过了泗州，又遣使赐王夫人汤药。船队入汴水到达京郊，赵匡胤命皇子赵德芳迎接照应，第二天陪同进京。一到京城，便赐宴于迎春苑，并安排在礼贤宅居住。休息了两三日，才在崇德殿正式行朝觐大礼。首先是上表文，祝贺平定江南及赵匡胤五十大寿，并对允许朝觐表示感谢，然后是进奉礼品，有：宝犀玉带一条；宝玉金器五千余件；上酒一千瓶。这只是所谓“见面礼”。其中宝犀玉带是很珍贵的东西，赵匡胤拿在手里观赏了一番，心里有点不是滋味。朕贵为天子，可是这种宝物却还是第一次看到，这些小国之君过得何等阔绰啊！他摇摇头，对钱俶说道：

“朕有三条宝玉带，却与此带有些不同。”

钱俶听了不敢相信，如此贵重的礼品，他竟然说有三条，这绝不可能。为了不让礼品不明不白地贬值，钱俶壮胆问赵匡胤：

“此物为天下至宝，陛下有三条，可否容臣一观，以增见识。”这要求不太礼貌，但仓卒之间也顾不上了。

赵匡胤见他被自己引上了钩，感到很高兴，带着掩饰不住的笑，得意地对钱俶说：

“朕的三条宝带卿一路之上都已经见过了。一条是汴河，一条是淮河，一条是扬子江。”

钱俶先是一愣，但很快就反应过来了。他不能不从心底里佩服赵匡胤的气魄和胸襟。这不是那种预先准备的官场套话，而是来自赵匡胤的临机反应。他赶紧低下头回应道：

“陛下天纵英明，俯有天下，引喻精奥，非臣之智所能及也。”随后赵匡胤在长春殿赐宴，席间赏赐黄金照匣、黄金钞锣及瓶、盘等物。过了几天，赵匡胤亲临礼贤宅看望钱俶，赐赠黄金二千两、白银三万两、绢两万匹。王世子钱惟濬及随行通儒学士崔仁冀等大臣均各有赏赐。皇帝陛下屈尊前来探望，已是可遇不可求的殊荣，更何况又带来如此丰厚的赐礼，钱俶感到坐立不安了。当天下午，他就命世子惟濬进奉白金十万两、绢五万匹、乳香五万斤作为对郊祭之礼的赞助。

三月初，赵匡胤特地下了一道优待诏书：

古者宗工大臣，特被隆眷，或剑履上殿，或诏书不名，率由丰功，待以殊礼。今我兼其命数，用奖勋贤，辉映古今，允为优异。咨尔吴越国王钱俶，功德隆茂，器识深远，抚奥区于吴会，勒洪伐于宗彝。昨以江表不庭，王师致讨，委方面之兵柄，克常、润之土宇，辅翼帝室，震叠皇灵。而乃执圭来庭，垂绅就列，罄事君之诚悫，为群后之表仪。爰峻徽章，以旌元老。可特赐剑履上殿，书诏不名。妻贤德顺睦夫人孙氏为吴越国王妃。

诏命中还赐王妃汤药、法酒、茶果等五百余件，封王女为彭城郡君。

这道诏书说了许多好听的话，其所提出的优待条件实际就是：一、特赐钱俶剑履上殿、诏书不名；二、封王夫人为王妃，王女为郡君。这第一条确实是一种殊荣，就是当年董卓、曹操“加九物锡”时得到过的待遇。但这对于董、曹有作用（向最后的最高的目的靠近了一大步），对于钱俶却并没有多少意义（他哪里还有什么进一步的目的呢）。这第二条也是一种殊荣。拟诏书时，宰相们还提出过不同意见。他们说，异姓诸侯王从来没有封妃的典故。可赵匡胤说：

“就是我朝新立的规矩嘛，为了表示特殊的奖功之意，恩出自我，有何不可。”

为了表示对皇帝陛下格外施恩的谢意，钱俶又献上了白金十六万两、绢十一万匹。加上其他各种贡礼，无怪乎需要一支那么大的船队。幸亏吴越是富庶之区，才能出手如此阔绰。然而，不管如何富裕，总归是民脂民膏。钱俶为了保持一时的偏安，让百姓所付的代价未免太大。

赵匡胤三天两头为钱俶举行各式各样的招待会，有朝堂宴、内廷宴、狩猎宴、歌舞宴……他自己一生恐怕也没有这样享受过。有次内廷的宴会，只有晋王（赵光义）、秦王（赵光美）在座。赵匡胤命钱俶和晋、秦二王行昆仲（兄弟）之礼。这当然是事先有意安排的。但钱俶叩头涕泣推辞。他觉得由君臣关系而往兄弟关系上靠，看来是身份提升了，实际上却是危险增加了。处在特殊尊贵的地位要求自己保持特殊清醒的头脑。看到他诚惶诚恐地拒绝，赵匡胤便也没有勉强。

在后苑举行的射猎和划船等活动，都是只有亲王才有资格参加的。但赵匡胤邀请了钱俶和世子惟濬出席。钱俶拜谢于地，赵匡胤命内侍把钱俶扶起来，并自己亲手给他斟酒。钱俶赶紧又伏下地去，感动得一面抽泣一面说：

“钱氏子子孙孙，为陛下尽忠尽孝。”

赵匡胤觉得此人不像在表演，确有忠孝之心，似乎也动了一点感情，对钱俶说：

“只要尽我这一世就行了，说那么远干什么？后世子孙的事也不是你说了就算的。”

酒宴的气氛进一步转入高潮，赵匡胤心情特别好。“普天之下，莫非王土；率土之滨，莫非王臣”。这是一种向往，这是一种境界，而并非一种具体的规定和表述。此时的赵匡胤仿佛找到了这种感觉。“一统山河，风调雨顺，百姓乐业，万邦来朝”，历来是君主们所追求的目标。今日朕的基业虽然还不能媲美于汉唐盛世，但一个崭新的、宏伟的局面已经开始，形势大好，而且会越来越好。从唐玄宗天宝之乱以来，直到现在，绝对没有哪一个皇帝体验过朕的如此心情。

赵匡胤召来内廷乐伎弹奏琵琶助兴，亲王们先后填词，命歌伎演唱。其词无非都是赞颂明王盛德、天下升平的内容。轮到钱俶了，他也作词一首，献给赵匡胤，结尾的两句是：

金凤欲飞遭掣搦，情脉脉。

赵匡胤似乎听出了其中的弦外之音：一种充满依恋之情的令人怜

念的担忧和无奈。他已经有醉意了，猛然站起身来，用手抚着钱俶的背，说出一句虽然唐突但用意却简单而明白的话

“朕在此立誓，永不杀钱王。”

突然冒出这么一句，似乎有点与现场气氛不协调，但谁都明白，这是赵匡胤自然吐露的心声，正是几分酒兴促成了这份激动和真诚。

钱俶在东京“朝朝寒食、夜夜元宵”的日子过得飞快，转眼便到了三月末，已是暮春时节了。赵匡胤想在牡丹盛开的季节到西京洛阳去巡视一趟。他一直对洛阳抱有一种故乡的感情，多年来都在盘算“回去”看看，可是总觉得时机还没有到。他在等待什么时机呢？或许就是汉刘邦的“威加海内兮返故乡”那种感觉还没有在他心中成熟。现在他觉得是该去的时候了。钱俶知道了这个计划，请求赵匡胤同意让他作为扈从人员随行。可是赵匡胤就是不同意：

“我岂不愿意有卿随行，可以早晚相聚，纵谈古今。但如果那样做了，天下人必以为我不放卿回杭州，吴越臣民将视朕为无信之人了。”

钱俶觉得这话倒也在理，便不再坚持。

“你还是准备回国吧。世子惟濬可留在汴京，多熟悉情况，朕将要重用他。”

钱俶唯唯称是。第二天，赵匡胤就在讲武殿举办大型宴会，算是为吴越君臣饯行。席间，赵匡胤赐给猎装、玉带、玉鞍勒、玳瑁鞭，金银锦彩二十万、银装兵器八百件。并叮嘱钱俶：

“南北风土气候差异甚大，眼看炎夏就要到了，旅途诸多不便，卿可尽早动身。”

钱俶又被感动得哭起来，呜咽着说道：

“此后愿陛下准臣三年就来朝觐一次。”

“那倒不必，江山远阻，还是等到我召你的时候再来吧。”赵匡胤劝阻他三岁一朝的要求。

次日，吴越王妃进宫向宋皇后辞行。皇后赐给金器三百、衣着二千、银二千两。赵匡胤又赐给钱俶整套十分精美华丽的仪卫装备，包括服装、旗幡、斧钺戈戟等兵器，从迎春苑一直排到了礼贤宅。既热闹又壮观。到了出发离京那一天，又在迎春苑赐宴。筵前交代引进使翟守素带领翰林、御厨、仪仗等护送钱俶至睢阳。临别时，赵匡胤拿出一个裹得严严实实的黄锻包袱，郑重其事地交给钱俶，并且嘱咐他：

“到了途中，卿可以打开这包袱，看看内容。注意不宜与他人道及此事，切切。”

钱俶流泪叩别了“真命天子”赵匡胤。船队行了一日，赵匡胤又派内侍乘驿马赶上来，分别送给钱俶和王妃汤药各二金盒。圣眷宸恩，真是无微不至。

又行了二日，钱俶想，应该是打开黄包袱的时候了。他先支开了身边的人——因为这是赵匡胤的要求，他不敢违背。包袱里竟是一道道的奏章，只看了一两封，他便吓出了一身冷汗。奏章里都是要赵匡胤杀掉自己以除后患的建议。他接着往下看，越看越害怕，有的奏章竟提出了很具体的办法：或幽囚、或毒杀、或水中溺毙、或途中劫杀……名目众多，不一而足。

钱俶知道赵匡胤把所有这些奏章让自己看，就是要让自己知道他是如何屏弃众议而果断地行此“纵虎归山”之计，让我永远感激他的恩情。钱俶从内心深处承认了赵匡胤的器识宏远、胸怀博大，无怪乎他可以结束百年的混战割据的局面，重新致中国于一统。真所谓非常之人，乃可以建非常之功，成非常之业。

回到杭州以后，钱俶又派自己的侄子、逊王弘倧的长子惟治赴宋廷谢恩。为了表示自己对赵匡胤臣服的诚心，他把自己的王座设在偏东的方位，理由是："西北者，京师所在之地，天威不违咫尺，我岂敢居之？"过了几天，四月二十一日，赵匡胤又发来一道诏书，把前诏中的"剑履上殿、诏书不名"决定以更正式的文件形式（制）下达。本来是几句差不多的话，却说得更加具体充分，文辞也越显得华美雕琢。其中说：

咨尔吴越国王钱俶，岳重雄名，神符妙略。横江负海，世为开国之臣；屡信资忠，位袭仗君之节。爵位崇极，逾三十年。昨以吴人不庭，致使王师问罪，付东南之兵柄，盈常润之寇尘。始则兵钺亲临，早平边垒；次则师徒适至，克彼江城。洎僭国之倾亡，亦纯诚之赞助。望阙入觐，执圭来朝。当妖氛未平，按彤车而发愤；及凶徒尽扫，望金阙以来奔。为臣及兹，其节可尚。天朝典礼，汝特为优，带剑不名，所尊非过，朕今议赏，惟尔攸宜，所以异乎群僚，殊彼恒品。

朝廷又给他加食邑三千户，实封一千户。

为了谢恩，钱俶又进贡了白金数万两，绢帛等数万匹。钱俶的恭顺与大方，一以贯之，始终不二。吴越百姓负担虽重，却保住了一方平安，他本人日后也舒舒服服地活到了六十岁。

# 回洛阳去

当赵匡胤西幸洛阳的准备工作正紧锣密鼓地进行着的时候，京西南面转运使李符上书，陈说御驾西行有八难。劝导皇帝取消原议。哪“八难”呢？一、京邑凋敝。洛阳城经济发展停滞，街市破败；二、宫阙不备。西京宫殿未经修缮，皇上及随行宗室居住不便；三、郊庙未修。陛下要举行祭天地、祭祖宗，均不具备相应条件；四、百司不具。提供不了那么多官员工作和生活的地方；五、年食不充。没有办法保证随行部队的粮草供应；六、畿内民困。贫困的洛阳地区百姓没有必要的心理和物质承受能力；七、壁垒未设。圣驾所至，不能缺少应有的防务设施；八、千乘万骑盛署扈行，还会遇到种种可以预见或难以预见的困难。

李符的意见当然不仅仅是代表他个人，有相当一部分官员对皇帝西幸也持反对态度。这一方面是因为天子出巡历来是一件大事，因为跟随行动不仅是一座后宫，而且是整个政府。全部队伍连同护驾禁军，人员数以万计。沿途交通食宿礼仪防卫等事项需要消耗多少物力、财力和人力啊！所以自古以来封禅、出巡这等事都要遭到劳民伤财之类批评。另一方面，这样大的旅游队伍，事前准备不可能面面俱到，有时候条件会很艰苦，而做具体工作的官员则更是操心劳神而且还要担惊受怕——什么事让皇帝生气了，自己要倒大霉。所以能免就争取免，对大家又省事又安全。

但是，他们不理解赵匡胤的心情。他从来也不愿意做害民以自奉的事，然而洛阳却不能不去。汉高祖说："丈夫富贵而不能回故乡，如衣锦夜行。"这话不能说没有道理。衣锦还乡，并不只是一种向戚里故旧显示一番的虚荣心的表现。比如他在洛阳就已经没有什么儿时的熟人，但那里却有着他最熟悉的大地、最亲切的山川，有着先人的陵墓，有着最美好最朴实的情感记忆。在那片记忆中，人，和人际间的关系都不像后来的生活中所接触和认知的那样丑恶、凶残和虚伪。赵匡胤并不是想再去追回童年的梦，但他渴望重新回到那片土地上去重温一种感觉。这种感觉将为他在残酷的生活、斗争中变得麻木而疲倦的心带来平和、平衡和平静。

西幸洛阳的队伍终于出发了。三十年前，严格地说，是二十九年前，他正是走的这同一条路外出投军。当年是暮春天气，和风拂煦，麦苗青青。这回却已是初夏，麦子都抽穗扬花由青转黄了。看着沿途的景色，赵匡胤心中有无穷的感慨。二十九年前，走在这条路上的是一个既无财产又无权势的离家出走的青年，而今天，这个青年已经变成富有四海君临万邦的天子。这是命运的赐予，但也是才智、品行和勇气结出的果实。

赵匡胤不愿意乘坐御辇，局促而又闷气。他骑上自己的汗血马，一边观赏风景，一边继续想自己的心事。孟子说，"五百年必有王者兴"。古往今来堪称王者的可见是极其有限。在自己前面，数得着的该是唐太宗李世民。不过从他登基到我登基，中间只隔着三百五十年不到，按孟子的说法，不是隔得太近了吗？想到这里，赵匡胤不禁莞尔一笑。这年限上的事只怕不能太拘泥。不错，夏禹到商汤，商汤到文王，大体上在四百到六百年之间，可是文王以后，谁是王者呢？孔子吗？奔走一生，“累累若丧家之犬”，怕不好称王者吧。这一直下来就要轮到汉高祖刘邦了。他和文王之间隔了八百来年。如果孔子也算王者，那倒也差不多能说得过去，但刘邦以后可就更对不上五百年这个数了。汉光武帝刘秀无疑要居于王者之列，但他距离刘邦只有两百多年，而在他以后虽然成就英雄霸业的人并不少，但堪称王者的恐怕就只数李世民。从刘秀到李世民，整整隔了六百零二年。李世民而后，扭转了乾坤气象、山河大局的就是我赵匡胤。不够五百年又如何，反正历史已经将我规定在王者的位置上了，谁想否认也不可能。

赵匡胤常常自觉或不自觉地拿自己和刘邦、刘秀和李世民这几个人进行比较。为了使比较得出较客观的结果，他一般在各方面尽量把自己估计得更不足一些。此刻他自然而然地又进入了对这个问题的思索之中。

从个人素质方面看，自己先天条件（出身）略强于刘邦，但不及刘秀和李世民。刘邦是无赖，刘秀、李世民却都是富贵人家，自己则介乎这两者之间。所受教育的程度大概也正是反映了这一差异。先天条件的不足就需要后天付出更大的努力作代价才能弥补。刘邦出身草莽，自己出身行伍，这就大大不同于刘秀、李世民身后有家族背景。这种背景等于为他们搭建了舞台，上场就可以表演，不愿上场还有人要推着你上。至于刘邦起于草莽，虽属不易，但那是“登高一呼，应者云集”的时代。这就使他从一个亭长而成为统帅，只用了很短的过程。可自己就不同了，一刀一枪、舍死忘生地亲历了多少次血腥的厮杀，才积累起一点一点的政治资本啊！

不过，作为一代王者，比个人素质没有太大的意义，要比的还是武功文治。自己是从一名下级军官一步一个阶梯攀登上命运顶峰的。论冲锋陷阵搴旗斩将，他们之中谁也比不上。汉高和光武根本不能亲自上阵厮杀，李世民亲历战场的次数也很有限，但是比较帝王的武功却不是看他自己手刃过多少敌人，而是看他凭藉实力为国家的统一和扩展做出过多大的业绩。从这一点看，所有这几位，在这方面都是佼佼者，各有千秋。细细比较，平心而论，赵匡胤觉得自己是最弱的。首先，自己的帝国在版图上就小得多，不要说和李世民比，就是较两汉也相差甚远。当然，如果天假我以时日，则自己的局面当不止于此，但那是后话了。

其次，自己虽然是从一片混乱中重建统一，但战争的艰苦、战局的奇险、战果的辉煌，却远不及他们三人。自己没有经历过垓下之战那样的大决战，也没有指挥过昆阳之战那样波谲云诡变化突兀的战局。他的所有对手虽然一个个失败了，但更多的原因还在于他们自身的腐朽荏弱而不堪一击。赵匡胤有时甚至为这一点而遗憾，那是一种难以言喻的寂寞感。不过话又说回来，自己如果真的遇上了强有力的对手，是否便有绝对取胜的把握呢？赵匡胤并不怀疑本身的能力，但对手下的将领却不敢寄望太高。既没有张良、韩信，也没有马武、岑彭，也没有李勣、尉迟恭。这类第一流的将才在自己的队伍里根本找不着。唯一能拿得出手的只有曹彬和潘美，其余的不过是些连年的战祸训练出来的一批凶狠狂戾的莽夫而已。而曹彬宽仁有余而勇略不足，潘美则器识狭小，根本不能称帅才。

武功方面显然略显不足，文治方面又如何呢？文治不是文采，要说文采，自己不怎么样，其他几位也差不多。然而文采对于“王者”

来说，并非必需的品质，相反，文采太盛只会给“王业”带来不利的影响，孟昶、李煜就都是眼前的例子，本人沦为历史的笑柄，百姓也深受其害。文治，是治理国家各方面业绩的综合表现。因为涉及的面太广，要作比较是很困难的，各有各的长处。每一项政策都是当时的形势、条件要求下的产物，它的利弊得失都主要地表现于某个特定的时代。此一朝和彼一朝的百姓对太平盛世的感受不可能完全一致，而且谁也不能说明其中的同异之处。比如，“同”到什么程度，“异”到什么程度，所以，硬要在这方面进行比较，恐怕只能从“王者”的主观态度上入手。

赵匡胤觉得，孔子说得对：“为政以德，譬如北辰，居其所而众星共之。”政，就是正，正人之所不正；德，就是得，得之于心而不失。“王者”能以其德正人之不正，亿兆臣民就会像群星围绕天枢北极一样倾心归向。“王者”的德，核心在一个“仁”字。仁者，爱人。是否能爱民恤民便是最首要的检验标准了。和刘邦、刘秀、李世民相比，自己的性格中更多一份宽仁和恕道。登极以来，为战祸和灾荒而蠲免的租赋钱粮，应该是够多的了，如果让史官们统计一下，肯定多于他们几位。至于杀戮之事，就更是一目了然了。刘邦手上，韩信、英布、彭越的死，已属狠刻，俎醢之刑，尤令人寒栗。李世民呢，更是连亲兄弟都照杀不误，遑论其他人。而我赵匡胤可以说从未妄杀一人。割据称王数十年而来降或生擒者，除了孟昶暴疾而终，其他的都安置得十分妥帖。这一点他们谁能做得到。

反对杀戮，确实是赵匡胤一贯的主张。当年陈桥兵变，王彦升杀了韩通，赵匡胤一直耿耿于怀，就为了这事，王彦升团练使干了好多年，直到死也没能当个节度使。王全斌平西蜀功不可谓不大，也是因为滥杀降卒，被罢黜在山野偏僻州郡一直到现在。杀韩通令赵匡胤恼火，当然更主要的是从政治影响上考虑的，他不愿意政变带上任何一点血腥味，只有这样才能维持自己的心理平衡，也才更有利于争取人心。但对王全斌的处理主要就是出于对残暴的憎恶了。不过，十年过去了，对王全斌似乎已经到了重新起用的时候，赵匡胤这样想着。当然，也无所谓“起用”，不过就是“恢复待遇”而已。王全斌老了，还能有什么“用”呢。

赵匡胤想起了不久前，刑部和大理寺向他呈报了一批全国各地死刑待决犯名单，他不可能一一了解那些罪犯的犯罪情节和背景，只能照往常的习惯，将其中明显情有可原的宽赦一部分。但这种做法并不能起到多大的作用，他自己当时曾对刑部和大理寺的人说：

“朕读《尧典》时，看到尧帝、舜帝时处置四凶之罪，也只用流放之刑。所谓流共工于幽陵……放驩兜于崇山……迁三苗于三危……殛鲧于羽山……而天下咸服。为什么越到近代，法网会越来越严密呢？”

赵匡胤说这番话的意思本是启发他们的思路，往修改刑法方面动动脑子，拿出方案来。刑法的某些具体条目在自己亲自督促下陆续已经改了不少，但最好是能重新制定一部在立法原则上比较宽大的法典。谁知他们的答复却是：

“陛下自建隆二年以来，亲自宽赦的死刑犯已达四千一百零八人。深仁厚泽，臣工钦服，万民称颂。历朝法制趋严，也是由于世风日下，不如此不足以正纲纪而慑人心。而且，无天宪之威严亦不能显示陛下之仁恕。”

想的根本不在同一条路子上。赵匡胤知道新颁法典殊非易事，便也暂时把它放下来。但不管怎么样，就按既有的情况进行比较，我赵匡胤一朝用法、执法应该说是最宽松的。

赵匡胤想到这里，心头感到一丝安慰，消弭了因武功的不足而引起的抑郁和自卑。其实，还不仅这些，赵匡胤接着又想到了其他方面。就拿科举来说，汉朝不必提了，那时的荐举制效果很糟，什么“举秀才，不知书；举孝廉，父别居”之类民谣就说明一切了。就以唐朝的科举而言，搞了二百多年，何曾实现过我历次整顿后的科举这样公平、公正、公开。谁想起过实行向远道贫寒士子提供膳宿的办法。至于吏治方面，不客气地说，汉、唐两朝都没有达到过我今日这样的制度完善、效果良好……

刘邦、刘秀、李世民，都未能避免“女祸”——当时或未形成气候，在他们身后却为害甚烈。但在朕的后宫里，绝对不会有女人干政的现象发生。还有小人得宠、宦官当权的问题，是汉、唐两代倾覆的重要原因，与开国之君没有在这方面带好头也大有关系。李世民甚至还公开宣称过“君子与小人，各有各的用处”。朕自开国以来，从无宠信宦官一类小人的纪录。就在去年，教坊使卫德仁，以年老为由乞放外官，并且援引后唐同光年间的先例，希望给个刺史一级的知州干干。这个卫德仁，在教坊多年，平日倒也恭顺忠诚，可是说到底是个戏子乐工出身，怎么能够轻授他去当地方官呢？宰相们以为多年的教坊使，想赴外任，也是情理之中。刺史不行，那么上等大州的司马总可以吧。当时朕就对他们说：“司马，乃知州的主要助手。任命士人都还要求有相当的资望，也不能轻授。此辈优伶，只宜在乐部给以迁升。”后来安排他当了太常寺大乐署令，他自己也就不再要求什么了。这类人能够危害国政，主要责任不在他们本身，而在于宠信他们的君主。本来是唱戏的，你让他好好唱戏就行了，你不去重用他，他们何尝会有更大的野心？李存勖天下无敌，结果下场那么悲惨。后人常说是他宠信的伶人乐工窃权干政，才至于把他推向了众叛亲离的覆亡之路。可是说到底，主要责任究竟该谁承担呢？那些戏子们如果不被送上他们自己根本不配占据的位置上去，他们又哪能有机会干那么多坏事？李存勖是通过这些小人们的手自己杀死了自己。小人什么时候都有，但小人得以祸害国家，总还是因为君主太昏庸的缘故，伶人也罢，宦官也罢，都是这个道理。只要君子小人，各在其位，各司其职，天下自然太平……

整个的比较起来，赵匡胤觉得自己似乎还应该比前面三位多得一点分数。这多得的分数主要来自文治方面：自己不仅贯彻了圣贤鼓吹的仁政思想，在革除历朝屡蹈覆辙的弊端方面也确实大有建树，简直可以说是前无古人……想到这里，他顿时浑身上下感到一种莫可名状的愉悦和轻松。情绪一振奋，他不由得策动胯下的汗血马在平原上一路小跑起来。白云悠悠，艳阳高照，郑州城已经远远在望了。

赵弘殷的坟墓——安陵就在郑州郊区。赵匡胤即位以来，亲领大军北上过，南下过，可就是从未踏上西行的路，因此，他也就一直未能有机会亲自拜谒父亲的陵墓。虽然先考的陵寝近在王畿，可是十多年来竟未能亲临致祭，为人子者，心何以安？这次赵匡胤坚持西巡，部分也是为着解除心头的这一大遗憾。

赵弘殷的墓营建得十分壮观，长长的甬道两边的石人石兽烘托出一种特殊的庄严和高贵。赵匡胤很满意，觉得父以子显，自己也算是孝而有道了。行奠献之礼时，礼部郎官读祭陵文，其中提到赵弘殷生平行状等，赵匡胤不由得回想起幼时父亲对自己的疼爱、教诲和期望，悲从中来，两行热泪夺眶而出。人的情绪一旦进入某种规定场景，便无力自拔，只要带来刺激的外因还存在，它就会在兴奋达到顶点之后才转向抑制。赵匡胤此时进一步想到，父亲戎马一生，历经艰险，又背负着沉重的家庭负担，从未享过清闲之福，壮年便匆匆谢世。自己作为长子在他生前并未尽过一天孝道，经济上也没有给他以得力的帮助……他越想越伤心，无声的眼泪转换成断续的抽泣最后竟致失声恸哭起来。随行的大臣们看到皇上痛哭起来，虽然没有足够的精神准备，也相继号啕不止。一时间寂静的墓园喧嚣大作，栖息林间的鸟群被惊扰得纷纷拍翼而起。

奠仪已毕，赵匡胤走上阙台，环顾四周，沉吟了半晌，命左右取弓箭侍候。赵匡胤自去年狩猎从马上摔下，怒而杀马，随即自悔畋猎之罪，至今已大半年没有用过弓箭。此刻他持弓在手，略感生疏。稍事活动后，他对淮西北方向用力射出一箭。他本是弓箭好手，这一箭射出去足有数百步远。他指着箭落处对群臣说：

“那里便是我的陵墓所在之地。我提前先给它定个名，就叫‘永昌陵’吧。”

## 赵光义的“在德而不在险”

洛阳的宫室并不像许多人所传言的那样破败不堪，相反，它被维护修缮得十分壮丽。赵匡胤看了很高兴。这些宫廷建筑从后唐灭亡以后基本上就一直空着。四十年过去了，赵匡胤把眼前的景象对比儿时的记忆，感到那时反不如现在这样新颖鲜艳，只是冷落空荡的环境提示着人事萧条、今非昔比。

赵匡胤召来了知河南府事、右武卫上将军焦继勋，这次洛阳宫室的维修工程就是由他主持的。焦继勋已经七十四岁了，须发皆白，可是精神矍铄，办事十分干练。赵匡胤当面表彰了他，并加授为彰德军节度使。协助他工作的庄宅使王仁珪、内供奉官李仁祚也分别授为义州刺史和八作副使。其实，对焦继勋来说，加领节度使根本算不得奖赏，赵匡胤记得，自己年幼时，焦继勋就已经是防御使、节度使这类的官，但这种加授仍然是一种荣耀，是诸多臣下求之而不可得的圣眷，更何况那彰德军乃是上等军州，一份俸禄便也可观。

在洛阳，第一件大事是合祭天地于南郊。这一盛典吸引了千千万万的百姓。南郊之祭是所有祭典中最隆重的，光是祭坛的设计与构筑就有一套很严密的规则。坛分三层：第一层周长八十一丈（九九之数），第二层五十四丈（六九之数），第三层二十七丈（三九之数），每层高二十七尺，每层四十八阶，共一百四十四阶。

祭祀从天皇大帝到众星共有七八百个神位。分成从上至下五等。祭祀前一天，就要安排好参加祭祀人员的次序位置，乐队的排列队形，神位及法器的陈设。宰相、礼部尚书检查整个卫生状况，督促各部门按要求做到洁净；礼部尚书、侍郎检查祭品（牺牲）的准备情况；光禄寺卿负责全部祭品的提供与落实；礼部尚书和礼部侍郎还要亲自检验鼎镬及牺牲生熟的程度。祭祀日拂晓，光禄卿就领人把祭品盛入祭器。各种分工很细致很繁琐。祭祀过程中的礼乐配合更是复杂，但场面确实壮观。身着大衮袍、戴冕旒的皇帝领着大臣们一层又一层地上香、献酒、跪拜……时而乐作，时而乐停，要折腾很长的时间。看热闹的老百姓也和祭坛上的君相们一样虔诚而严肃，好多白发苍苍的老者，感动得热泪盈眶地说："我们这一辈人青少年时期，饱经战乱流离之苦，不想今日还能见到太平天子。"祭祀礼毕，回到宫中，在五凤楼皇帝又发布大赦令。

第二天，举行盛大宴会，所有随行大臣、地方官员及乡中父老代表都被邀出席，席间，赵匡胤还分等级一一给予了赏赐。

南郊事毕，赵匡胤便发了重游故地的雅兴。首先，当然是去夹马营。曾经是人烟稠密生机盎然的夹马营，经历了几十年的沧桑之变，只剩下几条冷清的陋巷。寥寥可数的几幢陈旧的民居点缀在触目皆是的破壁颓垣之间。赵匡胤凭着记忆毫不困难地找到了自家旧居的所在地。原来的房子已经成了一片废墟，但从地基上还能辨认出早先的格局。赵匡胤仿佛听见从那些墙角里又传来父母的呼唤："香孩儿，香孩儿！”父亲低沉透着威严的声音，母亲清脆里含着怜爱的声音。还有老仆赵安和丫头桂香为自己的淘气而发出的无奈的指责：“小少爷，唉，你呀！……”自己排行第二，在光义出世之前（那年赵匡胤已经十二岁），一直被仆人们称为“小少爷”。

从旧居出来，又去看自己念书的学堂。走在那条幼时每天要来回好几趟的街道上，赵匡胤脑海中浮现出当年的画面：学童们排着队，踏着士兵操演时的步伐上学和回家，自己则走在队伍的外面像军官般不停发出口令——这几乎成了这条街的固定的景观，人们总要注目观看，就像看汴京明德门楼下禁卫兵换岗一样。学堂的旧址上什么也没有了，断墙残壁的里外都长满了野草，甚至还有一丛丛的灌木。赵匡胤此时自然想起自己的蒙师辛文悦。他是个正派人，教会自己许多东西，特别是立身处世的道理和原则，可谓受用终生。但是夫子失之于迂腐，拘古不化。建隆年间，赵匡胤找到他，让他先干干知县的差事历练历练，但他却并无良好的政声。后来安排他到房州给郑王柴宗训当老师，蹉跎了数年竟去世了……赵匡胤不由轻叹了一口气，心想有机会总还要照顾一下他的后人才好。

学堂的后面便是校场，当年天天都有禁兵在此操演。骑在马背上的军官们鲜明华丽的盔甲和饰物，曾经令赵匡胤何等的艳羡啊！此时校场已成了村民放牧的草坪了。赵匡胤领着众人来到了一棵古老的柏树旁边，指着右前方五尺远的地方对左右随从说：

“从这里往下挖，挖两尺深，看看还在不在？”

什么东西还在不在？他没有说，谁也不敢问。挖到约莫两尺深，镢头果然碰到了硬东西，于是，他们小心翼翼地一点一点把泥土往外起，最后，显露在众人眼前的是一只石羊，大小和真羊相仿，神态自然，造型古朴。

“你们且看看它腹下可有‘太康元年’四字？”听到皇上的命令，几个人同时弯下腰去。

“有，有！‘太康元年’四字俱在。”

众人一齐把疑问的目光投向赵匡胤，只见他微微一笑，用略带感伤的语调说道：

“它在这儿已经埋了整整四十年了。那年我和几个学伴在野外玩耍，见到一只石羊角露出土面，便动手把石羊从土中挖出。费了好大的力，把石羊抬回家里，意欲将它立在庭中以供观赏。宣祖皇帝（赵弘殷）看见了，说此乃古人墓前之物，放在家中或有不祥，便令我送回原处。我想，出土之处并无古墓，送回去太过吃力，便偷懒在此挖坑埋了，不欲为人所知也。”

原来并没有什么神秘的故事，众人或点头，或扮着笑脸，不知该用什么话来称颂陛下幼年时这一段“奇遇”，虽然情节无丝毫可“奇”之处，但如果不是突如其来，他们总会引经据典，附会出一番高论，甚至洋洋洒洒弄出一篇《西京石羊赋》来。

离开夹马营的时候，赵匡胤自言自语地说：

“这地方还是应该恢复为禁兵驻屯之所。”

敏感一些的大臣当时便听出赵匡胤的话似乎弦外有音，难道皇帝想迁都来洛阳吗？

赵匡胤还真的动了迁都洛阳的念头。到洛阳这么些天了，他看了这里又要看那里，到处发感慨，到处作指示，无非是这里要修复，那里要扩充，就是不提回汴京的事。归心似箭的群臣看出皇帝的心思了，可是没有一个人敢进谏。铁骑左右厢都指挥使李怀忠，是赵匡胤一手提拔起来的一员勇将，二十年来一直在赵匡胤身边指挥禁军，因为作战勇敢而深受信任，又因为出身军人说话较少顾虑。于是，他敢为天下先，就这件事向皇帝陛下建言：

“臣闻陛下有迁都西京之意，不知确否？”

“朕确有此意，卿意以为如何？”

“臣是一介武夫，国家之事不敢冒昧陈词。只是这东京有汴渠的漕运之便，每岁从江、淮运米数百万斛，数十万名禁军的给养主要仰赖于此，国帑府库莫不在汴。陛下迁都，禁兵亦必西来，其军需供应从何处运集？故东京为国家之根本安固已久，不可动摇，一旦遽然迁徙，臣实未见其利。”李怀忠一口气说出来一大篇道理，赵匡胤有些怀疑，是不是背后有人唆使。他不置可否，李怀忠也不好再说，而返回汴梁的事仍然是不见提及。

是轮到晋王赵光义出来说话的时候了。李怀忠的话没有产生一点反响，别人再说也无益，弄不好反而有害，只有晋王还可以一试。赵光义跟哥哥谈起迁都的事，开始先是从从容容宣传一番迁都不便的理论，主要论据还是李怀忠的漕运是禁军的生命线那一套。赵匡胤听得不入耳，便直截了当地对赵光义说：

“告诉你吧，京师西迁的事我想过多年了，不但要迁洛阳，以后还要迁到长安去。”

赵光义以为兄长是在说气话，便劝说道：

“陛下不要以为臣下们是故意违忤圣意，大家也是为国家、社稷着想。西京以至关中一带历年为战乱所毁，至今仍是民生凋敝，如何承受得起朝廷百司和数十万禁军的重负啊！陛下不可逞一时之意而定国是。迁都的影响非同小可，最可虑者是上下人心摇动啊！”赵光义说到激动处，跪到地下叩起头来。

赵匡胤一向是最喜欢这个兄弟，对他眼前的表现虽然很不满意，却又无可奈何，于是只好再次耐心地开导他道：

“我要西迁都城，并非一时之念。关中地形险要，山河扼控，确实是王者根基之地。我青年时亲临考察，印象极深。我没有别的意思，就是想凭据山河之险，裁减冗兵，纾解民困，循着周、汉两代的先例以安天下。”

可是赵光义并未被说服，反而驳诘道：

“安天下在德而不在险。秦朝不也是以关中为根本吗？苛政虐民，天下共弃。结果不足二世而亡，其势如土崩瓦解。”

这个“在德不在险”的论点太有力了，一时令赵匡胤为之语塞，他不说话了。赵光义看到兄长的沉默，便知趣地告辞退出，留给他思考和决策的余地。光义走后，赵匡胤对左右说：

“晋王的话固然是对的，安天下在德不在险，但朕意是为了去冗兵啊！他们不肯迁都是贪图眼前江淮漕运之便，但是冗兵不去，则用不了一百年，天下之民力就会殚尽的。”

赵匡胤似乎一直没有发现，在这场争辩中赵光义巧妙地偷换了中心概念，于是占了上风。本来是在分析迁都的后果和目的，只因为赵匡胤用了一个“据山河之险”作前提，赵光义便让讨论转了向，引发出“安天下在德而不在险”。这是一个已有结论的正面命题，对方落入这个圈套后，根本就无法再进行任何反驳。

隔了一天，赵匡胤便发出了东归的诏书，他觉得眼下不宜太坚持自己的想法，要让那些反对者意识到他们的短视，这需要一个过程。可是赵匡胤没有想到，上天会不给予他实现这个过程的时间。而后来的历史证明，他的观点是比较正确的。几十年后，冗兵便成为北宋社会的沉重包袱。而暴露在华北平原上的汴梁果然在长驱直入的金人攻击下迅速陷落，从而导致了二帝被俘国家倾覆的恶果。

离开洛阳的前一天，赵匡胤突然觉得不舒服，头昏，胸闷，气喘，情绪也特别压抑。太医准备了两剂药，吃过以后，症状减轻，才决定还是按计划出发。出了城郊，他吩咐扈从殿直亲军给他备马。刚上马时，一阵昏眩，但是他咬紧牙根坚持过去了。走了一段，便觉好了许多。这一阵昏眩令他心头震动。自己才刚进五十岁，怎么就会出现这种明显的衰老反应？在马背上度过了大半辈子的人，居然有了对马背不适应的感觉，绝非小事。也许真的是得了什么病？赵匡胤的心被一片不祥的阴云笼罩着，朕还有许多件大事未办完呢。就算把迁都的事搁在一边不说，太原刘继元不能让他继续僭伪于一隅吧，还有契丹人，不灭其国犹可说，不收复燕、云十六州之地，则枉为中夏之主……他本来计划休整士卒，一二年内暂不用兵，此时，他又觉得“时不我待”，回到汴梁就要出兵攻打北汉和契丹。

赵匡胤带着几名护卫走到了大队伍的前面。沿途的乡民在路边设有香案旗幡一类物事，向“太平天子”表示敬意。圣驾经过的时候，百姓照理应该伏拜于地，不敢仰视。但赵匡胤和随从们被人们误当作开路的斥候，没人行礼，更不回避，只是指指点点地议论着，仿佛在观赏庙会期间的赛神队伍，大胆的孩子们跟在两旁嬉戏欢呼。赵匡胤喜欢这样的场面，他很想看到普通的百姓，看到他们快乐的表情，这时自己所体验的愉悦是其他的快乐所不能替代的。他为这种情感反应而自豪，不是所有的帝王都具有“子民之乐便是君王最大快乐”的胸怀。

## 归途中与陈抟的再遇

在远离了村圩的野外，赵匡胤和护卫们发现，稍远处路旁有一棵大树。树下卧着一人，当马队走近时，他是既不起身，也不张望，似有所待。身旁的侍卫立即产生了警觉，注视着那人的动静。直到赵匡胤的坐骑已靠近了他身边，那人才不慌不忙翻身坐起。侍卫们都紧张地把手按在剑柄上了。只见那人向着赵匡胤深深一揖道：

“陛下别来无恙？可还认得贫道吗？”

原来是个道长。斑白的须发，红润的面孔，约莫五十来岁年纪。身穿一件灰布道袍，足踏麻鞋，打扮极是普通，全没一丝主持上等观宇的派头。如何会认得圣上？而且那神态不亢不卑，十分自然随便，似乎和圣上有过不一般的交往。

赵匡胤稍稍一怔，便认出了这位三十年前有过一次难忘交往的道人，立即招呼道：

“是希夷先生吗？久违，久违。”

原来这道人便是三十年前在华山上赌棋让赵匡胤输得十分狼狈的

黑须老者，当时并未通过姓名，是后来在山下神丹观中褚元才说起他姓陈名抟，号希夷。当年的印象太深了，故而一见之下，便能认出。只是事隔三十年了，何以这陈抟道长容貌竟无甚变化？赵匡胤心中不免惊奇，如果那时是五十多岁，现在便是八十多岁的老翁了，却这般精气充盈，全无老态。想必是修为极深有容颜常驻之功了。赵匡胤不由自主地翻身下马——遇此异人，不可轻易放过。

“道长为何在此处逗留？想必不是偶然。”赵匡胤知道他的道行，若无因缘，断然无此奇遇。

“贫道一则想再觌龙颜，以慰平生渴想；二则也是代华山道众百姓向陛下谢恩。”

陈抟说起谢恩，赵匡胤便想起十多年前（大约是建隆二三年），华州刺史奏闻，本州华山道众百姓拒交租赋，并称当今天子并在此处许诺，蠲免华山一应钱粮，不信可以问皇帝本人。赵匡胤阅过奏章，开始还大为震怒，竟有这等大胆刁民，敢谎称皇帝口谕，必须给以严惩。但转念一想，此事颇有蹊跷，平白无故，有谁会这样胆大妄为。于是，他问华州刺史，抗交租税行动为首主事者是甚等样人。刺史回报说是华山道教之长陈抟。赵匡胤一看到陈抟的名字，猛然想起当年自己在华山上输棋无奈立字据将华山卖掉之事，心想这张字据今日只怕还在那老道手中，倘若张扬出来，岂不为天下人笑。不如依了他，免得再生枝节。于是，下了一道诏，说自己当年华山遇险，承当地道众百姓救助，为酬此大功，着永免华山租税。此刻道长说谢恩，必然就是指的此事，只好来个彼此心照不宣了。赵匡胤很宽厚地笑了笑说：

“华山百姓，朕之子民，奖善罚恶，亦为人君者职司所在，不足言谢，不足言谢。”说毕，他便让人备马，请陈抟上马同行一程。

赵匡胤邀陈抟同行，却遭到了拒绝。陈抟说：

“陛下东归汴京，贫道却是要西去，这又如何同得路？”执意不肯上马。

侍卫们一个个眼中火起，这牛鼻子道人如何这般无礼，“率土之滨，莫非王臣”，如此不识抬举，哪里还像个臣民样子？只是看到皇帝对道人态度十分尊重，俩人说的事旁边人又听不明白，不清楚俩人究竟什么关系，因而不好发作。这时只见赵匡胤又劝说道：

“你不愿随我入朝，这也使得。只是今日务要容我作个东，共图一醉。今晚且与我好好叙叙话，明日一早，便送先生回华山就是。”

听他这么一说，陈抟稍一犹豫，便同意了。

作为一个皇帝，遇见异人，最想问的无非是两件事：一是自己的寿年几何；二是本朝的国运多久。在这点上，赵匡胤也和别的皇帝一样。然而这两个问题又都是不可泄漏的“天机”，无论是得道高人，还是江湖术士，都不会信口胡诌；往往是留下些模棱两可并无定解的歌诀谶语之类，让人们在事情发生之后再去附会印证。

可是陈抟却什么也不愿意说。他越是不说，赵匡胤越是以为他能说出点什么，只是在故弄玄虚而已。赵匡胤平日并不太相信鬼神灵异之说。他常常嘲笑那些服食丹药而丧生的帝王，身边也从不豢养些方士一类人物。但他认为命运是一种神秘的超自然现象，冥冥之中接受某个不可知的存在的规定和约束，只有某些具有特殊认知能力的人才能或多或少了解它的规律。陈抟当然就是这样的人。他问陈抟：

“朕之国祚长短如何？先生可言明否？”

“陛下仁民爱物，自然福泽绵长。”陈抟却不肯正面回答，但赵匡胤绝不会就此罢休：

“到底有多少年呢？比汉、唐如何？”赵匡胤为了套出具体答案，甚至提出了比较的参照物。

“贫道焉能妄言年代之数，只是大宋开国，气象宏伟，想必亦在汉、唐之间吧！”

陈抟的答复依然是模糊的，他似乎是在说宋朝开国的气象在汉、唐之间。但赵匡胤觉得他的话是对自己问题的正面回答。“汉唐之间”，两汉享国四百零几年，而李唐帝统还不到三百年，那不是说朕的宋朝将有三百多年天下吗？虽然还不免有些遗憾，但却也无可如何。更重要的是问一问自己的寿命究竟有多长。赵匡胤动了动脑子，先拐个弯从别的地方说起：

“当年在华山偶遇，先生何以知道朕日后将位居九五之尊？”

“贫道未曾说过陛下将贵为天子。”陈抟不认账，事实上他说的也是实情。他当时认定的只是赵匡胤气宇不凡，乱世中定能出人头地。

“先生虽未言明，但要朕写下出卖华山之契，试问，‘普天之下，莫非王土，’还有什么人有资格以山河为己有之物而作出抵押？”

陈抟笑了，确实，这事还真有点说不过去。当时，自己多少带有一点开玩笑的味道，并非完全当真，但此时却不便进行任何解释。

陈抟的笑而不答，被赵匡胤理解为一种默认。他紧接着再问道：

“务请先生明示，朕到底寿年几何？朕非畏死，只是想知道此事以便及早有所措置。”

陈抟此时倒没有推诿，只是静静地观察了一番赵匡胤的面孔，然后说道：

“陛下万金之躯，贫道不才，略通医术，欲为陛下一诊脉象，不知可否？”

赵匡胤随即伸出左手，让陈抟诊脉。

“陛下近期可有圣躬违和之事？”陈抟问道。

赵匡胤把前天突感不适的经过和症状介绍了一遍。陈抟默不作声地听着。他通过望气和诊脉，发现赵匡胤已经疾在膏肓了。赵匡胤生就一张红里透黑的脸，因而人们都忽略了他面颊特别是嘴唇等处发紫的情形，其实这便是血流不畅而导致供血不充的症状。由于血流不畅，供血不足，多年来，心脏便一直在加紧工作，终于导致了严重的心肌劳损。现在，他的脉象已经混乱不堪，时快时慢，时强时弱，还不断地出现暂停。陈抟知道这种病如能安心静养、辅以药物，则可以减少发作，延长寿命；如果焦虑多思，辛苦劳累，则会发作频繁，最终导致脉搏突然停止，不再恢复跳动而死去。陈抟心里踌躇了半晌，然后尽量平静地对赵匡胤说：

"陛下今后务请注意节劳养性。贫道在此先开上药方，请陛下坚持服药半年，待半年之后，贫道再来诊视。"说罢他就在书案前举笔疾书。少顷，药方写好，陈抟又说道：

"煎法及服法俱已写明。炎暑将至，陛下不可多食窖藏冰饮。秋后则应注意保暖。只要服得此药一百剂不间断，冬天不受风寒，明春更续以它药，陛下御体便有望康复。"

赵匡胤望着他，心想是不是太夸张了？朕这几日虽然有些不适，但也并不是什么大病，一开药就让我连服一百剂，太过分了。但对于陈抟的话，他不好公开提出质疑，人家是有半仙之体的人，不会信口开河的。他吩咐内侍收好药方，回京之后就按道长交代照办。

第二天，陈抟便要辞别，赵匡胤也不好再留。分手之时，赵匡胤说道：

"道长休要食言，今冬定要来汴梁一聚。"

"陛下放心，贫道自会记住。"说完一拱手，便向着西边飘然而去。行了数十步，又回头道：

“陛下切切莫要伤风受寒，保重……”

赵匡胤凝望着他的背影，几乎看不出他两条腿的运动，脚也好像根本没有踏上地面，不大一会儿，便只剩下一个小小的黑点并最终从视野里消失。赵匡胤想，这或许就是道家御风而行的轻功吧。真是高人啊！

## 国事，家事，还有许多事啊！

回到汴京，赵匡胤下令，所有随行官员一律放假十天，该让他们和家人好好团聚团聚了。他自己可并没有休息，脑子里又在紧张地策划着进攻北汉的事。当他初步形成了一个想法的时候，首先就想到要把弟弟晋王光义召进宫来商议。刚刚派出了传谕的内侍，又差人追了回来，因为他突然决定要亲自到晋王府去，他已经好长一段时间没有去过光义家了。

晋王府位于汴梁城东南地势最高之处。赵匡胤轻装简从来到府外，只见府门拥塞着好些运水的车子，一片嘈杂。门官认得是圣驾到了，忙喝令众人回避。赵匡胤问他是怎么回事，那门官倒也伶牙俐齿，连忙跪下回话：

"启奏陛下，只因晋王府地势太高，水上不来。这六月炎天，府里大小数百口人用水甚多，不得不增拨车辆运水，车一多，路就堵上了。小的等不知圣驾来此，冒犯龙颜，死罪死罪。"

这时晋王光义已经闻讯赶出府外迎接圣驾。赵匡胤一下子倒忘记了此来是商议征北汉的事，便要赵光义带他去看看取水处的地形地势。水是从金水河中取的，地方并不远。两兄弟就站在那里比画合计了半个时辰，最后产生了一个计划，在金水河中安装一个大型水轮车，利用河水的落差推动水轮，水轮最高处略高于晋王府的位置，水便可由枧槽引入晋王府中。枧槽长度不会超过三十丈，工程不算很大，提水的水轮如直径过大运转不便，就多造一个或两个，分阶梯把水提上来。赵匡胤说：

“朕明日就命将作监派工匠前来施工。”

天黑了，赵匡胤要回宫去了。他出来连宋皇后都不知道。他简要地说了一遍自己拟定的进攻北汉的方案，要光义再仔细琢磨琢磨。

送走了哥哥，赵光义情绪好久都不能平静下来。从孩提时起，哥哥一直是自己崇拜和模仿的偶像，十六岁从军以后更是始终在哥哥的帐下。耳提面命之间，自己获得的知识和教益真是不可胜数。而且，哥哥的勇敢果断、善用韬略、宽仁节俭，也是不断令自己在敬佩之余，得到向善去恶的启发和鞭策。亲身感受兄长的关怀和爱护，可以说是三十多年如一日，时时事事，无所不有。曾不止一次听人告知，皇帝对近臣们说：“晋王龙凤之姿，日月之表，是堪为太平天子的福相。”可是，如果没有这样一个哥哥，我赵光义能算个什么？什么也不是。

赵光义想起去年自己患病的事。因为病来得猛，自己晕倒在床，不省人事，情况危急。哥哥闻讯立即赶来王府，病榻前详细询问了患病经过及太医们的诊治方案。当时，太医们决定使用艾条灸灼。皇帝亲自手执艾条为弟弟治疗。光义被艾条烫醒，叫了一声痛。皇帝这时便将艾条自灸，先试好了温度，再灸赵光义。自辰时至酉时，在王府忙碌了一整天，一直等到赵光义出汗之后苏醒过来，才起驾回宫。

还有一次，皇帝在宫中设宴。兄弟俩喝得高兴，觥筹交错，猜令行拳。光义的酒量本不及乃兄，最后先醉了，说话语无伦次，站起来也迈不开步。虽说是兄弟，但追究起来，也是君前失仪之罪。赵匡胤却走到光义席前，用手扶住他的腋下，架起他一步一步送到殿外，下了陛阶，又搀他上马。可是还不放心，又特意交代赵光义的卫士高琼，要他以手执镫，千万别让晋王从马上摔下来。为了让卫士们能尽心尽力照拂好弟弟，赵匡胤还专门赏赐给他们控鹤官衣带及钱帛等物。

这样的事例太多了。哥哥对自己的钟爱和期待，赵光义是点滴铭记，不敢或忘的。当然他也自觉地要求自己，不要辜负了这一切，要在各方面无愧于皇弟的身份。开封尹，这是一个十分重要的职务，从建隆二年到现在，十五年过去了，自己虽不能说干得至善尽美，但总可以算是差强人意，治下民生富庶、风纪良好，无疑减轻了皇帝的压力。不过，光义知道自己能够为兄长做的，比兄长已经为自己做的要少得多，但这是因兄弟所处位置的不同决定的，并不是自己没有这份心。只要情况需要，他仍将毫不犹豫地为兄长赴汤蹈火。虽然，由于多年的养尊处优，自己三十七八岁便已经身体发福，“赴汤蹈火”，动作是不太利索了，但那无非就是一种奉献一切的精神，他坚信自己有这种精神。

晋王府的水车以最快的速度、最好的质量完工了。施工期间，赵匡胤曾数次亲自到现场催督。有皇帝坐镇，那工程能不快不好吗。当金水河里响起了大水轮“咿呀、咿呀”转动的声音，河水由水筒倾入枧槽，又顺着枧槽汩汩流入王府的时候，府中上下一片欢呼。赵匡胤此时也露出一脸由衷的笑。这不是一件大事，但由于它是由自己提出构想、亲自督促并检验完成的，因而便能给他带来一种特殊的愉悦。

也就在这个时候，兄弟俩才着手拟定北征太原的作战计划。紧接着便开始了进军的具体准备。

北汉是非讨伐不可的，而现在也正是到了该讨伐的时候。赵光义的心情比兄长更紧迫：

“当今四方僭伪之主俱已荡平，唯独河东刘继元尚未臣服。趁我军挟江南新胜之威，剿灭太原顽寇，可谓易于囊中取物。事不宜迟，即日就可发兵，以免敌方有备。”

“你看可说服刘继元来降否？”赵匡胤不知是担心生灵涂炭，还是前番北征无功而返的阴影尚未散去，对用兵似乎还有些顾虑。

“那刘继元生性冥顽，是个糊里糊涂不知死活的东西。那年太原围城之战，他已是山穷水尽，犹不肯降。今日又焉能凭口舌令其臣服？”

赵光义对刘继元的分析是有道理的。赵匡胤想起了当年为招降刘继元所白白花费的功夫，认准了北汉问题的解决非用大军强攻不可。

既然已经决定出兵，那么下一个要考虑的问题就是任命统帅。要说资望、器识和才干，满朝之中，仍然是无人能和曹彬相比。可是当赵光义提议让曹彬挂帅时，赵匡胤却不以为然：

“曹彬统兵连破二国，累功已迁至使相，再建勋业，是无爵可赏矣。况且也有悖朕一向均劳逸、分甘苦的用人主张。”话是这么说，赵匡胤心里其实仍然忘不了赏江南之功时和曹彬、潘美的那场对话。曹彬认定打太原少不了他，因此估计朕会吝惜爵赏。君王之心应该深不可测，你曹彬以为自己能洞察一切吗？我非让你失算不可。你说你得不到使相之位，我偏让你当上了枢密使；你觉得北征帅印非你莫属，我就偏要另外用一个人。赵匡胤征求赵光义的意见：

“你看此次就用党进挂帅出征可好？”

为什么要给党进这个机会，说起来理由很多，如他骁勇善战，而且在开宝元年的太原围城战中表现突出，对北汉的军情民俗和地理防务等都比较了解等等；但更重要的是此人的媚上掩藏在质朴憨厚之中，使做主子的即使明知其才情不足也一定要伺机重用，才能心安。前文说过，党进根本不识字，官却做到了侍卫马军都指挥使，领镇安军节度。这回北征，要他挂帅，便又任命为河东道行营马步军都部署。赵匡胤当年目睹了他和刘继业在太原城外的一场激战，对他的勇敢印象很深。而赵光义也积极赞成兄长这次擢用党进的想法。说来也好笑，他最近从家将处听到了一个有关党进的传闻：

作为禁军主要将领之一的党进奉诏巡视京师治安。他有个怪规矩，只要看见有人豢养宠物，就一定要没收下来，然后放诸山野听其生灭，而且还要将宠物的主人责骂一顿：

“有钱买肉不去好生供养父母，却用来饲养禽兽，真只堪与禽兽作伴。下次再养，定要责罚。”

有一天在街市上碰上了一个胳臂上站着猎鹰的人，那人是晋王府的亲吏，可是党进不认识，走过去要没收那只鹰，那人说了一句：

“这可是晋王的鹰，打猎时最少不了。”

党进要没收猎鹰的话还未出口，满脸的凶恶却立时化作了一派谨厚郑重的声色，叮嘱那人道：

“我正要告诉你，必须谨慎养护此鸟。”

这件事在小民中都传为笑谈。赵光义听了，开始也想笑，后来便觉得党进随意流露的情绪的变化反映了他对自己的一片真诚和敬意。他认为党进的“忠”，是深入到了骨头里的。

让党进挂帅，则其副手必须配一个心机丰富、善用谋略的人。赵匡胤想来想去还是只有潘美合适。虽然，上次南征，潘美任都监，这次北伐，又是任都监，似乎有点君恩太薄的味道。但好在潘美还年轻，做做工作，让他再委屈一次吧。此外又任命虎捷右厢都指挥使杨光美为行营马步军都虞候，并带领牛光进、米文义等将，率兵分五路进攻北汉。同时，又诏命忻（州）、代（州）行营都监郭进对沂州、代州、汾州、沁州、辽州、石州等地发起进攻，以为策应。

就在大军将要出发之际，传来了武宁节度王全斌病死的消息。刚刚撤销了对他的处分，重新分配工作，不到三个月时间，他却死了。这固然是他命中无福，可是赵匡胤心里还是觉得不舒服。他想，也许真是朕对他处罚得过分了点儿？王全斌当年西征，克栈道之奇，破剑门之险，生擒王昭远，大破李元喆，实在是有功劳也有苦劳。朝官们弹劾他放纵杀掠，为了服众人之心，也为了儆后来之效，当时不能不给予贬降的处分。其实，有些事情，情势使然，如苦战而获胜之军旅，就往往需要用某种形式来发泄一下情绪，而且所谓奖赏也就部分体现在这片刻的放纵之中。带兵多年的赵匡胤是深悟个中道理的。但是为主帅者一定要把这一切控制在适度的范围之内。王全斌没有控制好这个“度”，于是落得个有功而受罚的下场。安坐在朝堂上的文官们很难理解甚至是无法理解这点。他们只知道按书本上的框框来规范现实中的存在。为了王全斌的“滥杀降卒”，他们竟要拟他一个“大辟”之罪。杀降卒，固然可恶，但战场上的事情瞬息间会产生无法预见的变化。有时候为了确保胜利，为将帅者不能不采取或者是默许某些不近人情的断然措施，这点也是不好以常理去评估的。可是，身为皇帝的赵匡胤，不能用这些道理在朝官们面前去为王全斌开脱。在当时情况下，必须给王全斌以处罚。不过，赵匡胤在降罪诏书的最后面写了“尚念前劳，特从宽贷，止停旄钺，犹委藩宣。我非无恩，尔当自省。”这么几句话。

然而，这一“省”就是十年。赵匡胤其间不是没有想到过要重新处置一下这件事，但被一直不间断的重大军事行动搁浅下来。因为一准备用兵，就要考虑维护军纪的问题，也就担心重新启用王全斌等人会产生负面的影响，于是就这么一直拖到了西幸洛阳时，才给他授了个武宁军节度使。任命不到三个月他就死于任所，这说明朕的恩典是来得太迟了一点。

迟来总比不来好。赵匡胤又为自己终于给王全斌落实政策而感到欣慰。上次在洛阳见到他，已是须发尽白的颓然老者一个。他还坚持要行跪拜之礼，结果是靠内侍搀了一把才重新站立起来。要不给他这么最后一点慰藉，他还不是就在那个穷山沟里悒悒而终。现在，他死得至少心情开朗一些，家属和旧部也不会再对朕有所怨望。听说王全斌轻财重友，宽厚容众，旧部一般都对他深有好感，而他自己待在山窝里十来年，也怡然自得，从无躁竞之举，这种风格，很受人称赞。往者已矣，现在是需要有所表示来激励来者的时候，赵匡胤下诏，追赠王全斌中书令，也就是“位列使相”了。

## 关于接班人问题的纠结

北征的大军是八月中旬出发的。正是秋高马肥的季节，一路厮杀，十分顺手，不日便到了太原城下。这时的北汉已经衰弱到了极点。开宝二年（969 年）赵匡胤亲征班师的时候，把太原四郊和其他州县的居民大量迁移往河、洛及山东等地，造成了北汉“虽巢穴尚存，而国困民穷之甚”的局面。这一带本来就贫瘠，此时简直是衣食都难乎为继。无论是军事上、经济上，都必须仰赖契丹的救援。党进的大军一到，北汉刘继元立刻向契丹发出了告急文书。

对于契丹来说，无论考虑实际利害还是遵循道义原则，它都必须承担起援救北汉的责任。多年来，北汉一直对契丹恭行子侄之礼，是一个唯命是从可以任意支配的“盟邦”。更重要的是北汉这块基地在与宋朝对峙的军事部署上作用不可忽视。进攻时，它就是跳板；防御时，它就是屏障。但是，契丹现在也正陷于困难的境地。一是国内政治斗争形势十分激烈，辽国南京留守秦王高勋和宁王质睦，因私造鸩毒和以毒药馈驸马都尉萧默里，被控为图谋不轨而革褫爵位流贬边州；二是东北方向的女真人日益强大，每每深入辽国腹地大肆剽掠。辽国朝廷决定要认真对待，以武力镇压。处于这种内外交困的形势，辽国已经开始和宋朝媾和，达成一个互不相扰的协议，以便集中精力处理眼前的难题。偏偏这时，北汉的告急文书来了，参详一番，觉得不出兵还是不行，于是派了南府宰相耶律沙和冀王塔尔率兵赶赴太原。

契丹并没有派出什么精兵，而且一直回避和宋军的正面交锋。北汉军队在刘继业的指挥下做了些抵抗，但自然无法挡住宋军凌厉的来势，太原城北，连败两仗，损失兵马数千。郭进的部队在代州（今山西代县）、忻州（今山西忻县）一举掳走百姓三万七千余人。到了十月里，党进又在太原周围烧毁村寨四十余座，抢掠人畜各数千，并连续挑战北汉军，给予重创。事态的发展已经表明，北汉这次难逃覆亡的劫数，而且用不了多长的时间。可是事情往往就这么奇怪，正如俗话所说，北汉天不该绝，正当党进踌躇满志，打算一举攻下太原向赵匡胤报捷请功的时候，朝廷的加急文书到了，要他们立即班师回汴，因为皇帝陛下圣躬不豫。

只有在皇帝病情危殆的情况下，才需要用加急文书召回境外之师，因为这样做的目的是避免发生不测时可能出现的动乱。龙驭宾天，新王甫立，将兵在外，多有不宜。这些道理党进还是懂得的，于是他赶紧命令各军撤退。而风雨飘摇朝不保夕的北汉竟又得以苟延了三年。

开宝九年（976 年）的冬天来得格外早，十月初，汴梁便下了一场大雪，气温特别低。赵匡胤就是从下雪的那晚开始，身体感到不适。症状和五月里在洛阳那次发病大致相同，只是程度更重些。一生病，赵匡胤就想起了在洛阳道上陈抟对自己说过的话。算来从那时到现在已快有半年，一百剂药早已吃完，照理说应该没什么问题了，而且很快陈抟也就会如约前来再做诊治。可偏就在这时候自己又发病了。也许是自己注意保养不够，操心太多所致，可是一个当皇帝的人又怎么能够不操心呢。他只能一面继续按陈抟的配方服药，另一面就希望陈抟能早日到来，好帮助自己平安度此一劫。

赵匡胤的寝殿里燃着几大盆炭火。他不喜欢用火炕、火墙之类取暖，因为陈抟叮嘱过一定要注意避免受寒，宋皇后便命人多备了几个炭盆。但这样一来就大悖于陈抟的原意了。大量的木炭在屋内燃烧自然消耗大量的氧气，紧闭的门窗又阻碍了室内外空气的调节，而赵匡胤所患的病正由于血流量不足而导致缺氧，于是病情不见缓解反而日渐加重。他已经出现过两次严重的昏厥，都是因御医抢救而清醒过来。

昨晚，他又昏厥了一次，救醒以后，他又睡着了。此时，他刚刚醒来，一眼就看见宋皇后斜倚在对面的御榻上打瞌睡，形容憔悴，发饰斜垂，衣裳皱乱。赵匡胤深知，宋后是个最讲究礼仪的人，平日迎接他下朝或进餐的时候，总是一身礼服、丝毫不苟。现在这模样，也不知道她衣不解带、日以继夜地侍候在病床前有多久了。他想命宫女把皇后搀回她自己的寝宫歇息，但看见她此时正好睡着，如把她弄醒，她必定又不肯离去，不如且让她这样多睡一会儿。他凝望着宋后那张年轻稚嫩的脸，不觉滚下了两行热泪。

赵匡胤意识到了自己的病非同小可，也许就此难逃大限。自己才刚刚五十岁，需要做的事还很多很多，确实还舍不得死。上天如果有济世爱人的胸怀，为什么不能让朕多活几年呢？千年之下，有几个像朕一样体恤百姓的皇帝？不过，这些道理没地方说。好在宋朝的基业已经基本牢固，朕便去了，也未必有什么放心不下。后继者只要能够墨守成规，谨慎持重，便可以保住社稷江山长盛不衰。没有藩镇之患，没有权臣之患，没有后宫之患，没有外戚之患，没有宦官之患……一个国家能根除这几种弊病，还有什么可担心的呢？

然而，他有放心不下的东西，那便是自己的家事。宋后太年轻了！朕去了，撇下她，一个二十六七岁的寡妇，以后的日子怎么过呢？赵匡胤知道，宋后这几天老像是有什么话想跟自己说，可又不大敢说的样子。说什么呢？不说也知道。她是想提出立嗣君的事。这件事，仓促之间跟她还真是说不清楚。

赵匡胤是属于“英明神武”那一类的皇帝，做臣下的一般不敢在他面前表现出太多的深思熟虑、高瞻远瞩，兼之从外表看来赵匡胤的身体又十分健康，因此没有谁会自讨没趣地进奏“建储之议”。从历史的经验看，太子立得太早未必是好事，每每还弄出些父子反目兄弟相残的悲惨局面，所以大臣们对本朝不立太子久之都视为正常了。如果赵普还在朝中，在这个特定时刻，他可能站出来发表意见，但他被贬走了。其余的这些宰相们并没有一个真在皇帝面前说得起话的，平日里承旨奉命例行公事犹可，大事临头便只能是因循观望。当然，这里还有晋王这个重要因素在起作用。皇子不封王而皇弟封王，而且又号晋王而兼开封尹，这正是昔日柴荣的名号和职位，谁知道他们兄弟之间有一种什么样的默契呢？外臣自然最好能回避这件事。

然而，对于宋后，这却是一件无法回避而且不能回避的事。她何尝看不到晋王光义现在的特殊地位，但她无法让自己接受兄终弟及这种可能发生的事实。如果晋王即了大位，那么最尴尬的就是她自己的身份，不再是皇后，也不是太后，真所谓寄人篱下、仰人鼻息，那会是一种什么滋味！所以，她一定要尽一切努力让赵匡胤立太子。立谁呢？最好是立德芳。德芳是赵匡胤的幼子，虽然也不是宋后所出，但宋后册立时，他还只有七八岁，算是在宋后手中抚养成人的，彼此间有种亲情。如果德芳即位，自己便是名正言顺的皇太后。至于德昭，自己入宫，他已经出阁，没有什么感情交往，但也不敢不认母后吧。宋后知道，赵匡胤对德昭有些不太满意，立他为嗣君的可能性很小。宋后曾经暗示赵匡胤，让德芳进宫来侍奉父王，以尽孝道。但赵匡胤不同意这样做。德芳今年春上才出阁领贵州防御使。贵州（今广西贵县）远隔千里，德芳还是个十几岁的孩子，能够送到如此偏远的地方去做官吗？所以只称为“领”——遥领而已。出阁开府，仍在京师，入宫侍疾，情理皆合。赵匡胤为什么不同意？宋后想到这点，便感到十分沮丧。因为晋王赵光义每天晚上都要进宫问疾，亲侍汤药（白天他在朝处理政务，所有国事已经一任他发落）。这些迹象都说明赵匡胤确有传位于弟的打算。

这段日子以来，对现实的担忧和对未来的恐惧，合成一个沉重的精神包袱，压在宋后的肩头，令她悒郁，令她窒息。她好些天没有睡过一个整觉了，往往是刚一合眼，就开始做噩梦。此刻，她便又被围在极其悲惨而又可怕的梦境里：自己已经成了寡妇，一身素净，跪在赵匡胤的灵前，烛光摇曳，夜气如磐。突然听到一片呵斥之声，似乎像是晋王在骂人：

“你们这群没用的东西！怎么还让她待在此处，赶快收拾她的衣服，将她打发出宫。”

随即便走进来几个从未见过的小黄门，一言不发，从左右两边将她掖起，拖向门外。

“该千刀万剐的奴才，竟敢如此犯上不敬，你们就不怕……”她大声叫嚷，然而却觉得嘴被什么东西牵制着，不能痛快地发出声来。而且说到此处，她又意识到这句话无法继续说下去——他们当然

“不怕”，他们是奉晋王的命令行事，而晋王就是最高的权力拥有者。宋后心头一阵发紧，在屈辱和绝望里惊醒过来，她睁开眼睛，对面御床上的赵匡胤正疑惑而担心地望着自己。

“皇后刚才好像在做梦。”赵匡胤已全不是他平日的气概了，说话有气无力：“皇后满面怒容，似在骂什么人，可是只见嘴唇动，却吐不出一个字，不知道是梦见了什么可怕的事？”

“陛下醒来好久了吗？此时感觉可好吗？”宋后并不作答，却先对赵匡胤提出了问题。

“还好。这些日子真是辛苦你了。”

“陛下圣躬违和，妾忝居后位，理应侍奉左右，何敢言辛苦二字？只愿上苍庇佑，让陛下龙体早日康复，以慰天下子民。”

宋后一边说，一边想着是否该把刚才的梦境说给赵匡胤听。说出来吧，自然就能把那个最紧迫最重要的问题一并提出，可是这又必然牵涉到一个不祥的前提，赵匡胤听了即使不生气，也必然会在心头蒙上阴影，对他的病体肯定不利；不说出来吧，又还能选择什么更合适的时机向皇帝进言呢？但事情到了紧急关头，他不高兴也要说，反正这是必须面对的现实。不过，此刻是否就已经到了紧急关头呢？

宋后就这么思量着、犹豫着，始终没有鼓起说出来的勇气。当她打定了主意，正准备不顾一切提出立嗣的请求时，内侍王继恩掀起门帘走进屋来跪奏道：

“启奏皇上、娘娘，晋王进宫探疾问安。”

“快让他进来吧！”赵匡胤似乎有点高兴的样子，发出口谕。宋后此刻却感到十分懊恼和沮丧，怎么来得这般凑巧？她心头不由冒起一股怒火，恨不能找个人发泄一顿。

晋王光义进得寝殿和兄嫂见礼。赵匡胤命内侍给他看坐，宋后却是满脸秋霜，毫无反应。

赵光义何等乖觉之人，焉能看不出宋后的心思所在。他扮出一副十分关切的表情说：

“皇后连日来操劳太甚，形容清减，还望注意节劳。皇后的健康是国家的福祉啊！”

宋后一肚子的不耐烦，却又不能发作。而且她本来生性柔顺，此时只能敷衍着答道：

“多谢晋王关心。晋王也该注意节劳，国家大事都靠你在鼎力维持哩！”

这里还是话中有话。赵光义只作不知，十分谦恭地表示了谢意。这个嫂子比自己还小十岁，且不是个乖张泼辣的角色，应付她并非难事。不过她此刻的情绪也是可以理解的，自己不必与她过于计较。

赵匡胤感觉到了宋后反常的冷漠和烦躁。他想也许是这些天来过于忧急劳累所致，于是说道：

“皇后多日来衣不解带，实在是太辛苦了。此刻朕已觉轻松许多，请皇后且回宫歇息吧！”他不容宋后再解释什么，便命内侍王继恩唤来宫女搀扶宋后回自己的寝宫，并嘱咐她一定要好好睡上一觉。

宋后走了。兄弟相对一室，赵匡胤开口道：

“光义，”他不再用一种公事公办的礼仪口吻称弟弟“晋王”，而是直呼其名，这似乎就已经说明了此时的谈话具有不寻常的意义。“朕所患之病恐怕已是药石无灵，前者在洛阳道上，陈抟道长已对我多有警告，朕也没有全听他的。他曾约我半年之后来汴京相见，现在半年之期虽说已近，但为兄只怕是等不到了——”说到此处，他停顿下来，一是因为吃力，二是因为激动。

“哥哥不要如此说，”赵光义也动了感情，不再称“陛下”了，

"只需安心静养，过些日子自会痊愈的。那陈抟道长也必然不会失约的。"

赵匡胤脸上浮起一丝苦笑，然后说道：

"语云'凡事预则立，不预则废'，你我兄弟，今日不可不有所'预'了。朕一旦撒手而去，这嗣君之位，你看当如何定夺？"赵光义听到兄长突然间挑明此事，自己一时倒觉得难以作答，少顷，才开口道：

"自然还是该立嫡立长，继位非德昭莫属。"

"你认为德昭堪当此任吗？"赵匡胤问，用一双眼睛紧紧盯住光义。

赵光义觉得这个问题更加不好答复。说实话，德昭没有表现过什么过人的器识和才略，作战倒还勇敢，但缺乏领袖气质，不善驭人之术。特别是性格内向，喜愠不形于色，城府颇深，连自己这个亲叔叔，虽说和他一起长大（德昭比光义小八岁），也常常不知他心里究竟想些什么。部属对他，敬畏或有之，敬爱就谈不上了，但这些此时对皇上说合适吗？赵光义沉吟了一会，便表示道：

"德昭性情内向，不太精于政务。但我自会尽力辅助，哥哥尽可放心。"赵光义这两句话倒并非违心的敷衍。他知道哥哥对德昭的不满意，所以才会对一个近三十岁的长子迟迟不封王。但自己和德昭却有较深的感情。德昭八岁时，母亲贺后就去世了，十二岁那年即出阁开府。小孩缺少了亲情的温暖，那种孤寂的心态是不难想象的，德昭只有从自己叔父那里可以得到一些长辈的关怀（父亲难得一见，幼叔廷美和自己年龄相仿），这就是德昭和光义接触最多的客观原因。德昭纵然有许多不足，赵光义还是愿意辅佐他的，他相信自己能控制德昭。至于德芳，他没有考虑。首先，他看不出废长立幼的充分理由。

其次，即使有这样做的必要，动议也不该由他提出。再者，德芳今年春上刚出阁，才十来岁年纪，自己也确实了解不多。

“光义，”赵匡胤又说话了：“我从前就对你说过，唐天宝以来朝廷的积弱，根本原因是君弱臣强，呈太阿倒持之势。梁、唐、晋、汉、周，各朝开国之君，虽不足言文采，但莫不强悍有余，而一到二、三代，继位者荏弱愚庸，便又复为强臣所代。必须摆脱此一恶性循环之历史怪圈。依朕看来，立嗣君，嫡与不嫡在其次，惟长者、强者是选，始可保国运之长远。朕意以为，朕如不测，应以汝为继位之君。”赵匡胤回避了母亲杜太后曾有遗命那一段前因。虽然他非常尊重母亲的这一愿望，但他认定，这件事决定权在他本人，母亲的遗嘱是只能作参考的。

“不可，不可，万万不可！”赵光义惊得从座位上站起来。朝野间对他的政治地位和发展前景早有许多传闻和推测，他自己对此事也并非没有若干设想，九五之尊，谁不向往。但兹事体大，自己从不敢乱置一词。他对于哥哥始终怀着最深的敬畏和爱戴，即使此刻，他也吃不准哥哥的话是否含有试探之意。“陛下休要再说此等不祥之话。静养几日，圣躬自会康复。”话说到要紧处，他不觉又恢复了君臣对话的语气。

赵匡胤看到他这副模样，轻轻叹了一口气，他知道光义仍是心存顾虑，有些话看来一时又很难说得清楚，还需费些时日……

## 兄终弟及的闭幕式

皇帝和晋王之间的对话同时还被另外两个人听见了，一个是内侍王继恩，另一个是宋后派在此处值班的宫女。宫女当然及时地奏知皇后。宋后听了不免对赵匡胤生了几分埋怨之心。自己历尽无数艰辛才创下的基业，放着两个儿子不传，却要传给兄弟！这到底是怎么回事嘛？他心里简直就没有儿子，也没有妻子。幸好晋王当时还没答应下来，否则把遗诏一立，就什么都完了。不行，这事当皇后的应该可以讲话，也必须讲话。她决定自己出面和赵匡胤“摊牌”。

第二天，她趁赵匡胤感觉较好时开了口：

“陛下这两日病情已见好转，此实国家之幸。只是妾想来犹有后怕，今太子未立，东宫虚位，如一旦有仓卒之变，妾当如何处置呢？”说着她就情不自禁地抽泣起来。

“朕欲以晋王为太弟，继承大位，汝意以为如何？”赵匡胤觉得既然她已提起，不如趁此说明自己的想法，迟早这事得和她商议。

“晋王固然才德俱佳，只是帝位历来父子相传。陛下何以定要违背古制呢？”宋后问道。

“自古以来兄终弟及者亦不乏其例。‘天下唯有德者居之’，欲求国祚长久，当择强者而立。”赵匡胤答道。

“德芳儿谨于修身，处事持重，出阁以来，颇有令誉，不可以为嗣君吗？虽则年纪较轻，历练不足，然有晋王辅佐，当可无虑了。”宋后虽然性情温和，此刻却绝不后退。

宋后的话有据、有理、有节，赵匡胤觉得很难再用什么道理去说服她。而且，他也不愿意将杜太后生前遗命之事向宋后作出解释，于是只好用一种冷淡的口气对宋后说道：

“皇后所言亦属有理，此事朕自有分寸。”说毕，他便微微闭上眼睛，似乎已十分疲倦。他心里何尝不知道宋后的担忧！这个柔顺娇小的妻子无论哪方面都无可非议，虽然不够泼辣能干，但赵匡胤却更欣赏她小鸟依人的风韵。自己如果抛下她走了，她面对的将是多么暗淡而漫长的岁月啊！也难怪她只想到德芳是她抚养成人的，便要立德芳为皇储，而全不顾及纯良有余而进取不足的德芳究竟能不能挑得起这副担子。一个女人，总得要有所依靠……唉，要叮嘱光义，善待他们母子……

宋后看到皇上说了一句模棱两可的话就闭目不语，分明是不愿再谈此事。自己也不敢继续进言，心想只能等到合适的机会再说了。

然而，命运却没有给她“合适的机会”了。就在这天的傍晚，赵匡胤的病情又突然恶化。在经历一次猛烈的发作之后，他在药物的作用下闭目睡去，但却不断发出些旁人听不清楚的谵语。看得出来，他像在与某些人进行着很痛苦的对话。御医们说，药用过了，该有几个时辰昏睡，只要平安过得今夜，明日当有转机。屋内除留下应值之人，其余尽可退下。晋王及德昭、德芳依礼均不得留于宫中过夜，各自回府去了。只有宋后，不肯离开赵匡胤的寝殿，坐在灯前，望着说胡话的丈夫，独自流泪。

赵匡胤并未完全丧失意识，只是昏昏沉沉，似梦非梦，而蒙眬间所见尽是些死去多年的人，所有的场景都令他尴尬、愧疚或悲哀。

首先出现的竟是孟昶和花蕊夫人。他俩很亲昵地站在一处，用一种冷漠而又带着轻蔑的眼光打量着自己。他分明记得孟昶是败亡之君，当年的表情是那样卑微而胆怯。而花蕊夫人徐氏曾被自己纳入后宫，在记忆里一直是温柔恭顺无命不从。他们此刻怎么敢如此无礼！赵匡胤怒火醋火一同燃起，正待发作，忽而又意识到，他们二人原是夫妻，恩爱想来尚在，自己切不可贸然发怒，有失尊严。正待摆起皇帝的架子向他们说话，只见那孟昶竟先开了口：

“赵官家，别来无恙？当年你我各据一方，相安无事。你为何定要苦苦相逼、灭之而后快？”

“尔不闻‘王业不偏安’乎？你父子窃据西蜀，荒淫无道，朕吊民伐罪，躬行天讨，解万民于倒悬，致山河于一统。”赵匡胤仍然振振有词。

“‘解万民于倒悬’？嘿！”孟昶一声冷笑：“杀万民于道路庶几近之。宋师所至，尸横遍野，血流漂杵。蜀中百姓，辗转沟壑，求告无门。你不知道吗？”孟昶反唇相讥，带着一脸的愤慨。

“部将所为，朕已作了处罚。”赵匡胤话说得自觉底气不足，似乎已经心虚了。

“什么‘躬行天讨’，不过是贪得无厌，得了我的江山犹嫌不足，还要霸占我的妻子……”他似乎激动得说不下去了。赵匡胤看看花蕊夫人，正倚在孟昶身边掩面而泣……他并不想示弱，可是却想不出恰当的言辞。他习惯性地把手伸向腰间拔剑，腰边却空荡荡的什么也没有。他气得大声叫唤起来，眼前的孟昶夫妇却不见了。

脑子里平静了片刻，幻象又出现了。这回却是柴荣，不是衮服冕旒的后周皇帝，而是推着小车卖伞的乡间汉子。柴荣主动招呼他：

“贤弟，许多年不见，你过得可快活？”

没有比见到柴荣更使他狼狈甚至惶恐的事了，他竟然不知道自己该说什么。就眼前这个问题他都觉得难以作答：快活吗，那么便是全无良心的负担；不快活吗，那么必是在负罪感的重压下不得安宁。他只能笑着搭讪道：

“陛下这些年来可好？”

“休要如此相称，”柴荣打断他道：“你是真命天子。愚兄的一切作为，不过是为贤弟开路，所谓‘为圣天子驱除云耳’。”柴荣的话里倒是全没一丝火气，但是否是一种反讽呢？赵匡胤心慌意乱，无词以对，只能含含糊糊地说：

“臣之今日，全为陛下所赐、所赐……”

“贤弟，只是有一事，不是愚兄说你，你太过操切。宗训是你的侄儿，六岁孩童懂得什么？你取了他的帝位就算是天命吧！可你安排他孤儿寡母到房州穷山僻野，毋乃太过！我儿二十岁年纪便一命夭亡，人们都传说是你命人做了手脚，我却不信你有如此歹毒……”

“不是我，不是我！那不是我干的。”堂堂的大宋皇帝像个公堂上的罪犯般辩解起来。

“贤弟休要惊慌，愚兄岂能尽听人言？愚兄一生待人刻薄处亦不少，将离人世才得明白，‘纵有千年铁门槛，终须一个土馒头’，你我兄弟即将重逢，愚兄才对你说出这番言语。”

赵匡胤又愧又惧，顿时冷汗淋漓。难道朕就要死了吗？他不愿，他不服，他要向天帝抗议，为什么自己这样的好皇帝寿年竟如此短？

“贤弟，不要如此斤斤计较，人寿修短，悉由天定。愚兄才活了三十九岁呢！”柴荣像是看透了他心里的念头，接着说道：“愚兄要是也舍不得死，贤弟岂有这十七年好‘做’？”

赵匡胤实在经受不住柴荣这种介乎调侃和训诫间的唠叨了，最难堪的是自己只有不断地出冷汗却说不出一句话来……

“义兄，义兄！”

赵匡胤身边突然间响起一个熟悉而又陌生、甜美而又哀怨的声音。是谁这样称呼自己呢？只有一个人，那就是京娘。他看见京娘仍是齐眉戴着那顶盘花雪帽，十分俏丽活泼。宋后长得很像京娘，可是出身阀阅世家，就是没有这份神韵。赵匡胤兴奋地向京娘问候：

“贤妹，这些年来为何魂魄都不肯来入梦？”

“义兄福大命大，阳气太盛，小妹的魂魄如何能近得兄长身边！”京娘说着便神色黯然。

赵匡胤想，难道我此时已然阳气尽失了吗？

“小妹有一事要向兄长讨教个明白。”京娘又说。

“贤妹有话请讲。”赵匡胤心中却又忐忑起来。

“义兄当年为博得侠义的名声，拂袖而去。可曾想到京娘已是没有退路，无法做人？兄长一走即是将小妹推入绝境，兄长不知吗？”

赵匡胤想为自己辩解，可又觉得难于启齿。这个问题，当年应该想到的，竟没有想到，只是说明自己自私，遇事不为他人着想。

“义兄心中到底喜不喜欢小妹？”

“自然……”赵匡胤欲言又止，嗫嚅着语不成声。

“原来义兄只是为图虚名而欺心昧己……”

赵匡胤又是一身冷汗，连衣服都湿透了，他感到眼前一阵发黑，他虚脱过去了。

“香孩儿，香孩儿！”这是母亲的声音，仿佛穿过遥远的时空，飘到赵匡胤的耳边。幼年时，当他在屋外嬉戏迟迟未归，母亲就总是这样呼唤着儿子回家。现在，难道也是在呼唤儿子归去吗？眼前母亲的形象总是不太分明，也许那是因为自己目睹了她从年轻到衰老的生命全过程，不同年龄阶段的形象叠合在一起，许多记忆中很鲜明的印象集中到一个画面里时，简洁带来的不是清晰，而是模糊。

母亲却并不叙说别来的思念，劈头问道：

“当年我与你立下的金匮之盟，还记得吗？”

“儿怎敢忘记，前日已同光义谈过，只是他执意推托，儿准备再找他详谈。”赵匡胤答道。

“你还要等到什么时候？”母亲的声音突然提高了，“你那日为何不说明是我的遗命？此事你如果不妥善处理，看你有何面目见我！”

赵匡胤被母亲的怒斥惊醒了，头脑也猛地一下子变得清醒起来。他感到留给自己的时间已经不多，却还有一件大事没有办妥，必须马上处置，片刻也不能迟延了。他问身边的宋后：

“现在是什么时辰？”

“亥时三刻。陛下有什么事？”宋后看到皇帝突然清醒过来，心头一喜，忙将身后铜漏上的刻数读给他听，一面轻拭着他额、颈间的汗。

“王继恩，速速去晋王府，召晋王即刻进宫。”赵匡胤发出命令，让宋后吃了一惊，插言道：

“晋王刚刚回府不久，今日已十分辛苦了，陛下明日再召他如何？”

赵匡胤却不睬她，一迭连声催王继恩快走。约莫刻把钟工夫，晋王光义就随着这位太监一同来到。赵匡胤显出一丝苦笑，对宋后说：

“皇后且去寝宫歇息，容晋王陪朕一会儿。”

宋后很不情愿离开，但此时又不能不走，便起身告辞，并嘱咐王继恩，晋王什么时候回府，就去皇后寝宫禀告一声。

“光义，”赵匡胤竟然翻身坐起来说话，“我那日与你说起立嗣一事，因见你固辞，我也未便勉强。但朕之病已是朝不保夕，此事再不可延宕不决。此刻召你前来，便是想正式下诏……”

“陛下，此事不可草率而定，弟德薄能鲜，万难胜任，且德昭、德芳俱已成人，纵然彼等无怨，我岂能不畏天下万人之口乎？使弟受篡逆之恶名于千载之下，陛下何忍？”赵光义这回是有备而来的，说得头头是道，再无张皇失措之态，而且从口气里也听得出有回旋的余地。

“实话跟你说，昭宪太后临终时有此遗命，你也不忍心陷朕于不孝吧！你若才德不济，则为国家社稷计，违母命而立子，也是天经地义。今德昭兄弟器识、度量、才学、经验均不及你，你有朕的亲诏，篡逆从何说起？”赵匡胤说到此处停了一停，“你好好去‘做’，你好好去‘做’……”不知怎的，他激动起来，声调猛然提高，这两个叠句，屋外的太监、宫女也听得清清楚楚。他一边说还一边擎起床头立着的长柄玉斧，戳着地面，“托、托”有声，一不留神，又碰翻了旁边的灯罩，只见红光一闪，蜡烛也灭了……这便是后来传说中的“斧声烛影，千古之谜”。

“好好去‘做’”，这“做”就是做皇帝。赵光义赶紧俯身捡起被碰翻的灯，并从另一盏灯上引燃了蜡烛，小心地扶着哥哥重新躺下，然后才轻轻地对赵匡胤说道：

“哥哥休要焦躁，自己家中人的事容易处置。哥哥好生静养，不日便会康复的。”

赵匡胤见光义口气松动，便缓缓说道：

“诏书便在金匮之中……望你日后要善待寡嫂和两个侄儿，这个想来不需我嘱托。”

赵光义唯唯而应，劝哥哥休息。赵匡胤折腾了这么一顿，已觉疲倦，不一会儿，枕上便鼾声大作。他本来有打鼾的习惯，但这时的鼾声却特别的响，犹如雷鸣……

时辰已经过了子正，赵光义见兄长已然睡熟，便叮嘱了王继恩几句，然后回晋王府去了。

宋后回到这边寝宫里来，看到晋王已去，丈夫在酣睡中，不觉松了一口气。她诧异皇上今夜的鼾声特别响亮，但从直觉中得到的结论是，能打鼾总比不打鼾好。只要睡稳了、睡好了，便会多一分好转的希望。她自己就在御床对面的便榻上靠着。快四更了，不一会她便睡意蒙眬，她没有忘记嘱咐守夜的宫女，皇上有什么事情便立即唤醒自己。

赵匡胤被一阵猛烈的胸痛惊醒了，他本能地揪住前胸，抓挠着，捶打着，并发出大声地呻吟……轮值的宫女吓坏了，赶紧嚷嚷道：

“皇后，皇后，皇上他……”

宋后猛地跃起，扑向赵匡胤身边，只见他面色紫黑，汗如水滴，气喘如牛，两眼翻白，她一面替赵匡胤按摩胸部，一面命内侍去传御医。她感到丈夫的心跳越来越慢、越来越弱，担心只怕御医也等不及了，赶紧问了一句：

“陛下，立嗣的事可有什么话交代？”

赵匡胤睁大眼睛看着她，半晌才张了口：

“晋王……”他只挣扎出两个字，便再也说不出话来，虽然从眼神和表情里可以看出，他是多么想说完这句话。

御医赶到了，又是针灸，又是灌药，然而针扎下去已经没什么反应，灌进嘴的药又从嘴角流出来……就这么折腾了半个时辰，终于是回天无力。御医停止了努力，回过脸来说：

“皇帝龙驭宾天了。”

宋后一下子瘫倒在地上，但她并没有失去神智，当宫女们把她扶到便榻上时，她立即命令王继恩去传召二皇子德芳进宫。

王继恩奉旨出宫，心像陀螺似的飞快转动起来。他知道皇帝传位于晋王心意已决，而晋王在朝中也是恩威广著。而二皇子德芳不过是个小孩，肩头承受不起偌大一个帝国。如果按皇后旨意召德芳进宫，今后朝中只怕就要多事了。我不如先去晋王府，告知晋王入宫，按皇上遗命继了大统，朝野安定，四海臣服，我王继恩也就立了翊戴首功。良机难得，稍纵即逝，功名富贵，在此一举……一边想着，他已经把脚步转往晋王府的方向去了。

晋王也没有睡，左押衙程德元在一旁侍候着。听到王继恩的禀报，赵光义大吃一惊，他不料哥哥去得这样快，自己却还缺乏必要的准备，他无法决断此刻进宫合适还是不合适。犹豫了一会说：“这事我还要和家人商议。”说完进了后厅，半天不见出来。王继恩着急道：

“拖延时间，别人就要占了先了。”

赵光义这才走出来，跟着王继恩冒着大风雪，一路小跑直奔皇宫。程德元带着几名侍卫随从在后。到了万岁殿的门口，王继恩说：

“晋王在此稍待，继恩先进去通报皇后。”

“来了就该一直进去，还在外面等待什么？”程德元自作主张，让赵光义和王继恩进屋，他自己带人守候在门口。

宋后听说王继恩回来了，焦急地问道：

“德芳来了吗？”这时王继恩还没进屋。

“晋王来了。”王继恩答道，同赵光义一起掀帘而入。宋后一眼看见赵光义，登时呆住了。她不知说什么好，只有扑向赵匡胤身边痛哭起来。赵光义这时也不禁哽咽着流下两行热泪。他望着僵卧在御床上的兄长，面容光洁，好像刚刚出浴一般，连发梢都还是湿漉漉的——

想必是因为临终前大量出汗的缘故。三十多年，自己一直生活在哥哥的羽翼之下，最后还被指定为帝位继承人。君恩亲情，其深其挚，难以言喻。但此刻却不是怀念伤感的时候。首先要控制局面，稳定形势……他走到宋后身边说道：

“皇后节哀！当立即召两位皇侄及宰相等入宫宣读大行皇帝遗命，诏告天下。”

宋后开始还怨恨王继恩辜负了先皇的信任，现在听得赵光义说还有“遗命”，心想即使德芳先进宫来也没有用。她本是个并无多少主见和心计的人，此时更只能接受眼前的现实。她抽泣着说：

我母子的性命，都托付给官家了。”

听到宋后称自己为“官家”，知道问题已经解决，赵光义十分诚恳而亲切地答道：

“自家人当共保富贵，皇后不用担心。”

这一晚的雪真大，天明时汴梁城已是白茫茫一片，道路积雪盈尺。早朝的官吏们好不容易捱进乾元殿，等待着他们的竟是皇帝驾崩的消息，殿内殿外响起一片恸哭的声音……

宰相们宣读了一篇又一篇的诏书。最先的是大行皇帝立晋王为嗣的遗诏。于是刚才恸哭失声的群臣又要祝贺新皇登基，山呼万岁，舞蹈扬尘地行礼如仪。

接下来的诏书便是新皇帝颁发的了：皇弟廷美（为避光义讳，光美改名廷美）为开封尹兼中书令、封齐王；皇子德昭为永兴节度兼侍中、封武功郡王；德芳为山南西道节度使、同平章事；宰相薛居正加左仆射、沈义伦加右仆射；参知政事卢多逊、枢密使曹彬俱进为同平章事……最后改年号为太平兴国元年，虽然已经十二月了，赵光义仍要用新年号取代开宝九年，以表现一种革故鼎新的气象。

还有许多事要做，赵光义在御座上沉思着他必须面对的一个个不易解决的问题。目前最重要的是确立自己继位的合法性和权威性。他从朝臣们的表情里看不出他们对这件事存在明显的抵触心理，问题的关键在自家亲属的态度。宋后虽然暂时屈服了，但内心未必认输。好在她的赌注押在德芳身上，而德芳却不会有太积极的表现，因为先皇既无遗命，好事怎么也轮不到他头上。至于廷美和德昭，情况就不同了。他们随时都可以成为帝位的第一继承人，只要条件具备……特别是德昭。赵光义本能地看了阶下的德昭一眼，依然是一张冷漠而略带忧伤的脸，谁知道他此刻心里在想些什么？赵光义突然感到身上一阵发冷……一定要保持警惕、认真对待……他立即觉得自己是不是突然变得冷酷了，就在昨天，或者说就在他坐上这张椅子之前，他还不是这样一个人。

2022年元月改毕于长沙